중국 회사법

이정표

傳 英 社

머 리 말

본 연구를 처음 시작하게 된 배경은 중국의 국유기업이 민영회사로 전환되는 체제이행기에 중국에서 유학하였던 저자는, 그 변화의 중심에 중국의 외국인투자기업법(外商投資企業法)과 회사법(公司法)이 있고, 이 흐름의 폭은 중국뿐만 아니라, 한국 경제에도 많은 영향을 미칠 것이라는 사실을 실감하였기 때문이다. 한편 이 연구서는 2006년 법제처의 동북아법령정보센터에서 실시하였던 연구가 기초를 이루고 있다. 또 중국연구자로서 이를 책으로 출간하면 여러 분야에 유익할 것이라 생각해서이기도 하다.

중국 회사법 또는 기업법에 관한 연구는 국내에서 극히 일부의 학자들에 의하여 수행되고 있다. 그 연구의 대상도 중국의 외국인투자기업법(外商投資企業法)에 집중되고 있을 뿐이고, 중국의 국내 회사법에 대한 연구는 상대적으로 미진한 편이다. 그러나 중국의 외국인투자기업법은 정책적 규범이라는 점 및 본질적으로 그 배후에는 중국 회사법이 존재하고 있다는 사실을 잘 알아야 한다. 중국 회사법은 외국인투자기업법의 일반법으로서 지위를 갖고 있을 뿐만 아니라, 외국인투자기업법에서 입법되지 않은 많은 사항은 중국 회사법에 위임되고 있기 때문이다.

중국의 회사법 연구는 한국 기업의 경영전략과 정부의 통상정책에 유용한 정보를 제공할 것이다. 중국 내 투자한 외국기업들이나 한국의 기업들도 중국 내에서 자산이나 주식인수 또는 인수합병 또는 해산청산 등의 경우라든지, 중국과의 무역 및 투자정책, 국제거래분쟁, 쌍무적 투자보호협정이나 다자간무역협정 등에 대한 사전 및 사후적인 자료로 활용할 수 있을 것이다.

본서의 범위는 중국 기업법제의 기본체계, 개정 회사법 총칙상의 특징, 회사설립과 지배구조, 주권(지분)과 사채의 유통성 강화, 회사의 자본제도와 계산제도, 회사의 구조변경, 회사의 해산과 청산 및 중국 국내 회사법과 외국인투자기업법의 관계를 중심으로 고찰할 것이다.

본서의 기술방식과 서술체제는 기본적으로 개정 중국 회사법의 체계에 따르면서 한편으로는 법제처 동북아법령정보실에 제출하였던 연구과제의 형식을 참고로 하였다.

이 연구서를 저술하는 과정에서 가장 많은 곤란에 부딪힌 것은 판례를 검색하고 인용하는 부분이었다. 중국의 판례는 접근조차 어려운 것이 현실이므로, 이 부분은 향후의 과제로 남겨두고자 한다.

연구과제의 보고서를 완성할 당시에는 국립진주산업대학교의 손성문 교수님과 함께 공동으로 작업하였고 공동의 명의로 제출하였다. 그러나 이 연구서는 저자가 연구과제 참여 당시에 연구책임자로서 분담하였던 부분을 중심으로 하였고, 나아가 당시 보고서의 내용에 많은 부분을 삭제, 증감 및 보완하여, 새로운 체제로서 출판하게 되었다. 저자의 단독 출간에 흔쾌히 동의하여 주신 손 교수님의 넓은 혜량에 감사드린다.

이 책을 출간하는 과정에서 많은 도움을 주신 분들이 계셔서 여기에 다 표현하지 못하지만 마음에 담아두고자 한다.

먼저 대한민국의 대표 입법기관인 법제처에 감사를 표한다. 동북아법령을 정비하고, 미래의 비전을 제시하기 위한 목적으로 시작된 이 연구사업은 국가의 장래에 큰 도움을 줄 것이다. 당시 이 사업을 계획하고 주도하셨던 법제처 김기표 차장님, 홍승진 법제관님, 이상희 담당관님, 김혜영 사무관님께 감사를 드린다.

저자에게 연구자의 모범을 보여주신 중국인민대학의 王利明 법학원장님과 수석부원장이신 韓大元 교수님, 지도교수님이신 趙中孚 은사님께 감사를 드린다. 회사법의 기초를 엄격하고 꼼꼼하게 지도해 주신 강위두 은사님, 임재호 교수님께도 무한한 감사를 올린다. 저자와 함께 동고동락하였던 국제전문대학원 동료교수님들, 강의에 열정적으로 참여해 주었던 국제전문대학원 동문들께도 이 자리를 빌어 감사를 드린다. 특히 조성제 회장님과 김중곤 회장님의 헌신을 잊을 수가 없다.

그동안 바쁠 때마다 안식년 동안 가족에게만 봉사할 것과 장기 해외여행을 시켜 준다는 미명으로 미루어 왔던 약속을 또 지키지 못하게 되어 매우 미안할 뿐이다. 아내 옥경숙 님의 내조에 감사드린다.

마지막으로 이 책을 출간하는 데 기꺼이 동의해 주신 박영사 안종만 회장님과 박노일 부장님, 많은 수고를 해 주신 편집부 나경선 선생님께 감사를 드린다. 교정작업에 함께 참여해 준 황선영 중국연구소 전임연구원과 김도년 조교 및 하채효 후배에게도 감사를 표한다.

중국의 고사성어에 득갑환주(得匣還珠)라는 말이 있다. 이 책을 완벽하게 저술하기 위해서는 중국법과 한국법 모두 정통하여야 했지만, 내 자신의 역량으로는 한계가 있었다. 이 책을 읽는 분들의 넓은 아량을 기원한다.

안식년을 마치며, 2008년
부산대학교 법과대학 연구실에서
저 자

차　　례

제 1 장　중국 기업법제의 기본체계

제 2 장 회사법 총칙의 개요

제 3 장 회사의 설립

제 4 장 회사의 기관과 지배구조

제6장 주권(지분)과 사채의 발행 및 양도

제 7 장 회사의 자본제도

제 8 장 회사의 계산제도

제9장 회사의 구조변경

제10장 회사의 해산과 청산

제11장 외국회사의 영업소

제12장 개정 회사법과 외국인투자기업법과의 관계

제1장
중국 기업법제의 기본체계

제1절 중국 기업입법의 특성과 기업유형

제1. 중국 기업입법의 특성

중국 법체계는 대륙법계의 성문법 체계를 따르고 있지만, 외국의 법계를 수용하는 과정에서 중국의 정치적 특성, 계획경제 시스템 및 중국이 전통적으로 유지하고 있는 특유한 관습 등이 융합되면서 매우 복잡한 구조로 되어 있다.

중국은 국가체제가 법제적인 측면에서 사회주의체제로 운영되었기 때문에, 행정권과 관련 있는 행정법 및 경제법이 강행법규로 적용되었다. 사법체계(私法體系)를 계수하는 과정에서도 민법과 상법을 통일(合一)하여 수용하였기 때문에 민법·상법 일원주의가 적용되었고, 최근에 와서 민법과 상법이 분리되고 있다. 중국의 기업입법에서도 이러한 체제적인 특성과 법계의 계수과정이 그대로 적용되었기 때문에, 중국의 기업입법은 헌법에서 정한 사회주의 경제제도(제6조)에 따라 공유제 및 이와 관련된 기타 제도를 중심으로 발전되었다. 사회체제의 변화와 발전에 따라 종래 행정법과 경제법의 적용을 받던 국유'기업'이 일반 민상법의 적용을 받는 '회사'로 개혁되면서, 기업법제의 성격도 기업경제법체계에서 민상법체계로 전환되는 과정을 겪게 되었다.

중국은 중앙집권적인 국가임에도 불구하고 넓은 영토를 통치하기 위하여 다양한 지방분권을 폭넓게 실시하였다. 전국인민대표대회(全國人民代表大會: 전인대(全人大)로 통칭함)가 입법권을 보유하고 있지만, 법률의 수권에 의하여 중앙정부와 각 부서 및 지방정부가 거의 독자적으로 행정법규와 규칙 등을 제정하여 집행하였다. 이러한 구조적인 특성에 따라 기업 및 기업법의 유형과 체계가 독특할 뿐만 아니라, 기업법의 법원 · 내용 · 적용범위 · 입법제정기관 및 법률해석 등에서 다양한 특성이 존재한다.

중국의 기업법제는 주로 투자주체를 중심으로 구별되기 때문에, 내국인이 중심이 된 내국인투자기업(內資企業) 관련 법률과 외국인(대만, 홍콩 및 마카오 포함)이 투자주체로 되는 외국인투자기업(外商投資企業) 관련 법률로 이원화되어 있다.[1)]

이와 같은 중국의 기업법제를 총괄해 보면 투자주체를 기준으로 하여 내국인투자기업과 외국인투자기업으로 분류한 후 각각의 근거법률에 따라 구별된다. 기업의 법원(法源)도 민법 · 상법 일원주의에 근거하여 많은 법원이 민법 관련 법률과 혼재되어 있기 때문에 민법통칙(民法通則)을 비롯한 민사법원의 해석에 주의를 기울여야 한다. 나아가 최근에 탄생된 신생입법의 흠결을 보완하기 위하여 법률해석권한이 있는 최고인민법원과 최고인민검찰원이 사법해석(司法解釋)을 내리고 있기 때문에 반드시 관련 부분의 최근 사법해석을 참조하여야 한다.

제2. 중국 기업법의 체계와 회사법

Ⅰ. 기업과 회사

중국에서 사용하는 「기업(企業)」이란 용어는 영문표기인 'Enterprise'를 일본어로 번역한 것인데, 이 용어를 중국에서도 그대로 수용하여 관습적으로 사용하고 있다.[2)] 중국에서 종래 「기업」이라고 하는 것은 일반적으로 국유기업(國有企業)을 의미하였고, 이 외에 집체기업(集體企業)도 포함하는 의미이다. 중국에서 회사(公司) 관련 법률들이 실질적으로 제정되기 시작한 것은 1993년

1) 외국인투자기업은 우리말로 번역한 것이고 이를 삼자기업(三資企業)이라고도 한다. 법률에서는 외상투자기업(外商投資企業)으로 표기되고, 이 범위에는 일반적인 외국인투자기업으로서 중외합자경영기업(中外合資經營企業)·중외합작경영기업(中外合作經營企業) 및 독자기업(外資企業)이 있다. 이 외에도 특수한 외국인투자기업으로서 외국인투자주식회사(外商股份有限公司)와 외국인투자성회사(外商投資性公司) 등이 있다.

2) 史際春·溫燁·鄧峰, 企業和公司法, 中國人民大學出版社, 2001, 2면.

제8기 전인대(全人大)에서 헌법을 개정하여 사회주의 시장경제체제가 선언되면서부터이다.

중국에서는 회사를 「公司(gongsi)」로 표기한다. 「公」은 "私가 없는, 共同"의 의미이고, 「司」는 "管理"의 의미를 갖는다. 회사를 「公司」로 처음 표기하게 된 것은 라틴어의 'com'이 중국어의 '公'과 같은 의미인데, 이를 청(淸)대의 정성공(鄭成功)이 네덜란드 동인도회사의 명칭을 따라 회사를 公司로 표기한데서 비롯된다고 한다.[3)]

회사의 본질에 관하여 중국 학자들은 대륙법계 국가에서 전통적으로 논의되어 왔던 법인의제설, 법인부인설 및 법인실재설뿐만 아니라 경제학에서 논의되어 법학분야에서도 인용되고 있는 계약관계설 등을 그 논의 대상으로 하고 있다.[4)]

회사의 본질을 특징짓는 회사개념에 관해서는 영리성과 사단성을 중시하는 대륙법계의 회사법제와 추상적이고 개괄적인 정의를 내리고 있는 영미법계 회사법제, 회사의 개념을 구체적으로 정의하기 보다는 회사의 유형을 통하여 회사의 개념을 유추할 수 있도록 한 일본회사법제가 있다.

중국 학자들은 중국 회사법체계에서 회사의 개념체계가 일본의 회사법제와 유사하다고 한다. 즉, 중국 회사법 제2조에서 "본 법에서 말하는 회사(公司)란 본 법에 의하여 중국에서 설립한 유한회사(有限責任公司)와 주식회사(股分有限公司)이다"라고 규정한 것을 근거로 하여 중국 회사법은 일본 회사법제와 유사하다고 한다.[5)] 회사법 제3조에서는 "회사는 기업법인이고, 독립한 법인재산이 있으며, 법인재산권을 갖는다. 회사는 그 전체자산으로써 회사의 채무에 대하여 책임을 부담한다"고 규정하고 있다.

이와 같은 학자들의 견해와 현행 회사법의 전 체계를 종합하면 회사(公司)는 중국 내에서 설립되며, 기업법인이며, 영리행위를 목적으로 하고, 유한책임을 지는, 유한회사 또는 주식회사의 형태라고 정의할 수 있다.

첫째, 회사가 기업의 형태라는 점이다. 회사와 기업은 상호 어떤 관계를 갖느냐에 관하여, 기업은 회사를 포괄한다는 견해, 기업과 회사는 상호 독립적인 관계라는 견해 등이 논의되었으나, 회사는 기업의 한 유형이라는 견해가 일

3) 史際春, "關於公司·企業的若干考證和辨析", 法學家, 1996. 4., 人民大學出版社, 16면.
4) 徐菁, 公司法的邊界, 對外經濟貿易大學出版社, 2006, 25면, 28면.
5) 王保樹·崔勤之, 中國公司法原理, 社會科學文獻出版社, 2006, 33면.

반적이다. 이와 같은 논의가 제기된 배경은 중국에서 국유기업과 회사는 그 법원과 운영 등에서 본질적인 차이가 존재한다는 것에서 유래한다. 즉, 국유기업이 조직의 경영성과에 목적을 두고 있기 때문에 경제성을 추구하는 경제공법적인 조직이라면, 회사는 투자자와 회사조직 구성원사이에서 발생되는 민사 및 상사 법률관계가 중점이 되는 민(상)사조직이라는 점에 차이가 있다. 설립절차에서도 기업은 설립등기시에 기업이 법인요건을 갖춘 경우에는 「기업법인등기관리조례(企業法人登記管理條例)」에 의하여 설립등기를 하지만, 회사는 「회사등기관리조례(公司登記管理條例)」에서 정하여진 요건과 절차에 따라 등기를 실시한다.

둘째, 기업은 법인격 있는 기업과 법인격 없는 기업으로 구분되는데, 회사는 법인격이 있는 것만 인정된다는 점에서 그 특징이 있다. 즉, 회사는 자신의 명칭을 사용하고, 자신의 독자적인 자산을 보유하며, 독자적인 책임을 부담한다는 법인특성을 갖는다.

그동안 기업의 발전과정에서 기업의 법인격이 중시되었으나 회사법의 제정과 더불어 법인격의 내재적 한계를 넘어 유한책임의 구조를 갖는 회사제가 도입되면서 중국의 기업입법과 회사법은 더욱 복잡한 체계를 이루게 되었다.

셋째, 회사는 영리를 목적으로 하는 유한회사 또는 주식회사이므로, 영리자체보다는 단체의 특성을 본질로 하는 사회단체법인 등과 구별된다.

Ⅱ. 중국의 현대 기업법 연혁

중국이 성립된 이후 현대적 기업입법은 크게 세 단계를 거쳐 변화되었다. 첫째는 중화인민공화국 성립 이후 1978년의 개혁개방 이전까지의 초기 공유제 기업입법 시기이다. 둘째는 개혁개방의 정책실시 이후부터 구 회사법제정시까지이다. 셋째는 구 회사법제정 이후부터 현재까지의 입법시기이다.

1. 초기의 공유제 기업입법

중화인민공화국이 1949년 성립된 이후에 중국정부는 국민당정부가 실시하였던 일체의 법률을 폐지하였다. 중국 성립당시에 경제조직의 실체로는 국영경제, 합작사경제, 농민과 수공업의 자영업자경제(個體經濟) 및 소수의 사영회사 등이 있었다. 1950년대에는 사영기업이 발전되었고, 이에 따라 사영기업과 정부조직의 합작이 시작되면서 중국 특유의 단위제도(單位制度)가 탄생되는 시기였다.

중국은 성립 초기단계에서 공상업을 촉진하고 사영기업자들의 발전을 도모하기 위하여 관련 조례를 제정하였다. 1950년 12월 29일 「사영기업임시조례(私營企業暫行條例)」를 공포하였는데, 이 조례는 총 32개 조항으로 구성된 중국 최초의 기업관련 입법이다. 1951년 이에 관한 실시세칙도 공포되었다. 이 조례는 회사(公司)의 형식, 회사의 설립, 유한회사와 주식회사의 대내외 법률관계, 합명회사(無限公司)와 합자회사(兩合公司) 및 주식합자회사(股份兩合公司)의 대내외 법률관계, 대외투자와 회사채발행, 회사의 재무와 회계 등에 관하여 규정을 두었다. 이 조례의 특징은 회사의 형태를 합명회사(無限公司), 유한회사(有限公司), 합자회사(兩合公司), 주식회사(股份有限公司) 및 주식합자회사(股份兩合公司)로 구분하였다는 점에 있다. 이 중에서 주식합자회사는 1인 이상의 무한책임사원과 5인 이상의 유한책임사원으로 구성되었다(제3조).

그러나 국가가 사인(私人)의 상업화와 자본주의의 발전을 규제하기 시작하면서 그 과정에서 종래에 축적된 자산을 국가측과 사인기업측이 공동으로 투자하는 형식으로 변형되면서 많은 공사합영기업(公私合營企業)이 탄생하게 되었다. 이러한 기업을 규제하기 위한 목적으로 1954년 9월 5일 「공사합영공업기업잠행조례(公私合營工業企業暫行條例)」를 공포하게 되었다. 이 조례는 공사합영기업의 지분(股份), 경영관리, 이익배당, 이사회와 사원총회(股東會議), 사원(股東)의 유한책임 등에 관하여 규정하였다. 이 조례의 실체는 유한회사에 관한 것이라고 한다.[6]

이 조례는 결국 전국적으로 국가기관과 사영기업의 합작경영(合營) 형태로 발전되고, 이 합작경영을 관리하는 행정성 회사가 각 산업별로 조직되었다. 이 행정성 회사는 소위 중국의 단위제도(單位制度)를 형성하게 되었다. 기업과 당정(黨政)이 결합되고, 기업의 생산, 판매, 기술개발, 자금의 운용, 인사관리, 부동산관리 등을 단위가 통제하는 시스템이 형성된 것이다.[7] 단위제도는 결국 정부의 영향력이 기업조직에 반영되도록 함으로써 기업 구성원의 사회보장과

6) 王保樹·崔勤之, 中國公司法原理, 社會科學文獻出版社, 2006, 12면.
7) 史際春·溫燁·鄧峰, 企業和公司法, 中國人民大學出版社, 2001, 52면.

복지를 전담한다는 긍정적 측면도 있었으나 기업활동이 경직화되고 효율성을 저하시키는 배경도 되었다.

국유기업(國營企業)에 관한 규범적 토대는 1961년「국영공업기업공작조례(國營工業企業工作條例)」가 공포되면서 시작되었다.

집체기업(集體企業)에 관해서는 1953년 중국 정부가「농업합작사의 발전에 관한 결의(關於發展農業合作社的決議)」를 공포하면서 발전되기 시작하였다. 이「결의」는 농촌의 농업을 생산 부분에서의 합작, 공동판매의 합작 및 신용합작 등을 골자로 하는 것이다.[8] 이 결의는 1956년 전인대(全人大) 상무회의에서 통과되었지만 인민공사화가 급격하게 진행됨에 따라 그 효력을 나타내지 못하였다.

1966년부터 10여 년간의 문화대혁명이 실시되면서 모든 입법활동이 쇠퇴기를 맞게 되었다.

2. 개혁개방 이후의 기업법제

1978년 문화대혁명이 종료되고 난 후 개혁개방의 시기에 외국인투자 우대정책에 따라 외국인투자와 관련된 기업법제가 내자기업보다 먼저 제정되었다. 투자유치를 위한 목적으로 제정된 외국인투자기업법은 후일에 국내 회사법과의 체계문제 등의 논란이 발생하게 된 배경이 된다.

외국인투자기업에 관해서는 1979년에 전인대(全人大)가「중외합자경영기업법(中外合資經營企業法): 합자법 또는 합영법으로 통칭」,「외국인독자기업법(外資企業法): 독자기업법으로 통칭」,「중외합작경영기업법(中外合作經營企業法): 합작법으로 통칭」 등을 공포하였고, 국무원이 이와 관련된 실시세칙을 제정하였다. 이 법들은 외국인투자기업의 설립, 등록자본금, 기관구성, 이사회와 집행기구, 재무와 회계제도, 해산과 청산 등을 규정하였다. 기업의 실체는 주로 유한회사의 형식을 띄었고, 중외합자기업 이외에는 법인자격을 갖춘 기업에 한하여 법인격을 부여하였다.

내자기업에 관해서는 1986년 4월에 제정된「민법통칙(民法通則)」제3장에 관련규정을 두었고,「기업파산법(시행)(企業破產法)(試行)」이 1986년 12월 2일 제정되었다. 1988년 전인대(全人大)가 제정한「전민소유제공업기업법(全民所有

8) 史際春·溫燁·鄧峰, 企業和公司法, 中國人民大學出版社, 2001, 53면.

制工業企業法)」은 법으로 제정된 최초의 국유기업법이었다.

1980년대 초기에 회사(公司)가 다양한 형태로 많은 지역에서 설립되었기 때문에 이를 규율할 필요성이 있게 되었고, 1982년에 처음으로 내자기업을 위한 회사법 제정을 시도하게 되었다. 1987년 10월 15일에는 최고인민법원이 「회사설립이 취소된 경우 소송주체에 관한 사법해석」을 공포하였다.[9] 1992년 6월에 「주식제기업시험판법(股份制企業試驗辦法)」, 「주식회사규범의견(股份有限公司規範意見)」, 「유한회사규범의견(有限責任公司規範意見)」 등이 제정되었다. 이 규범의견 등은 회사에 관하여 최초로 제정된 직접적이고 전국적인 근거규범이 되었다.[10]

이 외에도 1992년 11월 30일 「기업재무통칙(企業財務通則)」과 「기업회계준칙(企業會計準則)」이, 1993년 4월에는 「주식발행과 거래관리 잠행조례(股票發行與交易管理暫行條例)」가, 1993년 8월 2일 「기업채권관리조례(企業債券管理條例)」가 제정되어 증권법이 제정되기 전의 주식거래행위를 규율하는 규범이었다.

이 시기에 국무원이 제정한 기타 기업관련 행정법규로는 1988년 6월 25일 제정된 「사영기업잠행조례(私營企業暫行條例)」, 1985년 8월 25일 공포된 「회사등기관리잠행규정(公司登記管理暫行規定)」, 1988년 6월 3일 제정된 「기업법인등기관리조례(企業法人登記管理條例)」, 1991년 7월 22일 제정된 기업명칭등기관리규정(企業名稱登記管理規定)」 등이 있었다. 이 외에도 집체기업(集體企業)에 관해서는 「향촌집체소유제기업조례(鄕村集體所有制企業條例)」, 「도시집체소유제기업조례(城鎭集體所有制企業條例)」, 「농민주식합작제기업잠행규정(農民股份合作制企業暫行條例)」 등이 있다.

이러한 기업입법 중에서 중요한 것은 사영기업잠행조례와 도시집체소유제기업조례 및 기업법인등기관리조례이다. 사영기업잠행조례는 사적 경영을 목적으로 한 유한회사를 조직하여 운영하기 위한 규범이다. 도시집체소유제기업조례는 집체소유재산이 51/100 미만이 되지 않도록 하는 등 집체소유제와 기업조직사이의 관계를 명백하게 규정한 입법으로 평가받고 있다.[11] 기업법인등기관리조례는 현재의 회사등기관리조례의 토대가 되고 있다.

9) 最高人民法院, 「關於企業開辦的公司被撤銷後由誰作爲訴訟主體問題的批復」(1987. 10. 15.).
10) 史際春·溫燁·鄧峰, 企業和公司法, 中國人民大學出版社, 2001, 57면.
11) 史際春·溫燁·鄧峰, 企業和公司法, 中國人民大學出版社, 2001, 58면.

3. 회사법 제정 이후의 기업법제

위와 같은 기업관련 근거규범을 토대로 하여 1993년 12월 29일에 전인대(全人大)는 최초의 회사법(公司法)을 제정하였다. 중국 회사법은 1992년 9월에 초안작업을 시작하여 몇 차례의 개정작업을 거친 후, 1993년 12월 29일 전인대(全人大) 상무위원회 제5차 회의에서 통과되어, 1994년 7월 1일부터 시행하게 되었다.

중국 회사법은 이전에 제정된 「주식회사규범의견(股份有限公司規範意見)」, 「유한회사규범의견(有限責任公司規範意見)」 및 「주식제기업시험판법(股份制企業試驗辦法)」을 기초로 하고, 여기에 국내외의 각국 회사법을 참작하여 제정되었다. 회사법은 회사의 설립, 지배구조, 자본제도, 구조변경, 청산과 해산, 국유기업 관련 규정 등을 중심으로 하여 11개 장(章)과 230개 조항으로 구성되었다.

회사법이 제정되었음에도 불구하고 부속 법령들이 완비되지 못하였기 때문에 회사법의 실질적 효력이 제약을 받을 수밖에 없었다. 이러한 제도적 흠결을 보완하기 위하여 1994년 6월 24일 「회사등기관리조례(公司登記管理條例)」와 최고인민법원의 사법해석인 「기업파산안건에서 주의하여야 할 몇 가지 문제에 관한 통지」[12] 등이 제정되었다.

회사의 증권거래행위를 규제할 증권법의 제정이 늦어지면서 회사의 증권관련 규정으로서, 1994년 8월 4일 「주식회사 국외주식모집 및 상장에 관한 특별규정(關於股份有限公司境外募集股份及上市的特別規定)」, 1994년 9월 13일 「국외에 상장하는 회사 정관의 필수조항(到境外上市公司章程必備條款)」, 1994년 11월 3일 「주식회사 국유주 관리 잠행판법(股份有限公司國有股權管理暫行辦法)」 등이 제정되었다. 한편으로는 회사의 상장과 관련된 많은 규범들이 제정되었다. 2000년 3월 15일 「국유기업 감사회 잠행조례(國有企業監事會暫行條例)」, 2000년 5월 18일 「상장회사 주주총회 규범의견(上市公司股東大會規範意見)」, 2002년 9월 28일 「상장회사공개매수 관리판법(上市公司收購管理辦法)」, 2002년 1월 7일 「상장회사 지배구조준칙(上市公司治理準則)」 등이 이와 관련된 법률이다.

회사법의 제정에 따라 외국인투자기업(外商投資企業)에 관한 법률들도 제정 또는 개정되었다. 1995년 1월 10일 「외국인투자주식회사의 설립에 관한 잠

12) 「企業破產案件應當注意的幾個問題的通知」(1997. 3. 6.).

행규정(關於設立外商投資股份有限公司若干問題的暫行規定)」, 1996년 1월 2일「주식회사의 국내상장 외자주에 관한 규정(關於股份有限公司境內上市外資股的規定)」등이 제정되었다. 2000년 10월 31일에 중외합작경영기업법과 외국인독자기업법이 개정되었고, 2001년 3월 15일에 중외합자경영기업법이 개정되었다.

이 외에도 1997년「조합기업법(合伙企業法)」과「개인독자기업법(個人獨資企業法)」등이 제정되었다.

1993년에 제정된 구 회사법은 기업 설립요건의 엄격성, 자본제도의 경직성, 기업경영활동의 제한성, 지배구조의 미비점, 주주의 권리보호의 취약성, 기업금융상의 한계점 등을 이유로 2005년 10월 27일 전인대(全人大) 상무위원회에서 새로운 개정회사법이 통과되었다.

1993년 회사법이 제정된 이후에도「회사등기관리조례(公司登記管理條例)」,「기업명칭등기관리규정(企業名稱登記管理規定)」등이 개정되었고,「기업등록자본 등기관리규정(企業注册資本登記管理規定)」과「기업 경영범위 등기관리규정(企業經營範圍登記管理規定)」이 2004년 6월 14일에,「증권회사 채권관리 임시판법(證券公司債券管理臨時辦法)」이 2004년 10월 18일에 각각 제정되었다. 이후 현재까지 회사법과 관련된 많은 법률이 제정되거나 개정되고 있다.

Ⅲ. 기업법의 법원과 체계

1. 기업법의 일반적 법원과 체계

중국에서도 기업법의 개념은 형식적 의의와 실질적 의의로 구분지어 확정된다. 형식적 의의의 기업법은「기업」또는「회사」로 호칭되는 기업조직관계를 규율하도록 입법된 독자적인 법을 말한다. 이 범주에 속하는 법원(法源)으로는 국유기업과 집체기업을 규율하는「전민소유제공업기업법(全民所有制工業企業法)」,[13]「도시집체소유제기업조례(城鎮集體所有制企業條例)」[14] 및「농촌집체소유제기업조례(鄕村集體所有制企業條例)」가 있다. 이 외에도 다종소유제기업(多種所有制企業)에 관한 기본법은「사영기업잠행조례(私營企業暫行條例)」,[15]「회사법(公司法)」,[16]「중외합자경영기업법(中外合資經營企業法)」,[17]「외국인

13) 전인대(제7기) 제1차 회의 통과(1988. 4. 13.).

14) 국무원 제86차 상무위 통과(1991. 6. 21.).

15) 국무원 제7차 상무위 통과(1988. 6. 3.).

독자기업법(外資企業法)」,[18] 「중외합작기업법(中外合作經營企業法)」,[19] 「조합기업법(合伙企業法)」[20] 및 「개인독자기업법(個人獨資企業法)」[21] 등이 있다.

실질적 의미의 기업법은 기업조직관계를 규율하는 법률규범의 총체를 말하고, 형식적 의미의 기업법뿐만 아니라 이와 관련 있는 규범도 포함한다. 즉, 「민법통칙」에서 기업과 관련하여 규정된 제3장과 이와 관련된 기타 규정, 국유기업과 집체기업에 관한 「기업법인등기관리조례(企業法人登記管理條例)」,[22] 「도시집체소유제기업조례(城鎭集體所有制企業條例)」[23] 등과 「회사등기관리조례(公司登記管理條例)」,[24] 「합자기업법실시조례(中外合資經營企業法實施條例)」, 「조합기업등기관리판법(合伙企業登記管理辦法)」 등이 있다.

국유기업이나 집체기업에 관한 기업입법들은 그 실질이 행정법이나 경제법에 가깝기 때문에 그 구성 및 운영원리가 일반 회사법과 다르다. 국유기업 및 집체기업에 관한 규범은 주로 국무원 및 국무원 산하의 각 기관이 제정하고, 이 기관에서 제정되는 규범은 「條例」·「規定」·「辦法」·「暫行規定」·「政策」·「通知」·「意見」 등으로 공포된다. 「條例」·「規定」·「辦法」·「暫行規定」은 행정입법으로서 모두 행정법률과 규칙에 상당하는 효력이 있다. 위의 규범 중에 「暫行規定」·「條例」 등은 그 내용상으로 임시적인 규범인 것 같지만 기간의 장단에 관계 없이 본 법률이 제정될 때까지 지속적인 행정법규의 효력을 갖는다. 이에 비하여 「政策」·「通知」·「意見」 등은 원칙적으로 상위 행정기관이 하위 행정기관에 대하여 지시하는 내부적 행정지시에 해당하지만 실질적으로 규범적 효력을 갖는 「文件」이 된다.

「회사법」 및 외국인투자기업과 관련된 「중외합자경영기업법(中外合資經營企業法)」, 「외국인독자기업법(外資企業法)」, 「중외합작기업법(中外合作經營企業法)」은 모두 중국 내에서 설립되는 기업에 관한 법원이지만, 기업법원(企業法

16) 전인대(제8기) 상무위원회 제5차 회의 통과(1993. 12. 29.), 1999. 12. 25. 1차 개정, 2004. 8. 28. 제2차 개정, 2005. 10. 27. 제3차 전면 개정.

17) 전인대(제5기) 제2차 회의 통과(1979. 7. 1.), 1990. 4. 4. 제1차 개정, 2001.3.15. 제2차 개정.

18) 전인대(제6기) 제4차 회의 통과(1986. 4. 12.), 2000. 10. 31. 제1차 개정.

19) 전인대(제6기) 제4차 회의 통과(1986. 4. 12.), 2000. 10. 31. 제1차 개정.

20) 전인대(제8기) 상무위원회 제24차 회의 통과(1997. 2. 23.), 2006. 8. 27. 제1차 개정.

21) 전인대(제9기) 상무위원회 제11차 회의 통과(1999. 8. 30.), 2000. 1. 1. 시행.

22) 국무원 제4차 회의 통과(1988. 5. 13.).

23) 국무원 제86차 상무위 통과(1991. 6. 21.).

24) 국무원령 제156호(1994. 6. 24.).

源)의 이원적 입법으로 내자기업에 관한 법원과 외자기업에 관한 법원이 각각의 특성이 있어서 이 양자의 법적 체계가 문제된다. 중국의 외국인투자기업 관련 법들은 「회사법」이 제정되기 이전에 입법되었고, 회사법에 대한 특별법의 지위를 갖고 있음에도 불구하고 회사에 관한 기본법이 늦게 제정되어 시행되면서, 이 양 법에서는 몇 가지의 부분에서 중요한 차이가 발생하게 되었다. 이에 관해서는 뒤에서 상론한다.

「증권법(證券法)」,[25] 「담보법(擔保法)」,[26] 「상업은행법(商業銀行法)」,[27] 「반부정당경쟁법(反不正當競爭法)」,[28] 「세수징수관리법(稅收徵收管理法)」,[29] 「어음수표법(票据法)」,[30] 「토지관리법(土地管理法)」,[31] 「외환관리잠행조례(外滙管理暫行條例)」,[32] 「기업파산법(企業破産法)」,[33] 「반독점법(反壟斷法)」[34] 등은 「회사법」과 직접적으로 관련이 있는 특별법들이다.

이 외에도 기업법의 법원으로는 지방성법규가 있다. 지방성법규는 기업이 설립되는 현지의 내부적·외부적 영향을 받는다는 점에서 중요한 법규이다. 지방성법규는 성, 직할시, 자치구 및 성과 자치구 인민정부 소재지의 시와 국무원의 비준을 거친 대도시의 인민대표대회 및 그 상무위원회가 헌법, 법률 및 행정법규에 저촉되지 않는 범위 내에서 당해 지역의 상황에 맞게 제정하는 규범이다.[35] 기업법과 관련하여 제정되는 지방성법규로는 「광동성섭외공사조례(廣東省涉外公司條例)」 등이 있었다.

회사법은 기업에 관하여 헌법을 제외한 가장 중요한 기본법이므로, 회사법 제정 이후에 회사법과 저촉되는 지방성법규의 경우에는, 구 회사법(1993)의 제229조 규정 및 국무원의 「이미 존재하는 유한회사와 주식회사는 중국 회사법에 따라 규범화할 것에 관한 통지(關於原有有限責任公司和股份有限公司依照「中

25) 전인대(제9기) 상무위원회 제6차 회의 통과(1998. 12. 29.).
26) 전인대(제8기) 상무위원회 제14차 회의 통과(1995. 6. 30.).
27) 전인대(제8기) 상무위원회 제13차 회의 통과(1995. 5. 10.).
28) 전인대(제8기) 상무위원회 제3차 회의 통과(1993. 9. 2.).
29) 전인대(제7기) 상무위원회 제27차 회의 통과(1992. 9. 4.), 1995. 2. 28. 제1차 개정.
30) 전인대(제8기) 상무위원회 제13차 회의 통과(1995. 5. 10.).
31) 전인대(제6기) 상무위원회 제16차 회의 통과(1986. 6. 25.), 1988. 12. 29. 제1차 개정.
32) 국무원 상무위 통과(1980. 12. 5.).
33) 전인대(제6기) 상무위원회 제8차 회의 통과(1986. 12. 2), 2006. 8. 27. 제1차 개정.
34) 전인대(제10기) 상무위원회 제29차 회의 통과(2007. 8. 30.).
35) 정이근, 중국공법학연구, 도서출판 오름, 2007, p. 123.

國公司法」進行規範的通知)」[36]에 따라 일정한 유예기간(1994년 7월 1일부터 1996년 12월 31일까지)을 두고, 그 기간 동안에 회사법이 정한 요건과 절차를 따르도록 하였다. 이 기간 동안 위 통지에 따라 회사법에서 정한 절차와 요건에 따라 회사 등기를 변경하여야 하며, 이러한 절차에 따르지 않는 기업들은 유한회사 또는 주식회사의 상호를 사용할 수 없고, 기타 기업의 명칭, 즉 국유기업, 사영기업, 조합기업 등을 상호에 사용할 수 있을 뿐이다.

2. 사법해석

중국 법체계에서 법원(法源)으로 작용하는 성문법 이외에 헌법상의 기관이 법령의 해석에 관한 권한을 갖고 있고, 이 권한에 근거하여 내리는 법률해석이 법원으로 작용한다. 중국처럼 급변하는 현실에 비하여 법규범은 그 제정속도나 내용, 형식들이 매우 완만하게 진행되므로 실제적인 법률 적용시에 시차나 새로운 영역에 대한 법률 흠결 등의 문제점이 빈발하고 있다. 법률흠결과 같은 문제점을 보완하기 위하여 발생된 제도가 입법해석 및 사법해석으로서 「헌법」 제67조 제4호, 제123조, 「인민법원조직법」 제32조[37] 등에 근거하고 있다.

사법해석(司法解釋)의 정의에 관하여 중국 법학자들 사이에서도 많은 견해차이가 있지만, 대체적으로 사법해석은 국가사법기관인 최고인민법원(最高人民法院)과 최고인민검찰원(最高人民檢察院)이 법률의 적용과정에서 구체적인 법률운용에 관해 내리는 해석이라고 한다.[38] 사법해석에 관한 명칭은 '의견(意見)', '해석(解釋)', '비복(批復)', '답복(答復)', '규정(規定)', '복함(復函)', '지시(指示)' 등으로도 불린다.[39]

사법해석은 헌법을 제외한 법률에 대하여 입법상의 흠결이 있을 경우 해당 사안에 관하여 사법해석을 요청한 하급법원에 대하여 내리는 해석으로서, 관련 사안을 판단할 경우 법률과 동일한 법원으로 작용한다.

그동안의 사법실무에서 최고인민법원이 내린 사법해석을 총괄해 보면 다

---

36) 國發「95」17號文.

37) 인민법원조직법 제32조: 최고인민법원은 심판과정 중에서 법률·법령을 구체적으로 어떻게 적용할지에 관하여 해석을 진행한다.

38) 范建, 法理學, 南京大學出版社, 1995, 339면.

39) 董皞, 司法解釋論, 中國政法大學出版社, 1999, 222면.

음과 같은 방향으로 진행된다는 것을 추론할 수 있다. 첫째 법률공백을 보충하는 기능, 둘째 법조문이 다의적으로 해석되는 경우에 특정하는 기능, 셋째 특정 법률 조문의 외연상의 개념을 확정하는 기능, 넷째 입법정신에 근거하여 법률의 수정을 가하는 기능 등이다.[40]

헌법상 법률해석권은 헌법의 규정에 근거하여 최고기관인 전인대(全人大) 상무위원회가 권한을 갖는다(제67조 제4호). 전인대(全人大) 상무위원회는 입법기관이기 때문에 이 기관이 내리는 법률해석은 입법해석(立法解釋)이 된다. 입법해석은 법률과 동등한 효력을 갖는다.

중국의 기업입법에 관하여 최고인민법원이 내린 사법해석으로는 그 종류가 많으나 주요한 것만 정리하면 다음과 같다. 「최고인민법원, 회사설립이 취소된 경우 소송주체에 관한 사법해석(最高人民法院關於企業開辦的公司被撤銷後由誰作爲訴訟主體問題的批復)(1987. 10. 15.)」, 「최고인민법원, 등록자본금의 법정 최저 한도액에 미달되는 기업법인이 체결한 경제계약의 효력문제에 관한 사법해석(最高人民法院關於對注册資金投入未達到法規規定最低限額的企業法人簽訂的經濟合同效力如何確認問題的批復)(1997. 2. 25.)」, 「최고인민법원, 기업파산안건의 심리에 관한 몇 가지 문제에 관한 규정(最高人民法院關於審理企業破產案件若干問題的規定)(2002. 7. 30.)」, 「최고인민법원, 기업개혁에 관련된 민사분쟁 안건의 심리문제에 관한 규정(最高人民法院關於審理與企業改制相關的民事糾紛案件若干問題的規定) (2003. 1. 3.)」 등이 있다.[41]

3. 기업법과 회사법과의 관계

회사법을 처음 제정할 당시에는, 국유기업과 일반기업을 규율 대상으로 하는 기업법 및 회사를 대상으로 하는 회사법을 어떻게 편제하여야 할지에 관하여 일원론과 이원론 등의 논의가 제기되었다. 일원론은 기업법을 회사법에 흡수하여 입법함으로써 양자를 일원화하자는 견해이고, 이원론은 기존의 기업법은 그대로 존치하고 새로운 회사법은 기업법과 별개로 입법하여 양자를 이원적인 체제로 구성하자는 견해이다.[42] 기업의 유형 중에서 주류인 국유기업

40) 王利明·郭明瑞·方流芳, 民法新論(上), 中國政法大學出版社, 1995, 43면.

41) 회사·기업의 사법해석에 관한 상세한 문건자료는 人民法院司法解釋小文庫編選組, 公司企業司法解釋, 人民法院出版社, 2006, 참조.

42) 石少俠, "略論我國公司立法的幾個問題", 企業·證券·合同, 人民法院出版社, 1992, 12면.

은 조직의 경영성과에 목적을 둠으로써 경제성을 추구하는 공적인 특성이 강하면서 경제법의 대상이 되는 기업조직인 반면, 회사는 투자자와 회사조직 구성원 사이에서 계약과 설립행위 등에 의하여 발생되는 민사 및 상사 법률관계가 그 중심이 된다는 점에 차이가 있다. 이러한 점에서 기업과 회사는 그 특성상 유사점보다는 차이점이 강하게 구현된다는 점 때문에 이원론에 따른 입법체계가 마련되었다.

기업법은 출자자와 소유제의 상관관계에서 출발하여 단일의 독자적인 기업관계를 적용대상으로 하는 규범이고, 회사법은 출자자와 소유제의 상관관계에 관계없이 회사관계에 적용되는 규범이다. 기업법은 출자자가 소유제와 직접 연결되는 관계로 경제법의 적용을 받지만, 회사법은 출자자가 개인이나 법인 또는 기타 경제조직이고 소유제와는 관계없이 설립·조직·운영 및 해산할 수 있으므로 민상법의 영역에 속한다. 다만 회사법도 국가의 거시적인 경제정책의 조정대상이 되므로 그 한도 이내에서는 경제법의 적용을 받게 된다.

이러한 기준에 의할 때 경제법의 규율대상으로 되는 기업은 국유제기업(全民所有制企業)·집체기업·사영기업 및 외국인투자기업 등이 있고, 민상법의 적용 대상이 되는 기업으로는 개인독자기업·회사 및 조합기업 등이 있다.

제3. 중국 기업법체계에 따른 기업의 유형

Ⅰ. 일반적 분류방식

일반적으로 기업은 그 경제적 역할에 따라 개인독자기업·조합기업 및 회사기업으로 분류된다. 중국에서는 기업을 경제적 기능에 따라 소유제 및 법인격 유무에 따라 구분하는 방식을 전통적으로 실시하였고, 등기관리조례에서는 내자기업(內資企業)과 외국인투자기업(外商投資企業)으로 분류하였으며, 회사법이 제정된 후에는 책임형식에 따른 법률형태로 분류하고 있다. 기업소득세법(企業所得稅法)[43]에서는 조세정책상 내국법인(居民企業)과 외국법인(非居民企業)으로 분류하기도 한다.

43) 전인대(제15기) 제5차 회의 통과(2007. 3. 16.), 2008. 1. 1. 시행.

1. 소유제에 근거한 기업유형

「민법통칙」[44]에서는 기업(企業)을 자본의 출자자와 소유제를 기준으로 하여 크게 내국인투자기업과 외국인투자기업으로 구분하고 있다. 내국인투자기업은 국유제기업(全民所有制企業), 집체소유제기업(集體企業), 개인소유제기업(私人企業) 및 혼합소유제기업 등으로 분류하고, 외국인투자기업은 중외합자경영기업(中外合資經營企業)과 중외합작경영기업(中外合作經營企業) 및 외국인독자기업(外資企業) 등으로 구분하고 있다.

2. 법인격 유무에 따른 기업의 유형

소유제에 따른 경제적 분류에 의할 때 기업관계, 즉 기업의 출자자와 기업조직의 관계, 기업의 재산관계 및 이에 상응하는 책임의 귀속관계는 법률적인 복잡한 문제를 발생시키기 때문에 기업의 구성원이 기업에 대하여 부담하는 책임형식과, 기업이 외부관계에서 부담하는 책임형식 및 이에 따른 법인격의 구비여부에 따라 구분하는 방식이 일반적으로 인정되고 있다. 이러한 방식에 의하면 먼저, 법인격 구비여부에 따라 법인기업과 비법인기업으로 구분된다. 「민법통칙」에서도 기업을 법인격 없는 기업(非法人企業)과 법인격 있는 기업법인(企業法人)으로 구분하고 있다.

공유제체제에서 기업이 법인격을 갖고 있느냐 하는 점은 기업이 경제활동을 실질적 · 독자적으로 할 수 있느냐 하는 기준이 되기 때문에, 법인격의 존재여부는 기업의 신뢰성과 경제성을 판단하는 중요한 지표가 되었다. 법인격 있는 기업과 법인격 없는 기업은 근거법의 적용문제, 조직의 유형과 설립, 구성원의 권리와 책임한계, 재산권문제(財産權問題) 등에서 현격한 차이점이 존재하기 때문이다. 예컨대 합작기업법이나 외국인독사기업법(外資企業法)에서는 이들 기업이 "중국 법률에서 정한 법인격을 갖춘 경우에는 중국 법인자격을 취득한다"라고 규정하고 있기 때문에(합작기업법 제2조, 외국인독자기업법 제8조), 외국인투자기업 중에서 합작기업이나 외국인독자기업은 법인격 있는 기업으로 될 수도 있고, 법인격 없는 합작기업이나 개인독자기업이 될 수도 있다. 그러나 법인격 없는 기업의 구성원은 일반적으로 무한 · 연대의 책임을 질뿐만

44) 전인대(제6기) 제4차 회의 통과(1986. 4. 12.).

아니라 공법적인 책임도 가중되어 있다.

법인격을 갖추기 위해서는 「민법통칙」 제37조에서 정한 규정에 부합하여야 한다. 즉, 동법 제37조에서는, 첫째 법에 의하여 설립되고, 둘째 필요한 재산이나 자금(經費)을 보유하고 있어야 하며, 셋째 독자적인 명칭과 조직기구 및 영업장소를 갖추고 있어야 하며, 마지막으로 독립하여 민사책임을 부담할 수 있어야 한다고 규정하고 있다.

법인과 비법인은 다른 조직 실체일 뿐만 아니라 책임부분에서도 큰 차이가 있음에도 불구하고 현재의 법률기준으로 볼 때, 「민법통칙」 제37조의 규정은 매우 간단하게 규정되어 있다. 「민법통칙」에서 정한 법인요건에 의하면 일반적으로 법인격이 없는 것으로 인정되는 조합기업(普通合伙企業)[45]과 1인기업(個人獨資企業, 外資企業)도 법인격이 있는 것으로 오인될 수 있기 때문이다. 조합기업이나 1인기업의 경우 법인격이 있는지의 판단은 주로 「민법통칙」 제37조의 네 번째 요건에 의하여 해당 조직이 독자적으로 민사책임을 부담할 수 있는지의 여부에 따라 판별될 것이다.

다만 「민법통칙」은 법인에 관하여 일반적인 요건만 규정한 것이므로, 기업법인이 되기 위해서는 개별 기업법에서 정하고 있는 개별적인 법인요건을 구비하여야 한다. 국유제기업(전민소유제기업)·집체기업(대부분)·중외합자경영기업 및 회사는 개별 법률에서 법인격이 인정된 기업유형이다. 중외합작경영기업, 외국인독자기업 및 사영기업은 원칙적으로 법인격이 없는 조직이며, 법인자격을 구비하였을 때에만 심사하여 법인기업으로 된다.

3. 책임부담방식에 따른 기업유형

기업은 책임을 부담하는 방식에 따라 유한책임기업과 무한책임기업 및 혼합책임기업의 형식으로 구분된다. 유한책임을 부담하는 기업유형은 국유제기업(전민소유제기업)·집체소유제기업·회사기업·중외합자경영기업·향진집체기업중 법인자격을 취득한 기업 및 사영기업 중에서 유한책임회사로 등록된 기업 등과 조합기업(合伙企業) 중에서 유한(有限)조합기업 등이 있다. 무한책임을 지는 기업유형은 사영기업의 유형 중에서 개인독자기업, 법인 아닌 외국인독자기업과 합작제 기업, 조합기업의 일반(普通)조합기업 등이 있다.

45) 合伙企業法, 제2조.

「회사법」 및 주요 기업법이 제정되고 난 후에는 그 책임형식에 따른 기업구분이 중시되고 있다. 이를 「老四種(全民·集體·私營·個體)企業」에서 「新四種(公司·合伙·股分合作·外資)企業」으로의 전환이라고 한다. 이는 국유제 기업체제에서 자본제 기업체제로 전환하는 중국경제체제의 특성 및 제도의 규범화 경향에서 기인하는 것이다.

4. 등기편제상의 분류

기업의 등기를 편제하고 관리하는 공상행정관리총국에서는 기업등기를 내자기업과 외국인투자기업으로 구분하여 실시하고 있다. 1998년 국가통계국과 국가공상행정관리총국이 공포한 「기업등기등록유형의 분류에 관한 규정(關於劃分企業登記注册類型的規定)」에서는 기업등기를 할 경우 기업을 내자기업(內資企業)과 외국인투자기업(外商投資企業)으로 구분하고, 외국인투자기업에는 합자기업(合資企業), 합작기업(合作企業), 외국인독자기업(外資企業) 및 외국인투자주식회사(外商股份有限公司)뿐만 아니라 홍콩, 마카오 및 대만인들이 투자한 기업도 포함시키고 있다. 이 규정에 의할 때 내자기업에는 국유기업, 집체기업, 주식합작제기업(股份合作制企業), 주식회사, 사영기업 및 기타 기업이 포함된다.[46] 현재 기업 등기에는 이 표준이 적용된다.

5. 과세표준을 위한 분류

기업소득세법에서 기업법인은 내국기업과 외국기업으로 구분한다. 기업소득세법에서 말하는 내국기업(居民企業)은 중국 국내에서 성립되거나 외국(지역)의 법률에 의하여 성립되었지만 실제 경영조직(經營組織)이 중국 국내에 있는 기업을 말한다(동법, 제2조 2단). 외국기업(非居民企業)은 외국(지역)법률에 의하여 성립되었으며, 동시에 조직기관이 중국 국내에 존재하지 않지만 중국 국내에 조직기관과 영업장소를 보유하였거나, 또는 중국 국내에 조직기관이나 영업장소를 보유하지 않았더라도 중국 국내에서 소득이 발생하는 기업을 말한다(동법, 제2조 3단).

---

46) 史際春·溫爗·鄧峰, 企業和公司法, 中國人民大學出版社, 2001, 94면에서 재인용.

Ⅱ. 내국인투자기업의 유형

내국인투자기업의 유형은 종래 공유제에서의 기업유형 및 회사법 제정후의 기업유형으로 구분된다.

1. 공유제에서의 기업유형

(1) 전민소유제기업

전민소유제기업(全民所有制企業)은 경제학에서 국유기업으로 호칭되고 있는 기업을 말한다. 전민소유제기업은 기업자산의 소유권이 국가에 귀속되고, 법정절차에 의한 허가주의에 따라 설립되며, 자주적 경영과 독립채산제를 실시하는 법인격을 갖는 경제조직이다.[47] 전민소유제기업이 보유하고 있는 생산요소는 전체 인민의 소유에 속하므로, 전체 인민이 이 기업의 권리주체이다. 다만, 전체 인민이 자기의 권리를 직접 행사할 수 없으므로 인민으로부터 수권받은 특정 국가기관이 이를 대위하여 관리한다.

전민소유제기업은 일반적으로 국가소유인 교통운송 · 전신(郵電) · 지질탐사 · 대형건축 · 상업 · 외국무역 · 물자(物資) · 농업과 임업 · 수리(水利) 등과 관련된 업무를 관장한다.

전민소유제기업의 법정대표자는 공장장(廠長)이고, 최고권기구는 근로자대표대회(職工代表大會)이다.[48] 공장장은 정부 주관 부서에서 위임 또는 초빙하는 형식과 근로자대표대회에서 선거하는 방식으로 결정되며,[49] 공장장은 대내외적인 중요사무를 처리할 권한이 있고, 근로자대표대회에서 결정한 사항들을 집행할 의무가 있다. 전민소유제기업은 공장장의 보조기관으로서 기업 관리위원회를 설립하여야 한다.[50] 종래 근로자대표대회는 공장장을 지도할 권한이 있었기 때문에 이 양자는 수직적 관계였지만, 「전민소유제공업기업법」이 제정된 후에는 지배구조상 평등한 관계로 대체 되었으며, 이러한 지배구조의 변화에 따라 공장장은 국유기업에서 막강한 권한을 행사할 수 있게 되었다.

종래의 국유기업은 설립자 또는 투자자인 국가의 간섭과 영향이 크게 작

---

47) 참조: 全民所有制工業企業法, 제2조.
48) 全民所有制工業企業法, 제45조.
49) 全民所有制工業企業法, 제44조.
50) 全民所有制工業企業法, 제47조.

용함으로써 국유기업이 국가기관에 종속되는 관계에 있었을 뿐만 아니라, 국가재산과 국유기업의 재산이 혼재되거나 국유기업채무에 대하여 국가가 무한책임을 짐으로서 국가와 기업의 관계가 유기적 관련성을 갖고 있다. 1992년 「전민소유제공업기업의 경영기구전환조례」[51]가 제정되면서 국유기업은 독자적 경영권을 보장받게 되었다.

중국의 법체계에서는 일본이나 기타 국가처럼 지방정부가 설립한 공립, 시립 등의 기업이 존재하지 않고, 전민소유제의 법률형태로 존재하고, 이러한 국가소유권의 실제적인 운영은 국무원이 국가로부터 위임받아서 그 권한을 행사하는 형태로 존재한다. 따라서 지방정부가 소유한 기업 또는 지방정부가 설립을 주도한 기업도 모두 전민소유제 형태로 존속한다.[52]

국유기업인 전민소유제기업은 재산권의 귀속, 기업내부의 지배구조, 기업의 독자적 경영관계 등에서 회사법에서 정한 회사와 구별된다. 다만 국유기업의 국유자산이나 주식 및 경영 등은 특별법에 규정이 없는 한 회사법이 적용된다. 1993년 회사법(公司法)이 제정된 이후, 회사법 제2장 제3절에서 국가단독출자회사(國有獨資公司)에 관한 규정을 두어 국유기업을 유한회사나 주식회사로 전환할 수 있도록 유도하고 있다. 국가단독출자회사는 회사법이 적용된다.

⑵ 집체기업

집체기업(集體所有制企業)은 기업의 생산요소(토지, 기업 등)가 농민이나 근로자의 행정거주지역을 기초로 한 집체 또는 집체성 있는 경제조직에 속하고, 공동노동, 노동에 따른 이익의 분배를 그 운영방식으로 하며, 자주경영 및 독립채산제를 실시하는 경제조직이다.[53] 간단히 집체기업(集體企業), 집단기업, 집체소유제기업, 집단합작제기업 등으로 호칭되지만, 아래에서는 용어의 간결성을 위해서 집체기업으로 통일한다.

집체기업을 구성하는 요소는 일정한 행정구역과 그 지역 내에 거주하는 거주자 및 이들이 공동으로 소유하는 공유자산이다. 일정한 행정구역으로는 농촌지역을 중심으로 하여 「농촌집체소유제기업조례(鄕村集體所有制企業條例)」의 적용을 받는 농촌집체소유제기업과, 소도시(城鎭)의 특정지역을 중심으

51) 全民所有制工業企業轉換經營機制條例(국무원 공포, 1992. 7. 23.), 제6조.
52) 史際春·溫燁·鄧峰, 企業和公司法, 中國人民大學出版社, 2001, 173면.
53) 참조: 中華人民共和國城鎭集體所有制企業條例, 제2조, 제4조 및 제5조 이하.

로 하여 「소도시집체소유제기업조례(城鎭集體所有制企業條例)」의 적용을 받는 도시집체소유제기업이 있다. 집체기업의 공유자산으로는 토지, 기업, 수면, 건축물, 사회공익시설, 집체소유의 연구성과나 특허 등이 그 대상으로 된다.[54)]

집체기업은 전민소유제기업과 같이 공유제기업이라는 점에서 유사하지만, 기업의 재산은 특정한 범위의 집체나 단체에 귀속된다는 점에서 국가소유로 귀속되는 전민소유제기업과 구별된다. 집체기업의 재산이 누구에게 귀속되느냐에 관해서는 집체조직(集體組織)이나 집단의 구성원전체에 귀속된다는 견해가 대표적이다.[55)] 특정한 범위의 집체나 단체는 일정한 범위의 노동집체, 특정 경제조직, 특정 농촌의 행정지역이나 정부조직 또는 해당 기업의 근로자 등을 포함하는 다원적 개념일 뿐만 아니라, 해당기업의 소재지나 법인격의 존재여부에 따라 그 실체가 구별된다.

집체기업의 소재지가 농촌(鄕村)이냐 혹은 소도시(城鎭)이냐에 따라 집체기업의 재산귀속관계가 달라질 수 있다. 집체기업의 재산귀속관계를 법률적으로 평가할 때 공유제(公有制)의 형식을 갖지만 해당 집체가 법인자격을 취득하였느냐에 따라 그 구체적인 내용은 달라질 수 있다. 일반적으로 소도시(城鎭) 지역에 소재한 집체기업은 법인격이 있지만,[56)] 농촌지역에 소재한 집체기업은 법인자격을 갖춘 기업에 한하여 법인격이 부여된다.[57)] 법인격이 부여된 집체기업은 그 법인실체에 재산이 귀속되지만, 법인격이 없는 집체기업은 그 집체기업의 구성원 전체에 귀속된다. 이와 같이 집체기업은 법인격이 없는 경우가 있기 때문에 투자단위나 그 기업의 구성원은 기업채무에 대하여 무한책임이나 연대책임을 지는 경우가 있다는 점도 국유기업과 구별된다.

집체기업의 설립, 권리와 의무, 조직구성 등은 소도시집체기업이나 농촌집체기업이냐에 따라 그 내용을 달리한다. 소도시집체기업은 전민소유제기업과 유사한 권리의무를 갖고 조직을 구성하므로, 근로자대표대회(職工代表大會)가 최고권력기구가 된다.[58)] 농촌집체기업의 경우에 최고의 권력기구는 농민대표대회이다.[59)]

---

54) 정이근, 중국공법학연구, 도서출판 오름, 2007, p. 82.
55) 王利明, 物權法論, 中國政法大學出版社, 1998, 518면 이하.
56) 城鎭集體所有制企業條例(국무원 공포, 1991. 9. 9.), 제6조.
57) 鄕村集體所有制企業條例(국무원 공포, 1990. 6. 3.), 제2조, 제10조.
58) 城鎭集體所有制企業條例(국무원 공포, 1991. 9. 9.), 제9조.
59) 鄕村集體所有制企業條例(국무원 공포, 1990. 6. 3.), 제18조.

⑶ 사영기업

사영기업(私營企業)은 「사영기업잠행조례(私營企業暫行條例)」에 의하여 기업의 전체 자산이 투자자인 개인에 속하고, 고용 방식으로 운영되며, 피고용인이 최소 8인 이상인 영리를 목적으로 하는 경제조직이다.60) 사영기업을 "私有(制)企業", "個體企業" 또는 "私人企業"으로 호칭하는 학자들도 있다. 사영기업은 기업의 자산이 사유에 속하고, 노동관계에 따른 단체법의 적용을 받으며 영리행위를 한다는 점에 그 특징이 있다.

사영기업의 피고용인을 8인 이상으로 제한한 것은 민법상의 민사주체인 자영업자(個體工商戶)와 구별함으로써 기업의 조직성을 강조하기 위한 것이다. 자영업자가 8인 이상을 고용하게 되면 사영기업으로 분류된다.

사영기업은 개인독자기업(獨資企業), 조합기업(合伙企業) 및 유한책임회사(有限責任公司) 등 3가지 형식이 있다.61) 개인독자기업은 1인이 출자하여 무한연대의 책임을 지는 기업형식이다.62) 조합기업은 2인 이상의 투자자가 협의하여 투자와 경영 및 손익부담에 관한 사항을 결정하는 기업형식이다.63)

공상행정관리총국(工商行政管理總局)은 기업에 관한 행정절차를 담당하는 부서로서 개인독자기업, 개인조합기업 및 사원이 모두 자연인으로 구성되는 유한책임회사를 사영기업의 범주에 넣고 처리한다. 비국유기업, 비집체기업이나 합작제기업 등은 사영기업의 범주에 속한다.

사영기업이 유한회사일 경우 2인 이상 30인 이하의 투자자로 구성되지만,64) 회사법에서는 유한회사 사원을 50명 이하의 사원으로 구성하도록 한 것과 구별된다(회사법 제24조). 사영기업인 유한회사의 사원의 법정인원수에 관하여 구 회사법(1993년)이 2인 이상 50인 이하로 규정하였던 것(구 회사법 제20조)과 유사한 것이지만, 개정 회사법은 유한회사 사원의 하한수를 삭제하였다.

2. 회사법 제정 후의 기업유형

회사법이 제정·실시된 이후 기업 분류방식은 책임부담방식에 따라 개인

60) 私營企業暫行條, 제2조.
61) 私營企業暫行條, 제6조.
62) 私營企業暫行條, 제7조.
63) 私營企業暫行條, 제8조.
64) 私營企業暫行條, 제9조.

독자기업(個人獨資企業)·조합기업(合伙企業)·회사(公司: 유한회사 및 주식회사)로 분류하지만, 회사(유한회사 및 주식회사)에 관해서는 제3장에서 설명한다.

(1) 개인독자기업

개인독자기업(個人獨資企業)은 독자기업(獨資企業)이라고도 하며, 「개인독자기업법(個人獨資企業法)」[65]에 의하여 중국 국내에 설립된 기업이다. 개인독자기업은 자연인(개인기업주)이 단독으로 투자하여 설립하고, 재산은 투자자의 개인소유로 귀속되며, 투자자는 기업채무에 대하여 그 개인재산으로 무한책임을 지는 경영실체이다.[66]

개인독자기업은 설립자의 국적에 따른 제한이 있고, 인원수가 1인으로 제한된다는 점 및 무한책임을 지는 기업이라는 점에서 이와 유사한 몇 가지 기업유형과 구별된다.

먼저, 설립자의 국적에 따를 때 중국 국적을 갖는 1인의 투자자에 의하여 설립된다는 점 때문에,[67] 외국투자자가 단독으로 설립한 외국인독자기업(外資企業)과 구별된다.[68] 개인독자기업과 외국인 독자기업은 모두 '독자기업'이라고 호칭되기도 한다.

둘째, 개인독자기업은 설립자가 1인의 자연인으로 제한된다는 특성 때문에 개정 회사법에서 신설된 1인 유한회사(一人有限責任公司)와 유사하다. 그러나 개인독자기업은 법인격이 없고 무한책임을 부담하는 기업유형이라는 점에서,[69] 법인격을 보유하고 유한회사의 본질을 갖는 1인 유한회사와 구별된다.

셋째, 개인독자기업의 개인기업주는 기업의 인격과 결합하여 존립한다는 특성 때문에 자영업자(個體工商戶)와 유사한 면이 있지만, 양자는 본질적으로 구별된다.[70] 즉, 개인독자기업은 '경영실체'를 갖고 있고, 관련 세법에서 개인독자기업을 기업으로 분류하여 조세를 부과하고 있기 때문이다.

개인독자기업은 일정한 규모의 조직과 인원 및 영업설비를 갖추어야 한다는 점에서 자영업자와 구별된다.[71] 개인독자기업의 근로자는 법에 의하여 노

65) 전인대(제9기) 상무위원회 제11차 회의 통과(1999. 8. 30.), 2000. 1. 1. 시행.
66) 個人獨資企業法, 제2조.
67) 個人獨資企業法, 제8조.
68) 個人獨資企業法, 제47조.
69) 個人獨資企業法, 제18조.
70) 이정표, "중국 기업법체계에서 기업의 유형과 특징에 관한 소고", 기업법연구 제11집, 2002. 12. 31., p. 78.

동조합(工會)을 설치하여야 하고, 노동조합의 활동은 법에 의하여 보호를 받는다.[72] 개인독자기업은 세법의 규정에 의하여 기업소득세를 납부할 뿐만 아니라 개인소득세도 납부하지만, 자영업자는 개인소득세를 납부하면 된다. 따라서 개인독자기업은 납세의 기초자료가 되는 상업장부를 반드시 작성하여야 하지만, 자영업자는 세무기관의 허가를 얻어 상업장부를 작성하지 않을 수도 있다.[73]

넷째, 개인독자기업은 준칙주의에 의하여 설립되는 일반 기업이라는 점에서, 허가주의에 의하여 설립되는 국가단독출자회사(國有獨資公司)와 구별된다.

(2) 조합기업

조합기업(合伙企業)은 자연인·법인 및 기타 조직이 「조합기업법(合伙企業法)」에 근거하여 중국 내에 설립한 일반조합기업(普通合伙企業)과 유한조합기업(有限合伙企業)을 말한다.[74] 일반조합기업은 일반조합원으로 조직되고, 조합원이 조합기업의 채무에 대하여 무한·연대의 책임을 부담한다. 유한조합기업은 일반조합원 및 유한조합원으로 구성되고, 일반조합원은 조합기업의 채무에 대하여 무한·연대의 책임을 부담하지만, 유한조합원은 자기의 출자납입액을 한도에서 조합기업의 채무에 대한 책임을 진다.[75]

일반조합기업은 최소 2인 이상의 자연인이나 법인 또는 경제조직으로 구성하여야 하고, 유한조합기업은 2인 이상 50인 이하의 조합원으로 구성한다.[76] 구 조합기업법(1997년)은 조합기업의 설립주체로서 자연인만 인정하였는데,[77] 2006년 8월 27일 개정된 신 조합기업법은 조합기업의 설립주체로서 자연인 이외에 법인 및 기타 경제조직도 포함하였다. 또한 국가단독출자회사(國有獨資公司), 국유기업(國有企業), 상장회사(上市公司), 공익성사업단위 및 사회단체는 일반조합원이 될 수 없도록 하였다.[78]

이 외에도 일반조합의 경우, 전문지식과 기능의 제공을 목적으로 하는 전

71) 個人獨資企業法, 제8조.
72) 個人獨資企業法, 제6조, 제22조.
73) 稅收征收管理法, 제12조.
74) 合伙企業法, 제2조 제1단.
75) 合伙企業法, 제2조 제2단·제3단, 제61조.
76) 合伙企業法, 제14조 제1호, 제60조.
77) 참조: 구 「合伙企業法」, 제9조: "조합기업의 조합원은 완전한 민사행위능력을 갖는 인(人)이어야 한다".
78) 合伙企業法, 제3조.

문성 있는 조직기구는 특수한 일반조합기업(特殊普通合伙企業)을 설립할 수 있다. 특수한 일반조합의 조합원은 일반조합원의 책임규정에 따른다.[79)]

조합기업의 출자방식은 현금(貨幣) · 실물(實物) · 지식재산권 · 토지사용권(土地使用權) 또는 기타의 재산권으로 할 수 있으나, 유한조합의 조합원은 노무출자를 할 수 없다.[80)]

조합기업(合伙企業)은 무한책임조합원과 유한책임조합원으로 구성된다는 점에서 유한책임만 부담하는 회사(公司)와 구별되고, 법인지위를 갖지 못하기 때문에 그 자산이 조합원 전체의 공유(共有)로 귀속된다는 점에서, 독립된 법인의 단독소유로 귀속되는 회사와 구별된다.

Ⅲ. 외국인투자기업의 유형

외국인투자기업(外商投資企業)은 외국 투자자가 중국의 관련 법률에 근거하여 중국 내에서 중국측 투자자와 공동으로 또는 외국 투자자가 단독으로 설립한 기업을 말한다. 특정한 기업이 외국인투자기업인지 아니면 내국인투자기업인지에 관한 구별기준은 외국인투자기업 관련 법(三資企業法)에 의하고, 이 법에 의할 때 외국인투자기업의 실체는 다음과 같다.

첫째, 합자(合資) · 합작(合作) 및 독자(外資) 경영을 위한 조직이 존재하여야 한다.

둘째, 기업의 등록자본금 중에서 외국측 투자자의 투자지분이 일정 비율 이상이 있어야 한다. 예컨대, 중외합자경영기업법과 중외합작경영기업법에서 규정하는 외국측 당사자의 투자비율은 등록자본금의 최소 25/100 이상이 되어야 한다.

셋째, 중국 정부의 심사비준을 얻어 중국 내에 설립된 기업이어야 한다. 이로써 외국인투자기업은 외국기업이 아닌 중국내 기업이 되고, 각종 투자우대정책 및 세제상의 특혜조치를 받는 외국인투자기업(外國人投資企業)이 된다.

외국인투자기업에서 중국측 투자자는 중국의 각종 기업이나 기타 경제조직만 해당되고, 자연인은 이 기업의 설립주체가 되지 못한다. 외국측 투자자는

---

79) 合伙企業法, 제55조.

80) 合伙企業法, 제16조, 제64조.

외국기업이나 기타 경제조직 및 개인이 포함된다. 여기서 외국의 개인은 외국 국적을 가진 자와 중국 국적을 가진 화교 및 홍콩(香港)·마카오(澳門)·대만의 국적 보유자를 말한다. 이들 지역에 거주하는 자는 중국 특유의 '섭외(涉外)'라는 범위에 포함되고, 이 지역의 경제주체들을 외국당사자의 지위가 아닌 섭외거래의 당사자 자격을 부여함으로서 기업의 설립이나 세제 등에서 특혜를 부여하였다.[81]

외국인투자기업의 형태는 그 근거 법에 따라 중외합자경영기업(中外合資經營企業), 중외합작경영기업(中外合作經營企業) 및 외국인독자기업(外資企業)으로 구분된다. 이 외에도 외국인투자주식회사(外商投資股份有限公司)와 외국인투자성회사(外商投資性公司)도 외국인투자기업의 한 유형에 속한다. 외국인투자기업(外商投資企業)에 관한 상세한 내용은 제12장에서 설명한다.

제2절 중국 회사법의 개정 배경과 적용범위

제1. 중국 회사법의 개정배경

「中華人民共和國公司法: 약칭 "회사법"」은 1993년 12월 29일 제정되어 1994년 7월 1일부터 시행된 이후, 1999년[82] 및 2004년[83] 두 차례 부분적으로 개정되었다. 중국의 구회사법은 종래의 국유기업을 일반회사로 개혁하여 민상법체계로 편입하기 위한 과도기적인 법이었기 때문에 빠르게 변화하는 중국의 경제현실에 적합하지 못하였다.

구 회사법의 한계점은 아래와 같이 평가할 수 있다. 첫째, 회사설립의 요건이 지나치게 까다롭고 복잡하였다. 둘째, 자본제도가 법성자본제로 고정되었기 때문에 회사의 자율적 경영에 많은 제한을 받았다. 셋째, 기업으로 하여금 정관에 정한 경영범위 내에서만 경영할 의무를 부과함으로써 회사의 법인성을

81) 이정표, 仲裁協議與裁決法理研究, 中國政法大學出版社, 2000, 8면 이하.

82) 1999년 일부 개정은 중국의 기술산업이 발달함에 따른 하이테크기업(高新技術企業)이나 벤처기업(風險企業)을 회사법의 체제로 흡수하기 위한 조치이다.

83) 2004년 회사법 개정에서는 주식회사 주권발행시 액면금액을 초과하여 발행하는 경우 국무원 증권감독기관의 승인을 받도록 하였던 규정(제131조, 제2단)을 삭제하였다.

제한하였다. 넷째, 회사의 지배구조가 불완전함으로써 경영과 통제가 이루어지지 못하였을 뿐만 아니라, 주주나 채권자 등 이해관계자의 권리의무 관계가 명확하게 확정되지 못하였다. 다섯째, 주주 특히 중소주주의 합법적인 권익보호에 매우 미흡하였다. 여섯째, 주식발행과 양도 및 상장 등에 관한 규정이 회사의 재투자나 기업금융에 적합하지 못하였고, 일곱째, 상장회사의 관리감독에 관한 많은 문제점이 노출되었다. 마지막으로 회사의 발기인과 주요 경영진의 신의성실의무와 그 법적책임이 명확하지 않음으로써, 거래안전이나 신용거래의 안전등에 많은 문제점이 내재해 있었다.[84]

이러한 배경 속에서 중국 회사법의 개정이 논의되었고, 개정과정에서 가장 중점을 두었던 점은 WTO가입 이후의 글로벌화 된 중국의 새로운 경제체제에 부합하는 기업법제를 만들면서, 동시에 이러한 국제경제규범체제를 국내적으로 수용하여 운용할 수 있는 회사법제를 구축하는 것이었다.

중국정부는 위와 같은 목적을 설정하여 몇 단계의 법률초안 개정작업을 거쳤다. 중국 개정 회사법은 제10차 전인대(全人大) 상무위원회 제14차 회의(2005년 2월 27일, 회사법초안 제1차 심의)와 동 위원회 제17차 회의(2005년 8월 23일, 동 초안 제2차 심의) 및 제18차 회의(2005년 10월 27일, 동 초안 제3차 심의)에서 통과되었다.

중국회사법의 주요 개정방향은 종래 구 회사법이 국유기업의 관리규범이었던 것을 지양하고 회사의 자율성을 보장하는 것으로 추진되었다. 이와 동시에 회사의 자율성 보장에 따른 회사의 사회적 책임규정을 명문화하였을 뿐만 아니라(회사법 제5조), 이사의 충실의무 · 선관주의의무(勤勉義務)를 부과하여(회사법 제148조), 자율과 책임이 상호 결합된 체제를 입안하는 것에 중점을 두었다. 이러한 목적과 개정 방향에 따라 많은 부분이 개정, 수정되었음에도 불구하고, 중국의 사회시스템이 갖는 내부적 요인과 회사법제의 특성으로 인하여, 아직도 많은 내재적 한계를 갖고 있다.

제2. 중국 회사법의 적용범위

개정 회사법은 제1장 총칙과 제13장 부칙에서 본 법의 적용범위에 대하여

84) 胡明遠, "公司法修改前瞻", http://www.law-lib.com/lw/lw_view.asp?no=2074(2005. 12. 1.).

규정하고 있다. 개정 중국 회사법의 적용범위는 크게 투자주체에 따른 기업유형 및 회사법의 개정에 따른 시적 적용범위로 구분된다. 개정 회사법이 적용되는 투자주체에 따른 기업유형은 내국인투자기업(內資企業)과 외국인투자기업(外商投資企業) 및 외국회사의 영업소(外國公司的分支機構)가 있다.

Ⅰ. 내국인투자의 유한회사와 주식회사

회사법은 중국 내에서 내국인이 투자하여 설립한 유한회사(有限責任公司) 및 주식회사(股份有限公司)에 대하여 적용된다(회사법 제2조). 유한회사와 주식회사는 유한책임을 갖는 회사유형이다. 중국 내에서 유한회사의 형태로 설립되는 내국인 투자기업으로는 조합기업법(合伙企業法)의 유한조합기업(有限合伙企業)과 회사법의 유한회사 등이 있다. 회사법이 유한회사와 주식회사에 적용되므로, 외국인투자기업의 유형 중에서 유한회사나 주식회사 형태로 설립된 경우에는 회사법이 보충적으로 적용된다(회사법 제218조 전단).

회사법은 중국 증권거래에도 적용된다. 회사법이 먼저 공포된 후에 중국 「증권법(證券法)」이 제정되었기 때문에, 구 회사법체계에서는 증권거래와 관련된 기본사항들이 회사법 제4장과 제5장에서 규정되었다. 이러한 점 때문에 회사법과 증권법의 체계가 불일치할 뿐만 아니라, 회사법의 증권관련 규정이 증권거래 현실을 따라가지 못하는 현상이 있었다. 이러한 점을 해결하기 위하여 증권법도 2005년 회사법 개정과 함께 개정되었을 뿐만 아니라, 회사법에서 규율하였던 증권관리와 관련된 대부분의 규정들을 증권법으로 이전하였다. 현재의 법체계에 따르면 증권법과 회사법은 특별법과 일반법의 관계를 갖는다.

Ⅱ. 외국인투자기업의 유한책임기업

앞서 본바와 같이 회사법은 외국인투자기업(外商投資企業)에도 적용된다. 구 회사법에서는 외국인투자기업(外商投資企業) 중 유한회사의 형태를 취하는 기업만 회사법의 적용을 받았다(구 회사법 제18조). 개정 회사법에서는 외국인투자기업도 유한회사에서 주식회사로 조직변경을 할 수 있기 때문에(회사법 제9조), 외국인투자의 유한회사(外商投資有限責任公司)뿐만 아니라 외국인투자의 주식회사(外商投資股份有限公司)도 본 법의 적용을 받는다(회사법 제218조 전단).[85] 다만 외국인투자와 관련된 법률에서 회사법과 달리 규정하였을 경우에는 그 외국인투자 관련 기업법을 적용하도록 하였으므로(제218조 후단), 외국인투자 관련 기업법은 회사법의 특별법이 된다. 이러한 입법체제는 중국 회사법과 외국인투자 관련 기업법이 이원적으로 존립하는 것이고, 이러한 특성 때문에 중국 회사법과 외국인투자 관련 기업법은 설립방식, 자본제도, 지배구조, 이익배당 등에서 상호 다른 구조를 갖게 되었다.

외국인투자성회사(外商投資性公司)와 외국인투자주식회사(外商投資股份有限公司)도 특수한 외국인투자기업이므로 이에 관해서는 회사법이 보충적으로 적용된다.

외국인투자성회사에 관한 근거규범은 1995년 4월 4일 공포된 「중화인민공화국 외국인투자성회사 임시규정(中華人民共和國外商投資性公司臨時規定)」이다. 이 규정은 2004년 2월 13일 「외국인(外商)의 투자성회사 설립에 관한 규정(關於外商投資擧辦投資性公司的規定)」으로 전환되어 중국 상무부 제2차 회의에서 개정되어 시행되었다.[86] 외국인투자성회사는 외국투자자가 독자 또는 합자형식으로 설립하는 회사지만, 주로 유한회사로 설립되고 있기 때문에 본 회사법의 유한회사에 관한 규정이 일반법으로 적용된다.

외국인투자주식회사는 외국인이 투자한 기업이지만 그 본질이 주식회사라는 점 때문에 이 회사의 설립과 절차에는 「외국인투자주식회사설립에 관한 잠행규정(關於外商投資股份有限公司設立之若干問題的暫定規定)」[87]이 적용된다. 이 잠행규정은 회사의 설립절차에 관하여 규정하고 있으므로 그 외의 사항에 관해서는 개정 회사법이 기본법으로 적용된다.

최근 2006년 8월 8일 개정된 「외국인투자자의 중국 국내기업의 M&A에 관한 규정(關於外國投資者幷購境內企業的規定)」에 의하면 M&A를 통해 설립된 외국인투자기업의 등록자본금에서 외국인투자자의 출자비율이 25/100를 초과

85) 현재 중국 기업법률체계에서 유한책임유형을 갖는 기업유형은 유한회사·주식회사(公司)·국유기업(특히 국가단독출자회사)·외국인투자기업(外商投資企業)중 합자기업(中外合資經營企業)과 유한회사로 등록된 합작기업(中外合作經營企業) 및 외국독자기업, 향촌집체기업중 법인자격이 있는 기업, 사영기업 중 유한회사나 주식회사로 설립 또는 조직변경된 기업이다.

86) 이와 함께 2006년 5월 17일 「외국인투자성회사설립의 보충규정」이 상무부 5차 부장(部長)회의에서 통과하여 2006년 7월 1일부터 실시되었다.

87) 대외무역경제합작부령(1995. 1. 10.).

한 경우 당해 기업은 외국인 투자기업의 지위를 갖게 되므로(제9조), 이러한 새로운 투자방식에 의하여 설립된 외국인투자기업들이 유한회사나 주식회사의 형태를 갖게 될 경우에도 회사법이 적용된다.

Ⅲ. 외국회사의 영업소

회사법은 외국회사의 영업소(分枝機構)에도 적용된다(제193조). 외국회사란 외국법률에 의하여 중국 국경 외에서 설립된 회사를 말하고, 외국회사의 영업소(分支機構)란 외국법률에 의하여 설립된 외국회사가 중국 회사법에 의하여 중국 국경 내에 설립하여 경영활동에 종사하는 사무처 혹은 영업소를 말한다(구 회사법 제199조). 외국회사가 중국 내에서 영업소를 설치하거나, 영업소의 조직기구와 경영활동, 영업소의 철수 등에는 회사법이 적용된다(회사법 제192조 이하).

Ⅳ. 시적 적용범위

개정 회사법은 2006년 1월 1일부터 시행된다(제219조). 중국에서 법률이 효력을 발생하는 방식은 법률이 공포된 후 즉시 효력을 발생하는 것과 법률의 공포후 일정한 기한이 지난 후 그 효력을 발생하는 두 가지 방식이 있다.[88] 개정 회사법은 2005년 10월 27일 공포되어 공포일과 효력발생일이 다르게 되었다.

개정 회사법이 효력을 발생하는 2006년 1월 1일 이전에 분쟁사안이 발생된 경우에는 구 회사법 및 이와 관련된 법률이 적용되고, 다만 이러한 법률에서 규정이 없거나 명백하지 않은 경우에는 개정 회사법이 적용된다.

88) 王保樹·崔勤之, 中國公司法原理, 社會科學文獻出版社, 2006, 28면.

제 3 절 회사법과 관련 법의 관계

제1. 회사법과 증권법의 관계

Ⅰ. 개정 증권법의 입법

1. 개정 증권법의 입법과 체계

구 증권법은 1998년 12월 29일 제9기 전인대 상무위원회 제6차 회의에서 통과되었고, 1999년 7월 1일부터 시행되었다. 그동안 조례나 규칙 등으로 규율되던 증권의 발행과 거래, 관련 기관들의 증권거래체계가 증권법의 적용을 받게 되었다. 이로써 현대화된 증권거래체계가 만들어졌다.

그러나 구 증권법은 하위 법령체계가 미비하였고 증권거래가 아닌 증권관리에 중점을 둔 행정법적인 특색이 강하였다. 거래법으로의 전환을 위하여 2003년 12월에 전인대 상무위원회에서 증권법 개정초안이 제출되었고, 초안에 대한 제3차 심의를 거쳐 2005년 10월 27일 전인대 상무위원회 제18차 회의에서 통과되었다.[89] 개정 증권법은 구 증권법 중에서 146개 조항을 개정하였고 53개 조항을 신설하였는데, 구법 중에서 27개 조항을 삭제한 전면적 개정이라고 볼 수 있다.

개정 증권법은 본장 11개 장 및 부칙 1개의 장으로 총 240개 조항으로 구성되어 있다. 증권법의 전체적인 체계는 제1장 총칙, 제2장 증권발행, 제3장 증권거래, 제4장 상장회사의 공개매수, 제5장 증권거래소, 제6장 증권회사, 제7장 증권등기결제기구, 제8장 증권서비스기구, 제9장 증권업협회, 제10장 증권감독관리기관, 제11장 법률책임 및 제12장 부칙으로 되어 있다.

2. 개정 증권법의 적용범위

증권법의 개정과정에서 증권법의 적용범위를 어떻게 변경할 것이냐에 관해 몇 가지 논의가 진행되었다.[90] 이 논의의 주요한 대상은 '증권'의 범위를

89) 2005년 4월 24일 증권법 초안에 대한 제1차 심의가 진행되었고, 2005년 8월 23일 제2차 심의를 거쳐, 동년 10월 22일 제3차 심의가 진행되었다.

90) 蔡奕, "证券法重大修订条款解析(上)", http://www.civillaw.com.cn/weizhang/default.asp?id=

어떤 한도까지 인정할 것이냐에 집중되었다. 즉, 증권의 특징인 주권(股票), 회사채권(公司債券), 정부채권, 증권투자기금, 신탁상품, 증권파생상품 등을 모두 증권법의 적용대상으로 할 것인지 아니면, 주권과 사채만 규율할 것인가 하는 논의였다.

증권법 개정안의 심의과정에서 증권법의 적용범위는 다음과 같이 정리되었다.

첫째, 정부채권과 증권투자기금의 상장거래를 증권법의 적용대상으로 전환하고, 다만 그 발행과 비상장거래에 관한 사항은 기타 관련 법률에 따르도록 하였다(증권법 제2조 제2단).

둘째, 증권파생상품의 발행과 거래도 본 법의 적용대상으로 하였고, 증권형 파생상품 및 주가지수선물거래 등이 본 법의 범위로 편입되었다(증권법 제2조 제3단). 다만 증권파생상품은 일반적 증권인 주식이나 회사채와는 본질적으로 다른 특성이 많으므로, 구체적인 규정들은 국무원 관련 부서가 이에 대한 상세한 규정을 두도록 위임하고 있다(증권법 제2조 제3단).

위와 같은 과정을 거쳐 개정 증권법은 8개 부분에서 대폭 개정을 하였다. 총칙에서 증권법의 적용범위의 재조정, 증권공개발행제도의 개정, 다원적인 자본시장에 관한 조정, 위법거래와 책임조항의 개정, 상장회사 공개매수제도의 보완, 증권거래소의 자율관리기능 제고, 증권회사감독과 규범적용, 국무원 증권감독관리기관의 책무와 권한 강화 등이다.[91]

Ⅱ. 회사법과 증권법의 관계

1. 회사법과 증권법의 체계

회사법과 증권법은 그 체계상의 지위문제에 관하여 관련법설과 특별법설의 두 가지 관점이 있다.[92] 관련법설은 증권법은 회사법과 직접, 간접적으로 관련을 갖는 법이라는 견해이다. 증권법은 기업의 증권(주로 주권과 회사채권)을 적용대상으로 하면서 동시에 정부채권과 기타 유통증권을 그 대상으로 하

26991(2005. 11. 3.).

91) 蔡奕, "证券法重大修订条款解析(上)", http://www.civillaw.com.cn/weizhang/default.asp?id=26991(2005. 11. 3.).

92) 叶林, "证券法概述", http://www.civillaw.com.cn/weizhang/default.asp?id=22466(2005. 11. 3.).

기 때문에 양 법은 동일한 적용대상을 갖는 법이라는 것이다. 특별법설은 증권법은 회사법의 특별법 지위를 갖는 법이라고 한다. 증권법은 정부채권을 제외하고는 그 내용은 대부분 주식회사의 주권과 회사채에 관한 모집·발행·거래 등에 관한 규정을 하고 있는데, 이러한 사항들은 근본적으로 회사법의 영역에 속하는 것이지만 그 기술적 특수성과 현실적 필요성 때문에 증권법에서 규율하게 되었고 회사법에 대한 특별한 지위를 갖는다고 한다. 특히 회사법은 회사의 조직과 그 행위에 관한 일반적인 사항을 규율하고, 증권법은 투자자를 보호하기 위하여 특별한 규정들을 둔 법이라고 한다.

중국 증권법은 제2조에서 "본법에서 규정되지 않은 사항은 회사법과 기타 법률·행정법규의 규정을 적용한다"고 규정함으로써 특별법설의 입장을 따르고 있다.93) 이에 따라 증권법은 법원, 체계적 지위, 적용범위와 대상 등에서 회사법에 대한 특별법적 지위를 갖는다.

2. 회사법과 증권법의 관련성

회사법과 증권법은 회사의 경영에 관한 법적, 경제적 궤를 같이 하고 있으므로 직접적으로 관련이 있다. 회사법과 증권법은 규율대상, 적용범위, 경제적 목적 등에서 관련성을 갖는다.94)

(1) 입법목적

회사법과 증권법은 경제적인 목적에서 공통성을 갖는다. 회사법은 규범체계를 통하여 회사의 경영을 제고함으로써 회사의 주주와 채권자를 보호하고 이로써 사회경제질서를 보호·유지하는 데 그 목적이 있다. 증권법은 증권발행과 거래관계를 발전시킴으로서 투자자의 합법적인 이익을 보호하고 종국적으로 사회경제질서를 발전시킨다는 점에서 양 법은 그 방향성이 같다.

(2) 적용대상

회사법의 규율대상이 회사의 설립, 조직, 경영, 해산 및 회사와 관련된 기타 대내외관계에 관한 것이라면, 증권법은 증권의 발행·거래·관리 및 이로부터 발생되는 사회경제적 관계를 그 대상으로 한다. 이에 따라 주식, 회사채권, 신주인수, 회사설립과 조직 등에서 양 법은 상호 직접적인 관련성을 갖는다.

93) 叶林, "证券法概述", http://www.civillaw.com.cn/weizhang/default.asp?id=22466(2005. 11. 3.).
94) 陈甦, "论公司法与证券法的立法协调(上)—对公司法中证券法律规范的修改建议—" http://www.civillaw.com.cn/weizhang/default.asp?id=24546(2005. 11. 3.).

회사법과 증권법은 그 적용범위에서 상호 관련성을 갖는다. 회사법이 회사와 그 투자자인 주주(사원)의 법률관계를 적용범위로 한다면, 증권법은 증권발행인과 투자자간의 관계를 그 범위로 한다. 이에 따라 회사와 투자자를 연결하는 주식과 채권에 관한 사항은 회사법과 증권법의 공통적인 적용대상이 된다.

3. 회사법과 증권법의 독자성

회사법과 증권법은 위와 같은 연계성을 갖지만 한편으로는 상호 독자적인 영역을 갖게 됨으로서 독립된 법적 지위를 갖게 되었다.[95] 회사법은 회사조직과 행위를 규율할 뿐만 아니라, 회사자본의 모집, 주식의 양도양수 등의 고유한 영역을 갖는다. 증권법은 투자자의 이익보호와 함께 국가의 거시적 경제정책을 위하여 회사법보다 정부의 정책적 관리방식이 강하게 반영된 특색이 있다.

4. 증권법의 특성

증권법은 증권거래법적 성질과, 강행법규적 성질, 실체법과 절차법의 이원적 성질 및 국가제정법적 성질과 관습법적 성질을 동시에 갖는 특성을 갖는다.

증권법은 거래법적 성질을 갖는다. 법률을 조직법과 행위법으로 대별한다면 증권법은 증권발행과 거래를 규율하는 행위법의 성질을 갖는다. 물론 증권법에도 증권발행인과 상장회사의 자격요건 등과 같은 조직법적 내용이 있으나 이는 증권의 발행과 거래를 보완하는 측면에 불과하다.

증권법은 강행법규이다. 법률규정을 강행규정과 임의규정으로 분류한다면 증권법규는 국가의 거시적 경제정책과 직접적으로 연관되어 있기 때문에, 증권관리 및 경제조정을 위하여 강행규정으로 되어 있다. 예컨대, 증권발행요건, 증권발행심사절차, 증권발행과정에서의 정보공개와 방식 등은 강행법규로 되어 있다. 이러한 측면에서 중국의 소수 학자들은 증권법을 공법적 성질을 갖는 법이라고 하는 견해도 있지만, 강행법규성과 공법적 성질은 다른 차원이라는 것이 일반적이다.[96]

증권법은 거래 당사자 사이의 거래행위를 규율하는 실체법적 규정과 주권

95) 陈甦, "论公司法与证券法的立法协调(上)—对公司法中证券法律规范的修改建议—" http://www.civillaw.com.cn/weizhang/default.asp?id=24546(2005. 11. 3.).

96) 叶林, "証券法概述", http://www.civillaw.com.cn/weizhang/default.asp?id=22466(2005. 11. 3.).

의 발행요건에서부터 증권상장절차, 증권거래절차, 증권거래로 인한 분쟁 등을 규율하는 절차적 규정을 다함께 가지고 있다.

증권법은 국가의 거시적 경제정책에 관한 규범으로 보기 때문에, 국가의 입법기관이 법정절차에 따라 입법하는 제정법이다. 이와 함께 증권거래소가 자율적으로 제정하는 증권상장표준, 상장심사 및 상장업무준칙 등은 관습법의 영역에 속한다.

제2. 회사법과 개정 파산법의 관계[97)]

Ⅰ. 개정 파산법의 입법

중국 개정 파산법(中華人民共和國企業破産法)이 2006년 8월 27일 전인대 상무위원회 제23차 회의에서 통과되었다. 이법은 1986년의 구 파산법(企業破産法(試行))의 제정일로부터 약 20년이 경과한 뒤 개정되었고, 파산법초안이 제출된 1994년을 기점으로 하면 약 12년 만에 법률이 개정된 것이다.

구 파산법은 국유기업의 파산에 적용할 목적으로 제정되었기 때문에, 국유기업의 최고권력기구인 근로자대표회의 주체인 근로자가 주요한 보호대상으로 되었다. 반면 기업파산으로 인하여 보호받아야 할 채권자의 권리는 상대적으로 경시되는 측면이 강하였다. 특히 1986년 이후 개인기업과 민영기업의 파산이 증가하면서 채권자보호가 중요한 과제로 대두되었지만, 구 파산법으로는 이를 해결할 수 있는 여지가 없었다. 이러한 점 때문에 1991년에 민사소송법 개정 당시에 동 법 제19장에서 기업법인 파산의 경우 채무상환절차를 보완하였으나, 정책성 파산제도의 한계로 인하여 법의 규범성 기능은 제한되었다.

중국이 WTO에 가입한 이후에도 국유기업의 파산은 국유기업 고용자의 대량 실업과 사회보장제도의 해체 및 이에 따른 사회적 파장을 두려워하는 중앙정부 및 사법부의 파산에 대한 기피 등으로, 기업의 파산절차는 실질적으로 시행되지 못하였다. 이러한 정책에 따라 채권채무관계의 정리를 본질로 하는 파산법은 중앙정부의 개입으로 인하여 노동법이나 사회보장법적 의미를 갖는 것으로 왜곡되기도 하였다.

97) 법제처 동북아법령정보서비스사업 2006년도 연구용역과제 보고서, p. 205.

특히 외국인투자기업은 파산의 사유가 발생하여도 절차적 규정의 미비와 지방정부의 지역보호정책 등으로 인하여 이를 진행할 수 없었다. 이러한 점에 대한 대내외적인 비판을 수용해서, 파산절차를 투명하게 하고 채권자와 근로자의 권익을 보호할 수 있는 법적 근거를 마련하기 위하여 파산법을 개정하였다. 개정 파산법은 위와 같은 취지를 반영하기 위하여 적용범위를 확장하고, 파산과정에 새로운 절차를 규정하였으며, 채권자보호에 관한 규정의 보완 및 근로자의 재배치 등에 관한 제반 사항을 규정하였다.

개정 파산법은 2007년 6월 1일부터 시행되는데, 총칙에서부터 법률책임까지 11개 장을 두었고 부칙 1개 장을 합하여 12개 장으로 하여 총 136개 조문으로 구성되었다. 개정 파산법의 전체적인 체계는 제1장 총칙, 제2장 신청과 수리, 제3장 파산관리인, 제4장 채무자의 자산, 제5장 파산비용과 법정(公益)채무, 제6장 채권신고, 제7장 채권자회의, 제8장 기업정리(重整), 제9장 화해, 제10장 파산신청, 제11장 법률책임, 제12장 부칙으로 구성되어 있다.

Ⅱ. 회사법과 개정 파산법의 관계

중국 기업법체계에서 회사가 청산되는 경로는 파산법에 의한 정리절차와 회사법에 의한 청산절차이다. 회사법에 의한 청산절차는 회사법의 체계 내에서 자체적으로 진행되는 것이므로 회사법이 적용되지만, 파산법에 의한 파산절차는 채권자보호의 중요성 때문에 법원의 역할이 중요하게 된다.

파산법은 회사법의 적용대상인 유한회사나 주식회사뿐만 아니라 기업법인의 자격을 갖는 모든 기업에 적용된다. 이러한 특성 때문에 회사법과 파산법은 일반법과 특별법의 지위에 있다.

제2장
회사법 총칙의 개요

중국 회사법 총칙은 제1조에서부터 제22조까지로 구성되어 있다. 그 주요 내용은 입법목적, 적용범위(調整對象), 회사의 특성과 형식, 주주(사원)의 권리와 책임, 회사경영의 보장, 회사의 설립등기와 준칙주의, 회사영업허가증(公司營業執照), 회사의 명칭, 회사조직변경의 요건, 회사의 주소, 회사 정관(章程)의 작성, 회사의 경영범위, 회사 법정대표자(法定代表人), 지점(分公司)과 자회사(子公司), 회사의 재투자(轉投資) 및 그 제한, 회사의 근로자 보호의무 및 근로자대표대회(工會), 회사와 당조직(共產黨組織)의 관계, 지배주주와 주요 임원의 관련행위(關聯行爲)의 금지, 사원총회(주주총회) 및 이사회(董事會) 결의의 무효와 구제방식 등을 규정하고 있다.

중국 개정 회사법이 1993년 제정된 이후 1999년과 2004년 두 번의 개정을 거쳐 2005년 전면적으로 개정되는 동안 총칙에서 많은 제도가 삭제되거나 변경 또는 신설되었다. 특히 2005년도 개정 당시에 회사법 총칙에서는 계획경제에서의 기업관리와 관련된 조항들이 많이 삭제되었고, 회사의 자율성 보장이 강조되었으며, 투자자인 주주(사원)의 보호를 총칙에서 입법하였을 뿐만 아니라, 지배주주의 권리남용을 규정하였고, 회사설립을 위한 등기절차의 근거조항을 법에 명문화하는 등 전면적 개정 작업이 진행되었다. 그러나 사회주의 국가적 특색을 나타내는 관련 조항들이 총칙에 여전히 남아 있다.

개정 회사법에서는 회사의 독립성과 자율성을 제고하기 위한 일련의 제도들을 도입한 것도 하나의 특징이라고 할 수 있다. 즉, 법인격부인제도의 도입(제20조), 회사정관의 활용도 제고(제11조, 제13조, 제16조, 제20조), 회사 이해관계자 등에 관한 권리구제제도의 확정(제16조, 제20조, 제21조, 제22조), 등기절차의 투명화, 회사 명칭 전용권의 실시 등이 이와 관련된 것들이다.[1)]

제 1 절 회사의 독립성 강화

제1. 계획경제 기업법의 탈색

구 회사법은 총칙에서 사회주의 시장경제의 발전과 유지(제1조), 국가의 통제(제5조 제2단), 사회주의 정신문명(제14조) 등과 같은 이념적 · 정책적 규정을 두었을 뿐만 아니라, 국유기업의 개혁(제7조), 국유자산처리(제4조 제3단), 근로자의 근로보호(제15조), 근로자대표대회의 활동보장(제16조), 공산당조직의 활동 보장(제17조) 등과 같은 경제행정법 관련 조항들이 산재해 있었다. 그러나 계획경제와 관련된 이와 같은 조항들은 회사법의 본질에 부합되지 못할 뿐만 아니라, 회사가 정부의 규제와 간섭에 묶여 있다는 표지가 될 수 있기 때문에, 개정 회사법에서는 이와 관련된 규정들을 삭제, 개정하였다.

개정 회사법은 이와 같은 입법목적을 제1조에 규정하면서, 회사의 조직 및 경영행위를 규범화하고, 회사 · 주주(사원) 및 채권자의 합법적인 권익을 보호하며, 사회경제질서를 유지하고, 사회주의 시장경제의 발전을 촉진하기 위하여 본 법을 제정하는 것으로 선언하고 있다. 이러한 선언적 규정이 총칙편 내에서도 회사의 법인격 보호, 주주와 채권자 보호, 주주의 권리남용에 대한 책임, 회사의 사회적 책임, 법에 따른 등기의무, 회사 경영범위의 자율성 확대, 법정대표자의 선정방식, 회사의 재투자 허용, 회사의 근로자 보호 등으로 구체화되고 있다.

---

1) 본 장 이하에서는 회사법 인용시에 특수한 경우를 제외하고는 회사법의 표기를 생략함.

제2. 회사의 법인격 보호와 이해관계자의 책임

Ⅰ. 회사의 법인격 보호

구 회사법에서는 회사가 법인조직이었음에도 불구하고 자체의 독립성을 보장받을 수 있는 규정들이 매우 부족하였다. 회사의 지배구조가 균형을 갖추지 못하고 있었기 때문에 회사의 법인격 보호에도 한계가 있었다. 이러한 왜곡된 지배구조 체계에서 법정대표자나 회사의 이사, 감사 또는 고급관리자(高級管理人員), 나아가 지배주주(控股股東) 등이 회사의 법인지위와 유한책임 등을 이용하여 회사재산이나 대외적 신용 등에 중대한 영향을 주는 사례 등이 빈번하였다. 개정 회사법은 회사의 합법적 권익을 보장하기 위한 총칙상의 일반규정을 명시하면서(제5조 제2단), 이를 구체화하기 위한 개별적인 조항들을 총칙과 각칙에서 개별적으로 규정하고 있다.

Ⅱ. 이해관계자의 책임 강화

중국 회사법에서 회사와 이해관계에 있는 자는 주주와 기타 이해관계자로 구분된다.

회사의 투자자인 주주는 회사의 이해관계에 많은 영향력을 줄 수 있기 때문에, 개정 회사법은 주주의 권리를 보장하면서 다른 한편으로는 주주의 지위를 이용하여 회사에 손실을 초래하는 경우 회사에 대한 손해배상책임을 명시하였다(제20조 제1단). 이와 함께 주주가 회사의 법인격 및 유한책임의 법리를 남용하여 회사채권자의 이익을 침해하는 경우에 회사채권자에 대하여 연대책임을 지도록 하였다(제20조 제3단).

회사의 경영과 직접적으로 관련 있는 기타 이해관계자는 지배주주(控股股東)·실질적 지배자(實際控制人)·이사·감사 및 고급관리자(高級管理人員)이다(제21조). 이러한 이해관계자는 경영에 직접적으로 영향을 주는 이사나 감사 또는 고급관리자(高級管理人員)들뿐만 아니라, 자신의 자본지배력을 이용하여 회사를 통제할 수 있는 지배주주 또는 실제 지배자들이다. 이들이 자신의 신분이나 지위 등 관련관계(關聯關係)를 이용하여 회사에 손해를 주는 행위를 할 경우 회사에 대한 손해배상책임이 있음을 규정하였다(제21조).

지배주주(控股股東)란 유한회사의 경우 자신의 출자액이 등록자본금 총액의 50/100 이상이거나, 주식회사인 경우 그 보유비율이 회사의 주식자본금 총액의 50/100 이상인자, 또는 출자액이나 보유한 주식의 비율이 등록자본금 총액 또는 주식자본금 총액의 50/100 이하 이지만 그 출자액 또는 보유 주식이 가지는 표결권이 사원총회 또는 주주총회의 결의에 중대한 영향을 미치는 사원 또는 주주를 말한다(제217조 제2호).

실질적 지배자(實際控股人)란 회사의 사원이나 주주는 아니지만, 투자관계, 협의사항 또는 기타 역학(安排)관계에 따라 회사를 실질적으로 지배할 수 있는 자를 말한다(제217조 제3호).

지배주주 또는 실질적 지배자가 통제권을 행사하는 방법으로는 주주총회나 사원총회를 통하여 의결권을 행사함으로써 직접적으로 통제권을 행사하는 방식과, 회사법에서 인정된 이사회 구성원인 이사나 경리의 선임권을 행사한 후 이들을 통하여 간접적으로 통제권을 행사하는 방식이 있다.

고급관리자(高級管理人員)는 회사의 경리(經理)·부경리(副經理)·재무책임자·상장회사 이사회의 비서(秘書) 및 회사 정관에서 규정한 기타 직원이다(제217조 제1호).

관련관계(關聯關係)란 회사의 지배주주(지배사원), 실질적 지배자, 이사, 감사, 고급관리직원이 직접 또는 간접으로 기업을 통제할 수 있거나 기타의 방법으로 회사의 재산을 유출할 수 있는 관계를 말한다. 국가가 지분을 통제하는 국유지주기업(國有控股企業) 사이에는 단지 이러한 통제관계만으로 관련관계가 있다고 할 수 없다(제217조 제4호).

Ⅲ. 집행기관 구성원의 의무와 책임

회사법 총칙에서는 규정하고 있지 않지만, 회사의 집행기관 또는 경영에 직접적으로 관여하는 자가 직무 집행시 법률·행정법규 및 회사정관에 위반되는 행위를 함으로써 회사에 손해를 초래한 경우 이에 대한 배상책임도 함께 규정하였다(제150조). 이들은 주로 이사나 감사 또는 고급관리자이다. 특히 이사회의 구성원인 이사는 회사의 중요한 정책을 결정하고 집행하는 지위에 있기 때문에 이들에게 충실의무와 근면의무 및 기타 의무가 부과된다(제148조).

제3. 주주 및 채권자의 보호

Ⅰ. 구 회사법의 주주와 채권자 보호

구 회사법은 계획경제체제와 그 특성 아래에서 국유기업을 어떻게 일반 회사형태로 전환할 것인가를 주요한 입법목적으로 하였기 때문에, 일반 투자자인 주주나 사원 및 외부 권리자인 채권자의 지위는 상대적으로 매우 취약하였다. 구 회사법에서 주주나 사원의 권리로 인정되었던 것으로는 이익배당청구권(구 회사법 제4조), 유한회사 설립의 경우 설립등기 신청인의 지명권 또는 위임권(구 회사법 제27조), 사원총회 회의록 및 회계장부 열람청구권(구 회사법 제32조), 출자지분의 양도권(구 회사법 제35조), 사원총회 출석권과 의결권(구 회사법 제37조), 소수주주의 임시주주총회 소집청구권(구 회사법 제104조 제3호), 주주총회 출석권과 의결권(구 회사법 제106조), 주주총회 회의록 및 회계장부 열람청구권(구 회사법 제110조), 경영에 관한 건의 및 질의권(구 회사법 제110조), 주주총회·이사회 결의의 위법행위 중지청구권(구 회사법 제111조), 주식양도권(구 회사법 제143조), 잔여재산분배청구권(구 회사법 제195조) 등 이었다.

이러한 권리들을 주주(사원)의 공익권과 자익권으로 분류해 보면, 자익권으로는 이익배당청구권, 주식(지분)양도권, 잔여재산분배청구권 등이 있고, 공익권에는 사원총회(주주총회) 출석권 및 의결권, 회계장부열람권, 건의 및 제안권, 이사회의 위법행위 유지청구권 등이 있다.[2)]

주주를 보호하기 위한 규정 중에서도 소수주주에 관한 사항은 임시주주총회청구권, 주주총회 회의록 열람권, 위법행위 중지청구권 등으로 극히 형식적인 것에 불과하였다.

개정 회사법은 회사의 주주의 권리를 명확하게 하였을 뿐만 아니라 이들의 권리구제절차를 명시하였으며, 회사의 채권자를 보호하기 위한 제반의 규정을 마련하였다.

---

2) 정용상, 중국회사법론, 부산외국어대학교 출판부, 2003, p. 162.

Ⅱ. 개정 회사법의 주주권 보호

개정 회사법은 자본제도에서 투자자 중심주의를 도입하여 주주나 사원의 권리를 확정하면서 동시에 지배주주의 권한남용에 따르는 문제점 등을 총칙에서 상징적으로 입법하였고, 이를 실현하기 위한 개별조항을 각칙에서 두고 있다.

1. 총칙의 주주권 보호

총칙에서 투자자인 주주나 사원의 권리에 관하여 규정하고 있는 사항들은 주주 및 채권자 보호에 관한 일반규정(제1조), 주주의 유한책임(제3조 제2단), 주주권(股權, 股東權)의 범위 설정(제4조), 지배주주에 대한 회사의 담보설정 제한(제16조 제2단 및 제3단), 주주권 남용에 대한 법적 책임(제20조 3단), 주주총회(사원총회) 및 이사회의 결의취소의 소(제22조 제2단) 등이 있다.

구 회사법에서 회사의 일상적 직무행위가 법률이나 행정법규 또는 회사정관의 규정에 위반되는 사실이 발생한 때, 유한회사의 일반 사원이 직접 인민법원에 제소할 수 있는 권리를 갖지 못하였다. 유한회사의 경우 주식회사와 달리 50명 이하의 사원으로 구성되고, 이들 개별 사원은 주식회사의 소수주주와 같은 중요한 지위를 갖고 있음에도 불구하고 회사의 경영으로부터 분리되어 있을 뿐만 아니라, 회사 경영진에 의한 위법한 행위를 사전에 방지하거나 사후에 구제할 수단이 없었다.

개정 회사법은 사원총회(주주총회)나 이사회의 소집절차, 의사방식과 결의방식 등이 법률이나 행정법규 또는 회사정관에 위반되는 경우, 사원(주주)이 직접 인민법원에 제소할 수 있도록 하였다(제22조).

2. 각칙의 주주권 보호

중국 회사법 각칙에서 주주권을 보호하기 위한 것으로는 정보공개청구권(知情權)(제32조, 제34조, 제98조, 제117조), 이익배당청구(제35조) 지분매수청구권(제75조), 중요사항 의결권(제101조, 제103조, 제111조), 주요 기관 구성원에 대한 선거권 및 기타 권리 등이 있다. 이에 관해서는 각칙 관련 부분에서 설명한다.

Ⅲ. 회사 채권자의 보호

회사법에서 회사 채권자 보호와 관련되는 사항으로는 회사의 재투자, 회사재산의 담보권 설정, 회사의 조직변경 및 회사의 해산과 청산 등이 있다.

1. 재투자와 채권자 보호

재투자란 회사가 투자자로서 회사가 보유하고 있는 법인자산을 다른 회사에 출자함으로서 회사가 다른 회사의 구성원으로 되는 출자행위를 말한다. 회사는 다른 회사에 재투자할 수 있지만, 채권자보호를 위하여 일정한 범위 내에서 제한을 받는다.

재투자는 투자를 목적으로 하는 행위이므로, 투자대상회사의 경영성과에 따라 투자회사가 이익을 배당받을 수 있을 뿐만 아니라 자본효율을 증가시킬 수 있다는 장점이 있다. 다른 측면으로는 투자대상회사가 갖고 있는 경영위험을 투자회사가 부담할 가능성도 커지고, 재투자 하는 회사의 자본 유지에 중대한 영향이 올 수도 있다. 이러한 점들은 투자회사의 채권자에게 직접적으로 영향을 줄 수 있다. 특히 집행기관의 구성원이 재투자 방식을 남용하여 자본유출을 시도하거나, 모자회사간의 자본조작을 할 경우에는 그 폐해의 심각성이 크게 된다. 이러한 측면에서 재투자에 대한 입법 방식은 그 투자대상(또는 방식)과 투자금액을 정하는 것이 일반적 관례이다.

중국의 구 회사법은 재투자를 인정하였지만, 투자대상과 투자금액을 제한하는 방식을 취하였다(제12조). 개정 회사법 제16조 제1단에서는 재투자의 절차적 정당성을 확보하기 위하여, 회사가 타기업에 재투자 하거나 타인을 위한 담보를 설정하는 경우에, 정관의 규정에 따라, 이사회나 사원총회(주주총회)의 결의를 받노록 하였다. 다만, 회사 정관에서 재투자나 담보의 총액 및 투자항목 등의 제한규정이 있는 경우에는, 그 한도액을 초과하지 못하도록 하였다. 그러므로 중국 개정 회사법은 재투자에 대하여 투자대상을 규정하는 방식을 원칙으로 하였고(제15조), 정관에서 투자금액을 제한하도록 하는 방식을 보완하고 있다(제16조 제1단).

재투자가 인정되더라도 투자대상 회사의 채무에 관하여 연대책임을 지는 출자자가 되지 못한다(제15조). 회사는 연대책임을 지는 출자자 이외의 '기타 기업'에 투자할 수 있으므로, 유한회사나 주식회사 이외에 연대책임의 부담이 없는 기타 기업에 투자할 수 있게 되었다.

특별법에서 재투자를 금지하고 있는 것으로는 상업은행법과 보험법이 있다. 상업은행은 중국 내에서 신탁투자와 증권경영업무에 종사할 수 없고, 비업무용 부동산으로서 투자하거나 비은행기관이나 기업에 투자할 수 없다(상업은행법 제43조). 보험회사의 자금운용은 은행대출, 정부채권(政府債券)의 매매, 금융채권 및 국무원이 규정하는 기타 자금의 운용형식에 한정된다. 보험회사의 자금은 증권경영기구를 설립하는 데 사용될 수 없고, 보험업 이외의 기업을 설립하는데 사용될 수 없다(보험법 제105조).

2. 타인을 위한 담보설정과 채권자 보호

⑴ 회사법의 대외 담보제공

회사법에서 담보제공의 문제는 회사가 대외적으로 제3자에게 담보를 설정하는 것과, 회사의 주주나 실제 지배주주에게 담보를 설정하는 경우이다.

구 회사법에서는 회사가 대외에 담보를 설정할 수 있는지, 할 수 있다면 누가 이에 대한 결정권을 갖는지 등에 관한 명확한 규정이 없었다. 이러한 점 때문에 이사회나 이사장(董事長)이 단독으로 결정하거나 권한을 남용하여 회사나 채권자에게 손해를 주는 사례가 다수 발생하였다. 개정 회사법에서 회사는 원칙적으로 대외 담보를 설정할 수 있도록 하였고, 다만 회사와 채권자의 보호를 위하여 특별한 절차를 거쳐서 권한 있는 자가 처리할 수 있게 하였다(제16조, 제105조).

회사가 타인(회사의 주주 또는 지배주주 포함)에 대하여 담보를 설정하기 위해서는 정관에서 이에 관한 절차적 규정이 있어야 하고, 정관에서 담보총액 또는 개별담보의 한도액에 대한 제한규정을 둘 수 있고 이 경우에 그 한도를 초과할 수 없다(제16조 제1단). 회사의 주주(사원)나 지배주주(지배사원)가 자신에 대하여 담보설정 여부를 결정하는 결의에는 참여할 수 없도록 하여(제16조 제3단), 담보설정에 대한 객관성을 요구하고 있다.[3)]

만일 정관으로 대외 담보설정을 금지하도록 규정한 경우에는 주주총회(사원총회)의 결의 또는 이사회 결의로 대외 담보설정이 가능하도록 처리할 수

3) 대외담보제공에 관한 사원총회 또는 주주총회의 결의에 관해서는 제4장 제3절 참고.

없다.

⑵ 정관에서 규정하지 않은 경우

회사의 대외 담보설정은 회사법에서 허용하고 있지만, 정관에서 규정된 경우에 한정하여 설정할 수 있는지, 또 정관에서 총액을 한정하여 규정한 경우에도 그 총액을 초과하여 설정하면 전부가 무효로 되는지, 아니면 한도 내의 금액은 유효한지 등에 관하여 논의가 있다.

정관에서 대외 담보설정에 관하여 어떤 사항도 규정하고 있지 않은 상태에서 주주총회(사원총회)나 이사회 결의로 타인을 위한 담보설정이 가능한지에 관해서 두 가지 견해가 있다. 회사가 타인을 위하여 담보를 설정하는 것은 회사 정관에 규정이 되어 있는 것을 전제로 하는 것이고, 정관에서 없는 사항, 특히 회사의 대외 담보설정은 채권자와 주주의 보호를 위하여, 회사의 주주총회(사원총회)나 이사회의 결의가 있었다고 하더라도 허용될 수 없는 견해[4]와, 회사가 대외에 담보를 설정하는 것은 정관에서 규정하여 할 수도 있는 것이고, 이사회나 주주총회(사원총회)의 결의를 거쳐서도 할 수 있다는 전제에서 이를 유효로 인정해야 한다는 견해가 있다.[5]

중국 회사법 관련 체계에서 볼 때, 회사의 대외 담보설정의 문제는 회사의 권리능력의 문제로 보는 것이 일반적인 견해이고,[6] 동시에 회사법에서도 이를 명확하게 금지하지 않고 있기 때문에 이러한 사안을 일률적으로 무효로 볼 수는 없을 것이다. 이와 함께 「담보법(擔保法)」 제7조에서는 상환능력이 있는 법인이나 기타 경제조직 및 자연인(公民)은 보증인으로 될 수 있다고 규정하고 있는 것은 법인인 회사의 대외적 담보능력을 전제로 하는 것이라고 해석할 수도 있다.

하나의 예로, 회사가 정관에서 100만원(인민폐)의 한도 내에서 대외 담보를 설정할 수 있다고 규정하고 있다면, 회사의 이사회가 자회사(子公司)를 위한 담보대출을 위하여 결의하여 회사가 소유하는 시가 300만원(인민폐)의 건물에 특정 은행에 200만원(인민폐)의 근저당을 설정하여 대출을 받은 후, 은행과 근저당권 설정자인 회사 사이에 분쟁이 발생한 경우에, 회사의 책임범위를 어디까지로 할 것인가 하는 점이다. 구체적으로는 근저당권 설정자인 회사는 정

4) 胡光寶, 中華人民共和國公司法釋義及適用指南, 群衆出版社, 2005, 84면.

5) 劉學信, 公司對外擔保的效力問題探究, 公司法 破產法律師實務, 法律出版社, 2007, 37면.

6) 劉學信, 公司對外擔保的效力問題探究, 公司法 破產法律師實務, 法律出版社, 2007, 38면.

관이 정한 범위 내인 100만원(인민폐)의 한도 내에서만 책임을 지는가 아니면 전체 근저당권 계약은 무효로 되는가 하는 점이다.

이 점에 관해서는 회사의 경영범위와 대외적 계약체결에 관한 월권행위의 효력, 근저당권의 법적 성질, 일부무효의 법리, 회사법의 규정 등을 모두 검토하여야 한다.

회사법 제16조 제1단은 회사가 타인을 위하여 담보를 설정하는 경우, 회사 정관에서 담보 설정에 관한 총액제한이나 개별 담보금액에 대한 제한이 있을 경우, 이 제한을 초과할 수 없다고 규정하고 있다. 이 규정은 채권자와 주주를 보호하기 위한 규정이므로, 이를 강행규정으로 해석한다면 위와 같은 근저당권설정계약은 그 전체가 무효로 될 가능성이 높다.

그럼에도 불구하고 다음과 같은 사항을 검토하면 다른 결과가 발생된다.

첫째, 회사의 정관에서 규정하여 등기기관에 등기된 경영범위를 초월하여 계약을 체결한 경우와 유사하다. 최근의 최고인민법원 사법해석에 의하면 회사의 경영범위는 넓게 해석될 여지를 갖고 있으므로[7] 이 논점과 관련 하여서 회사는 전체 금액에 대하여 책임을 져야 하는 것으로 볼 수 있다.

이와 함께 법인 또는 기타 경제조직의 법정대표자나 책임자가 권한을 초월하여 체결한 계약은 중국 계약법상 표현대리에 속한다.[8] 이러한 계약의 효력은 대외적인 효력과 대내적인 효력으로 구분하여 처리된다. 대외적으로 이러한 계약은 상대방이 계약 체결시에 그 법정대표자나 책임자의 대표행위가 권한을 초월하였음을 알았거나 알 수 있었던 경우를 제외하고는 유효하게 된다(계약법 제50조). 대내적으로는 권한을 초월하여 체결한 법정대리인이나 책임자가 법인이나 조직이 받은 손해를 배상하여야 한다.

둘째, 근저당권을 설정하는 경우에, 근저당물이 분할되거나 멸실 또는 양도되더라도 근저당권은 유효하게 존속하게 되기 때문에 근저당권은 불가분성을 갖는다. 최고인민법원의 사법해석인「담보법의 적용에 관한 약간 문제의 해석(關於適用〈擔保法〉若干問題的解釋)」 제71조에서도 동일한 취지로 규정하고 있다.[9] 즉, 근저당권은 저당물의 변동사실로 인하여 분할되지 않는다는 것

7) 最高人民法院,「關於適用(合同法)若干問題的解答」(1999. 12. 19.).

8) 이정표, 중국통일계약법, 한울아카데미, 2002, p. 160.

9)「關於適用〈擔保法〉若干問題的解釋」, 제71조: 주채권이 전부 상환되지 않은 경우에 근저당권자는 근저당물의 전체에 대하여 근저당권을 행사할 수 있다고 규정하고 있고, 저당물이

을 의미한다.

셋째, 계약법상 일부 무효의 법리는 계약의 대상이 분할 가능한 경우에 적용되므로, 근저당권의 경우 그 속성상 일부 무효의 법리는 적용되지 않는다고 보아야 한다.10)

따라서 이와 같은 논점들을 종합해 보면 회사는 근저당으로 설정된 전체 금액인 200만원(인민폐)에 대한 이행책임을 져야 한다고 볼 수 있다.

3. 회사의 조직변경과 채권자 보호

회사가 조직을 변경하는 경우, 조직 변경전 회사의 채권 및 채무는 변경 후의 회사로 승계됨을 명시하고(제9조), 이 절차와 관련하여 채권자를 보호하기 위한 각종의 통지와 공고절차를 간소화하였다. 이에 관해서는 제9장의 관련 부분에서 설명한다.

4. 회사의 청산 및 해산과 채권자 보호

회사의 청산과 해산은 채권자와 가장 밀접한 관련이 있는 부분이다. 개정 회사법은 회사의 해산사유(제181조), 해산청구권자(제183조), 청산조직(제184조), 청산조직의 권한(제185조) 등을 각칙에서 개별적으로 규정함으로써, 구 회사법상의 명확하지 않았던 부분을 보완하였다. 이에 관해서는 제10장의 관련 부분에서 설명한다.

5. 회사 법인격 부인의 법리를 통한 채권자 보호

회사의 주주가 회사의 법인격 및 주주의 유한책임 법리를 이용하여 채무를 회피하거나 회사 채권자의 이익에 심각한 손해를 초래한 경우, 회사 채무에 대하여 연대책임을 지도록 법인격부인의 법리를 도입하였다(제20조 제3단). 이에 관해서는 본 장 제3절에서 설명한다.

분할되거나 일부 양도가 된 경우에도 근저당권자는 분할되거나 양도된 저당물 위에 근저당권을 행사할 수 있다.

10) 劉學信, 公司對外擔保的效力問題探究, 公司法 破產法律師實務, 法律出版社, 2007, 40면.

제4. 회사의 자율성 보장

구 회사법 체제에서 회사의 실체적 경영부분, 즉 정관과 경영범위, 회사 지배구조의 조직과 운영, 주권양도, 회사의 조직변경, 회사의 재투자 등이 경직적으로 운영되었고, 나아가 절차적 부분에서도 정부기관의 허가나 인가 등을 거쳐서 엄격하게 실시되었다. 이러한 상황은 회사로 하여금 빠르게 글로벌 시장경제로 진입하는 중국의 현실에 적응하지 못하게 하였을 뿐만 아니라, 그 발전에 오히려 장애가 되었다.

개정 회사법은 회사가 시장경제에서 주도적인 지위를 갖고, 경제원칙에 따른 법률행위를 할 수 있도록 하기 위하여 종래 경제행정관리법적 성격을 지닌 규정들을 대폭 삭제하거나 조정하여 회사의 자율성을 제고하였다.

회사법 총칙에서 회사의 자율성을 강조한 규정은 회사의 법인성 보장(제1조, 제5조), 회사 정관의 자율성 보장(제11조), 회사 경영범위의 자율적 결정(제12조), 회사 법정대표자의 자율적 선임(제13조), 회사의 재투자 허용(제15조) 등이 있다.

Ⅰ. 회사 정관의 자율성 제고

1. 정관의 엄격 해석과 한계

회사의 정관은 회사를 설립하는 투자자가 회사의 설립부터 종료 시점까지 회사내부의 법률관계에 적용될 자치법규를 정하는 것이다. 중국 회사법에서 회사의 정관은 회사 설립 전에 반드시 작성하여야 하는 법정서류로서(제11조), 요식문건이며 회사의 조직과 행위를 규율하는 기본준칙이다.[11)][12)]

구 회사법에서 정관의 기재사항(구 회사법 제22조)은 모두 절대적 기재사항으로 간주되었고, 회사는 정관이 정한 범위 내에서만 경영활동을 할 수 있었기 때문에(구 회사법 제22조 제2호), '정관에서 정한 경영범위'와 관련하여 많은 분쟁이 발생되었다. 이러한 배경은 법률적용과정에서 그 범위를 엄격하게 해석하였기 때문이다. 즉, 「민법통칙」 제42조에서 "기업법인은 등기된 경영범위

11) 趙旭東, 新公司法講義, 人民法院出版社, 2006, 63면.

12) 회사정관의 법적 성질에 관하여 자치법설과 계약설이 있지만 중국에서는 자치법설이 통설이다.

내에서만 경영활동을 할 수 있다"고 규정하였고, 구 회사법도 민법통칙을 계승하여 동일한 취지로 규정하였다(구 회사법 제11조 제3단). 최고인민법원의 경제계약법에 관한 구 사법해석에서도 등기된 경영범위나 경영방식을 초과하여 체결된 계약은 무효로 한다고 함으로써 이러한 법체계를 승인하였다.[13)]

기업법인은 정관에서 정한 범위 내에서만 경영활동을 하여야 한다는 이론적 근거에는 목적제한론(目的制限論)과 월권무효이론(越權無效理論)이 있었다.[14)] 목적제한론은 모든 법인의 성립은 그 목적이 있고, 회사의 목적범위는 주주가 회사 정관에서 확정한 것으로서 목적이 다르면 법인의 경영범위도 다르게 된다고 한다. 월권무효이론은 회사는 반드시 정관에서 확정된 목적 범위 내에서만 경영활동을 하여야 하고, 이 목적을 넘은 행위는 월권으로서 무효로 된다고 한다.

기업이 정관에서 정한 목적범위 내에서만 제반 경영활동을 하여야 한다면 기업의 자율성은 심각하게 침해되고 이는 경영효율을 생명으로 하는 기업의 본질에 중대한 영향을 주게 된다.

1999년 중국 「계약법(合同法)」이 경영범위를 초과하여 체결한 계약에 관한 규정을 입법하였기 때문에 정관으로 정한 경영범위가 확대 해석될 수 있는 근거가 마련되었다. 동 법 제50조에서는 "법인이나 기타 경제조직의 법정대표자·책임자가 권한을 넘어 체결한 계약은, 상대방이 알았거나 알 수 있었던 경우를 제외하고는, 그 대표자의 행위는 유효하다"고 규정하였다. 법에서 정한 입법취지에 따라 최고인민법도 계약법과 관련된 최근의 사법해석에서 당사자가 경영범위를 초과하여 체결한 계약이라고 할지라도, 국가가 경영을 제한하거나, 특허법률이나 특허경영, 행정법규에서 경영을 금지하는 규정이 없는 한, 이로 인하여 계약이 무효로 되는 것은 아니라고 결정하였다.[15)]

2. 정관개정을 이용한 자율성 제고

개정 회사법에서도 회사의 경영범위는 회사 정관에서 규정하고, 이를 수

13) 最高人民法院, 「關於審理經濟合同法糾紛案件中具體適用(經濟合同法)若干問題的解答」(1987. 7. 21.).

14) 郭富清, "論商事登記制度的若干法律問題", 甘肅政法學院學報, 2002, 第6期: 李克武, 公司登記法律制度硏究, 中國社會科學出版社, 2007, 144면에서 재인용.

15) 最高人民法院, 「關於適用(合同法)若干問題的解答」(1999. 12. 19.).

정할 수 있도록 함으로서(제12조, 제25조), 정관개정을 통하여 융통성 있게 조절할 수 있는 여지를 두었다. 최근 개정된 「회사등기관리조례(公司登記管理條例)」 제9조에서는 회사의 등기사항으로서 회사경영범위를 특정함으로써(제7호) 마치 그 범위를 협의적으로 해석할 수 있는 여지를 주었지만, 동 조례 제15조에서 회사의 경영범위는 국가의 업종분류표준을 참조하도록 하였다.

이러한 제반 입법과 사법해석에 의하여, 정관에서 정한 경영범위는 대내외적인 효력 범위가 확대되었다. 정관에서 정한 경영범위는 회사의 대외적 효력과 관련하여 회사의 법률행위가 법률이나 행정법규 또는 정관에서 정한 바에 위반되지 않고, 또한 사회공공의 이익을 저해하지 않는 한, 그 행위는 유효한 것으로 해석된다. 또 대내적으로는 경영범위가 회사의 내부적 권리의무를 확정하는 기준이 됨으로써, 회사의 집행기관은 이에 따라 적법한 경영활동을 하여야 할 의무를 진다.[16] 개정 회사법도 회사의 정관은 회사, 주주(사원), 이사, 감사 및 고급관리자(高級管理人員)에 대하여 구속력이 있다고 규정하고 있다(제11조 제2문). 여기서 고급관리자는 회사의 경리(經理), 부경리(副經理), 재

[표 2-1] 유한책임회사 정관의 기재사항

구 〈회사법〉	개정 〈회사법〉
제22조 유한책임회사 정관은 아래에 열거한 사항을 명기하여야 한다. (1) 회사명칭과 주소 (2) 회사의 경영범위 (3) 회사의 등록자본금 (4) 사원의 성명 또는 명칭 (5) 사원의 권리와 의무 (6) 사원의 출자방식과 출자액 (7) 사원의 출자금 양도 요건 (8) 회사의 기관 및 그 구성방법 · 권한 · 의사규칙 (9) 회사의 법정대표자 (10) 회사의 해산사유와 청산방법 (11) 사원이 규정할 필요가 있다고 여기는 기타사항 사원은 회사정관에 서명 · 날인하여야 한다.	제25조 유한회사의 정관에는 아래 사항이 명기되어야 한다. 1. 회사의 명칭과 주소 2. 회사의 경영범위 3. 회사의 등록자본금 4. 사원의 성명 또는 명칭 5. 사원의 출자방식, 출자액 및 출자기한 6. 회사의 기관 및 그 구성방법, 권한, 의사규칙 7. 회사의 법정대표자 8. 사원총회가 규정할 필요가 있다고 인정하는 기타 사항 사원은 회사정관에 서명 · 날인하여야 한다.

16) 趙旭東, 新舊公司法比較分析, 人民法院出版社, 2006, 15면.

무책임자(財務負責人), 상장회사 이사회의 비서(秘書) 및 회사 정관이 정한 기타의 자이다(제217조).

3. 정관의 기재사항

정관의 기재사항은 각칙의 유한회사 편에서 규정하고 있다. 주식회사의 정관 기재사항은 구 회사법의 규정이 그대로 계승되었고, 다만 주주의 권리와 의무에 관한 사항만이 삭제되었다.17) 특히 회사의 해산사유와 청산방식을 정

[표 2-2] 개정 회사법에서 정관으로 정할 수 있는 사항

- 사원총회 권한을 행사하기 위하여 필요한 사항(제38조 제11조)
- 이사회가 권한을 행사하기 위하여 필요한 사항(제47조 제11항)
- 1인 회사 사원의 출자의무(제59조)와 유한책임(제61조)
- 사원총회 임시총회소집요건에 관한 특별한 사항(제101조 제6항)
- 주식회사 이사회 결의의 정관위반에 대한 참여이사의 손해배상의무(제113조)
- 사원총회소집에 관한 특별한 방식(제42조)
- 사원총회의 의결권행사에 관한 특별한 사항(제43조)
- 사원총회의 의사방식과 절차에 관한 특별한 규정(제44조)
- 이사회의 이사장, 부이사장의 설치와 선임방식(제45조 제3단)
- 유한회사가 경리를 설치할 것인지의 여부(제50조)
- 감사의 결원으로 인한 전임감사의 권한의 범위와 내용(제53조 제2단)
- 감사회의 의사방식과 절차에 관한 사항(제56조 제2단)
- 국가단독출자회사 감사회의 근로자대표자의 비율(제71조)
- 유한회사 지분양도와 이에 관한 정관개정에 관한 규정(제72조 제4단, 제74조)
- 회사 중요사항에 대한 사원총회의 결의에 반대한 사원의 우선매수청구권(제74조 제3항)
- 사원지위의 상속문제(제76조)
- 주식회사 주식모집설명서의 모집자금의 사용용도(제87조 제4항)
- 주식회사 이사회에 근로자대표의 참여 허용여부(제109조 제2단)
- 중요자산의 양도·양수 및 대외담보제공에 관한 것으로써 주주총회를 거칠 사항(제105조)
- 주식회사의 이사·감사 및 고급관리자가 보유하는 본 회사 주식의 양도에 관한 제한사항(제142조 제2단)
- 고급관리자의 정관위반행위시 주주의 소송청구사항(제153조)
- 회계사사무소의 초빙과 해촉에 관한 사항(제170조)

자료: 법제처 동북아법령정보서비스사업 2006년도 연구용역과제, p. 63의 내용을 보완하였음.

17) 주식회사 정관에는 다음 사항을 기재하여야 한다. (1) 회사의 명칭과 주소, (2) 회사의 경영

관의 필요적 기재사항으로 하여 주식회사가 자율적으로 법인활동을 종료할 수 있도록 하였다. 종래 총경리(總經理)가 회사의 정리와 관련하여 법률규정이나 정관의 미비한 점을 이용하여 막대한 권한을 행사하였기 때문에 개정 회사법에서는 정관에 이에 관한 명시적인 규정을 둘 수 있도록 하였다.

회사정관과 관련된 내용을 전체적으로 보면, 개정 회사법은 구 회사법의 정관 기재사항을 거의 그대로 계승하였다. 다만 사원의 출자기한(제25조 제5항)을 추가하여 사원으로 하여금 출자기한을 지키도록 하였고, 사원이 필요하다고 인정하는 기타 사항을 사원총회가 필요하다고 인정하는 기타 사항으로 변경한 것만 바뀌었다. 그러나 회사법 전체의 구조적인 측면에서는 회사가 정관을 활용함으로써 조직과 경영에서 자체적으로 결정할 수 있는 개별적 사항을 대폭 추가하였다는 점에서 그 활용도가 제고되었다.[18)]

다른 한편으로 개정 회사법이 정관의 자율성을 보장하였음에도 불구하고 회사로서 부담하여야 할 기회비용이 발생된다. 즉, 구 회사법보다 정관의 활용도를 제고하였기 때문에 구 회사법에서 작성되었던 많은 회사의 정관이 변경절차를 밟을 것이다. 이 과정에서 정관의 특성상 정관의 작성이나 개정 후에 가입된 사원이나 주주뿐만 아니라 그 전의 원래의 투자자인 주주나 사원에게도 영향을 미치게 된다.

Ⅱ. 법정대표자의 자율적 결정

법정대표자란 법률이나 법인의 정관 규정에 근거하여 법인이나 기타 조직을 대표하여 권한을 행사하고 책임을 지는 자이다(민법통칙 제38조). 법정대표자는 법인대표자와 개념상 구별된다.[19)] 법정대표자는 근거법률이나 정관에 의하여 그 대표권이 인정 되지만, 법인대표자는 법정대표자의 수권이나 위임에 의하여 법인을 대표할 자격을 취득한다. 특히 대외적 대표권에 관하여 법인대

범위, (3) 회사의 설립방식, (4) 회사의 주식총수, 1주의 금액 및 등록자본금, (5) 발기인의 성명 또는 명칭, 인수하는 주식수, 출자방식 및 출자기업, (6) 이사회의 구성, 직권 및 의사규칙, (7) 회사의 법정대표자, (8) 감사회의 구성, 직권 및 의사규칙, (9) 회사의 이익배당방법, (10) 회사의 해산사유 및 청산방식, (11) 회사의 통지, 공고의 방식, (12) 주주총회가 규정할 필요가 있는 기타 사항(제82조).

18) 이정표, "최근 개정된 중국회사법의 검토," 성균관법학 제17권 제2호, 2006. 12., p. 450.

19) 王保樹·崔勤之, 中國公司法原理, 社會科學文獻出版社, 2006, 68면.

표자는 법정대표자가 수권한 범위 내에서 그 권한을 행사할 수 있을 뿐이지만, 법정대표자는 법률과 정관에서 정한 범위 내에서 자율적으로 그 권한을 행사할 수 있다.[20] 법인대표자를 변경하는 경우에는 절차적 규정이 없고 등기절차도 필요 없지만, 법정대표자는 등기사항이므로(제13조), 이를 변경하는 경우에는 반드시 법률에서 정한 절차와 요건에 따라 변경등기를 하여야 한다(제13조). 이에 관한 규정이 「기업법인 법정대표자 등기관리규정(企業法人法定代表人登記管理規定)」 및 「국가공상행정관리국의 회사법정대표자 변경에 관한 문제의 회답(國家工商行政管理局對變更公司法定代表人有關問題的答復)」이다. 후자의 「회답(答復)」에서는 유한회사가 법정대표자를 변경하는 절차에 관한 의사방식이나 결의절차를 변경하는 경우에는 회사 정관에서 이를 규정하여야 하고, 이 사항과 관련하여 회사 정관을 변경하는 경우에는 의결권있는 사원 2/3 이상의 찬성으로 결정하도록 규정하고 있다.

구 회사법에는 이사장(董事長)이 회사의 법정대표자(法定代表人)로 고정되었다(제45조, 제113조). 개정 회사법은 총칙에서 회사의 법정대표자는 회사 정관의 규정에 의하도록 하고, 이사장, 집행이사(執行董事) 또는 경리(經理)가 담임할 수 있도록 하였다. 이와 동시에 법에 의한 등기를 하도록 규정하였다(제13조).

회사의 법정대표자는 회사법에서 규정하지만, 법정대표자로 될 수 없는 자, 즉 법정대표자의 결격사유에 관하여 「기업법인 법정대표자 등기관리규정(企業法人法定代表人登記管理規定)」에서 상세히 규정하고 있다. 이 규정에서는 민사행위 무능력자와 제한능력자(제1호), 형벌 집행중에 있는 자 또는 수형중에 있는 자(제2호), 위법한 행위로 인하여 영업허가증을 취소당한 기업의 법정대표자(제6호), 개인적 부채가 비교적 크고, 상환기가 도래하였음에도 상환을 하지 않는 자(제7호) 등은 법정대표자의 부적격자로 지정하고 있다.

20) 王保樹·崔勤之, 中國公司法原理, 社會科學文獻出版社, 2006, 68면.

제 2 절 회사의 등기제도

제1. 중국 등기제도의 연혁과 특성

Ⅰ. 중국 등기법제의 연혁

중국 성립후 등기와 관련된 최초의 규범은 1950년 공포된 「사영기업임시조례(私營企業暫行條例)」이다. 이후 1951년 「국영기업과 사영기업의 등기수속에 관한 지시(公營企業和私營企業應進行登記的指示)」가 공포되었다. 이러한 등기규범은 그 적용대상을 개인독자기업과 조합기업으로 하였고, 허가주의를 취하며, 행정기관이 등기절차를 관할하는 특성을 띠고 있었다.

1962년에는 국무원이 공포한 「공상기업의 등기관리에 관한 시행판법(工商企業登記管理試行辦法)」이 시행되면서 자영업자(個體工商戶)도 등기하도록 하였다.

문화대혁명이 종료된 후 기업등기와 관련된 최초의 등기법제는 1980년 「중외합자기업법(中外合資企業法)」 및 이와 함께 공포된 「중외합자기업법 등기관리판법(中外合資企業法登記管理辦法)」이다. 이후 1982년 「공상기업 등기관리조례(工商企業登記管理條例)」가 공포되면서 진정한 의미의 등기관리법제가 탄생되었다. 이와 함께 1985년 「공상기업 명칭 등기관리 임시규정(工商企業名稱登記管理暫行規定)」이 공포되었고, 이후 각각 「기업법인 등기관리조례(企業法人登記管理條例)」, 「조합기업 등기관리판법(合伙企業登記管理辦法)」, 「개인독자기업 등기관리판법(個人獨資企業登記管理辦法)」 등이 제정되었다.

1993년 제정되었던 구 회사법에 맞추어 회사등기관리조례(公司登記管理條例)도 1994년 7월 1일부터 시행되었다. 개정 회사법이 2005년 10월 27일 공포되면서 이에 따라 회사등기관리조례도 2006년 1월 1일부터 시행되고 있다. 이외에도 기업등기와 관련하여 「기업명칭 등기관리규정(企業名稱登記管理實施辦法)」[21]과 「기업명칭 등기관리판법(企業名稱登記管理實施辦法)」,[22] 「기업등록자

21) 국가공상행정관리국공포(1991. 5. 21.).
22) 국가공상행정관리총국공포(2004. 6. 14.).

본 등기관리규정(企業注册資本登記管理規定)」,[23] 「기업경영범위 등기관리규정(企業經營範圍登記管理規定)」[24] 등이 있다.

Ⅱ. 중국 등기법제의 특성

중국의 기업등기제도는 기업법인에게 부여하는 기업법인등기와 비기업법인에게 주는 상업등기(營業登記)로 구분된다. 중국의 등기법제는 법정등기주의를 취하고 있기 때문에 비기업법인라고 하더라도 반드시 등기한 후 영업허가증을 교부받아서 업종에 종사하여야 한다. 개인독자기업이나 조합기업도 이와 같은 등기절차를 밟아야 한다.

중국에서의 등기법제는 행정부서가 등기업무를 관할하고, 회사의 법인격의 취득과 변경 및 상실에 관한 근거법률이 되므로 절차법적 특성과 강행법규적 특성을 나타낸다.[25]

회사등기법제에서 등기 신청행위와 그에 대한 수리행위는 신청자와 행정기관과의 상호적인 법률관계를 대상으로 하므로 절차법적인 특성을 갖는다. 등기의 신청과 수리, 등기신청에 대한 심사, 등기사항의 적법성 등은 주로 절차적인 의미를 갖는다. 「회사등기관리조례(公司登記管理條例)」의 2/3가 절차적인 내용을 규율하고 있다.[26]

회사등기법제는 절차적인 규정에 따라 등기 신청당사자가 반드시 따라야 하는 강행법규적인 특성을 갖는다. 동시에 회사등기는 이를 신뢰하고 거래하는 제3자를 보호하는 기능이 있는 거래안전에 관한 규범이기도 하다. 특히 회사의 자본제도가 법정자본제로 고정되어 있었기 때문에 등기제도의 실현 이념은 거래의 '효율성'보다 절차적 '안전성'에 중점을 두어 왔다.[27]

중국에서 등기업무를 관할하는 기관은 행정부서인 국가공상행정관리총국(國家工商行政管理總局)이고(회사등기관리조례 제5조), 국가공상행정관리총국이 등기업무를 관할하는 회사는 국무원 국유자산관리기관이 출자한 회사, 당해

23) 국가공상행정관리총국공포(2004. 6. 14.).
24) 국가공상행정관리총국공포(2004. 6. 14.).
25) 李克武, 公司登記法律制度研究, 中國社會科學出版社, 2007, 19면.
26) 李克武, 公司登記法律制度研究, 中國社會科學出版社, 2007, 18면.
27) 趙日昕·王剛義, 關於我國公司注册不實的法律分析, 公司律師實務, 法律出版社, 2006, 59면.

회사가 출자하여 설립한 회사로 50/100 이상의 주식을 보유하고 있는 회사, 외국인투자회사 그리고 법률·행정법규 또는 국무원 관련 규정에 근거하여 국가공상행정관리총국이 등기하여야 하는 회사 등이다(회사등기관리조례 제6조). 등기절차는 이것을 수행하는 일방 당사자는 국가를 대표하여 등기업무를 수행하는 국가기관의 행위이기 때문에 등기법규는 강행성을 갖는다.[28]

회사의 등기관할에 관해서는 원칙적으로 속지주의를 취하고(회사등기관리조례 제7조, 제8조), 속인주의도 허용된다(회사등기관리조례 제6조, 제7조).[29]

제2. 회사등기의 효력

Ⅰ. 회사 등기의 입법주의

1. 회사 등기의 효력

일반적으로 회사등기의 효력에 관해 등기성립요건주의와 등기대항주의 및 절충주의 입법방식이 존재한다.

성립요건주의는 등기효력발생주의라고도 하며, 등기는 회사의 성립·변경 및 소멸의 효력을 발생하게 하는 요건이라고 보는 입법주의이다. 등기를 하지 않으면 그 효력이 발생되지 않고, 따라서 당사자는 등기되지 않은 사항에 관하여 제3자에게 대항할 수도 없는 입법방식이다. 이 입법주의는 등기관리가 비교적 용이한 대신에 회사의 성립이나 변경 및 소멸 등에서 경영 자율성이 침해되는 경직성이 있다.

대항요건주의는 등기공시주의라고도 하며, 등기를 하더라도 등기사항에 대한 절대적 효력이 발생하는 것이 아니고, 등기하지 않더라도 회사의 성립이 가능하고, 그 변경이나 소멸 등의 행위를 할 수는 있으나, 등기하지 않은 사항으로서 선의의 제3자에게 대항할 수 없게 하는 입법주의이다. 대항요건주의는 회사의 성립·변경 및 소멸 등에 관한 사실관계를 자율적으로 처리할 수 있지만, 거래의 안전을 보장할 수 없다는 단점을 가지고 있다.

중국의 등기법제는 원칙적으로 성립요건주의를 취하고 있다. 「회사등기관

28) 李克武, 公司登記法律制度研究, 中國社會科學出版社, 2007, 19면.
29) 李克武, 公司登記法律制度研究, 中國社會科學出版社, 2007, 111면.

리조례(公司登記管理條例)」 제2조 제1단은 다음과 같이 규정하고 있다. 즉, “유한회사와 주식회사의 설립 · 변경 및 소멸(終止)은 본 조례에 의한 회사등기를 하여야 한다”고 규정하고 있다. 동「조례」 제26조에서는 “회사는 등기사항을 변경하더라도 등기를 하지 않으면 그 효력이 없다”고 규정하였다. 성립요건주의와 관련된 조항은 동「조례」 제3조에서도 발견된다. 즉, “회사는 등기기관을 거쳐 법에 따른 등기를 한 후 ‘기업법인영업허가증’을 취득하고, 이로서 기업법인자격을 취득한다. 본 조례의 실시일자 이후 회사를 설립하는 경우에 회사등기기관을 거쳐 등기하지 않으면 회사의 명의로 경영활동에 종사할 수 없다”고 규정하고 있다.

등기의 대항적 효력은 개별적 사안에 한하여 인정되고 있고, 그 적용범위도 매우 좁다. 예컨대, 주주명부나 사원명부의 기재사항 중에서 사원(주주)의 성명이나 명칭 또는 출자액을 회사 등기기관에 등기하여야 하고, 이를 등기하지 않거나 변경된 사항을 등기하지 않은 경우에는 제3자에게 대항하지 못하도록 규정하고 있는 것과 같은 것이다(제33조 제3단).

2. 회사 등기의 효력과 관련된 문제

중국의 등기법제가 성립요건주의를 취하게 됨으로서 다음과 같은 논의의 여지가 발생된다.

첫째, 「회사등기관리조례」 제25조, 「기업법인등기관리조례」 제25조 및 동 조례 실시세칙 제37조에 의하면, 「영업허가증(公司營業執照)」과 「기업법인자격」은 반드시 등기를 요건으로 하여 효력을 발생하고, 그 효력의 내용은 법인자격을 증명하고, 회사나 기업의 성립 · 변경 및 소멸에 관한 효력이 증명이 될 뿐만 아니라, 회사나 기업의 경영능력을 확인한다는 것이다. 그러나 영업허가증은 이미 등기를 완료한 후에 법인지격과 경영능력을 추정할 수 있는 문건에 불과한 것이지 등기 자체에 영향을 주는 절대적으로 효력 있는 문건은 아니라는 비판이 따른다.[30)]

둘째, 성립요건주의에 따르는 가장 큰 문제점은 회사가 말소처분을 받은 후 말소등기를 완료하지 못한 경우에 발생한다. 등기가 아직 남아 있으므로, 등기의 효력은 유지되고, 이것을 신뢰하여 거래한 제3자를 보호하지는 못하는

30) 李克武, 公司登記法律制度硏究, 中國社會科學出版社, 2007, 84면.

한계를 갖는다.

Ⅱ. 중국 등기기관의 특성

등기기관을 구성하는 모델로는 행정기관 관할주의, 법원관할주의, 상회(商會)주관주의 등이 있다. 중국은 행정기관 관할주의에 따라 공상행정관리총국(工商行政官理總局)이 등기기관으로 된다(회사등기관리조례 제4조, 제5조). 공상행정관리총국은 국(局)·성(자치구, 직할시 포함) 공상행정관리국 및 현(시 포함) 공상행정관리국의 3단계로 구분된다.

공상행정관리총국은 다음과 같은 등기업무를 주관한다(동 조례 제6조). 첫째 국무원 국유자산감독관리기관이 출자한 회사 및 해당 회사가 투자하여 설립·보유하는 주식(지분)이 50/100 이상인 회사, 둘째 외국인투자의 회사, 셋째 법률·행정법규 또는 국무원이 결정한 규정에 따라 국가공상행정관리총국이 등기한 회사, 넷째 국가공상행정관리총국이 규정한 바에 따라 반드시 등기하여야 할 회사 등이다.

공상행정관리총국은 회사의 등기와 관련하여 등기와 관련된 감독관리의 권한을 갖는다(기업법인등기관리조례 제29조, 회사등기관리조례 제5조).

등기사무를 행정기관이 전담하게 됨으로써 행정절차에 따른 신속·간편한 점이 있으나, 지방보호주의에 따른 폐해를 가져오는 경우가 많다.[31)]

Ⅲ. 등기절차

1. 등기절차의 규범화

개정 회사법은 등기절차를 명확하게 하였을 뿐만 아니라 투명하게 하도록 하였다. 특히 회사의 등기절차는 기타 기업관련 법률의 표준이 되기 때문에 개정 회사법은 구 회사법에 비하여 상세하게 규정하고 있다. 이와 동시에 개정 회사법의 시행에 따라 「기업등기관리조례」를 개정하였다. 동 조례 제9조에는 회사의 등기사항이 명시되어 있다.[32)]

---

31) 李克武, 公司登記法律制度硏究, 中國社會科學出版社, 2007, 112면.

32) 企業登記管理條例, 제9조: 회사의 등기사항은 아래와 같다: 명칭, 주소, 법정대표자 성명, 등록자본, 실제 인수된 자본, 회사유형, 경영범위, 영업기한, 유한회사 사원 또는 주식회사 발

회사 등기절차에 관한 회사법 총칙의 규정으로는 회사의 설립등기(제6조), 영업허가증(營業執照)의 발급(제7조), 회사 정관의 작성(제11조), 회사 법정대표자의 등기(제13조) 등이 있다.

이와 함께 등기는 일반 공중이 열람할 수 있도록 함과 동시에 등기기관은 등기 열람에 관한 서비스를 제공하도록 함으로써 등기절차가 투명화 할 수 있도록 법제화하였다(회사법 제6조 제3단).

2. 회사의 등기절차

기업법인의 등기절차는 중국「기업법인등기관리실시세칙」제53조에서 신청, 심사, 비준(核準) 및 발급(發照), 공고 등의 순서로 진행하도록 규정하고 있다. 이 외에도 전자등기 등이 논의 되고 있다. 회사법에서 인정되는 회사 유형은 유한회사와 주식회사이므로, 등기절차도 이에 따라 다르게 진행된다.

「회사등기관리조례」에 의할 때, 유한회사의 설립 등기절차는 전체 사원(股東)이 공동으로 지정한 대표 또는 공동으로 위탁한 대리인이 회사등기관리기관에 회사 명칭의 사전비준을 신청한다(동 조례 제18조). 사전비준된 회사 명칭의 보유기간은 6개월이다(동 조례 제19조).

주식회사의 경우에는 전체 발기인이 위의 유한회사와 같이 회사 명칭의 사전비준을 신청한다(동 조례 제18조).

회사의 명칭이 사전비준을 받은 후 유한회사의 경우는 전체 사원(股東)이 공동으로 지정한 대표 또는 공동으로 위탁한 대리인이 회사등기관리기관에 설립등기를 신청한다.

회사등기관리조례에 의할 때 설립등기를 신청할 경우 다음의 서류를 제출하여야 한다(제21조 제1단). 회사 법정대표자가 서명한 설립등기 신청서, 이사회가 지정한 대표자 또는 공동으로 위탁한 대리인 증명서, 회사의 정관, 법에 의하여 설립된 출자검증기관(驗資機構)이 발행한 인증서, 발기인의 제1회 출자가 현금자산이 아닌 경우 재산권 이전수속이 완료된 증명서, 발기인의 자격 증명서 또는 자연인의 신분증명서, 회사의 이사·감사·경리의 성명과 주소가 기재된 문서 및 이와 관련된 위탁·선거 또는 임용 자료, 회사 법정대표자의 임용 증빙서류와 신분증명서, 기업명칭 사전등록 인가서, 회사 주소지 증명,

---

기인의 성명이나 명칭 및 납입약속 및 실제 납입한 출자액, 출자기한, 출자방식.

국가 공상행정관리총국에서 규칙으로 제정하여 요구하는 기타 문서 등이다.

이 외에도 모집설립의 방식으로 주식회사를 설립하는 경우에는 창립대회 회의록을 제출하여야 하고, 모집설립의 방식으로 주식회사가 주식을 공개발행하는 경우에는 국무원 증권감독관리기관이 인가한 문서를 제출하여야 한다(동 조례 제21조).

주식회사의 경우는 이사회가 회사등기기관에 설립등기를 신청하여야 한다. 모집설립의 방식으로 주식회사를 설립하는 경우에는 창립대회 종료일로부터 30일 이내 설립등기를 신청하여야 한다(동 조례 제21조). 특히, 등기 신청 당시에 신청서에 기재된 회사의 경영범위에 관하여 법률이나 행정법규 또는 국무원이 결정하는 사항으로서 등기 전에 미리 비준을 받아야 하는 항목이 포함된 경우에는, 국가 관련 기관의 비준을 받은 후 이것을 제출하여야 한다(동 조례 제22조).

등기기관은 신청된 등시사항을 심사하여 법정 요건에 부합하는 것으로 판정하면 '기업법인영업허가증(企業法人營業執照)'을 교부한다. 기업법인영업허가증은 회사의 성립일자로 되고, 이 허가증은 은행계좌 개설과 납세등기 신청시에 제출하여야 한다.

Ⅳ. 등기의 변동사항

설립된 회사의 정관이 변경되거나 기타 변경등기를 하여야 할 경우 및 회사의 영업종료 등의 사유로 인하여 회사의 등기를 말소하여야 할 경우 또는 기업 명칭을 변경하는 경우 등에는 이에 따른 등기를 하여야 한다. 이에 따라 변경등기, 말소등기 및 기업명칭 등기 등이 있다.

변경등기(變更登記)가 적용되는 사항은 「회사등기관리조례」 제5장에서 규정되어 있다. 변경등기를 하여야 할 사항은 정관의 변경, 기업 명칭의 변경, 법정대표자의 변경, 회사의 자본변동, 회사 경영범위의 변경, 조직변경, 유한회사 사원의 지분 양도와 상속, 유한회사 사원이나 발기인의 성명 또는 명칭의 변경, 자회사의 변경, 회사의 이사·감사 및 경리의 교체, 합병이나 분할, 사원총회(주주총회)와 이사회의 결의가 회사의 정관을 위반하였을 경우, 사원(주주)의 소제기에 의한 법원판결에 따른 변경사항의 등기 등이다.

말소등기(注鎖登記)는 「회사등기관리조례」 제6장에 규정되어 있다. 말소등기를 하여야 할 경우로는 회사의 해산과 청산이다. 회사가 말소등기를 신청하는 사유로는 회사가 법에 의하여 파산선고를 받은 경우, 회사정관에서 정한 영업만료기한이 도래하였거나, 회사정관에서 정한 기타 해산사유가 발생한 경우, 사원총회(주주총회)가 회사의 해산을 결의하거나, 1인 유한회사의 사원이나 외국인투자기업의 이사회가 해산을 결의한 경우, 법에 의하여 영업허가증을 말소당하거나, 영업이 폐쇄 또는 취소당한 경우, 인민법원이 법에 의하여 해산을 명한 경우, 법률이나 행정법규에서 규정한 기타 해산사유가 발생한 경우 등이다(회사등기관리조례 제43조).

기업명칭 등기는 본 장의 제4절에서 상론한다.

제 3 절 법인격부인법리의 도입

제1. 회사 법인격부인 법리의 도입배경

중국 회사법에서 회사는 기업법인으로 하므로(제3조), 회사의 법인격과 주주의 유한책임은 분리된다. 이 법인성에 의하여 회사는 독립된 재산을 보유하며 자주적으로 경영하고, 주주는 회사의 경영으로 인한 유한의 책임만을 부담함으로서 회사의 사회경제적 역할은 제고된다.

그러나 현실적으로 회사의 출자자인 주주가 자신의 지위나 관계를 남용하여 회사의 독립적인 재산이나 경영에 대한 위법한 행위를 하였을 경우, 회사채권자는 자신의 권리를 침해받을 수 있다. 특히 회사의 채권자는 회사의 자산에 피해를 주는 주주를 알고 있더라도, 기업의 법인성 및 주주 유한책임의 법리 때문에 이러한 자에 대하여 직접 소송을 제기할 수 없다는 한계를 갖는다. 이러한 경우에 회사의 법인격을 소멸시키는 것이 아니라 그 사안에 한하여 법인성을 잠정적으로 부인(否認)하여 회사의 법인격 뒤에 숨어 있는 실질 지배주주에 대한 책임을 추궁함으로써 채권자를 구제하기 위한 법리적 근거가 회사법인격부인론(法人格否認論)이다.

중국에서 종래에는 계획경제에서 공유제 개념이 확산되어 있는 상황이었기 때문에, 소유제에 기원한 기업관계가 형성되고 소유제에 따라 설립된 대부분의 기업은 투자자와 회사가 일체화되는 경향이 있었다. 한편으로는 사영경제가 발달하지 못하였기 때문에 기업부분에서 가족기업이나 단위(單位)별로 집단적인 투자관계가 형성되었다. 다른 한편 사회경제적 환경이 변화되어 감에 따라 투자자와 회사의 법인성이 분리되는 유한책임제도가 도입되었지만, 동시에 이러한 제도적 특성을 남용하는 경향이 강하게 나타나기도 하였다.

중국 개정 회사법은 사회적 배경을 반영하여 제20조에서 법인격부인에 관한 규정을 신설하게 되었다.

제2. 법인격부인 법리의 특성과 적용 범위

중국 회사법에 의할 때 법인격부인의 법리는 다음과 같은 특징을 갖는다.

법인격부인의 법리는 입법보다 최고인민법원의 사법해석에 의하여 먼저 실체화 되었고, 법원의 판례에 의하여 구체화되었으며, 이러한 경향이 회사법 개정에 반영되었다.

최고인민법원은 1987년에 이와 관련된 최초의 사법해석을 내림으로써 이후 법인격부인에 관한 판단의 기준이 되었다. 즉, 「행정단위와 기업단위가 설치한 기업의 도산후 채무부담에 관한 문제의 비복(關於行政單位和企業單位開辦的企業倒閉後債務由誰來承擔問題的批復)」에서는 행정단위가 설치한 기업이나 회사가 도산한 후에 직접 인가(批准)를 부여한 주관기관이 청산업무를 실시하고, 나아가 기업이나 회사의 재산으로 회사의 채무를 상환하지 못할 경우에는 해당 주관기관이 부채상환의 의무가 있음을 명시하였다. 이와 같은 취지의 사법해석은 1991년 「경제심판중의 국무원이 공포한 68호 문건과 관련된 통지(關於在經濟審判中適用國務院國發(1990))68號文件有關問題的通知)」, 1993년 「전국경제심판업무좌담회기요에 관한 통지(關於印發 〈全國經濟審判工作座談會紀要〉 的通知)」, 1994년 「기업이 설치한 기타 기업의 업무가 철회되거나 중지된 후 민사책임의 부담에 관한 문제의 비복(關於企業開辦的其他企業被撤銷或者歇業後民事責任承擔問題的批復)」, 1998년 「인민법원집행업무에 관한 약간문제적 규정(關於人民法院執行工作若干問題的規定)」, 2003년 「기업 조직구조 변경의 심판과 관련된 민사분쟁안건에 관한 약간문제적 규정(關於審理與企業改制相關的民事糾紛案件若

干問題的規定)」, 2004년「회사 분쟁안건 심리에 관한 약간의 규정(關於審理公司糾紛案件若干問題的規定)」 등이 있다. 최고인민법원의 사법해석에서 언급된 주요한 내용은 기업이나 회사의 도산후 채무부담(1987년 사법해석, 1994년 사법해석), 등록자본금 불이행과 기업채무의 이행 책임(1991년, 1998년 사법해석), 출자금의 도피(2003년 사법해석) 등에서 법인격부인의 법리를 적용한 것이다. 이와 같은 사법해석은 개정 회사법에 반영되어 제20조에 입법화되었다.

법인격부인의 법리가 적용되는 대상은 법인격을 갖춘 유한회사에 적용된다. 중국 기업법체계에서 법인격을 갖춘 기업이나 회사의 유형은 다양하게 존재하지만, 회사법상의 법인격부인의 법리가 적용되는 대상은 법인격 있는 유한회사이고, 특히 1인 유한회사의 경우이다.

법인격부인의 법리가 적용되는 범위는 매우 광범위하다. 계약(合同)·불법행위(侵權行爲)·파산·조세징수 등의 분야에서 적용된다.

이 법리가 적용되면 거증책임이 전환된다.[33] 개정 회사법은 "1인 유한회사의 사원이 회사재산이 자신의 재산과 독립 구별된다는 것을 증명하지 못하면, 회사채무에 대하여 연대책임을 진다"고 규정하고 있다(제64조).

제3. 회사 법인격부인의 요건

개정 회사법 제20조에 의할 때 회사의 법인격부인의 법리가 적용될 수 있는 상황으로는, 주주가 회사의 독립적인 법인지위 및 유한책임을 남용하여 채무를 면탈하고, 이로써 회사채권자에 대하여 심각한 손해를 초래하게 하였을 경우이다. 이 규정에 의할 때 법인격을 부정하기 위해서는 법인격남용과 관련 있는 당사자가 존재하여야 하고, 법인격을 남용한 행위가 있을 것, 법인격 남용으로 인하여 채권자 또는 기타의 자에게 손해가 발생하여 하고, 법인격 남용행위와 손해 사이에 인과관계가 존재하여야 한다.

법인격을 남용한 사안과 직접적으로 관련 있는 당사자는 법인격을 남용한 자와 법인격이 부정되는 것으로 주장하는 자이다. 법인격을 남용하는 자는 회사의 경영이나 기타 법률관계를 실질적으로 지배할 수 있는 주주 또는 사원(股東)이어야 하고, 이사(董事)나 경리(經理)는 여기에 포함되지 않는다. 이사나 경

33) 王軍, 論一人有限責任公司的人格否認, 公司法律師實務, 法律出版社, 2006, 321면.

리는 회사법 제6장(제147조 이하)에서 규정하는 직무상의 책임을 부담하기 때문이다. 법인격이 부정된다고 주장하는 자는 법인격남용으로부터 피해를 받은 채권자이고, 예외적으로 국가 기관도 포함된다.[34)]

객관적 요건으로서 법인격을 남용한 행위가 있어야 한다. 이는 법인격을 남용하여 법정(法定)의 의무나 약정된 의무를 면탈 또는 회피하기 위하여 타인에게 손해를 주는 행위를 말한다. 법정의 의무를 면탈하기 위한 것으로는 자산은닉, 조세면탈, 등기의무의 불이행 등의 행위를 말한다. 약정의 의무를 회피하기 위한 것으로는 주주가 허위로 출자하거나 가장납입 등을 하는 경우를 말한다. 이 외에도 법인과 그 구성원간의 혼동행위가 발생하는 경우도 이에 포함된다.[35)] 예컨대, 회사와 주주간, 모회사와 자회사간, 회사집단 내부에서 회사상호간 자산혼동을 통하여 사익을 추구하는 경우도 이에 포함된다.

법인격의 남용으로 인하여 채권자 또는 제3자(국가기관 포함)의 이익에 중대한 손해가 발생하여야 한다. 법인격이 남용되는 현상이 발생되어도 실제적으로 중대한 손해가 발생되지 않으면 이 법리를 적용할 수 없다. 구체적으로는 회사자본의 사취, 자회사의 통제를 통한 주가조작이나 기타 재산상의 이익 취득 등으로 채권자의 이익을 침해하는 중대한 손해가 발생된 경우이다.

법인격 남용행위와 중대한 손해 사이에 직접적인 인과관계가 존재하여야 한다. 다만 이 법리는 입증책임의 전환원칙이 적용되므로(제64조), 채권자 또는 제3자는 법인격남용행위가 존재한다는 사실 및 이로 인하여 중대한 손해가 발생하였다는 사실만 입증하면 된다. 법인격남용행위와 중대한 손해 사이에 인과관계가 없었다고 하는 입증책임은 법인격을 남용한 주주(사원)가 부담한다.

법인격을 남용한 자에게, 법인격을 남용하여 회사에 중대한 손실을 입히고 이로서 자신의 사익을 취하기 위한 주관적 고의가 있어야 하느냐에 관해서는 이를 요건으로 하는 견해[36)]와, 요건에 포함시키지 않는 견해[37)]가 있다. 그러나 법인격부인의 법리는 채권자 및 제3자의 보호에 그 이념을 두고 있고, 입증책임의 전환을 통하여 법인격을 남용한 지배주주에게 그 입증책임을 부담시

34) 趙旭東, 新舊公司法比較分析, 人民法院出版社, 2006, 37면.

35) 馬雲鶴, 論公司法人格否認制度在跨國母子公司中的應用, 公司法律師實務, 法律出版社, 2006, 353면.

36) 王軍, 論一人有限責任公司的人格否認, 公司法律師實務, 2006, 321면.

37) 馬雲鶴, 論公司法人格否認制度在跨國母子公司中的應用, 公司法律師實務, 2006, 358면.

키고 있으므로, 법인격남용자인 지배주주가 자신의 행위에 주관적 고의가 없었음을 증명해야 하는 것으로 해석하여야 할 것이다.

이외에도 법인격부인과 관련된 사례로서, 채무를 면탈할 목적으로 회사를 매각하는 행위, 자연인, 조합기업 등 비법인기업이 타법인의 명의로 대외적 경영행위를 하는 경우,[38] 건설회사가 등기말소되거나 폐업처분을 받은 후에도 무상 또는 저가로 회사의 자산을 주주에게 양도하는 경우[39] 등이다.

제4. 회사 법인격부인의 효과

회사의 법인격이 부정되면 회사와 주주 사이의 유한책임 법리가 부정되고 이로서 회사와 주주는 동일체로 간주된다. 이러한 법률관계에 따라 채권자 및 제3자는 인민법원에 직접 해당 주주의 연대책임을 추궁할 수 있다.

법인격을 남용하여 회사 또는 기타 주주에게 손실을 초래한 자는 손해배상책임을 진다(제20조 제2단). 회사의 주주가 법인격 및 주주 유한책임을 남용하여 채무를 면탈하고 회사 채권자에게 중대한 손해를 초래하게 한 경우 회사 채무에 대하여 연대책임을 진다(제20조 제3단). 이에 따라 채권자 및 제3자는 주주와 회사에 대한 연대책임을 추궁할 수 있게 된다.

다만 법인격부인이 적용되더라도 회사의 법인격이 전면적으로 부정되는 것은 아니고, 채권자의 권리구제가 진행되는 동안 특정한 당사자 주체 및 특정 사안과 관련된 법률관계에 한하여 잠정적으로 법인격이 부인될 뿐이다.

제 4 절 회사명칭 전용권의 실시

제1. 회사명칭의 전용권에 관한 법체계

회사는 법인이므로 자신의 명칭과 재산 및 조직을 갖고 법률행위를 할 수 있다(민법통칙 제36조). 회사는 자신의 명칭을 통하여 타 회사와 기업형태 · 업

38) 盧安龍, 我國公司法人格否認制度的適用情形與法律效果, 公司法律師實務, 2006, 338-339면.
39) 鄒菁, 新「公司法」賦予追討工程款新武器, 公司法律師實務, 2006, 329면.

종 · 상호(字號) 및 행정상의 관할 등에서 구별되는 표지를 갖는다. 회사명칭은 회사가 자신의 명칭 사용과 타인이 사용하도록 허가할 수 있는 전용권(專用權)이다. 이에 따라 회사명칭권은 배타적 효력을 갖는 권리가 된다. 회사명칭은 회사의 브랜드가치를 나타내는 표지이기도 하므로 재산권과 인격권이 혼합된 권리이다. 「민법통칙」에서 기업법인 · 자영업자(個體工商戶) 및 개인조합(個人合伙)은 명칭의 사용권과 양도권을 갖는다고 규정하면서 이 권리를 제4절 인신권(人身權)에서 입법하고 있다. 중국 민법통칙에서 인신권은 생명권 · 성명권 · 명칭권 · 명예권 · 영예권 · 혼인자주권 · 장애자권 등으로 구성되어 있다.

회사의 명칭권과 관련된 법원으로는 민법통칙과 회사법 이외에 「기업명칭등기관리규정(企業名稱登記管理規定)」 · 「기업명칭등기관리실시판법(企業名稱登記管理實施辦法)」 · 「상표법」 · 「반부정당경쟁법(反不正當競爭法)」 · 「기업법인등기관리규정(企業法人登記管理規定)」 등이 있다.

중국 회사법에서도 제8조 '기업명칭'에서 "본 법 의하여 설립하는 유한회사는 회사 명칭에 유한책임회사(有限責任公司) 또는 유한회사(有限公司)라는 문자(字樣)를 사용하여야 하고, 주식회사는 주식유한회사(股份有限公司) 또는 주식회사(股份公司)라는 문자를 사용하여야 한다"고 규정하고 있다.

중국에서 회사의 명칭권은 위의 모든 법률에서 보호받을 수 있는 권리로 규정하고 있음에도 불구하고, 명확하지 못한 규정과 유사한 명칭을 가진 기업이 다수 설립됨에 따른 문제점이 발생되고 있다. 기업 명칭은 상표법에서 정한 유사 상표부분에서 가장 많은 분쟁이 발생되고 있다.

제2. 회사 명칭권의 적용범위

회사 명칭권은 상호(字號) · 업종(또는 경영특징) · 기업형태 및 행정상의 관할에서 타 회사와 구별되는 표지이므로 이에 따른 적용범위가 주어진다(기업명칭등기관리규정 제7조).

회사의 명칭에는 상호(字號)가 사용되어야 한다. 회사의 상호는 회사의 자산에 속할 뿐만 아니라 인격권의 대상이 된다. 상호는 한자(漢字)를 사용하여야 하고, 민족자치지역의 기업명칭은 해당 언어로 사용할 수 있다(기업명칭등기관리규정 제8조). 회사의 상호에는 외국의 지역명칭, 국제조직명칭, 정당명칭,

한어병음표기 등을 사용할 수 없고(기업명칭등기관리규정 제9조), 반드시 두 글자 이상의 조합으로 사용하여야 한다(기업명칭등기관리규정 제9조).

회사의 명칭은 반드시 1개의 명칭을 사용하여야 하지만(기업명칭등기관리규정 제6조), 회사의 업종을 나타내는 개괄적인 용어를 사용할 수 있다. 회사의 업종은 회사 정관에서 정한 경영범위를 말하지만, 회사 명칭에 사용되는 용어는 이와 관련된 부분이면 확장 사용이 가능하다.

회사 명칭은 기업의 유형에 따라 달리 사용된다. 회사의 명칭은 일반 공중이 그 명칭을 통하여 회사의 기본 유형을 파악하게 할 뿐만 아니라 회사와 거래하는 상대방을 보호할 수 있는 기준이 된다. 이에 따라 회사법에서는 설립된 회사 또는 회사의 설립시에는 그 명칭에 책임형식에 따른 표지를 반드시 사용하도록 규정하고 있다.

회사 명칭에는 당해 회사의 주소지인 현(縣) 이상의 행정구역 명칭이 전면부에 나타나야 한다(기업명칭등기관리규정 제7조). 이를 통하여 해당 회사의 소재지를 파악할 수 있고, 회사와 거래하는 제3자를 보호할 수 있기 때문이다. 다만 전국적인 조직과 명성을 갖고 있는 회사, 국무원 또는 국무원이 수권한 기관이 비준한 대형 기업집단, 국가공상행정관리총국이 규정한 기타 기업은 기업명칭에 행정구역 명칭을 표기하지 않을 수도 있다(기업명칭관리규정 제7조 제3단, 제13조). 이와 함께 회사의 설립 역사가 오래 되고 상호가 뚜렷한 기업, 외국인투자기업의 경우에도 기업명칭에 행정구역의 표기를 사용하지 않을 수 있다(기업명칭관리규정 제7조 제3단).

기업명칭의 등기에 관한 사무는 내국인투자기업이든 외국인투자기업이든 모두 국가공상행정관리총국과 지방 각급 공상행정관리국이 관할한다(기업명칭등기관리규정 제4조).

회사명칭에 관한 것을 종합해서 예를 들면 "상해부동산개발유한회사(上海房地産開發有限責任公司)"와 같은 방식으로 사용하여야 한다.

제3. 회사 명칭권의 보호

상표란 상품의 생산자 또는 서비스제공자가 자신이 생산 또는 제공하는 서비스를 타인의 것과 구별하기 위하여 사용하는 표지이다. 상표는 문자・도형(圖形)・자모(字母)・숫자 및 삼차원적인 표지나 색감의 조합으로 구성되고, 이를 등록하면 전국적인 보호를 받는 상표전용권이 발생한다. 기업명칭권도 상표전용권과 동일한 효력이 있으며, 이 권리는 양도할 수 있다(기업명칭등기관리규정 제23조).

두 개 이상의 기업이 동일한 등기기관에 동일한 부호를 사용하여 기업명칭을 등기한 경우 등기기관은 선등기우선의 원칙에 따라 효력을 부여한다(기업명칭등기관리규정 제24조). 중국기업과 외국기업이 명칭과 관련하여 중국 내에서 분쟁이 발생하여 등기기관에 재정이 신청된 경우, 해당 기관은 중국이 체결하거나 참가한 국제조약과 이 기업명칭등기관리규정에 따라 재결한다(기업명칭등기관리규정 제25조).

중국의 실무에서 기업 명칭이 상표권과 충돌되는 경우는, 먼저 등록한 상표권을 차후에 기업 명칭에 등록하여 사용하는 경우가 가장 많고, 먼저 등록된 기업 명칭을 상표로 등록하여 사용하는 경우도 있다. 이러한 상황은 상표법에서 정한 규정이 명확하지 않아 유명 회사의 상표권이나 기업 명칭을 등록하는 행태가 있고, 기업 명칭과 상표 등록에 관한 주무부서가 각각 다르다는 업무의 중복성 때문에 발생된다. 기업 명칭의 등록은 공상행정관리기관이 담당하고, 상표권의 등록은 국가상표국이 관장한다.

그러나 이와 같은 행위들을 중국 법률에 근거하여 금지하기 어렵고, 또한 이런 행위자를 책임지우는 근거 규정들도 매우 적다. 「민법통칙」 제26조와 제33조에서는 자영업자와 개인조합은 자신의 상호를 사용할 수 있다고 규정하고 있다. 「상표법」 제52조도 동시에 상표전용권을 침해하는 다섯 가지 유형을 규정하고 있지만, 타인이 등록한 상표와 동일하거나 또는 매우 유사한 문자를 사용하여 '기업 명칭으로 등록한 행위'를 상표권 침해행위로 보지 않는다. 이와 직접적으로 관련 있는 법률로는 「기업명칭등리관리규정」 제9조이지만, 동 조항에서도 "공중으로 하여금 기망하게 하거나 오해하게 할 수 있는 내용이나 문자의 사용"을 기업 명칭에 사용할 수 없도록 하는 정도로 개괄적으로 규정하고 있다. 이 때문에 타 회사의 상표를 기업 명칭에 사용하여 등록하는 일이 빈번하다.[40]

기업 명칭권을 가장 직접적으로 보호할 수 있는 법원은 「반부정당경쟁

---

40) 孫海元, 企業名稱專用權保護與衝突解決, 公司法律師實務, 法律出版社, 2006, 75면.

법」이다. 동 법 제5조에서는 경영자가 독단으로 타인의 기업 명칭을 사용하여 사람들로 하여금 타인의 상품으로 오인하게 하는 행위는 반부정당행위로 되고, 이에 따른 책임을 지도록 규정하고 있다.

제5절 구 회사법의 영향과 그 한계

구 회사법이 과도기적인 회사법제로서 갖고 있는 한계가 많았기 때문에 개정 회사법은 이러한 경향을 탈피하기 위해 많은 노력을 한 것으로 평가된다. 그럼에도 불구하고 계획경제체제를 유지하기 위한 조항들이 회사법의 총칙 편에 산재하고 있다는 한계를 갖는다. 이런 규정들은 회사의 본질이나 경영활동과 관련이 없기 때문에 다른 법률에서 입법하여야 할 사항들이다. 이러한 규정들로 회사의 사회경제질서 수호의무 및 사회주의시장경제의 발전에 순응할 의무(제1조), 회사의 근로자 보호의무(제17조), 회사가 노동조합을 위한 활동여건을 마련할 의무(제18조), 사내 공산당 조직의 설립지원(제19조) 등을 들 수 있다.[41)]

다만, 제18조 노동조합 및 근로자대표회의를 회사법 총칙에서 규정한 것은, 계획경제체제를 유지하기 위해서가 아니라, 개정 회사법이 지배구조체계를 개선하면서 근로자대표가 회사 지배구조에 참여할 수 있도록 하기 위해서이다. 또한, 개정 회사법에서는 유한회사와 주식회사의 지배구조부분을 개혁하면서 감사회에 많은 권한을 부여하였다. 근로자대표는 이 감사회에 일정비율로 참여할 권한이 있을 뿐만 아니라, 주식회사나 국가단독출자회사(國有獨資公司)의 경우에는 이사회에 근로자대표가 참여할 수 있도록 한 것이 회사법 제18조의 입법배경이다.

41) 중국 개정 회사법 연구, 법제처 동북아법령정보서비스사업 2006년도 연구용역과제, p. 44.

제3장
회사의 설립

제1절 회사설립의 개요

회사의 설립이란 회사가 성립하여 법인격을 취득하는 과정에서 법이 정한 절차에 따라 진행되는 일련의 법률행위를 총칭하는 것이다. 회사의 설립행위는 회사의 유형에 따라 그 절차와 내용이 달라진다.

회사 설립행위의 법적 성질에 관하여 조합계약설, 단독행위설, 공동행위설 등이 주장되고 있다.[1]

회사설립에 관해서는 특허주의, 허가주의, 준칙주의 등이 있으나, 중국 기업법제는 그동안 허가주의(核準主義)를 취하였다. 허가주의를 취함으로서 회사설립이 남발되는 것을 방지함으로써 사회질서를 유지하기 위한 목적은 달성하였으나, 회사설립에 관한 사무가 행정기관의 관할로 되어 있을 뿐만 아니라, 지방행정부서가 등기업무를 취급하게 됨으로써 회사설립과 관련된 절차적·실체적 문제점이 발생하였다. 회사설립을 위한 실체적 요건에서도 출자형태를 다섯 가지로 고성한 것, 법정자본제에 따른 최지등록자본제도의 유지 등[2]과 절차적 요건에서는 설립허가주의 등이 이러한 장애로 지적되었다.

개정 회사법에서는 실체적 요건에서 법정사원수, 법정 최저등록자본제도, 출자형태와 출자방식, 정관의 활용도 등을 개선하였고, 절차적 요건에서는 준칙주의로 전환하였다.

1) 徐燕, 公司法原理, 法律出版社, 1997, 136면.
2) 趙旭東, 新公司法講義, 人民法院出版社, 2005, 122면.

개정 회사법은 회사의 유형을 유한회사와 주식회사만 인정하고 있으므로, 유한회사의 설립에 관한 제2장에서는 유한회사의 설립요건과 조직기구(지배구조)를 규정하였고, 제4장에서 주식회사의 설립과 조직기구에 관해서 규정하고 있다.

유한회사의 설립에 관해서 규정한 제2장 제1절(제23조~제36조)의 주요 내용은 설립요건, 사원수(股東數), 정관의 법정 기재사항, 등록자본금과 그 최저 한도액, 사원(股東)의 출자방식과 출자대상의 평가 및 그 제한, 사원 출자의무의 이행과 출자위약, 사원출자의 검증(驗資證明), 설립등기, 사원명부, 사원의 장부열람권(查閱權), 사원의 이익배당권 및 증자시 우선인수권(優先認購權), 사원의 출자 회수의 금지 등을 정하고 있다.

주식회사는 설립단계에서 유한회사와 달리 다수의 발기인이 관여하고 있을 뿐만 아니라 그 설립방식이 이원화되어 있고, 그 규모가 유한회사보다 크기 때문에 자본제도와 지배구조 등에서 유한회사와 많은 차이가 있다. 개정 회사법의 주식회사의 설립에 관해 규정하는 제4장 이하에서는, 유한회사에서 규정한 위의 사항 이외에도 설립방식, 설립 발기인의 제한, 모집설립방식의 경우 발기인의 주권인수사항, 주권모집공고와 주식인수증의 내용, 주식모집설명서의 주요 내용, 발기인의 사회 공중주 모집방식, 주금납입의 방식, 발기인의 회사 창립대회에 대한 의무, 창립대회의 소집권과 결의절차 등에 관하여 입법하고 있다.

제2절 회사설립의 실체적 요건

회사를 설립하기 위해서는 인적·물적 요건과 설립행위가 존재하여야 한다. 중국 회사법은 유한회사의 설립요건으로서 법정 사원수, 주주출자액의 법정 최저 한도액, 회사정관, 회사명칭 및 조직기구(지배구조), 주소 등이 있어야 한다고 규정하고 있다(제23조). 이 점은 1인 유한회사나 국가단독출자회사(國有獨資公司)도 동일하다.

주식회사의 경우에는 법정의 발기인, 발기인의 출자납입과 모집된 주금의 법정 최저 한도액, 주식발행과 주금조달사항의 법률적합성, 회사정관 작성, 회사명칭, 주식회사 조직기구, 회사의 주소 등이 그 요건으로 되어 있다(제77조).

제1. 설립사원(발기인)의 자격과 법정 인원수

Ⅰ. 설립사원(발기인)의 자격

1. 유한회사의 사원자격

회사의 지배구조를 구축하는 최초의 출발점은 법정의 사원(股東)[3]을 구성하는 것이며, 이 사원은 회사법과 기타 법에서 정하는 자격과 법정 인원수를 갖추어야 한다. 유한회사는 주식회사에 비하여 인적·물적 요소의 결합으로 구성되었고, 폐쇄성이 강한 회사이기 때문에, 유한회사의 사원 자격과 수에 관한 인적 요소는 중요한 부분이다. 유한회사의 출자는 사원의 출자만으로 구성되기 때문에, 사원자격이 없는 자가 행한 설립행위는 설립행위의 중대한 하자로 될 수 있다.

유한회사의 사원으로 될 수 있는 주체는 중국 회사법체계에서 원칙적으로 법인과 자연인이며, 예외적으로 국가도 포함된다.

법인은 법률과 행정법규에서 다른 기업의 주주(사원)로 될 수 없도록 규정한 경우를 제외하고는 유한회사의 사원이 될 수 있다. 중국에서 법인으로 존재하는 회사, 기업법인, 사업단위법인(社會單位法人), 사회단체법인, 국가의 수권을 받은 기타 국가기관, 외국법인 등은 사원자격을 갖는다. 다만 영리성 법인만이 사원자격을 갖는다는 견해도 있다.[4]

국가의 경우에는 국가가 수권한 기관이나 부서 또는 국가가 출자하여 설립한 국가단독출자회사(國有獨資公司)가 국가를 대위하여 사원으로 될 수 있다. 그러나 개정 회사법이 등장하면서 국가가 국유자산을 관리하기 위한 목적으로 국가단독출자회사가 다른 기업이나 회사의 사원으로 되는 경우가 가장 일반적인 것이다. 국가단독출자회사에 관해서는 회사법 제65조 이하에서 규정되어 있다.

---

3) 王保樹·崔勤之, 中國公司法原理, 社會科學文獻出版社, 2002, 60면에서는 회사 성립 전에는 사원(股東)이라는 용어를 사용하는 것은 정확하지 않고, 창립자(創立人)가 더 정확한 표현이라고 한다.

4) 王保樹·崔勤之, 中國公司法原理, 社會科學文獻出版社, 2002, 61면.

법률이나 행정법규에서 기업이나 회사가 다른 기업이나 회사의 사원으로 될 수 없도록 정한 경우가 있다. 회사법의 1인 유한회사는 다른 1인유한회사의 사원으로 될 수 없다(회사법 제59조 제2단). 상업은행은 다른 금융기관이나 기업에 투자할 수 없다(상업은행법 제43조). 이 외에도 중국 공산당중앙위원회와 국무원 또는 당정군(黨政軍) 등이 설립한 기관법인은 다른 기업의 사원으로 될 수 없도록 특별법에서 규정하고 있다.[5]

자연인의 경우에는 회사법에서 그 자격을 정한 규정이 없지만, 원칙적으로 행위능력을 갖는 자에 한하여 회사의 사원이 될 수 있다(민법통칙 제55조, 제58조).

2. 주식회사의 발기인 자격

주식회사를 설립하는 경우 설립주체로 되는 발기인에 관하여 중국 회사법에는 그 개념 규정이 없고, 제82조에서 주식회사의 정관에 발기인의 성명이나 명칭, 인수납입한 주식수, 발기인의 출자방식 및 출자시간 등을 기재하도록 함으로써 간접적으로 발기인의 기능을 추론해 볼 수 있다.

발기인의 개념에 관해서는 형식개념설, 실질개념설 및 결합설 등이 논의되고 있다. 형식개념설은 회사정관에 기재되고 서명된 자만이 회사의 발기인이라는 것이고, 실질개념설은 회사정관의 기재사항과 관련 없이 회사설립에 실질적으로 참여하는 자가 발기인이라는 것이다.[6] 중국 회사법 전체를 살펴보면 주식회사의 발기인은 회사의 정관을 제정하고, 주식을 인수납입하며, 회사의 설립사무를 책임지고, 회사정관에 기재되어 회사의 설립사무를 책임지는 자를 말한다(제77조, 제80조, 제81조, 제85조, 제95조).[7] 이 규정에 의할 때 주식회사의 발기인의 개념은 실질개념설과 형식개념설을 혼합한 것이라고 평가할 수 있다.

주식회사의 발기인으로 될 수 있는 자는 법인 및 자연인이다. 다만 발기인으로 되기 위하여서는 전체 발기인 수, 즉 2인 이상 200인 이하의 발기인 수 중에서 과반수가 중국 국내에 주소가 있어야 한다(제79조). 자연인인 경우에 중국 공민은 호적 소재지가 주소로 되고(민법통칙 제15조), 법인의 경우에는 그

5) 「關於淸理黨和國家機關幹部公司企業兼職有關問題的通知」(1989. 2. 5.).
6) 劉剛傍·趙奇志, 公司發起人法律制度硏究, 對外經濟貿易大學出版社, 2006, 13면.
7) 王保樹·崔勤之, 中國公司法原理, 社會科學文獻出版社, 2002, 136면.

주요사무소 소재지가 주소로 된다(민법통칙 제39조). 자연인인 경우에는 유한회사의 경우와 같이 행위능력이 있는 자이어야 한다. 이와 같이 주식회사 발기인의 경우 주소요건을 구비하도록 한 것은, 주식회사 발기인으로 하여금 실질적으로 회사설립을 담당하게 하고, 회사의 설립과정이나 설립 후에 발생되는 발기인의 책임을 추궁하기 위한 것이다. 이 외에도 외국인투자자가 중국 주식회사의 발기인이 되려면 사전에 업종허가증(行業許可證)을 취득하여야 한다.

Ⅱ. 사원(주주) 자격의 확정

회사법 제33조와 제131조에서는 사원(주주)명부에 사원(주주)의 성명과 명칭 및 주소를 기재하도록 하고 있다. 사원명부(주주명부)에 기재된 사원(주주)은 사원권(주주권: 股東權)이 있다고 주장할 수 있고, 회사가 관련 등기를 할 때 사원명부(주주명부)에 기재된 사원(주주)의 성명 또는 명칭 및 그 출자액을 등기하도록 하고 있다. 이 규정에 의하여 사원명부(주주명부)에 기재된 자는 사원(주주)의 자격이 있는 것으로 추정된다(제33조 제2단).

다만 사원명부(주주명부)에 기재된 사원(주주)과 등기부에 기재된 사원(주주)이 일치하지 않거나, 등기의 공고와 등기사항이 일치하지 않음으로써 발생하는 법률행위에 관해서는 어떻게 처리할 것인가에 관하여 논의가 있다.[8)]

첫째, 사원명부(주주명부)와 등기부가 상호 일치하지 않는 경우에는 회사설립을 위한 사원(주주)간의 합의가 반영된 것이 사원명부(주주명부)이므로, 실체적 진실을 위해서는 사원명부(주주명부)를 기준으로 판단하여야 할 것이다. 특히 사원명부(주주명부)는 회사법에서 규정하는 정관의 기재사항이고 등기절차보다 앞서서 진행되는 절차이기 때문이다.

둘째, 등기후에 등기공고절차를 거쳐야 하는데, 이 양자가 일치하지 않는 경우에는 등기우선주의와 공고우선주의가 있다. 등기의 공신력은 등기의 공고를 전제로 하는 것이기 때문에 등기공고의 효력이 등기효력보다 우선적으로 적용된다고 해석하여야 할 것이다.[9)]

8) 李克武, 公司登記法律制度硏究, 中國社會科學出版社, 2007, 63면.
9) 李克武, 公司登記法律制度硏究, 中國社會科學出版社, 2007, 63면.

Ⅲ. 법정 사원(발기인)수

1. 유한회사의 사원수

유한회사의 사원 수를 확정하는 입법을 보면 그 최저인원수와 최고인원수를 한정하는 방식으로 대별된다. 유한회사의 최저인원수를 한정하는 입법례는 비교적 적지만, 최고인원수를 한정하는 방식이 보편적으로 채용되고 있다.[10)]

중국 회사법체계에서 법정사원수를 처음으로 입법한 것은 1992년의「유한회사규범의견(有限責任公司規範意見)」인데, 동 규범의견에서는 특수한 경우에 정부 관련 주관부서의 승인을 얻어 법정사원수를 50인 이하로 할 수 있었다(제9조). 구 회사법은 그동안의 입법례를 참조하여 유한회사의 법정 사원수는 2인 이상 50인 이하로 규정하였다.

개정 회사법에서 유한회사의 사원수는 50인 이하로 변경하면서 그 하한선을 삭제하였는데(제24조), 이는 개정 회사법이 제2장 제3절(제58조~제64조)에서 1인 유한회사를 신설하였기 때문이다. 따라서 과거에 2인 이상 50인 이하로 설립되었던 유한회사가 지배사원의 지분인수로 1인회사가 되었더라도 유효한 회사로서 존재할 수 있게 되었다.[11)] 회사법상 1인 사원으로 구성되는 회사는 1인유한회사와 국가단독출자회사(國有獨資公司)이다.

2. 주식회사 발기인 수

주식회사의 발기인은 구 회사법에서 5인 이상으로 한정하였다(제75조). 주식회사 발기인 수에 관하여 최저한도를 설정한 것은 1992년의「주식회사규범의견(股份有限責任公司規範意見)」에서 3인 이상(3인 포함)의 발기인이 있어야 함을 규정한 것으로부터 유래된다. 국유기업이 주식회사로 조직을 변경할 경우에는 발기인이 1인으로 될 수 있도록 하였다(동 규범의견 제9조). 이러한 전통이 구 회사법에도 계수되어 주식회사의 발기인은 5인 이상으로 그 최저한도가 설정되었다. 예외적으로 국유기업이 주식회사로 조직변경을 하는 경우에는 5인 이하의 발기인으로 가능하도록 하였고, 이 경우에는 모집설립의 방식으로만 설립이 가능하였다(구 회사법 제75조).

---

10) 王保樹·崔勤之, 中國公司法原理, 社會科學文獻出版社, 2002, 60면.

11) 이정표, "최근 개정된 중국회사법의 검토", 성균관법학 제17권 제2호 2006. 12., p. 449.

개정회사법은 주식회사의 발기인수는 2인 이상 200인 이하로 하였다(제79조). 주식회사는 유한회사보다 그 규모가 매우 클 뿐만 아니라, 중국이 지리적으로 넓기 때문에 주식회사 발기인의 상한선이 없을 경우 설립상의 애로가 발생한다는 점을 고려하였다.

제2. 발기인과 사원의 의무 및 책임

Ⅰ. 주식회사 발기인의 의무와 유한회사 사원의 의무

1. 주식회사 발기인의 의무

중국의 주식회사는 등록자본금이 구 회사법에서는 1000만원(인민폐)이었는데, 개정 회사법에서는 500만원(인민폐)으로 하향 조정되었지만, 여전이 그 규모는 다른 국가의 주식회사보다 크다. 이와 함께 법인으로서 등록하는 절차가 매우 까다롭고 회사의 설립절차가 비교적 복합하기 때문에, 중국 회사법은 주식회사의 발기인에게 이에 상당하는 의무와 책임을 부여하고 있다.

주식회사 발기인은 직무상의 절차적 의무와 법률상의 실체적 의무를 진다. 직무상 의무는 회사설립과정에서 발생하는 일체의 절차적 업무를 처리할 의무이다(제80조). 법률상 실체적 의무는 발기인이 회사설립과 관련하여 발기인으로서의 의무를 지는 것이다. 이에 관해서는 출자납입의무(認購義務), 충실의무 등이 있다.

(1) 직무상 의무

발기인은 회사설립을 위하여 회사의 정관을 작성하고, 발기 설립의 방식으로 주식회사를 설립할지 또는 모집설립의 방식으로 할지에 관하여 결정하여야 헌다. 모집설립의 방식으로 회사를 설립할 경우에는 증권관리부서에 주식의 공개모집신청을 제청하여 인가를 받아야 하며, 주식모집설명서의 공고, 주식청약서의 제작, 법정기간 내에 창립대회의 공고 및 소집 등의 직무를 수행하여야 한다. 창립대회가 종료되면 설립등기를 신청하여야 한다. 주식회사의 설립등기는 창립대회 종료후 30일 내에 등기기관에 신청한다(회사등기관리조례 제21조).

이 외에도 은행과 계좌개설을 협의하여야 하고, 회사의 이사회 및 감사회를 구성하여야 하며, 업종관할부서 및 정부 관련 기관에 회사설립을 위한 비준을 받아야 한다.

⑵ 법률상 의무

1) 출자납입의 의무

중국 회사법은 주식회사의 발기인이 회사를 설립하는 방식에 따라 출자할 의무와 방식을 달리 정하고 있다.

발기설립의 방식으로 회사를 설립하는 경우에 발기인에게 분할출자를 인정하고 있다(제81조, 제84조). 다만 발기인들의 최초 출자는 등록자본금의 20/100 이하가 되지 않아야 하며, 그 나머지는 발기인들이 회사 성립일자로부터 2년 이내에 출자납입을 완료하여야 한다(제81조). 현금 이외의 자산으로 출자를 하는 경우에 그 객체에 대한 소유권이나 권원을 법에 따라 권리의 이전절차를 완료하여 교부하여야 한다. 발기인이 이와 같은 의무를 이행하지 못할 경우에는 발기인협의에서 정한 책임을 진다.

모집설립의 방식으로 회사를 설립하는 경우에 발기인이 출자납입(認購)하여야 할 주식총수는 30/100 이하가 되지 않도록 하여야 한다(제85조).

발기인, 주식인수인이 주금을 납입하였거나 주금에 해당되는 출자를 이행한 후에 규정된 기한 내에 주식모집을 완료하지 못하였거나, 발기인이 창립대회를 소집하지 않았거나, 또는 창립대회에서 회사를 설립하지 않기로 결의한 경우 이외에는, 주식자본을 회수하지 못한다(제92조).

발기인이 보유한 당해 회사의 주식은 회사가 성립된 날로부터 1년 이내에는 양도하지 못한다.

2) 충실의무

발기인의 충실의무는 발기인이 회사를 설립하기 위하여 협의단계에서부터 성립일자까지 회사의 설립에 관한 주요 의무를 충실하게 집행할 것을 요구하는 것이다. 중국 회사법에서는 발기인의 충실의무로서 출자책임의 진실성 확보, 직무수행상의 신의성실 의무 등이 있다.

출자의무를 이행할 경우 출자의 객체를 진실하게 하고, 허위신고나 가장납입 등을 하지 않아야 할 의무를 진다. 앞서 설명한 회사법 제92조에서 정한 사유 이외에도 출자한 주식자본을 회수하지 않아야 할 의무도 있다.

회사를 설립하기 위한 직무수행과정에서 회사정관의 작성, 각종 공고나 문서의 작성, 증권관리부서와의 협조, 은행계좌계설등에서 신의를 다하여 거짓이 없도록 하여야 한다. 주식설명서의 공고나 등기신청시에 허위의 기재를 신뢰하여 피해를 받는 투자자나 채권자가 없도록 할 의무 등도 여기에 포함된다.

발기인이 등록자본을 허위신고하거나 기타 허위증명서를 제출하여 회사의 설립등기를 한 경우에는 해당 회사에 대한 벌금처분 및 기타 행정처벌이 따른다(제199조).

2. 유한회사 사원의 의무

유한회사는 주식회사 보다 규모가 작고 사원수도 소규모로 운영되지만 회사의 설립을 위한 절차적 과정은 주식회사와 거의 같다. 다만 주식회사의 발기설립에 관한 절차가 없기 때문에 이에 관한 사항을 제외하고는 주식회사 발기인의 의무에 관한 사항이 그대로 적용된다.

⑴ 직무상의 의무

유한회사의 발기인은 회사설립을 위한 정관의 작성, 출자검증기관의 출자검증, 등기신청 등을 처리하여야 한다. 이 외에도 은행의 계좌개설, 회사 법정대표자의 선정, 업종관할부서 및 정부 관련 기관에 회사설립을 위한 비준을 받아야 하는 것 등도 여기에 속한다.

⑵ 법률상의 의무

1) 출자납입의 의무

유한회사의 전체사원은 등기기관에 등기된 전체 등록자본금의 20/100에 미달되지 않는 금액을 납입하여야 하고, 이 납입금액이 법정 등록자본금의 최저 한도액인 3만원(인민폐)에 미달되지 않아야 한다. 그 나머지 부분은 사원이 회사 성립일로부터 2년 이내에 납입하여야 한다(제26조).

사원은 현금으로 출자할 수도 있고, 실물, 지식재산권, 토지사용권 등과 같이 현금으로 환산될 수 있으면서 동시에 양도가 가능한 비현금 자산도 가액을 평가하여 출자할 수 있다(제27조).

전체 사원이 현금으로 출자하는 금액은 유한회사 동록자본금의 30/100에 미달되지 않아야 한다. 비현금 자산으로 출자하는 경우 법에 따른 권리이전절차를 사전에 완료하여야 한다(제28조).

2) 충실의무

유한회사의 사원도 출자책임의 진실성 확보, 직무수행상의 신의성실을 다할 의무가 있다.

출자목적이 비현금자산인 경우 가격을 평가 및 산정하는 경우 높게 또는 낮게 산정하지 않아야 한다(제27조 제2단).

이 외에도 회사를 설립하기 위한 직무수행과정에서 발기인이 등록자본을 허위신고하거나 기타 허위증명서를 제출하여 회사의 설립등기를 한 경우에는 해당 회사에 대한 벌금처분 및 기타 행정처벌이 따른다(제199조).

Ⅱ. 발기인 또는 사원의 책임

주식회사의 발기인이나 유한회사 사원의 책임은 출자위약책임과 자본충실의 책임 및 행정상의 책임으로 구분된다.

1. 출자위약책임

(1) 주식회사 발기인의 책임

발기인이 회사정관에 따라 출자금을 완납하지 않은 경우 이를 납입하여야 하며, 다른 발기인은 이에 관하여 연대책임을 진다(제94조 제1단). 출자목적이 되는 현금 또는 비현금자산을 적시에 납입하지 않은 경우에는 이 외에도 벌금처분이 따른다(제200조).

이 경우 출자의무의 대상과 내용은, 회사가 성립하기 전인 경우에는 다른 출자 사원에 대한 위약책임이 되지만, 회사 성립 후에는 출자의무 위반은 다른 출자자에 대한 위약이면서 동시에 회사에 대한 위약도 된다. 발기인의 출자의무 위반이 회사를 성립하지 못하게 한 사유가 되었을 경우에는, 다른 출자 발기인에 대한 위약책임이 된다. 이와 같은 사유 등으로 인하여 회사를 설립하지 못하게 되었을 때는 주식회사의 발기인은 설립행위로 인하여 초래된 채무와 비용에 대하여 회사에 연대책임을 지고(제95조 제1호), 주식 인수인이 이미 주금을 납입한 경우, 그 주금의 납입기간동안의 은행 예금이자를 가산하여 반환하여야 한다(제95조 제2호).

회사설립과정에서 발기인의 과실로 인하여 회사의 이익에 손해를 초래한 경우 회사에 대하여 손해배상책임을 진다(제95조 제3호).

⑵ 유한회사 사원의 책임

유한회사의 사원은 정관에서 약정한 출자금액과 기한에 따라 각자의 인수금 전액을 납입완료를 하여야 한다. 이 의무를 이행하지 않은 발기인은 회사에 대하여 자신의 출자책임을 질 뿐만 아니라, 자신의 출자의무를 완료한 다른 사원에 대하여 위약책임을 진다(제28조 제2단). 이 경우에도 출자의무의 대상과 내용은 주식회사 발기인의 책임과 같다.

⑶ 발기인이나 사원의 책임 없는 사유에 의한 출자의 불이행

발기인이나 사원이 발기인 협의나 설립 약정 등에서 정한 출자이행의무를 불이행한 경우는 위의 사항이 적용되지만, 이들이 고의나 과실 없는 사유로 이행능력을 상실한 경우에 그 사후처리에 관해서는 회사법에서 주식회사의 발기인에 관한 연대책임 규정만 존재한다.

예컨대 사원이나 발기인이 파산 등의 원인으로 출자의무를 이행할 수 없는 경우에는 회사와 사원(주주) 및 채권자를 보호하기 위한 일련의 절차를 마련하여야 한다. 이 경우 주식회사의 발기인은 연대하여 출자책임을 진다(제94조 제1단). 그러나 유한회사의 사원에 관해서는 이러한 규정이 흠결되어 있다.

2. 회사 설립에서의 자본충실 책임

회사의 자본충실은 회사 법인격의 유지, 채권자와의 이해관계, 회사의 재무구조 및 신용도 제고 등과 관련된 중요한 부분이다. 회사의 자본충실은 회사의 설립 당시부터 시작되므로 회사 설립을 주도하는 발기인이나 사원의 역할이 중요하다. 발기인이나 사원의 자본충실의 책임은 회사의 설립단계에서 뿐만 아니라 설립 후 회사의 출자자본이 충실할 수 있도록 하는 것에 관한 책임이다. 이 책임은 회사에 대한 출자책임과 행정상의 책임으로 구분되고, 출자책임은 출자위약책임과 회사 성립 후의 발기인이나 사원의 출자보완책임으로 구분되지만, 여기서는 회사 성립 후의 발기인이나 사원의 자본충실의 책임만을 논한다.

주식회사가 성립된 후 설립당시 출자된 비현금자산의 실제가액이 회사정관에서 확정된 가액에 현저히 미달된 때에는 그 출자물을 납입한 발기인이 차액을 납입하여야 한다. 다른 발기인은 이에 대하여 연대책임을 진다(제94조 제

2단).

유한회사를 설립한 후 출자목적물인 비현금재산의 실제 가액이 회사 정관에 규정된 가액보다 현저히 적은 것이 발견된 때에는, 해당 출자목적물의 출자사원은 그 차액을 납입완료하여야 하며, 회사 설립 당시의 기타 사원은 이에 대하여 연대책임을 진다(제31조).

여기서 발기인이나 사원의 자본충실의 책임은 그 범위가 출자보완책임과 이행지체에 따른 손해배상이 주요한 내용이다. 출자보완책임에 관해서는 출자의무를 불이행한 발기인이나 사원 이외의 기타 발기인이나 사원이 공동으로 부담하는 연대책임에 한정된다. 발기인이나 사원의 자본충실의 책임으로서 계속이행책임, 인수담보책임, 납입담보책임 및 출자보완책임 등이 일반적 책임내용인 것과 비교해 볼 때, 중국 회사법은 상당히 간단하게 규정된 것이다. 나아가 발기인이나 사원이 고의나 악의로 출자의무를 불이행한 경우에 관한 책임은 회사법에서 규정하지 않고, 형법에서 규정하고 있다. 형법 제158조에서는 허위등록자본죄를 규정하였고, 형법 제159조에서는 허위출자죄와 출자금인출죄를 규정하고 있다.

회사가 성립한 후에 발기인이나 사원이 출자한 실물(實物)·지식재산권·토지사용권 및 기타 비현금재산의 실제가액이 회사 정관에서 정한 가액에 현저히 미달되는 경우에는, 발기인이나 사원의 출자보완책임 이외에, 절차적으로 다시 출자검증과정을 거쳐야 한다. 즉, 원래의 출자 목적물이었던 실물, 지식재산권, 토지사용권 및 기타 비현금재산은 다시 평가하여 금액을 정하여야 하며, 회사의 등록자본도 다시 검증하여야 할 뿐만 아니라, 출자검증기관이 출자검증을 하여야 한다.[12)]

3. 행 정 벌

회사의 설립을 주도하는 발기인(주식회사)이나 사원(유한회사)이 회사 설립당시에 행정기관에 제출하여야 하는 중요한 서류나 설립등기의 과정에서 위법행위나 출자의무의 불이행 등의 행위를 한 경우 행정기관에 대한 일정한 책임을 진다(제199조, 제200조, 제201조).

발기인이나 사원이 등록자본금을 허위로 신고하거나, 허위의 증명서를 제

12) 公司注册資本登記管理規定(2005. 12. 27.), 제20조.

출하거나, 또는 기타 사기적 수단으로 중요한 사실을 은닉하고 회사 등기를 한 경우 회사 등기기관은 시정할 것을 명령하고, 등록자본금을 허위신고한 회사에 대해서는 허위신고한 등록자본금의 5/100 이상 15/100 이하의 벌금을 부과한다. 허위의 증명서를 제출하거나 기타 사기적 수단으로 중요한 사실을 은닉한 회사에 대해서는 5만원(인민폐) 이상 50만원(인민폐) 이하의 벌금을 부과한다. 정상이 중대할 경우 회사 등기를 취소하고, 영업허가증을 말소한다(제199조).

회사의 발기인이나 사원이 허위로 출자하거나, 출자의 목적이 되는 현금 또는 비현금재산을 납입하지 않거나, 정해진 기한 내에 납입하지 않은 경우, 회사의 등기기관은 시정할 것을 명하고, 허위출자금액의 5/100 이상 15/100 이하의 벌금을 부과한다(제200조).

회사의 발기인이나 사원이 회사 성립 후 출자금을 인출하였을 경우 회사 등기기관은 시정을 명하고, 인출한 금액의 5/100 이상 15/100 이하의 벌금을 부과한다(제201조).

행정기관은 등기주관기관이므로 공상행정관리국과 기타 기관이다. 행정상 책임의 중요 내용은 행정기관에 의한 시정명령(責令改正)과 벌금납부이다. 허위로 등록자본을 등기하여 회사의 등기를 취득한 경우에는 등기주관기관이 「회사등기관리조례(公司登記管理條例)」 제68조의 규정에 따라 처벌한다.[13] 사원이나 발기인이 허위로 출자하거나, 정해진 기한 내에 출자할 현금이나 비현금재산을 출자하지 않을 경우에는 등기주관기관이 「회사등기관리조례(公司登記管理條例)」 제70조의 규정에 따라 처벌한다.[14] 등록자본금의 허위신고나 허위증명서의 발행 또는 신고, 중요사실의 은닉 등의 행태가 매우 중대할 경우 회사 등기를 취소하고, 영업허가증을 말소한다(제199조).

Ⅲ. 출자검증 관련 기구의 책임

회사의 설립에는 이와 관련된 중요한 서류와 그 내용의 진위여부를 인증하는 검증기구가 있다. 출자검증기구가 회사설립과 관련된 사안을 처리하는과정에서 업무상으로 자산평가의 오류, 허위자료의 제공, 출자검사의 오류 등이

13) 公司注册資本登記管理規定(2005. 12. 27.), 제22조.

14) 公司注册資本登記管理規定(2005. 12. 27.), 제22조.

발생된 경우에는 이들 기관도 행정기관에 대하여 일정한 책임을 진다(제208조).

회사의 설립에는 출자검증(驗資證明)이 필요하고, 출자검증에는 출자검증기관인 회계사무소와 등록 회계사 및 등록자본금 증명을 맡은 은행이 있다. 출자검증기관은 출자자의 출자대상에 대한 검증업무를 담당할 뿐만 아니라 주보고서인 출자검증서와[15] 부속서(附件)인 출자검증보고(驗資報告)서를 작성하여야 한다. 출자검증보고서는 법적 증명력이 있고, 회사의 설립등기의 신청시나 등록자본의 변경시에 필요한 중요한 서류이다.[16] 출자검증을 맡은 회계사사무소는 그 부실보고에 대하여 책임을 진다.[17]

금융기관은 회사의 발기인이나 사원이 출자검증을 위하여 유치한 자본등록금에 대한 실질심사를 하여야 하고, 이에 관한 부실보고나 허위보고 등에 관하여 과실(過錯)의 정도에 따른 민사책임을 져야 한다. 특히 출자자가 출자의무를 이행하지 않았거나 일부출자를 하였음에도 불구하고, 금융기관이 기업을 위하여 부실한 출자검증보고 또는 자금증명을 제공하였을 경우, 부실하게 보고된 범위 내에서 과실의 정도에 따라 민사책임을 부담한다.

Ⅳ. 발기인 또는 사원의 책임과 소송구제

발기인이나 사원이 부담하는 출자위약책임이나 자본충실의 책임 또는 행정상의 책임에 관하여 소송이 제기된 경우, 소송요건이나 당사자 또는 절차의 구제방식 등에 관하여 회사법을 비롯한 관련 법률에서의 규정이 명백하지 않다. 회사의 설립과 관련하여 이해관계자를 고려하면, 회사와 회사 발기인 사이에 제기되는 소송과 회사의 기타 사원(주주)과 회사 발기인 사이에 제기되는 소송이 발생할 것이고, 예외적인 경우에 회사 채권자와 회사 발기인간의 소송

15) 출자검증서에는 회사명칭, 회사유형, 사원이나 발기인의 명칭이나 성명, 회사 등록자본금액, 사원이나 발기인이 인수하거나 납입한 금액, 출자시기, 출자방식을 기재하여야 한다. 주식회사가 모집설립의 방식으로 설립하는 경우에는 발기인이 인수납입한 주식 및 그 주식이 회사 총주식수에서 점유하는 비율도 기재하여야 한다: 公司注册資本登記管理規定(2005. 12. 27.), 제13조 제4호.

16) 「關於進一步規範企業驗資工作的通知」(재정부 및 공상행정관리총국 공포, 2001. 9. 30.), 제5호.

17) 最高人民法院, 「關於會計事務所爲企業出具虛假驗資證明應如何承擔責任問題的批復」(1998. 6. 26.), 제2호; 「關於公司登記機關是否應對法定驗資機關出具的驗資報告的眞實性承擔審查責任問題的答復」(공상행정관리국, 2000. 3. 27.).

이 제기될 수 있을 것이다.

발기인이나 사원의 출자불이행이 발생된 경우 회사법 제150조에 이하에서 규정하는 주주대표소송의 요건을 갖춘 경우에는 이에 따라 진행하면 될 것이다. 다만 회사 채권자와 회사 발기인 사이의 소송은 직접적인 이해관계가 없고, 출자불이행이 직접적인 원인이 되어 회사가 파산된 경우에 예외적으로 채권자가 발기인을 상대로 하여 소송을 제기할 수 있을 것이다.

제3. 출자방식

Ⅰ. 출자방식에 관한 중국 기업법제

회사의 설립에서 출자방식(出資形式)을 어떻게 정할 것인가 하는 점은 회사의 출자제도 중에서 중요한 사항이다. 회사의 출자제도는 자본제도의 토대를 충실히 하고, 대내외의 신용을 제고하기 위하여 현금(貨幣)과 실물(實物)의 출자를 중심으로 발전해 왔다. 출자방식에 관한 중국의 기업법제도 이와 같은 방향으로 발전하였지만, 현금과 실물 이외에 어떤 대상을 어느 정도로 인정할 것인가에 관해서는 여전히 많은 논의가 있다.

출자방식에 관해서는 회사법이 제정되기 전에 이미 민법통칙이나 외국인투자기업법(外商投資企業法)에서 기업설립과 관련하여 그 규정을 두고 있었다.

민법통칙에서는 조합(合伙)의 출자방식에 관하여 자금(資金)·실물(實物)·기술 등으로 규정하였다(제30조). 외국인투자기업 중에서 합작기업(中外合作經營企業)은 현금·실물·산업재산권(工業產權)·특허기술(專利技術)·토지사용권을 그 대상으로 하였고,[18] 합자기업(中外合資經營企業)은 현금·건축물·사무실(廣房)·기계설비·기디 소제·산업재산권·특허기술·토지사용권 등으로 출자할 수 있도록 하였다.[19] 외국인독자기업(外資企業)의 경우에는 태환 가능한 외화·기계설비·산업재산권·특허기술 및 중국내 외국인투자기업이 취득할 인민폐 이윤도 그 대상으로 하였다.[20]

구 회사법은 제정될 당시부터 기업관리법의 목적으로 출현되었기 때문에,

18) 中外合作經營企業法, 제8조; 中外合作經營企業法實施細則, 제18조.
19) 中外合資經營企業法, 제5조; 中外合資經營企業法實施條例, 제25조.
20) 外資企業法企業法實施細則, 제25조.

사원이나 발기인의 출자형태와 출자방식에 엄격한 제한을 가하였을 뿐만 아니라, 출자형태에 관한 엄격한 법정주의 때문에 출자에 관한 분쟁이 많이 발생하였다.

구 회사법상 출자형태는 열거주의로 그 범위를 제한하였고, 출자방식도 특정한 출자형태에 관한 최고한도를 설정함으로써 매우 제한적인 출자방식을 입법하고 있었다. 출자형태로는 현금(貨幣)·실물(實物)·산업재산권(工業產權)·비특허기술(非專利技術)·토지사용권(土地使用權) 등 5종으로 한정하였다. 이와 같은 출자형태의 법정화는 1992년의 「유한회사규범의견(有限責任公司規範意見)」을 그대로 반영한 것인데, 동시에 공포된 「주식회사규범의견(股份有限公司規範意見)」에서는 오히려 출자형태를 현금, 건축물, 창고, 기계설비 등의 유형자산 뿐만 아니라 산업재산권(工業產權), 비특허기술(非專利技術), 토지사용권 등의 무형자산도 인정하고 있었다. 구 회사법이 1995년 제정되었다는 점을 고려하면 그 이전에 제정된 「규범의견」에 비해 구 회사법은 오히려 퇴보한 입법이라는 비판이 가해졌다.

이와 함께 출자방식 중 무형재산(산업재산권과 비특허기술)의 출자비율이 총 등록자본금의 20/100을 초과하지 못하도록 하였다(구 회사법 제24조 제1단, 제2단). 이러한 구 회사법의 출자방식은 유형재산을 중심으로 규정한 것이어서 경제적 효용을 높이려는 현대의 회사제도와는 부합하지 않는다는 비판이 많았다.[21] 이와 함께 무형재산 중에서 산업재산권을 중심으로 하는 구 회사법상의 출자방식은 무형재산의 중요한 구성부분인 저작권이 빠져 있었다는 한계도 있었다.

Ⅱ. 개정 회사법의 출자방식

1. 출자방식에 관한 일반규정

개정 회사법에서는 구 회사법에서 누락되어 있던 저작권과 기타 지식재산권을 포함한 '지식재산권'뿐만 아니라 양도 가능한 비현금재산을 포함시켰다. 즉, 주주는 현금(貨幣)으로 출자할 수도 있고, 실물, 지식재산권(知識產權), 토지사용권 등과 같이 현금으로 가격환산이 가능하고 동시에 양도가 가능한 비

21) 張國平, 當代企業 基本法律問題硏究, 法律出版社, 2004, 60면.

현금 재산도 가액으로 평가하여 출자할 수도 있다. 단, 법률 · 행정법규가 출자할 수 없도록 규정한 재산은 예외로 한다(제27조 제1단, 제83조).

전체 주주가 현금으로 출자하는 금액은 유한책임회사 등록자본금의 30/100을 미달해서는 안 된다(제27조 제3단).

출자목적인 비현금재산(非貨幣財産)은 가격을 평가하여 산정하고, 재산을 사정하여야 하며, 가격을 높게 또는 낮게 산정해서는 안 된다. 법률 · 행정법규에 가격 산정에 관한 규정이 있는 경우, 이에 따른다(제27조 제2단, 제83조). 비현금재산으로 출자하는 경우, 출자전에 법에 따라 권리이전절차를 하여야 한다(제28조 제1단).

개정 회사법은 이와 함께 무형재산의 출자비율에 관한 제한을 삭제하였다(제27조, 제83조).

2. 출자방식에 관한 특수한 문제

(1) 은행차입금의 출자적격

현금은 당연히 출자대상으로 되지만, 은행으로부터 차입한 대출금으로 출자하는 것이 허용되는가에 관하여 논의가 있다. 이것은 지배사원이나 지배주주가 회사의 명의로 은행으로부터 대출을 받아 출자하였던 몇몇의 사례에서 비롯된다. 이에 관해서는 차입한 대금의 상환주체가 출자자인지 아니면 회사인지에 따라 그 효력이 달라진다고 한다. 즉, 회사의 설립을 위한 목적으로 회사가 출자자를 위한 대출을 하고 또 상환책임을 진 경우에는 출자자가 실제로 출자한 것이 아니기 때문에 그 출자행위는 무효이고, 주주가 상환하는 것으로 처리된 경우에는 회사의 상환책임과는 상관없는 것이기 때문에 그 출자행위는 유효하다고 한다.[22)]

(2) 양도가능한 비현금재산

양도 가능한 비현금재산이란 강제집행가능성이 있는 객체를 의미하는데 이에 관해서는 학자들마다 그 해석이 다르다. 이러한 논의의 대상이 되는 권리들은 그 배후에 보호해야 할 제3자가 존재하므로 권리실현이나 강제집행이 제한될 수 있기 때문이다.

이러한 대상으로는 실물, 지식재산권(知識產權), 토지사용권 등 현금으로

22) 薄燕娜, 股東出資形式法律制度研究, 法律出版社, 2005, 87면.

가격환산이 가능하고 동시에 양도가 가능한 비현금재산이다. 여기에는 다시 실물과 무형재산으로 구분할 수 있다.

1) 실 물

출자가 가능한 대상으로서의 실물이란 매우 광의의 개념이지만 회사의 설립과 운영을 위하여 필요한 제반 설비일 것이다. 구체적으로는 건축물・사무실・기계설비・차량・원자재 등이 포함될 수 있을 것이다. 이 외에도 국가공상행정관리국이 1999년 제정한「기업등기관리에 관한 집행의견(關於企業登記管理若干問題的執行意見)」에서는 실물의 범위에 관하여 교통설비와 도구, 사무실용의 공간, 사무실용품, 생산을 위한 물품, 원자료 및 제품이라고 규정하고 있다.

이와 함께 실물을 출자의 대상으로 할 경우 그 이전에 관한 절차를 완료하여야 한다.

2) 무형재산

무형재산의 범위를 확정하는 입법방식은 각 국마다 동일한 기준을 갖고 있지 않다. 로마법시대에 재산을 유체물과 무체물로 구분한 후 무체물을 소유권 이외의 권리로 의제하여 상속권・용익권 및 채권을 포함시키는 입법전통이 있었다. 대륙법계에서는 이것을 각각 다르게 계승하면서 무체재산의 개념과 범위도 각각 다른 입법내용과 체계를 갖게 되었다. 영미법계에서는 물(物)을 유형화하여 구체물과 추상물로 구분한 후 추상물에는 채무・주식・지식재산권 등을 포함시켰다. 중국법제에서는 토지사용권・지식재산권・주권・채권・어음수표・노무 등이 그 출자대상으로 가능한 것인가에 관하여 논의가 있다.

3. 무형재산의 출자방식

(1) 토지사용권

1) 토지사용권의 의의

중국에서 토지사용권은 독특한 권리형식이다. 중국의 토지제도는 크게 도시와 농촌으로 이원화하여, 도시토지는 국유로 귀속되고, 농촌토지 및 도시 외곽지역의 토지는 집체소유로 귀속된다. 국유토지 또는 농촌집체토지를 이용하려면 국유토지 또는 농촌집체토지를 출양(出讓) 받은 후에 그 사용권을 이용하여야 한다. 이에 따라 그 소유권자로부터 파생된 토지사용권도 국유토지사용권과 집체토지사용권으로 구분되고, 이에 따른 권리와 의무도 각각 다른 규범에 따라 규율된다.

토지사용권이라는 용어는 중국 법체계에서 다양하게 사용되고 있다.「민법통칙」·「중외합자경영기업법」·「회사법(公司法)」에서는 '토지사용권(土地使用權)'으로 규정되어 있지만,「토지관리법」에서는 '건설용지사용권(建設用地使用權)'으로 입법되어 있다. 오랜 논의를 거쳐 2007년는 최종적으로 제정된「물권법」은 '건설용지사용권'으로 확정하였다.[23] 따라서 정확한 표현은 '건설용지사용권'으로 명기하는 것이 정확하지만, 회사법에서 토지사용권으로 사용하고 있기 때문에 이하에서는 '토지사용권'으로 표기한다.

토지사용권의 객체는 국유토지 또는 집체토지이고, 이 토지로부터 일정기한을 가진 사용권의 내용을 갖고 있다. 토지사용권의 설정은 토지사용권의 출양(出讓)이라고 하고, 이 출양의 법적성질이 무엇인가에 관하여 많은 논의가 있다. 이에 관한 해석은 지금까지 행정행위설, 민사행위설, 경제법률행위설 등이 주장되어 왔다. 특히 토지사용권의 법적성질에 관한 것은 대부분 국유토지에 관한 것이고, 집체토지는「토지관리법」에 의하여 그 수익·처분에 상당한 제한이 따르기 때문에 국유토지와는 다른 성질을 갖는 것으로 볼 수도 있다.

공법분야의 학자들은 행정행위설이, 사법분야의 학자들은 민사행위설이 주류를 이루고 있지만, 토지사용권의 출양을 민사행위로 보아야 한다는 점이 타당하다. 그 이유로는 국가는 토지소유자이지만, 토지사용권의 출양 방식을 보면 협의(協議)로 하는 경우, 경매(拍賣)로 하는 경우, 입찰(招標)로 하는 경우가 대부분이기 때문이다.

그 출양방식을 협의로 할 경우, 토지사용자와 협의를 통한 출양행위를 설정하고, 이 행위에 대한 위약이 있을 경우 위약책임을 진다는 점에서 민사행위적인 성격이 매우 강하다.

2) 토지사용권의 출자 적격

토지사용권을 출자의 대상에 포함시켜야 하는가에 관하여, 이를 반대하는 견해도 있다. 토지자원은 지력으로 창출된 자원이 아니고, 기업자산중에서 유형의 고정자산이므로 이 권리를 무형재산에 포함시킬 수 없다는 것이다.[24]

---

23) 王利明, 民法, 中國人民大學出版社, 2007, 321면.

24) 吳漢東·胡開忠, 無形財產權制度研究, 法律出版社, 2001, 48면.

그러나 토지사용권의 객체는 유형의 토지이지만 그 위에 설정된 사용권은 무형재산의 본질을 갖는 것으로 보아야 한다. 회사법이나 기타 기업 관련법에서 토지사용권은 이미 출자의 대상으로 확정되고 있다.

집체소유토지의 경우 그 사용권은 농촌집체경제조직이 설립하는 기업에 출자할 수는 있어도 농촌집체경제조직이 아닌 단위에는 그 사용권을 출양할 수 없다는 제한이 있다(토지관리법 제63조). 이 법에 따라 농촌에서 집체토지소유사용권을 출자의 목적으로 할 경우, 다시 국유토지수용(徵用)·출양 등의 수속을 거쳐 국유토지로 전환한 후에 출자절차를 거쳐야 한다.

(2) 지식재산권

지식재산권(知識產權)의 개념과 범위를 어떻게 정의하느냐에 관해서 중국 지식재산권법제는 협의의 개념과 광의의 개념으로 설명된다. 협의는 산업재산권(工業產權)과 저작권(著作權 또는 版權: 저작인접권 포함)으로 구분되고, 산업재산권은 특허권(專利權)·상표권을 포함한다. 광의는 협의의 개념 이외에 발명권, 발현권(發現權) 및 기타 지식재산권으로 구분한다.

중국 구 회사법에서 출자의 목적으로 되는 지식재산권은 산업재산권(工業產權)과 비특허기술(非專利技術)이었다(제24조). 이러한 점에서 출자의 목적으로 되는 지식재산권 객체의 범위를 매우 좁게 확정하였다. 개정 회사법은 '지식재산권(知識產權)'으로 하여 그 범위를 확대하였다. 그럼에도 불구하고 지식재산권은 그 대상이 정신적 창조물이라는 점에서, 특히 저작권은 창조자의 사상을 강하게 보호하기 위한 권리이므로 이것을 출자의 대상으로 할 수 있느냐에 관하여 논의가 있다.

중국 회사법체계에서 저작권을 출자의 목적물로 하는 것을 금지하는 규정은 없지만, 저작권의 특성상 저작인격권이 강하게 투영되므로 합리적인 사용이 그 권리의 주요 내용인데, 이를 경제적으로 이용하는 과정에서 발생될 복잡한 법률관계를 처리하기가 용이하지 않다는 점에서 출자의 목적물로는 한계가 있다.

저작인접권은 저작권과 관련된 권리인데, 이에는 작품의 연출자, 녹음제작자 및 방송국의 방송 등과 관련된 일체의 권리가 포함된다. 저작인접권은 저작권보다 더 그 범위가 넓고 다양한 특징을 갖고 있으므로 출자의 목적으로 타당하지 않다.

산업재산권은 사용 · 수익 · 처분 등에서 그 법률적, 경제적 이용이 저작권보다 비교적 용이하므로 이를 출자의 목적으로 할 수 있고, 중국 회사법도 이를 인정하고 있다(제27조).

⑶ 하이테크기술성과

중국 기업들의 기술성과가 빠른 속도로 발전하고 있고 하이테크 산업도 고도로 첨단화되는 추세에 있다. 이에 따라 많은 중소기업들이 하이테크 기술성과를 출자의 대상으로 하고 있다.

하이테크 기술성과를 출자대상으로 인정한 입법은 1992년 국가과학위원회와 국가체제개혁위원회가 공포한 「국가하이테크산업개발구에서 설립하는 하이테크기술주식회사에 관한 잠행결정(關於在國家高新技術產業開發區創辦高新技術股份有限公司若干問題的暫行決定)」이다. 이 「잠행결정」에서 하이테크산업개발구에서 하이테크산업기술로 설립하는 주식회사는, 무형재산인 하이테크기술로 출자할 경우 무형재산의 총액은 회사 등록자본금의 30/100을 초과하지 못하도록 하였다. 1999년 12월 25일 회사법이 일부 개정 되면서 제229조 제2단의 규정을 신설하여 산업재산권(工業產權)과 비특허기술로 출자할 경우 그 총 금액은 회사등록자본금의 35/100을 넘지 않도록 하였다. 이러한 하이테크산업기술에 관한 회사법상의 제한은 중국의 각 지역에서 이와 다른 규정을 둠으로서 그 의미를 상실하였다고 한다.[25] 예컨대 북경의 중관촌과학기술구에서 정한 「중관촌과학기술구조례(中關村科技園區條例)」 등에서 정한 출자요건에서는 하이테크산업기술의 출자방식과 출자범위를 발기인이 협의하여 결정하도록 하고 있다.

1997년 국가과학기술위원회가 「하이테크기술성과로 출자하는 것에 관한 약간의 규정(關於以高新技術成果出資入股若干問題的規定)」을 제정하면서 하이테크 기술성과를 출자의 대상으로 확정되었다. 이 규정은 하이테크 기술성과를 유한회사 또는 과학기술개발회사에 출자할 경우에 적용된다(동 규정 제2조). 하이테크 기술성과를 출자의 목적으로 할 경우 이것을 평가한 총금액은 회사 등록자본금액의 20/100을 초과할 수 있지만, 35/100를 초과할 수는 없다(동 규정 제3조). 하이테크 기술성과로 인정되는 구체적인 기술성과는 동 규정 제5조에서 11종이 있고, 국내외의 과학기술 성과의 발전에 따라 국가과학기술위원회

25) 薄燕娜, 股東出資形式法律制度研究, 法律出版社, 2005, 93면.

가 이를 수정할 수 있도록 하였다(동 규정 제5조).

⑷ 채 권

채권(債權)이 출자형태인 양도가능한 비현금재산에 포함될 수 있는가에 관해서는 최고인민법원이 2002년 12월 3일 공포한「기업조직변경과 관련된 민사분쟁안건의 심판에 관한 규정(關於審理與企業改制相關的民事糾紛案件若干問題的規定)」제14조에서 채권자가 채무자와 자율적으로 협의하여, 채권을 출자의 목적으로 하는 협의를 한 경우, 법률과 행정법규의 강행규정에 위반되지 않는 한, 인민법원은 이에 관한 심판절차에서 반드시 그 협의의 유효성을 인정하여야 한다고 하였다.

학자들도 채권양도의 경우 채무자에게 양도통지를 하지 않거나 채무자가 양도에 대한 동의를 하지 않은 경우에도 유효하므로, 채권양도의 경우 채무자의 동의는 효력요건이 아니고 채무자의 항변사유에 불과한 것이라는 점 때문에 채권을 출자형태로 인정하고 있다.[26)]

⑸ 주주권(사원권)

주주권(사원권: 股權)을 출자의 대상으로 할 수 있느냐에 관해 이를 부정하는 견해와 긍정하는 견해로 대별된다. 부정하는 견해는 주주권은 시세에 따라 가치가 변동하므로 가치의 불확실성 및 잠재적 위험성을 이유로 그 출자의 객체성을 부정한다.[27)] 그러나 중국 기업실무에서는 인수·합병시에 주주권출자를 통하여 기업의 구조조정을 하거나 회사분할을 하는 경우가 종종 있었다. 다만 주주권을 출자하는 경우 그 가치평가가 곤란하다는 점이 있기 때문에 이에 관한 절차적 규범이 필요하지만 구체적인 근거규정은 흠결된 상태이다.

일반적으로 회사의 성립 전에는 법정의 자산평가기구가 재정부가 공포한 회계기준에 따라 주식을 평가한다. 회사 성립 후에는 이사·감사가 출자된 주식의 실제가격이 정관에 기재된 출자액에 합당한지를 평가한 후에 차액이 발생되면 즉시 해당 주주에게 이를 보완하도록 고지하고 이행을 완료하도록 하여야 한다. 이행완료를 고지하였음에도 이를 이행하지 않을 경우 출자위약에 대한 연대책임을 추궁할 수 있다.[28)]

---

26) 趙旭東, 新舊公司法比較分析, 人民法院出版社, 2006, 130면.

27) 周友蘇, 公司法通論, 四川人民出版社, 2003, 626면.

28) 薄燕娜, 股東出資形式法律制度研究, 法律出版社, 2005, 168면.

⑹ 어음수표

어음수표가 출자의 객체에 포함될 것인가에 관해 위의 채권과 같은 논리로 이를 인정하는 것이 다수설이다. 즉 약속어음과 수표인 경우에는 현금출자로 될 것이고, 환어음인 경우에는 그 배후에 지급인이 존재하기 때문에 채권과 같이 처리하는 것이 타당하다는 것이다.[29)]

⑺ 노무출자

노무출자나 광업권 등은 양도가 가능한 것이지만 집행대상이 될 수 있느냐에 관해서는 입법과 관련하여 논의가 진행 중이다. 노무는 노동력을 제공하여 얻은 결과물이고, 특수한 기능이나 관리능력을 목적으로 하는 노무일 경우 대체가능성이 없는 희소성을 갖는 것일 뿐만 아니라 금전으로 평가가 가능하다는 점에서 노무를 출자의 대상으로 하여야 한다는 견해가 있다.[30)] 2005년도에 개정된「회사등록자본등기관리규정(公司注册資本登記管理規定)」제8조 제3단에서는 사원이나 발기인은 노무·신용·자연인성명·상업명예·특허경영권 또는 담보가 설정된 재산은 출자의 목적이 되지 못한다고 규정하고 있다. 이와는 반대로 2007년 개정된「조합기업법(合伙企業法)」제16조는 노무출자를 인정하고 있다.

⑻ 건물사용권과 투자기금권

건물사용권(傍室使用權)·투자기금권(投資基金券) 등도 출자대상에 포함될 수 있다.[31)]

제4. 최저 등록자본금제도

Ⅰ. 등록자본금제도와 등록자본제도

회사의 자본제도는 기본적으로 법정자본제도, 수권자본제도 및 절충자본제도로 구분된다.[32)] 자본제도를 구성하는 자본유형으로는 등록자본(注册資

29) 張國平, 當代企業 基本法律問題硏究, 法律出版社, 2004, 63면; 劉俊海,"修改《公司法》完善公司制 度", http://www.iolaw.org.cn/shownews.asp?id=5907(2005. 11. 3.).

30) 薄燕娜, 股東出資形式法律制度硏究, 法律出版社, 2005, 104면.

31) 劉俊海, "修改《公司法》完善公司制 度", http://www.iolaw.org.cn/shownews.asp?id=5907 (2005. 11. 3.).

32) 회사의 자본제도 일반에 관한 것은 제8장 자본제도 참조.

本)·수권자본·납입자본 및 발행자본 등이 있다. 이 자본유형 중에서도 등록자본(注册資本)은 액면자본(面額資本)이라고 하며 회사가 성립할 당시에 등록된 자본의 총액규모를 말한다.

중국 기업법체계에서 최저 등록자본금제도를 최초로 입법한 것은 1979년의 「중외합자경영기업법(中外合資經營企業法)」이다. 동 법이 제정된 이후 1993년에 「기업회계준칙(企業會計準則)」이 제정되기 이전까지, 중국 기업법제는 사회주의 회계제도를 적용하였기 때문에, 자본제도가 아닌 등록자본금제(注册資本金制)가 실시되었다는 표현이 정확하다.[33]

중국 기업법제에서 등록자본제도와 등록자본금제도는 국유기업과 비국유기업에 따라 다르게 적용되었다. 국유기업의 경우 1988년의 「기업법인등기관리조례시행세칙(企業法人登記管理條例施行細則)」에서는 내자(內資)기업과 외국인투자기업을 구분하여, 외국인투자기업의 경우에는 '등록자본제도(登記注册制度)'를 허용하고 있지만, 내자기업의 경우에는 '등록자본금(注册資本金)'제도를 두고 있다. 이러한 현상은 엄격한 의미의 자본제도에는 부합되지 않는 것이었다. 동 「세칙」은 2000년 12월에 개정된 이후에도 동일한 취지로 규정하고 있다.

1993년 구 회사법이 제정되면서 일반적인 자본제도가 도입됨에 따라 원칙적으로는 회사법상의 회사(公司)와 외국인투자기업법상의 외국인투자기업(外商投資企業)에만 자본제도가 적용되기 때문에,[34] 현재 중국의 기업법체계에서도 자본제도와 자본금제도가 이원적으로 존재하는 것처럼 보인다. 1993년 「기업재무회계통칙(企業財務通則)」 및 「기업회계준칙」이 시행되면서 법정자본제도가 정착화 되기 시작하였다(구 기업회계준칙 제6조, 제9조).

회사법 이외에 보험법, 상업은행법, 증권법, 선물거래관리잠행조례, 외국인투자보험회사관리조례, 회사등록자본등기관리조례 등에서는 기업에 대한 등록자본금제를 독립적으로 입법하고 있다.

---

33) 張國平, 當代企業 基本法律問題研究, 法律出版社, 2004, 35면.
34) 張國平, 當代企業基本法律制度研究, 法律出版社, 2005, 35면.

Ⅱ. 유한회사의 최저 등록자본금제도

1. 구 회사법의 법정자본제도

구 회사법에서는 유한회사의 경우 회사의 경영위험을 담보하고 채권자를 보호하기 위하여 엄격한 법정자본제도를 실시하였다. 법정자본제도의 본질적 특징은 최저 등록자본금제도를 기초로 하여 정관에서 확정된 자본총액을 회사 성립전에 일괄하여 납입완료하는 것이다. 구 회사법은 최저 등록자본금을 회사의 경영목적에 따라 4가지로 정하였고, 그 최고한도액(인민폐 50만원)과 최소한도액(인민폐 10만원) 내에서 결정하도록 하였으며,[35] 그 납입시기도 일회에 한하여 완납하도록 하였다.

이와 같은 높은 등록자본금의 설정과 출자금의 일회완납으로 인하여 회사의 설립이 제한되었을 뿐만 아니라, 많은 시간과 비용을 들인 회사의 설립절차가 법정자본제도를 위반할 경우 무효로 됨으로써 이해당사자 사이에서 많은 분쟁이 자주 발생되었다.

2. 개정 회사법의 등록자본금제도

개정 회사법은 유한회사의 최저 등록자본금제도를 종래의 경영목적에 따른 4가지 분류방식에서 한 가지 방식으로 통합하였고, 그 금액도 최저 3만원(인민폐)으로 고정하였다(제26조 제2단). 1인 유한회사의 경우에는 회사의 거래안전을 보호하기 위하여 최저 등록자본금을 10만원(인민폐)으로 하였다(제59조).

이와 동시에 종래 대형 국유기업을 주식회사로 조직변경하는 경우와 같이 특수한 사정이 있는 경우 등을 위하여 개정 회사법은 제26조 제2단 후절에서 특별한 규정을 두고 있다. 즉, "법률 · 행정법규에 의하여 유한회사 등록자본금의 최저한도에 관하여 비교적 높세 정한 규정이 있는 경우에는 그에 따른다"고 하여 회사법의 최저등록자본금제도에 관한 예외를 인정하고 있다.

최저등록자본금제도를 완화할 경우 회사의 설립을 통한 탈법행위나 회사의 남설에 따른 사회문제 등이 발생될 수 있기 때문에, 유한회사 전체사원이

---

35) 구 회사법 제23조: 유한회사의 최저 등록자본액은 ① 생산경영을 위주로 하는 회사나 상품도매(商品批發)를 위주로 하는 회사는 인민폐(人民幣) 50만원, ② 상품소매(商品零售)를 위주로 하는 회사는 인민폐 30만원, ③ 과학투자개발·자문 등에 관한 서비스업과 관련된 회사는 인민폐 10만원이다.

최초 납입하여야 할 금액은 회사 전체 등록자본금액의 20/100보다 낮지 않도록 하였으며, 이와 동시에 법정된 최저 한도액보다 낮지 않아야 한다고 규정함으로써(제26조) 최저 등록자본금제도를 조정하였다. 따라서 개정 회사법에 의할 때 유한회사의 최초 등록자본금은 전체 사원들이 공동으로 또는 개별적으로 출자한 금액의 총계가 그 최저 한도액인 3만원(인민폐) 및 전체등록자본금의 20/100을 합한 금액이면 설립이 가능하게 되었다.

Ⅲ. 주식회사의 최저 등록자본금제도

1. 최저 등록자본금의 완화

구 회사법은 주식회사의 최저 등록자본금을 법률 또는 행정법규에서 별도로 규정하는 경우 이외에는, 1천만원(인민폐)으로 한다고 정하였다(구 회사법 제78조 제2단).

개정 회사법은 주식회사의 최저 등록자본금도 500만원(인민폐)으로 하향 조정하였고, 납입방식도 분할 납입이 가능하도록 하였다.

2. 회사의 설립방식에 따른 분할납입제도의 도입

발기설립의 경우 발기인들이 납입한 가액의 총액이 500만원(인민폐)이면 회사의 설립이 가능하도록 하였다. 이와 같은 낮은 최저 등록자본금제도를 보완하기 위하여, 발기설립의 방식으로 회사를 설립하는 경우에는 전체 발기인의 최초 출자액은 법정 등록자본금액의 20/100보다 낮지 않도록 하였고, 나머지 부분도 발기인들이 회사 성립일자로부터 2년 이내에 납입을 완납하도록 하였다(제81조).

모집설립의 경우에 발기인들의 인수가액과 주금모집금액이 500만원(인민폐)에 달하면 회사 설립이 가능하도록 하였다. 다만 모집설립의 경우 발기인이 회사의 주식총수 중에서 35/100이상을 인수하여야 하는 것은 구 회사법과 동일하다(제85조).[36]

사원이나 발기인은 이와 같이 납입의무를 부담하며, 이를 위반하는 경우에는 위약책임을 지거나(제28조 제2단), 연대책임(제94조)을 지며, 회사가 불성

36) 구 회사법, 제74조, 제83조.

립하게 된 경우에 발생된 채무와 비용 및 기타 이해관계자에 대한 연대배상책임 등을 진다.

Ⅳ. 특수한 기업유형의 등록자본금 제도

다른 법률이나 행정법규에서 유한회사나 주식회사의 최저 등록자본금에 관한 규정이 별도로 있는 경우에는 이에 따라야 한다(제26조 제2단, 제81조 제3단). 이에 관한 것으로는 회사 이외의 기타 특수한 기업을 설립할 경우이다. 즉, 보험회사, 상업은행, 증권회사, 선물거래회사, 외국인투자보험회사, 회사의 구조변경 등의 경우에는 관련 법률에서 정한 최저 등록자본금에 의하여야 한다.

보험회사를 설립하는 경우 그 최저 등록자본금은 2억원(인민폐)이다(보험법 제73조). 보험회사의 최저 등록자본금액은 반드시 현금으로 인수납입하여야 하고, 보험회사의 업무범위, 경영규모 등에 따라 등록자본금의 규모를 변경할 수 있으나 반드시 최저 한도액보다 적지 않아야 한다(보험법 제73조).

전국적인 상업은행을 설립하는 경우 그 최저 등록자본금은 10억원(인민폐)이다. 도시지역에 설립하는 상업은행의 최저 등록자본금은 1억원(인민폐)으로 하고, 농촌지역에 설립되는 상업은행은 그 최저 등록자본금을 5천만원(인민폐)으로 한다(상업은행법 제13조).

증권회사는 그 규모가 크고 다양한 영업활동을 하는 특성을 갖고 있기 때문에 증권법에서는 이에 관한 등록자본금을 구분하여 입법하고 있다. 영업의 특성은 증권법 제152조에서 규정하고 있다. 즉, 증권회사는 증권중개업무(證券經紀), 증권투자자문(證券投資諮問), 증권거래 및 증권투자와 관련된 재무자문, 증권발행위탁(證券承銷) 및 보승(保薦)업, 증권자영업, 증권자산관리, 기타 증권업무 등을 할 수 있다. 증권회사의 최저 등록자본금은 증권중개업무와 증권투자자문업 및 증권거래 및 증권투자와 관련된 재무자문업은 5천만원(인민폐), 증권발행위탁 및 보증업무와 증권자영업, 증권자산관리 및 기타 증권업무는 1억원(인민폐)이다.

선물거래회사의 설립의 경우 그 최저 등록자본금은 3천만원(인민폐)으로 한다(선물거래관리조례 제21조).

외국투자보험회사의 경우 중국 내에서 설립이 가능한 기업유형과 외자비례 등은 중국보험감독위원회가 규정하고 있다. 현재 외국인투자 보험회사의 경우 합자(合資)와 외국인독자(獨資)의 기업유형을 인정하고 있다. 외국인합자보험회사와 외국인독자보험회사는 모두 최저 등록자본금을 2억원(인민폐) 또는 이와 동등한 가치를 갖는 태환가능한 회환으로 하고 있다(외국인투자보험공사관리조례 제7조).

비회사형(非公司型) 기업이 회사법에 따른 조직변경을 할 경우 또는 유한회사가 주식회사로 조직변경을 하는 경우 실제자본액으로 환산한 총액이 회사의 순자산액보다 높지 않아야 한다. 유한회사가 주식회사로 조직변경을 하는 경우, 자본을 증가하기 위하여 주식을 공개발행하는 경우 법에 따른 수속을 하여야 한다(회사등록자본등기관리규정 제17조).

제5. 주식회사 설립방식의 다원화

구 회사법에서는 주식회사의 설립방식에 관하여 발기설립과 모집설립방식을 인정하고 있었다(제74조). 개정 회사법도 구 회사법과 동일한 규정을 하고 있다(제78조). 다만 주식회사의 설립방식 중에서 모집설립방식을 취하는 경우에 일반적인 공개모집방식을 택할 수도 있고, 특정한 대상을 상대로 하는 모집방식(定向募集設立方式)을 택할 수도 있도록 함으로써 주식회사의 설립방식이 구 회사법에 비하여 한 가지 더 추가되었다(제78조 제3단).

그러나 개정 회사법이 규정하고 있는 특정한 대상을 상대로 모집하는 방식(定向募集設立方式) 중에서 '특정대상'이 무엇인가에 관해서는 규정상으로 명백하지는 않지만, 해석상 이것은 기관투자자나 증권위탁판매자 등과 같이 투자위험에 대한 충분한 방어능력이 있거나 증권의 위탁판매가 용이하게 하기 위하여 모집하는 주체와 특수한 관계에 있는 주체가 그 대상이 될 것이다. 이 모집방식은 증권시장이 발달된 국가에서 이용되는 사모(私募: private placements)와 매우 유사하다.

이러한 모집방식을 채택함으로서 투자자가 다양한 투자방식을 선택할 수 있을 뿐만 아니라 투자위험을 줄일 수 있고, 투자창업을 지원할 수 있게 된다.[37]

37) 耿法·劉金華, 中華人民共和國公司法解讀, 中國海關出版社, 2006, 221면.

제3절 회사설립 절차요건의 투명화

구 회사법에서 유한회사는 준칙주의로, 주식회사와 기타 외국인투자주식회사는 허가주의에 의하여 처리되었다(구 회사법 제8조, 제27조 제3단, 제77조). 개정 회사법은 유한회사와 주식회사 모두 준칙주의로 전환하고 통일함으로써 회사의 설립절차가 완화되었다(제6조).[38)]

38) 이정표, "최근 개정된 중국회사법의 검토," 성균관법학 제17권 제2호, 2006. 12., p. 451.

제 4 장
회사의 기관과 지배구조

제 1 절 회사의 기관과 지배구조체계

제1. 회사의 기관

회사의 기관은 회사가 법인으로 성립하기 위한 기본요건 중의 하나이다(민법통칙 제37조 제3호). 회사가 독립적인 법인으로서 행위능력을 갖기 위해서는 의사결정기관을 설치하고, 이를 통하여 법인의 의지와 활동을 실현할 수 있어야 한다.

중국 회사법에서는 회사의 기관(機關)에 관하여 '조직구조(組織機構)'라는 용어를 사용하고 있지만, 이에 대하여 중국 회사법 학자들 사이에 약간의 견해 차이가 있다. 회사의 기관은 회사를 대내외로 대표할 수 있는 기관만을 의미하고, 동시에 조직구조의 한 부분일 뿐이라는 견해가 있다.[1] 이에 따르면 회사의 조직구조는 회사의 대표기관 뿐만 아니라, 기타의 주요 기관도 이 범위에 포함된다. 그러나 대부분의 학자들은 회사의 기관과 조직구조를 동일한 의미로 보고, 회사의 기관은 회사를 대표하고 회사의 의지를 결정하는 의사결정기구와 집행기구 및 감독기구의 통일체라고 통칭한다.[2] 이러한 견해 차이에도 불구하고 회사법에서 사용되는 조직구조(組織機構)는 회사의 기관에 관한 사항을 규율하고 있어서 양자의 범위는 대체로 일치된다.

1) 徐婧, 新公司法疑難解釋, 中國工商出版社, 2005, 104면.
2) 徐燕, 公司法原理, 法律出版社, 1997, 231면.

중국 회사법체계에 따를 때 회사의 기관(組織機構)은 최고 권력기관인 주주총회(股東大會) 또는 사원총회(股東會), 대내외 대표기관인 법정대표자,[3] 업무를 집행하는 이사회(董事會) 또는 집행이사(執行董事), 감독기관인 감사회 또는 감사, 노동조합(工會: 職工代表者會議)으로 구성된다. 이외에도 상장회사의 경우에는 사외이사(獨立董事)와 이사회비서(董事會秘書)가 포함된다.

제2. 회사의 지배구조

회사의 지배구조는 회사의 기관이 존재하고, 회사의 기관이 유효하게 운영된다는 점을 전제로 하는 개념이다. 회사의 지배구조를 이루는 주요 내용은 회사의 기관구성과 그 시스템 상호간의 연계성·효율성을 통하여 회사의 경영을 제고하기 위한 것이다. 중국 회사법은 기관(組織構造)에 관한 사항을 규정하고 있지만, 기관부분에 관한 실질적인 내용은 회사의 지배구조가 핵심적인 사항이다. 이렇게 된 배경은 중국 특유의 체제시스템에서 비롯된다.

회사법의 지배구조를 의미하는 'Corporate Governance'에 관한 용어는 중국에서 '法人治理結構', '公司治理', '公司治理結構' 등으로 번역되어 사용된다. 중국 법체계에서 지배구조는 국유기업을 민영회사로 개혁하는 과정에서 소유권과 경영권을 분리하면서 동시에 국유주권(國有股權)을 어떻게 관리하고 행사할 것인가에 초점이 맞추어졌기 때문에, 지배구조의 개혁이 곧 국유기업을 개혁하는 것으로 인식되었다. 이러한 경제법적인 문제와 회사법적인 문제가 혼합됨으로서 회사의 지배구조에 대한 개념정의는 매우 다양한 형태로 진행되고 있다. 특히 경제학자들이 회사의 지배구조에 대한 연구를 먼저 시작하고 현실에 적용하게 됨으로서 회사의 지배구조에 관한 논의는 경제학의 영향을 크게 받게 되었다.

중국의 경제학적인 관점에서 지배구조의 본질에 관해 제도분배설(制度安排說), 상호작용(관계)설, 조직구조설(組織結構說), 협약지배설(合約治理說), 경리에 대한 감독통제설(監督與控制經理說), 시스템정책설(決策機制說), 수단설(手段說) 등이 주장되고 있다.[4] 경제학적인 관점에서 논의되는 회사의 지배구조의

3) 회사를 대표할 법정대표기관은 구 회사법에서는 이사장(董事長)이었지만, 개정 회사법에서는 정관에서 규정한 바에 따라 이사장, 집행이사(執行董事), 경리(經理)가 담임할 수 있도록 그 범위를 확대하였다(제13조).

특성은 기업의 통제권에 그 초점을 맞추고 있다. 이 관점에서 회사의 지배구조는 개념상 협의로는 투자자와 회사간에 이익배분 및 통제관계에 관한 제도분배를 핵심사항으로 하며, 광의로는 협의개념 이외에도 투자자와 회사의 이해관계자간의 위험 · 수익 및 통제관계에 관한 제도를 그 주요한 논의로 하고 있다.[5]

법학적인 관점에서 중국 내에서 지배구조와 관련된 학설은 관리감독체계설(管理監督機制說), 회사구조설(公司機制說), 국가와 회사의 권력분배관리설(國家對公司機構權力分配管制說), 이익상관관계의 제도분배설(利益相關者關係的制度安排說) 등이 주장되고 있다.[6]

법학적인 관점에서 논의되는 회사의 지배구조는 주로 회사경영에 관한 감독기능에 중점을 두고 있다. 즉 지배구조는 주주(사원)의 회사에 대한 감독체계를 의미하며, 그 목적은 투자자 또는 주주권의 보호에 있고, 이 목적을 달성하기 위하여 주주총회(또는 사원총회) · 이사회(董事會) 및 감사회로 구성되는 조직기관 사이의 권력배분과 견제과정이라고 표현될 수 있다.[7] 회사의 지배구조에 의하여 주주뿐만 아니라, 회사 외부에 있는 채권자나 기타 이해관계자의 이익조정도 가능하게 하는 기능적 측면의 제도를 지배구조의 가치라고 할 수 있다.

중국 회사법에서 사원총회 또는 주주총회는 회사의 권력기구로서 조직에 대한 통제권과 중요사항 결정권을 행사한다. 조직에 대한 통제권은 이사회 구성원에 대한 임면권이 주요한 것이며, 중요사항의 결정권은 회사의 경영전반에 관한 경영계획 · 인사 · 예산 · 재무 · 자본제도 · 조직변경 및 파산 등을 결정할 수 있는 권한이다.

이사회는 회사법의 법정 인원수로 구성되고 주주총회 또는 사원총회에서 결정된 사항을 집행하기 위한 업무집행권과 경영정책 결정권을 갖는다. 업무집행을 위하여 경리층에 대한 임면권을 행사하고 이들에 대한 감독과 함께 인센티브제도를 실시할 권한을 갖는다.

경리는 이사회의 결정사항을 집행하고 회사의 전반적인 경영업무에 대한

4) 徐曉松, 公司資本監管與中國公司治理, 知識產權出版社, 2006, 74면.
5) 徐曉松, 公司資本監管與中國公司治理, 知識產權出版社, 2006, 76면.
6) 徐曉松, 公司資本監管與中國公司治理, 知識產權出版社, 2006, 75면.
7) 徐曉松, 公司資本監管與中國公司治理, 知識產權出版社, 2006, 77면.

[그림 4-1] 회사법상 지배구조체계

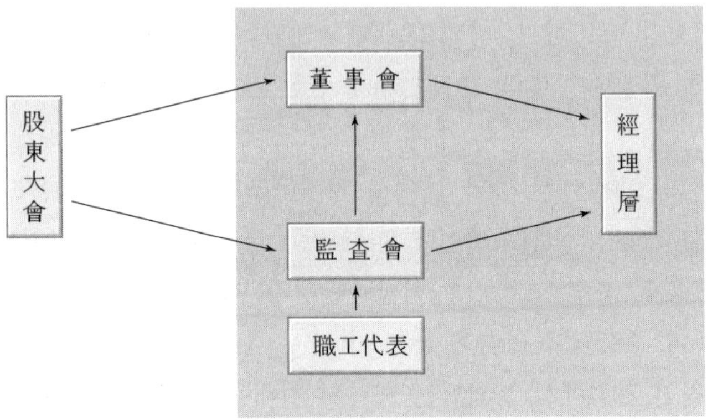

자료: 법제처 동북아법령정보서비스사업 2006년도 연구용역과제, p. 67.

책임을 지며 회사의 정관으로 위임된 사항을 집행한다.

감사회는 주주대표 또는 사원대표 및 일정한 비례가 보장되는 근로자대표(職工代表)로 구성된다. 감사회 또는 감사는 회사의 재무감독권, 직무감사권 및 회사의 정관으로 보장되는 기타의 권한을 행사한다. 개정 회사법에서는 감사회 또는 감사의 감독기관 지위를 강화하였다.

노동조합(工會)은 근로자의 합법적인 권익을 보호하기 위한 조직일 뿐만 아니라, 근로자 대표가 노동조합을 통하여 회사의 경영에 직접 참여할 수 있도록 하는 회사법상 조직구조의 하나이다.

전체적으로 볼 때 중국 회사법의 지배구조는 감사회와 이사회의 관계에서 일본 회사법상의 지배구조와 유사하고, 업무집행구조가 이사회와 경리층간의 수직적 단계로 구성된다는 점에서는 미국 회사법상의 지배구조와 유사한 면이 있다. 감사회에 근로자가 참여한다는 점에서는 독일의 공동결정제도와도 닮은 점이 있다.[8] 이러한 구조적인 특색과 함께 주권구조가 국유주(國有股)와 지배주주(控股股東)의 존재로 인하여 특정 기관이나 사람에게 주식지분이 집중되어 있어, 사외지배구조에 관한 사항이 아직 발달되지 못하고 있다. 이사회의 권한이 규정상으로는 막강한 것처럼 보이지만 경리층에 의하여 대행되거나 지

8) 馬連福, 公司內部治理機制硏究, 高等教育出版社, 2005, 121면.

배주주가 이사장이 될 경우 지배구조는 단일화되는 특성이 있다. 결국 중국 회사의 지배구조의 문제는 지배주주의 문제를 어떻게 효과적으로 조정하느냐에 달려 있다.

제 2 절 주주와 주주권 및 주주명부

제1. 주주와 주주권 보호

Ⅰ. 주주의 의의

중국 회사법에서는 유한회사와 주식회사의 구성원인 사원 또는 주주에 관하여 일률적으로 '股東'이라는 용어를 사용하고 있지만, 그 개념에 관해서는 구체적으로 정의하고 있지 않다. 회사법에서는 회사의 설립 및 운영과 관련된 부분에서 주주에 관한 간접적 규정을 두고 있을 뿐이고, 다만 회사법과 기타 법에서 주주가 될 수 없는 소극적 자격요건에 관한 규정을 간략하게 규정하고 있다.

주주(사원)의 지위는 출자의 방식에 따라 회사의 설립당시에 출자를 한 원시 주주(사원) 및 이들로 부터 주권이나 지분을 양수받은 승계 주주(사원)로 구분되고, 출자의 규모에 따라 지배주주(控股股東)와 소수주주(少額股東)로 구분된다.

회사법에서 유한회사의 사원(股東)이나 주식회사의 주주는 회사 정관(章程)에 기명 및 서명되고 동시에 주주명부(股東名册)에 등재된 자이어야 한다(제25조, 제33조, 제82조, 제97조). 유한회사의 성립 후에 계약에 의한 지분양도 또는 강제집행에 의한 지분의 법정이전 등에 의하여 지분을 양수한 사원이 있을 경우, 회사는 양수인에 관한 사항을 주주명부에 기재하여야 한다(제74조). 주식회사의 경우 기명주권을 발행한 경우에는 주주명부에 그 양수인을 기재하도록 되어 있고(제140조), 무기명주권을 발행한 경우에는 그 소지인을 주주명부에 기재하므로, 결국 사원이나 주주는 주주명부에 기재된 자라고 할 수 있다.

회사법에서 주주 또는 사원자격이 인정되지 않는 경우로는 1인 유한회사(一人有限責任公司)가 있다. 1인 유한회사는 자신이 신설하는 1인 유한회사의 사원이 되지 못한다(제59조). 이 외에도 법률이나 행정법규에서 주주로 될 수 없는 경우가 있다. 외국인투자기업의 B주는 외국인만이 주주로 될 수 있고, A주는 중국 내국인만이 매수할 수 있다. 이 외에도 당정기관(黨政機關)은 상업을 목적으로 하는 회사의 주주가 될 수 없다.

무능력자인 자연인이 주주가 될 수 있는가에 관하여 회사법에서는 규정이 없다. 해석상 무능력자가 주주로 되는 경우에 관한 제한규정이 없으므로 당연히 무능력자도 주주로 인정된다. 다만 그 주권의 행사는 반드시 민법통칙에서 정하는 법정대리인 또는 지정대리인이 하여야 유효하게 된다.[9] 회사의 발기설립사원 또는 발기인이 자연인의 경우에는 원칙적으로 행위능력을 갖는 자에 한하여 회사의 사원 또는 주주가 될 수 있지만(민법통칙 제55조, 제58조), 무능력자가 주주 또는 사원이 될 수 있느냐 하는 것은 이 사항과 구별된다.

Ⅱ. 회사법 각칙에서의 주주권

개정 회사법은 구 회사법이 회사의 대외적 안정을 그 기본이념으로 하였기 때문에 내부 투자자인 주주나 사원에 대한 보호체계가 취약하였던 점을 보완하기 위하여 주주보호에 관한 규정을 총칙과 각칙에 각각 도입하였다. 그 중에서도 소수주주나 소수지분을 갖는 사원의 권리를 강화시켰다.

중국 회사법 각칙에서 사원이나 주주가 갖는 권한은 정보공개청구권과 사원권에 근거한 특정 청구권 및 의결권으로 대별된다. 이를 구체적으로 분류해보면 정보공개청구권, 자산수익권, 중요 의결권, 주주 소송권, 주요 기관구성원의 선거권 및 기타 권리(질의권, 회사 해산청구권)로 나누어진다.

주주의 권리를 자익권(自益權)과 공익권(共益權)으로 분류할 수 있다. 자익권은 주주나 사원이 자신의 합법적인 권익을 실현하기 위한 목적으로 행사할 수 있는 권리이다. 중국 회사법에서 자익권으로는 이익배당청구권, 잔여재산분배청구권, 주주 소송권(直接訴訟權) 등이 있다. 공익권은 주주나 사원이 자신의 이익을 실현하기 위한 목적이 있을 뿐만 아니라, 동시에 회사의 이익을 보호하

9) 徐燕, 公司法原理, 法律出版社, 1997, 209면.

기 위한 목적으로도 행사할 수 있는 권리이다. 중국 회사법상 공익권으로는 사원총회 또는 주주총회의 출석권, 중요사항 의결권, 주요 기관구성원 선거권, 임시사원총회 또는 임시주주총회 소집청구권, 정보공개청구권, 주주총회나 사원총회의 결의 또는 이사회 결의의 무효청구권, 주주대표소송(間接訴訟權) 등이 이에 속한다.

1. 정보공개청구권

개정 회사법은 사원 또는 주주가 회사의 주요 재무정보에 대한 열람을 청구할 수 있도록 실체화하여 소수주주나 사원의 권리를 강화하였다. 구 회사법은 유한회사의 개별 사원에게 사원총회 회의록과 회계장부의 열람권만을 부여하였기 때문에, 개별사원이나 주주는 회사의 경영에 대한 정보를 파악하기가 매우 곤란하였다. 개정 회사법은 구 회사법의 규정 외에도 회사정관, 이사회 결의서 및 감사회 결의서 등을 열람 및 복사할 수 있도록 하였다(제34조 제1단).

사원이나 주주가 회계장부의 열람을 청구한 경우에는 서면으로 하고, 동시에 그 목적을 설명하여야 한다(제34조 제2단). 회사는 합리적인 근거가 없을 경우 이를 거절할 수 있고, 주주는 이 경우 인민법원에 열람청구의 소를 제기할 수 있다(제34조 제2단).

2. 자산수익권

사원 또는 주주는 출자자로서 회사의 자산수익에 대한 이익배당 및 이와 관련된 권한을 갖는다. 이것은 사권권 또는 주주권에 근거한 특정한 청구권을 실체화한 것인데, 이에는 이익배당청구권, 잉여자산분배청구권, 신주인수청구권, 지분 또는 주식의 매수청구권 등이 있다.

이이배당청구권은 출자납입비율에 따라 이익배당을 청구할 권리이다(제35조). 신주우선인수청구권은 회사의 자본 증가시 신지분 또는 신주에 대한 우선인수청구권을 갖는 것이다(제35조, 제134조 제4호). 사원총회결의로 특정 지분의 양도가 결정된 경우, 이에 관하여 정관에 달리 정한 바가 없으면, 기타의 주주 또는 사원은 그에 대한 신주인수권을 갖는다(제72조 제3단, 제4단).

회사가 합병이나 분할 및 주요 재산을 양도하기로 하는 사원총회 또는 주주총회의 결의 당시에 지분양도를 반대한 사원이나 주주는 회사에 대하여 자신의 지분을 매수해 줄 것을 청구할 수 있다(제75조, 제143조 제3호).

회사의 청산이 완료된 후 적절한 절차를 거친 후의 잔여재산은 사원의 출자비율 또는 주주의 주식보유비율에 따라 배당받을 수 있다(제187조 제2단).

3. 중요사항 의결권

주주 또는 사원은 출자자로서 자신의 권리를 행사하고 유지하기 위하여 회사의 중요 결의사항에 사전 또는 사후에 참여하여 결의할 권리를 갖는다. 사전적으로는 중요사항의 질의 및 건의권, 임시 주주총회(사원총회)제안·소집 및 주최권이 있으며, 사후적으로 주주권 또는 사원권에 대한 침해가 발생된 경우에는 사법절차에 따라 구제절차를 신청할 권리가 있다.

유한회사의 사원총회는 구 회사법에서 이사회가 소집권과 주최권을 가지고 있었고, 소수사원은 임시총회의 소집제안권만을 갖고 있었다. 이사회가 임시사원총회를 소집하는 경우는 극히 적었을 뿐만 아니라, 소수사원이 사법절차에 따라 사원총회의 개최를 청구할 수 있는 절차적 규정도 없었기 때문에 소수사원권은 실질적으로 보호받을 수 없었다. 개정 회사법은 최초의 사원총회는 최다 출자자인 사원이 소집 및 주최권을 행사할 수 있도록 하였고(제39조), 1/10 이상의 의결권을 보유하는 소수사원에게 소집청구권을 부여하였을 뿐만 아니라(제40조 제2단), 이와 함께 임시총회 소집청구가 있음에도 이사회나 감사회가 이를 이행하지 않은 경우에는, 소수사원은 독자적으로 소집 및 주최권을 행사할 수 있도록 하였다(제41조 제3단).

유한회사의 사원은 사원총회 결의에서 정관수정, 등록자본금의 증자 또는 감자, 회사의 합병·분할·해산·조직변경 등을 처리할 경우 2/3 이상의 의결권을 보유한 사원의 결의로 하여야 한다(제44조).

주식회사에서는 임시주주총회 소집권(제101조), 특별한 경우의 주주총회의 소집 및 주최권(제102조 제2단), 주주총회 결의사항의 사전제안권(제103조 제2단), 회사 자기주식의 의결권제한(제104조), 임시이사회 소집청구권(제111조 제2단) 등을 인정하고 있다.

상장회사의 경우 「상장회사주주총회규범의견(上市公司股東大會規範意見)」 제19조 및 제23조에서는 단독 또는 합계하여 10/100 이상의 의결권을 갖는 주주는 일정한 절차를 거쳐서 독자적으로 주주총회를 소집할 수 있는 특별규정이 있다.

의결권은 일정한 경우에 제한을 받는다. 회사의 자기주식(제104조)과 주주의 책임문제(상장회사주주총회규범의견 제34조), 상장회사의 관련거래 의결(상장회사 정관가이드라인 제72조)을 할 경우 그 권한행사는 제한을 받는다.

4. 주주의 소권(訴權)

주주는 자신의 권리를 보호하고 구제하기 위한 수단으로 법원에 회사 또는 회사와 직접적인 이해관계가 있는 자에 대한 소권을 행사할 수 있다. 이러한 주주 소송권은 직접소송과 간접소송으로 구분된다. 주주 직접소송은 주주가 자신의 이익을 지키기 위한 목적으로 주주의 신분으로서 회사나 기타 불법행위를 한 자에 대하여 제기하는 소송이다. 중국 회사법에서 주주총회결의 하자의 소(제22조)가 주주 직접소송권으로서 가장 대표적인 것이다. 주주 간접소송은 대표소송 또는 파생소송이라고 하며, 회사의 정당한 권익이 회사 및 회사 이외의 자로부터 침해당하는 경우, 주주가 회사를 대표하여 회사의 이익을 보호하고 유지하기 위한 목적으로 불법행위자에게 제기하는 소송이다. 주주간접소송은 회사의 경영과 가장 직접적으로 관련이 있는 지배주주(控制股東), 이사 및 기타 고급관리자의 위법행위가 회사의 정당한 권익을 침해하는 경우가 많기 때문에 주주가 이들에 대하여 제기하는 소송이다.

주주간접소송은 이사와 고급관리자의 직무위반행위에 관해 감사에 대한 소송청구 촉구권(제152조 제1단), 예외적인 직접소송권(제152조 제2단), 제3자의 불법행위로 인하여 회사에 손해가 발생한 경우 감사에 대한 소송청구 촉구권, 이사와 고급관리자의 직무위반행위가 아닌 법률 기타 회사정관의 위법행위에 대한 소송권(제153조) 등이 있다. 이들에 대한 구체적인 내용은 뒤에 논의된다.

이와 함께 회사의 회복 불가능한 경영상황이 발행한 경우의 회사해산청구권(제183조) 등도 주주의 소권으로 인정하고 있다.

5. 주요 기관구성원의 선거권

주주나 사원은 주주총회나 사원총회를 통하여 회사의 이사나 감사를 선임할 권한을 갖는다(제38조, 제100조).

6. 기타 권리

주주나 사원은 위의 사항 이외에도 주주총회 또는 사원총회에서 이사, 감사 및 고급관리자를 참석하도록 요청한 경우, 해당 총회에서 이들에 대한 질의를 할 수 있고, 질의를 받은 참석자들은 이에 응답하여야 한다(제151조).

회사가 경영상의 이유로 해산이 불가피한 경우 전체 사원 또는 주주 의결권의 10/100 이상을 보유한 사원이나 주주는 인민법원에 회사의 해산청구의 소를 제기할 수 있다(제183조).

제2. 주주명부(사원명부)

주주명부(사원명부)는 회사가 주주(사원) 개인에 관한 정보와 주주권(사원권)에 관한 것을 기재한 법정 명부이다. 주주권은 양도성이 생명이므로 양도방식을 통하여 자유롭게 유통 되는 특성을 갖는다. 회사가 주주총회나 기타 이익배당과 같은 조치를 시행하여야 할 경우 주주가 명부상 확정되지 않았을 경우 절차적인 곤란을 겪게 된다.

주주명부는 주주의 변동사항이나 주주의 권한 및 의무를 확정하는 기초가 되므로 일정한 법적 효력을 갖는다. 주주명부에는 주주의 성명 또는 명칭, 주소, 주주의 출자액, 출자증명서의 일련번호를 기재하여야 한다(제33조).

주주명부는 주주권의 추정적 효력, 대항력 및 면책적 효력이 있다. 추정적 효력은 주주가 회사와의 관계에서 주주명부에 기재된 자에 한하여 회사주주로 추정된다는 효력이다(제33조 제2단). 주주명부에 등록되어 있으면 주주의 권리와 의무의 주체로 되고, 주주임을 증명하기 위하여 주주명부 이외에 기타 주주권이나 출자증명서 등을 제출할 필요가 없을 뿐만 아니라 자기 자신이 주주임을 별도로 주장할 필요도 없다.

대항력은 주식을 양수받은 자가 합법적인 방법으로 수령하였더라도 주주변경등기가 없으면 제3자에 대하여 대항할 수 없으며(제33조 제3단) 심지어는 회사에 대해서도 주주권을 행사할 수 없다는 것을 말한다.

면책적 효력은 주주명부에 등재된 주주는 위의 추정적 효력에 의하여 회사의 주주로 인정되기 때문에 회사가 주주명부에 기재된 주주에게 통지하거나 이익배당 등 회사법에서 규정된 법적 행위를 하면 해당 수령 당사자가 실질적인 주주가 아니더라도 회사의 행위는 당연히 면책된다는 것이다.

제3절 회사의 기관

제1. 사원총회와 주주총회

Ⅰ. 유한회사의 사원총회와 주식회사의 주주총회

1. 사원총회 또는 주주총회의 지위와 권한

(1) 사원총회 또는 주주총회의 지위

중국 회사법상 유한회사의 사원총회(股東會)와 주식회사의 주주총회(股東大會)는 회사의 최고권력기구이면서, 필요기관의 지위를 갖는다. 사원총회(주주총회)는 이사회의 구성원을 임면할 권한, 회사의 합병·분할·해산·정관개정 등의 중요 사항을 결정하는 최고의 기관이다.

사원총회와 주주총회는 회사법이 정한 필요기관이다. 이사회나 감사회는 회사의 유형과 규모에 따라 설치하지 않을 수도 있으나, 사원총회와 주주총회는 반드시 조직하여야 한다. 1인 유한회사나 국가단독출자회사의 경우에는 사원총회를 설치하지 않고, 사원총회의 지위에 상당하는 기관을 두어야 한다.

회사법에서 사원총회와 주주총회는 최고권력기관이지만, 외국인투자기업(外商投資企業) 중에서 합자기업(中外合資企業)과 합작기업(中外合作企業)은 이사회가 최고권력기관이 된다.10)

그러나 회사법에서 사원총회나 주주총회를 최고 권력기관으로 확정하고 있음에도 불구하고 사실상 이들의 지위는 중국 기업체제의 특수성 때문에 형식화 되었다. 그 배경으로는 대부분의 대형 회사들이 국유기업에서 조직변경을 하여 전환된 것이고, 이들 회사는 비유통주인 국유주(國有股)가 차지하는 비율이 60/100 이상이 되고, 이 비유통주는 이사장이나 경리 또는 지배주주(또는 지배사원: 控股股東)가 그 권한을 행사하였다. 나아가 중국은 지리적 특색 때

10) 「關於外商投資的公司審批登記管理法律若干問題的執行意見」, 제5조.

문에 사원총회 또는 주주총회에 참가하는 사원이나 주주의 수가 상대적으로 적다.[11] 이에 관한 실증조사를 보면 상해와 심천증권거래소에 상장된 상장회사의 80/100의 회사들의 연도주주총회에 참가하는 인원수가 100인 이하이고, 이 80/100의 상장회사 중 75/100의 회사에서 주주총회 참가자수는 50인 이하로 나타난다.[12]

상장회사의 주주총회는 「상장회사주주총회규범의견(上市公司股東大會規範意見)」이 적용된다.

(2) 사원총회 또는 주주총회의 권한

중국 회사법에서 사원총회 또는 주주총회의 구체적 권한은 이사회나 감사회의 보고를 청취할 권한, 회사의 경영과 관련된 일체의 사항에 관한 의결권, 회사 주요 기관구성원에 대한 임면 결정권 및 경영관련 사항의 심의권이 있다.

주주(사원)총회는 이사회나 감사회의 업무보고를 청취할 권한이 있다. 이사회와 감사회가 주주총회 또는 사원총회에 보고할 사항으로는 본 회계연도의 경영상태 및 매년도 경영계획에 관한 보고, 회사 사채발행에 관한 보고, 이사회의 증자계획 및 자금모집의 보고 등이다. 사원총회는 이러한 보고사항을 청취한 후 이를 비준할 것인지의 여부를 결의로 정할 수 있다.

주주(사원)총회는 회사 경영과 관련된 주요 사항의 의결권을 갖는다. 즉, 회사합병 · 분할 · 해산과 청산 · 자본의 증가와 감소, 회사의 정관 제정과 개정권 등과 같은 것이다.

또한 주주(사원)총회는 회사 주요 기관 구성원의 임면 결정권을 갖는다. 구체적으로는 이사와 감사의 선임과 해임권 등이 있다.

주주(사원)총회는 심의권을 행사한다. 이사와 감사의 보수, 이사회 및 감사회의 보고에 대한 심의 · 결의권, 회사의 연도재무예산보고와 결산안 및 이익배당안에 대한 심의 · 결의, 회사의 채권발행사항, 회사의 경영정책 결정사항과 투자정책의 결정 등이 이에 속한다.

사원총회 또는 주주총회의 권한사항 중에서 사원 또는 주주의 의결권은 사원총회 또는 주주총회의 권한을 실체화시키는 권리이다. 사원총회 또는 주주총회의 의사규칙과 결의절차는 사원 또는 주주의결권을 뒷받침하는 중요한

11) 법제처 동북아법령정보서비스사업 2006년도 연구용역과제 보고서, p. 76.

12) 馬連福, 公司內部治理機制硏究, 高等教育出版社, 2005, 132면.

근거가 된다.

2. 사원총회 또는 주주총회의 종류

(1) 임시사원총회 또는 임시주주총회

사원총회 또는 주주총회는 정기총회와 임시총회로 구성된다. 임시총회는 정기총회가 개최되는 사이에 그 소집권자의 청구에 의하여 소집되는 사원총회 또는 주주총회이다. 회사의 경영상 실질적으로 운영되는 것은 임시총회이다.

임시총회는 법정 회의사항과 임시 회의사항으로 구분된다. 법정 회의사항은 반드시 회사법에서 정한 사유가 발생되었을 경우, 그 사유가 발생된 날로부터 2개월 이내에 개최되어야 하는 임시총회를 말한다. 이사의 수(數)가 회사법이 정한 인원수보다 적은 경우 및 회사정관이 규정한 인원수의 3분의 2가 되지 못할 경우(제101호 제1호), 회사가 전보하지 못한 결손액이 실제 납입완료된 주식자본총액의 1/3에 달할 경우이다(제101조 제2호). 임시 회의사항은 단독으로 또는 합계하여 회사주식을 10/100 이상 보유한 사원(주주)이 소집을 청구할 경우(제101조 제3호), 이사회 또는 감사회가 소집을 청구할 경우(제101조 제4호, 제5호), 회사정관에서 규정한 임시총회의 개최사유가 있을 경우이다(제101조 제6호). 이 경우에는 회사가 정한 절차에 따라 개최된다.

임시 사원총회 또는 주주총회의 소집을 청구할 수 있는 자격에 관하여, 개별 사원이나 주주는 원칙적으로 임시총회의 소집을 요구할 수 있지만, 의결권을 갖는 사원권이나 주주권의 일정 지분을 보유한 사원이나 주주에게 이 권한을 부여하는 것이 일반적이다.

중국 회사법은 유한회사의 사원총회는 1/10 이상의 의결권을 대표하는 사원, 1/3 이상의 이사, 감사회, 감사회가 설치되지 않은 회사의 경우에는 감사가 단독으로 임시 사원총회의 수집을 제안할 수 있다(제40조).

(2) 정기 사원총회 또는 정기 주주총회

정기의 사원총회 또는 정기의 주주총회는 회사법과 정관에서 규정한 기간에 개최되는 사원총회 또는 주주총회이고, 이를 간략하게 '정기총회' 또는 '주주연회(股東年會)', '연도주주총회(年度股東大會)'라고도 한다. 회사법에서 주식회사의 주주총회(股東大會)는 1년에 1회 개최하도록 하고 있고(제101조), 유한회사의 경우에 정기사원총회는 정관에서 규정된 시기에 정기적으로 소집하도록 하고 있다(제40조). 상장회사인 경우, 「상장회사주주총회규범의견(上市公司股東大會規範意見)」에서는 정기주주총회인 연도주주총회는 매년 1회 개최하되, 1회계연도 종료후 6개월 이내에 개최하도록 규정하고 있다(동 의견 제3조).

정기총회에서는 회사의 경영방침과 투자계획의 결정, 이사·감사의 임면과 보수의 결정, 이사회와 감사회가 보고하는 당연도 업무보고의 심의·비준, 회사의 연간 재무예산 및 결산안의 심의·비준, 회사의 연도 이익배당 또는 결손전보안의 심의·비준, 회사의 등록자본금의 증자 또는 감자에 관한 의결, 회사의 채권발행의 의결, 회사의 합병·분할·해산·청산 또는 회사의 조직변경의 의결, 회사의 정관 개정, 회사 정관에서 규정한 총회결의사항 등을 처리한다(제38조).

3. 사원총회 또는 주주총회 소집과 주최

정기 또는 임시의 사원총회나 주주총회는 회사의 기관 중에서도 가장 중요하고도 근본적인 업무사항을 결정하므로 그 소집과 결의에는 일정한 법적 절차에 따라 실행하여야 한다. 즉, 소집권자가 소집하여야 하고, 회의사항을 정해진 기한까지 통지하거나 공고하여야 하며, 권한 있는 자가 주최하여야 하며, 이러한 통지나 공고는 일정한 형식으로 하여야 한다.

(1) 주주총회의 임시 제안권

주식회사의 경우에는 단독 또는 합계로 회사의 3/100 이상의 의결권 주식을 보유한 주주는 주주총회 소집 10일 전에 임시제안을 서면으로 이사회에 제출할 수 있다. 이사회는 임시제안의 수령 후 2일 이내에 기타 주주에게 통지하고, 해당 임시제안을 주주총회에 제출하여 심의토록 한다(제103조 제2단). 위의 통지는 반드시 서면으로 하여야 하고, 통지할 장소는 주주명부에 기재된 주주의 주소로 하거나 주주가 회사에 대하여 통지한 주소로 한다.[13)]

임시제안의 내용은 주주총회의 직권 범위에 포함되어야 하며, 명확한 의제와 구체적으로 결의할 수 있는 사항이어야 한다(제103조 제2단).

유한회사의 경우 사원총회에 대한 임시 제안권과 관련된 규정이 없다. 임시 사원총회의 소집권이 있는 1/10 이상의 의결권을 갖는 사원, 1/3 이상의 이사, 감사회, 감사회가 설치되지 않은 유한회사의 경우에는 감사 등이 사원총회

13) 법제처 동북아법령정보서비스사업 2006년도 연구용역과제 보고서, p. 80.

에 대한 임시 제안권을 갖는가에 관하여 이를 유추하여 인정하는 견해가 있다.[14] 이를 인정하는 근거는 이사회나 감사회는 회사의 업무와 관련된 각종의 업무보고, 경영방침, 재무계획이나 이사회의 감독 등에 관한 사항을 사원총회에 제안하여야 회사의 경영업무가 원활히 이루어진다는 점을 들고 있다. 그러나 주식회사의 경우 3/100 이상의 의결권 주식을 보유한 주주에게만 임시제안권을 인정하고 있는 것을 고려해 보면, 1/10 이상의 의결권이 있는 지분을 보유한 사원만 이 권한을 보유한다고 유추해석 하는 것이 타당할 것이다.

(2) 사원총회 또는 주주총회의 통지

사원총회 또는 주주총회를 소집할 때는 총회의 통지 및 결의사항이 확정되어 있어야 한다. 유한회사의 사원총회는 회의를 소집하기 15일 전에 전체 사원에게 통지되어야 한다. 다만 회사 정관에 다른 규정이 있거나 전체 사원이 약정을 별도로 규정하였을 경우에는 그에 따른다(제42조).

주식회사의 주주총회는 정기총회의 경우 그 소집 장소, 시간 및 심의사항을 회의소집 20일 전에 각 주주들에게 통지하여야 하고, 임시총회는 회의소집 15일 전에 각 주주들에게 통지되어야 한다. 특히 무기명 주주권을 발행한 경우, 회의소집 30일 전에 회의 장소, 시간 및 심의사항이 공고되어야 한다(제103조 제1단).

상장회사인 경우에는 주주총회의 통지를 30일 이전에 하여야 한다(상장회사주주총회규범의견 제5조).

통지할 내용으로는 사원총회나 주주총회에서 심의할 내용을 기재하여야 하는데, 특히 주식회사의 임시주주총회의 경우에는 통지에 기재되지 않은 사항은 결의할 수 없다(제103조). 이와 같은 조치는 회의기간 중에 소수의 대주주들이 회의사항을 임의로 변경하여 자신의 이익을 꾀하거나 회사를 통제하는 수단으로 삼는 것을 방지하기 위한 조치이다.

(3) 사원총회 또는 주주총회의 소집권자

1) 정기 사원총회 또는 주주총회의 소집 및 주최권자

정기의 사원총회 또는 주주총회의 소집권은 몇 단계로 구분된다.

유한회사 최초의 사원총회의 소집권과 주최권은 최다 지분권자에게 있다(제39조). 이것은 유한회사의 특수사정을 고려한 것이다.

---

14) 沈富强, 股東股權法律實務, 立信會計出版社, 2006, 193면.

유한회사의 사원총회 또는 주식회사의 주주총회의 소집권자는 원칙적으로 이사회(또는 집행이사)이지만, 예외적으로 감사회(또는 감사)가 두 번째의 소집권자이며, 최후로 일정 비율의 회사 주식지분을 보유한 소수주주(소수사원)가 소집권을 행사할 수 있다.

사원총회 또는 주주총회의 소집권은 원칙적으로 이사회에 있다(제41조, 제102조). 이사회가 구성되지 않은 유한회사의 경우에는 집행이사가 소집할 수 있다(제41조 제2단).

유한회사의 경우 이사회 또는 집행이사가 사원총회의 소집 직무를 수행할 수 없거나 수행하지 않을 경우에, 감사회 또는 감사회사 설치되지 않은 회사의 경우에는 감사가 적시에 총회를 소집할 수 있다(제41조 제3단).

주식회사의 경우에도 이사회가 주주총회의 소집 직무를 수행할 수 없거나 수행하지 않을 경우 감사회가 적시에 소집하여야 한다(제102조 제1단).

유한회사의 감사회 또는 감사도 총회를 소집할수 없거나 소집하지 않을 경우, 1/10 이상의 의결권을 가진 사원이 독자적으로 총회를 소집할 권한이 있다(제41조 제3단).

주식회사의 경우 감사회가 총회를 소집할 수 없거나 하지 않을 경우에 연속 90일 이상 단독 또는 합계로 회사 총주식의 10/100 이상을 보유한 주주가 독자적으로 회의를 소집할 수 있다(제102조 제2단).

2) 임시 사원총회 또는 주주총회 소집권자

구 회사법에서는 감사회나 이사 또는 소수주주가 이사회(또는 집행이사)에 대하여 임시의 사원총회나 임시주주총회의 소집을 요구하였음에도 불구하고 이사장 또는 집행이사가 이를 거절하는 경우가 많았지만 이를 해결할 수 있는 관련 규정이 없었다. 개정 회사법은 이에 관하여 몇 개의 규정을 두었다.

유한회사의 임시총회의 경우 10/100 이상의 의결권(表決權)을 대표하는 소수사원도 임시총회의 소집권이 있고(제40조), 1/3 이상의 이사, 감사회(감사)에게도 임시총회 소집청구권이 인정된다(제40조). 이에 따라 의결권(表決權)에 관한 상세한 사항은 정관으로 정하여야 하고, 정관에 그 정함이 없으면 회사에 출자한 비율에 따른 구체적인 의결권을 정할 수 있다.

유한회사의 경우 이사는 3인에서 13인으로 구성되므로, 실질적으로는 정관에서 정한 이사의 수의 1/3 이상이 임시총회를 소집 청구할 권한이 있다. 다만 사원수가 비교적 적거나 회사의 규모가 비교적 적은 유한회사의 경우에는 이사회를 구성하지 않고 1명의 집행이사를 둘 수 있기 때문에 이 경우에는 집행이사가 임시총회를 제안할 수 있다(제51조).

감사회도 임시총회의 소집을 청구할 권한이 있지만, 사원수가 비교적 적거나 회사의 규모가 비교적 적은 유한회사의 경우에는 감사회 대신 1인에서 2인 정도의 감사를 둘 수 있는데, 이 경우의 감사도 임시총회를 소집 청구할 수 있다(제52조).

주식회사의 임시총회는 단독 또는 합계로 회사의 주식을 10/100 이상을 보유하고 있는 주주가 소집청구를 할 경우(제101조 제3호), 이사회가 임시총회 소집이 필요하다고 인정하는 경우(제101조 제4호), 감사회가 임시총회의 소집을 제의한 경우(제101조 제5호), 회사 정관에서 회사의 중요 자산을 양도·양수하거나, 외부에 담보를 설정하는 경우와 같이, 주주총회의 결의를 거치도록 정한 사항의 경우와 같이 이사회는 적시에 임시총회를 소집할 수 있다(제105조).

⑷ 사원총회 또는 주주총회 주최[15]

유한회사 사원총회의 소집권은 이사회에 있지만, 그 주최권은 이사장이 갖는다(제41조). 이사장이 사원총회의 회의를 주최할 수 없거나 하지 않을 경우 부이사장이 주최하고, 부이사장도 직무수행이 불능하게 된 경우 과반수의 이사가 선출한 1인의 이사가 주최한다(제41조).

구 회사법에서는 이사장이 회의를 주최할 수 없거나 주최하지 않을 경우에는 이사장이 지정하는 자가 사원총회의 주최권을 갖도록 되어 있었으나(구 회사법 제43조), 이사장이 총회를 주최하지 않는 경우는 사원총회와의 관계에 문제가 있거나 이사회나 및 이사장 자신의 이익을 보호하려고 하는 경우가 많았기 때문에 주최권자를 고의로 지정하지 않음으로서 총회개최를 지연시키는 등의 형태를 개선하기 위한 것이다.

주식회사의 주주총회 회의는 이사장이 주최한다(제102조 제1단). 이사장이 주최할 수 없거나 하지 않는 경우 부이사장이 주최하고, 부이사장도 회의 주최가 불능하게 된 경우, 과반수의 이사가 선출한 1인의 이사가 주최한다(제102조 제1단). 이 점은 유한회사와 같다.

15) 법제처 동북아법령정보서비스사업 2006년도 연구용역과제 보고서, p. 80.

4. 사원총회 또는 주주총회의 결의절차

사원총회 또는 주주총회의 결의절차에는 법정 출석정족수, 의결권의 행사방식 및 사원총회 또는 주주총회의 의결정족수의 결정방식 등이 주요 논의 대상이다.

⑴ 사원총회 또는 주주총회 법정의 출석정족수

유한회사의 사원총회 출석정족수에 대하여 중국 회사법에서는 규정이 없으나, 정관으로 관련 사항을 정할 수 있다(제44조). 주식회사의 경우에는 사원총회 출석정족수에 대한 관련 규정이 없으므로 유한회사에 관한 제44조를 유추적용하여야 할 것이다. 다만 유한회사의 사원총회는 법정 출석정족수에 관한 규정이 없으므로, 1인의 사원만 출석해도 사원총회를 개회 및 의결할 수 있다는 견해가 있다.[16] 그러나 유한회사의 사원총회를 소집청구할 수 있는 법정 사원수에 관해 1/3 이상의 사원으로 규정하고 있으므로(제40조 제2단), 3인에서 13인으로 구성되는 이사회의 1/3 이상이 법정출석정족수로 된다고 해석하는 것이 타당할 것이다.

상장회사의 경우에는 주주총회의 법정출석정족수에 관한 규정이 있다. 즉, 중국 증권감독관리위원회가 공포한 「사회공중주 주주의 권익보호에 관한 약간 규정(關於加强社會公衆股股東權益保護的若干規定(2004. 12. 7)」에서는 상장회사가 신주발행이나 회사 자산의 처리, 상장회사 부속회사의 국외상장 및 기타 상장회사의 주주들에게 중대한 영향이 있는 사항 등을 결의할 경우에는 사회공중주를 보유하고 있는 주주들의 의결권의 과반수 이상이 참석하고 제의하여야 하는 것으로 정하고 있다.

주식회사의 경우 주주총회에 참가할 수 있는 주주는 기명주권과 무기명주권에 따라 그 자격요건이 달라진다. 기명주권을 보유한 주주는 주주명부에 기재된 자에 한하여 주주자격이 인정되고 주주총회에 참가할 수 있다. 무기명주권 소지자가 주주총회에 참석할 때는 회의소집일 5일 전부터 주주총회가 폐회될 때까지 주주권을 회사에 공탁하여야 한다(제103조 제3단).

⑵ 사원총회 또는 주주총회 의결권의 행사방식

유한회사의 사원이나 주식회사의 주주는 의결권을 직접 행사할 수 있고,

16) 沈富强, 股東股權法律實務, 立信會計出版社, 2006, 193면.

대리의 방식으로 행사할 수도 있다. 유한회사의 경우에는 정관에서 특정 사항에 관해 서면결의로 처리하도록 한 경우에는 예외적으로 서면결의방식을 취할 수도 있다.

직접 의결권을 행사하는 경우에는 행위능력이 있는 자연인 또는 법인이 진실된 의사표시에 따라 하여야 한다. 행위무능력자나 제한능력자는 민법통칙에서 정한 법정대리인을 통하여 의결권을 행사할 수 있다.

의결권을 행사하는 경우 1주당 1의결권이 인정된다(제104조 제1문). 다만 회사가 보유한 자기주식은 의결권의 수(數)에 포함시키지 않는다(제104조 제2문).

주식회사의 주주는 대리인에게 위탁하여 주주총회에 참석하게 할 수 있다. 이 경우 대리인은 회사에 수권위임장을 제출하고 수권범위 내에서 의결권을 행사하여야 한다(제107조). 수권위임장에 관해서는 회사법에 규정이 없고, 「상장회사정관가이드라인(上市公司章程指引)」에서 여섯 가지 주요 사항을 지정하고 있다. 수권위임장에는 대리인의 성명, 의결권을 보유하고 있는지의 유무(有無), 주주총회의 의사일정의 매회 심의사항에 대한 찬성·반대 또는 기권의 표시, 주주총회 일정에서 제기되는 임시제안에 관하여 표결권을 갖고 있는지의 여부, 의결권을 갖고 있다면 어떤 유형의 의결권인지의 구체적 지시, 위임장의 서명일자 및 유효기간, 위임인의 서명(또는 날인), 위임인이 법인 주주인 경우 법인단위의 대표인장(公章) 등이 포함되어야 한다(동 가이드라인 제51조).

중국의 경우 지역적인 특성 및 주식회사의 규모에서 볼 때 다수의 주주가 동일한 장소에 모여 주주총회를 하는 것이 곤란할 뿐만 아니라 필요하지도 않으므로 대리인을 통한 의결권을 행사할 수 있도록 하였다. 다만 정관에서 그 행사방법에 대한 제한을 가할 수 있다.

주식회사의 주주는 자기의 의결권을 행사하는 대리인을 1인에 한하여 선임할 수 있으나, 수권을 받는 대리인이 다수의 주주로부터 위탁을 받을 경우에는 그 수권의 범위 내에서 각각의 주주를 위하여 의결권을 행사할 수 있다.[17] 회사법에서 대리인의 신분과 자격에 관한 규정이 없으므로 주주가 대리인을 선임하는데 제한을 둘 수 없다는 견해도 있으나,[18] 중국 민법통칙의 경우 대리인제도는 매우 엄격하게 규정되어 있으므로 민법의 관련 규정에 따라 선임

17) 卞耀武, 公司法的理論與實務, 中國商業出版社, 1994, 215면.

18) 卞耀武, 公司法的理論與實務, 中國商業出版社, 1994, 215면.

하여야 할 것이다.[19)]

유한회사 사원의 경우 회사법상 의결권의 대리행사에 관한 규정은 없으나, 주식회사의 주주와 같이 당연히 의결권의 대리행사가 허용된다.

유한회사의 경우에 중국 회사법 제38조가 사원총회의 고유한 권한으로 정하고 있는 사항에 관하여 모든 사원이 동의한 경우에 사원총회를 소집하지 않고 직접 서면으로 결의를 대체할 수 있다. 이 서면결의의 문서에는 전체 사원이 서명·날인하여야 하고, 서면결의의 절차와 방식에 관한 사항은 정관에 기재하여야 한다(제38조, 제44조).

(3) 사원총회 또는 주주총회의 결의의 유형

1) 사원총회 또는 주주총회 결의의 일반적 유형

사원총회나 주주총회의 결의는 보통결의와 특별결의로 구분되고, 주식회사의 경우 특수한 결의가 추가되는 경우도 있다. 이러한 구분은 사안의 중요성에 따라 의결정족수를 과반수로 할 것인가, 2/3 이상으로 할 것인가, 아니면 특수한 의결정족수에 따를 것인가에 관한 것이다. 보통결의와 특별결의사항은 회사법에서 규정하고 있는 사항과 회사 정관에서 특정하고 있는 사항 및 주주나 사원들이 특별히 결정한 사항 등이다(제104조, 제25조).

보통결의는 특별결의사항을 제외하고, 정관에서 규정한 사항에 관해 결의할 수 있는 사항이다(제104조). 보통결의는 정관에서 그 의사결정방식과 의결절차를 규정할 수 있는데, 일반적으로는 다수결의 원칙으로 결정한다. 보통결의 사항임에도 불구하고 유한회사 사원이 지분권을 제3자에게 양도하는 경우에는 전체 사원 과반수의 결의로 하는 예외적인 경우도 있다.

특별결의사항은 정관의 개정, 등록자본의 증가와 감자, 합병·분할·해산 및 조직변경과 같은 사안에 관해 의결권이 있는 주식의 2/3 이상의 결의로 결정하여야 할 사항을 말한다. 상장회사인 경우에는 회사법에서 정한 사항 이외에도 회사 사채의 발행, 정관의 변경, 본 회사의 주권의 회수 및 정관에서 규정한 회사에 중대한 영향을 미칠 수 있는 기타 사항 등도 특별결의 사항이다(상장회사정관가이드라인 제65조).

이 외에도 유한회사의 경우 사원총회의 결의가 필요 없는 예외적 사항이 있다. 즉, 사원총회의 고유의 권한사항인 회사법 제38조에서 규정하는 사항에

19) 법제처 동북아법령정보서비스사업 2006년도 연구용역과제 보고서, p. 82.

관해 모든 사원이 서면으로 동의한 경우 사원총회의 결의가 필요 없다(제38조 제2단). 이 규정은 폐쇄성 회사의 특징을 활용하는 중국 유한회사의 특수 규정이다. 또한 유한회사의 사원이 지분을 양도함으로서 회사 정관 규정에 변동이 발생한 경우에도 사원총회의 결의가 필요 없다(제74조).

2) 특수한 결의

특수한 결의는 중요자산의 양도와 양수 및 대외담보의 설정과 누적투표제 등에 적용된다.[20]

가. 중요자산의 양도　　중국 개정 회사법에서는 회사가 중요한 자산을 처분하는 경우 주주총회의 결의를 거쳐서 시행하도록 하였다. 즉, 본 법과 회사 정관에서 회사가 중대한 자산을 양도·인수하거나 외부에 담보를 설정하는 등 반드시 주주총회의 결의를 거치도록 규정한 사항의 경우, 이사회는 적시에 주주총회를 소집하여 주주총회가 상술한 사항에 대해 결의하여야 한다(제105조).

여기서 '중요한(重大)'이란 의미는 증권감독위원회가 정한 「상장회사 중대 인수·매수 및 자산변경에 관한 약간의 통지」[21]에서 규정하고 있는 취지와 비슷하다. 즉, ① 인수·매수 및 자산변경의 총액이 상장회사의 최근 1회계연도에서 감사결과보고서 총자산 중에 차지하는 비중이 50/100 이상 되었을 경우이거나, ② 인수·매수 및 자산변경의 순 자산액이 상장회사의 최근 1개 회계연도 감사결과보고서 순자산의 50/100 이상인 경우, ③ 매입·매수 및 변경된 자산이 최근 1 회계연도 내 발생된 주영업수입이 상장회사의 최근 1개 회계연도 감사결과보고서의 주영업수입의 50/100 이상인 경우이다.[22]

상장회사가 중요자산을 처분하는 경우에 관해서는 따로 규정을 두고 있다(제122조).

나. 타인을 위한 담보의 설정　　회사는 타인을 위한 담보를 설정할 수 있지만, 회사 정관에 따라 이사회, 사원총회 또는 주주총회의 결의를 거쳐야 한다(제16조 제1단, 제105조). 여기서 타인이란 회사의 외부에 있는 자를 말하지만 주주나 실질지배주주를 포함한다(제16조 제3단).

회사가 주주나 실제 지배주주를 위하여 담보를 설정하는 경우에는 반드시 사원총회 또는 주주총회의 결의를 통하여 할 수 있도록 제한하였다(제16조 제2

20) 참고: 법제처 동북아법령정보서비스사업 2006년도 연구용역과제 보고서, p. 83.
21) 「關於上市公司重大購買·出售·置換資產若干問題的通知」(2001. 12. 10).
22) 徐永前, 新公司法, 企業管理出版社, 2006, 168면.

단). 이 경우 회사의 주주 또는 지배주주는 관련 사항의 결의에 참가할 수 없다. 해당 안건의 결의는 출석한 주주 의결권의 과반수로 결정한다(제16조 제3단). 회사가 주주나 실제 지배주주 이외의 자에게 담보를 설정하는 경우에는 정관의 규정에 의하여 사원총회나 주주총회 또는 이사회가 이에 대하여 결정할 수 있다. 정관에서 타인을 위한 담보의 설정에 관한 총액을 정하였을 경우 그 한도를 초과하지 못하도록 규제하고 있다(제16조 제1단).

이사나 감사 및 고급관리자가 정관의 규정을 위반하여 사원총회나 주주총회 또는 이사회의 동의 없이 회사재산을 타인에게 담보를 설정하는 경우에는 충실의무 위반으로써 다루어진다(제149조 제3호, 제150조).

3) 누적투표제

주주총회에서 회사 기관구성원, 즉 이사, 감사의 선출에 한하여 누적투표제를 실시할 수 있다. 개정 회사법이 규정하고 있는 누적투표란 주주총회에서 이사 또는 감사 선출시, 주주는 매 1주마다 선출되는 이사 또는 감사의 수만큼 부여된 의결권을, 집중하여 사용할 수 있다는 의미이다(제106조).

상장회사의 경우 중국증권감독관리위원회와 국가경제무역위원회가 공포한 「상장회사지배구조준칙(上市公司治理準則)」에서는 지배주주의 주식보유비율이 30/100 이상인 상장회사는 주주총회에서 이사의 선거시에 누적투표제를 실시하도록 규정하고 있다(동 준칙 제31조). 상장회사의 누적투표제도에 관해서는 회사 정관에 그 실시세칙을 정하여야 한다(동 준칙 제31조).

주주총회의 결의시 보통결의방식에는 제한이 없기 때문에 회사법과 정관에 규정이 없을 경우, 유한회사의 경우에는 출자비율에 따라 의결권을 행사하고(제43조, 제44조), 주식회사의 경우에는 1주 1의결권의 원칙에 따른다.

5. 주주총회결의 하자의 구제

(1) 주주총회결의 하자의 사법적 구제

1) 구 회사법상 주주총회결의 하자의 소[23)]

중국 구 회사법에서는 주주총회의 결의에 하자가 있을 경우 동법 제111조에 의하여 해결하였다. 구 회사법 제111조는 "주주총회, 이사회의 결정이 법률과 행정법규를 위반하고, 주주의 합법적인 권익을 침해한 때, 주주는 인민법원

23) 법제처 동북아법령정보서비스사업 2006년도 연구용역과제 보고서, p. 86.

에 해당 위법행위와 침해행위의 중지를 청구하는 소송을 제기할 수 있다"고 규정하였다. 중국 회사법 학자들은 주주의 소권을 실현할 수 있는 소송절차로서 직접소송과 간접소송 두 가지로 전제하고 전자에 관한 대표적 유형으로서 주주총회결의 하자의 소를 들고, 후자는 주주대표소송으로 분류한 후 관련 절차에 따라 해결하는 관례를 따랐다.

특히 구 회사법 제111조가 주주직접소송에 한정된 것이냐 또는 주주대표소송에 관한 근거규정도 되느냐에 관하여 논의가 있지만, 동법 제111조는 주주직접소송 중의 하나인 주주총회결의하자의 소를 규정한 것으로서 위법행위를 하거나 불법행위를 한 자에 대하여 주주가 그 행위의 중지를 청구하는 것에 관한 것이기 때문에 주주대표소송에 관한 규정은 아니라는 것이 일반적인 해석이었다.[24]

주주직접소송은 그 소송물(訴因)이나 효력 및 절차 등이 분명하지 못하였고, 절차의 진행과정에서도 법원의 재량가능성이 높았기 때문에 실무적으로 많이 이용되지 못하였다. 특히「증권시장의 허위공시로 인한 민사불법행위 안건에 관한 통지(關於受理證券市場因虛假陳述引發的民事侵權糾紛案件有關問題的通知)」에서는 상장회사의 허위공시로 인한 손해배상사건에서 손해배상도 직접소송의 대상이 되는 것으로 규정하고 있지만, 여기에서도 소송주체와 소송물(訴因)에 관하여 일정한 제한을 둠으로써 이 소송절차도 활성화되지 못하였다.[25] 이러한 점을 개선하기 위하여 개정 회사법은 주주총회(사원총회)결의 하자의 소를 신설하고 그 효력, 소송절차, 관련 등기절차 등을 새롭게 규정하였다(제22조). 주주총회결의 하자의 소는 유한회사의 사원총회결의와 주식회사의 주주총회결의에 동일하게 적용된다. 구 회사법에서는 주주총회결의 하자의 소에 관한 규정(제111조)만 있어서 본 규정이 유한회사의 사원총회결의에도 준용되느냐 하는 점에 관하여 논의가 있었다.

주주직접소송과 대조되는 주주대표소송은 구 회사법에서 형식적인 규정만 두었기 때문에 그 실효성이 없었다. 개정 회사법에서는 기관관리자의 책임부분에서 이와 관련된 것을 규정하고 있다(제150조, 제152, 제153조).

주주총회(사원총회)결의 하자의 소는 주주총회(사원총회) 결의 내용이나 절

24) 張國平, 當代企業基本法律制度研究, 法律出版社, 2004, 182면.
25) 張國平, 當代企業基本法律制度研究, 法律出版社, 2004, 183면.

차에 대한 취소나 변경 등을 요구하는 형성(形成)의 소이다.

2) 주주총회결의 하자의 소의 적용범위

주주총회(사원총회)결의 하자의 소는 광의의 개념과 협의의 개념으로 구분된다. 주주총회결의에 하자가 발생한 경우는 그 결의의 절차와 결의의 내용에 하자가 발생한 경우이지만, 그 절차와 내용이 회사법에서 정한 범위 내이냐 아니냐에 따라 협의와 광의로 구분한다.[26)]

협의의 개념은 구 회사법 제111조에 규정한 바와 같이 주주총회나 이사회의 결의가 법률과 행정법규에 위반하여 주주의 합법적인 권한을 침해하였을 경우에, 주주가 인민법원에 해당 위법행위 또는 불법행위의 취소나 무효를 청구할 수 있는 것이다.

광의의 개념은 협의의 개념 이외에도 회사정관이나 정부의 관련 규장(規章)에 위반하여 위와 같은 결과를 초래하였을 경우에 그 위법행위나 불법행위의 취소나 무효를 청구할 수 있는 것을 말한다. 개정 회사법은 주주총회결의 하자의 소는 주주총회(사원총회)나 이사회의 결의가 "법률과 행정법규에 위반하였거나 또는 회사의 정관을 위반한 경우"에만 적용될 수 있도록 함으로써 절충적인 선택을 하였다.

주주총회의 결의가 회사의 정관사항을 위반하였을 경우 이는 자치법규를 위반한 가장 전형적인 사항이다. 정관사항은 소수주주의 이익 보호나 이사나 감사의 선임등과 같이 지배주주가 지위남용을 할 수 있는 사안과 직접적으로 관련이 있을 뿐만 아니라, 이러한 사항을 위반하였을 경우에는 자익권을 침해한 것으로서 주주총회결의 하자의 소의 원인이 된다.

회사 정관에서 주주총회 결의와 관련된 사항은 주주총회 또는 사원총회의 정기회의 개최시기(제40조 제2단, 제38조, 제100조), 사원총회의 소집통지에 관한 방식(제42조), 사원총회의 특별한 의결권 행사방식에 관한 사항(제43조), 사원총회의 의사방식과 의결절차(제44조) 등이 있다.

주주총회의 결의가 정부의 행정법규나 행정규장 또는 규범성의견에 위반하였을 경우에 주주총회결의 하자가 되느냐에 관해서는 구 회사법에서 많은 해석의 여지가 있었다. 특히 주주총회의 결의가 규범적 의견을 위반한 경우 이를 주주총회결의의 하자 원인으로 보고 소의 적격사항으로 인정할 것이냐에

26) 법제처 동북아법령정보서비스사업 2006년도 연구용역과제 보고서, p. 86.

관한 것이다.

중국에서 법률형식이 아닌 규범의견은 법률이나 규정이 아닌 정책지도성 문건의 속성을 지니기 때문에 상해시 원심법원은 이에 위반한 주주총회결의는 하자가 없다고 판시하였다.[27] 이에 대하여 규범성의견도 중국에서는 이미 생활상 하나의 법률규범으로 자리 앉다는 점에서 이를 위반한 경우에는 주주총회결의의 하자로 보아야 한다는 견해가 구 회사법에서의 주류이다. 예컨대「증권감독위원회가 공포한 상장회사주주총회규범의견(上市公司股東大會規範意見)」과 같은 것은 회사법과 상치되는 부분도 있지만 하나의 관습법으로 인정하여 이를 위반한 경우 주주총회결의 하자의 소의 원인이 된다는 것이다.[28] 그러나 개정 회사법은 주주총회 결의가「법률」·「행정법규」및 회사「정관」을 위반한 때 이 소권을 인정하고 있으므로, 정책지도성 문건은 주주총회 결의 하자의 소의 대상으로 될 수 없다고 보아야 한다.

3) 소송주체와 담보제공

중국 회사법에서 주주총회결의 하자의 소에서 원고는 회사의 주주가 된다(제22조). 주주는 주주명부에 기재된 모든 자이며, 소송이 제기된 때로부터 종료될 때까지 주주자격이 있어야 한다. 주주자격은 기명식이든 무기명식이든 또는 의결권이 있는 주주이든 없는 주주이든 상관이 없다. 주주자격에 관하여 주식의 보유비율이나 보유기한 등에 관한 제한도 없을 뿐만 아니라, 주주총회의 결의사항에 관하여 특별 이해관계자에 해당되어서 그 결의당시 의결권을 행사하지 못한 주주도 소권이 인정된다. 이 소송은 직접소송의 한 형태이기 때문에 주주가 단독으로 제기할 수 있고, 집단으로도 제기할 수 있다. 원고인 주주는 주주총회의 하자있는 결의로 권리를 침해당한 자이어야 한다.

주주총회결의 하자의 소의 유형 중에서 주주총회결의 무효확인의 소 또는 주주총회결의 부존재의 소의 경우, 원고적격을 갖는 자는 해당 결의에 대하여 이해관계가 있는 모든 당사자가 포함되는 것이 일반적이다. 그러나 중국 개정 회사법에는 이에 관한 규정이 없고, 이와 관련된 제소기간에 대한 규정도 두지 않았다. 그럼에도 불구하고 해당 결의에 대하여 소의 이익이 있는 모든 당사자

27) 上海市徐匯區人民法院(2000)徐初經字第1885號民事判決: 上海市高級人民法院 編(齊奇主編), 公司法疑難問題解析, 法律出版社, 2006, 53면.

28) 上海市高級人民法院編(齊奇主編), 公司法疑難問題解析, 法律出版社, 2006, 47면, 54면.

는 주주총회결의 무효확인 또는 부존재의 소를 제기할 수 있다. 예컨대, 주주총회결의 무효확인의 소인 경우에는 그 결의 내용이 법률이나 정관에 위반하여 채권자에게 실제적인 손실이 발생된 경우에는 해당 채권자도 원고가 될 수 있다.[29)]

주주가 주주총회결의 하자의 소를 제기하는 경우 인민법원은 회사의 청구에 따라 해당 주주에게 담보제공을 요구할 수 있다(제22조 제2단).

이 소송의 피고는 그 소송유형과 내용에 따라 달라진다. 주주총회결의 무효확인의 소와 부존재의 소는 회사를 피고로 하여야 하며, 위법행위나 불법행위 중지의 소는 그 위법행위와 불법행위를 한 이사회나 감사 및 주주 등을 대상으로 할 수 있다.

(2) 주주총회결의 하자의 소의 유형과 효력[30)]

구 회사법에서 주주총회결의 하자의 소는 위법행위의 중지와 불법행위의 중지에 관한 규정만 두었기 때문에, 소의 종류는 무효확인의 소와 불법행위 중지의 소 및 취소의 소와 손해배상의 소가 있었다. 그러나 실질적으로는 무효확인의 소와 불법행위 중지의 소 형태로만 적용되고 기타의 형태는 거의 적용되지 않았다.[31)]

개정 회사법은 이러한 구법의 한계를 개선하기 위하여 주주총회결의 하자의 소를 무효확인의 소, 결의취소의 소로 명시하였다. 이에 따라 현재의 개정 회사법체제에서는 주주총회결의 무효확인의 소, 주주총회결의 취소의 소, 주주총회결의 부존재의 소 및 이와 관련한 손해배상청구의 소로 구분할 수 있다.[32)]

1) 주주총회결의 취소의 소

주주총회결의 취소의 소는 형성의 소이다. 주주총회결의 취소의 소는 소집절차의 하자, 결의방식의 하자, 결의요건의 하자 등과 같이 주로 주주총회의 결의절차가 회사법이나 행정법규 또는 정관 등에 위반하는 하자가 있을 경우에 적용된다.

---

29) 沈富强, 股東股權法律實務, 立信會計出版社, 2006, 198면.

30) 법제처 동북아법령정보서비스사업 2006년도 연구용역과제 보고서, p. 88 이하의 내용을 보완함.

31) 上海市高級人民法院編(齊奇主編), 公司法疑難問題解析, 法律出版社, 2006, 47면.

32) 上海市高級人民法院編(齊奇主編), 公司法疑難問題解析, 法律出版社, 2006, 47면.

예컨대, 주주총회의 소집통지에서 정한 사항에 없는 내용을 결의하거나, 통지방식이나 통지기간 등에 위배된 결의가 발생한 경우, 의결권이 없는 주주가 표결에 참여하여 결의된 경우, 정관에서 정한 사항과 배치되는 결의를 한 경우, 소집권이 없는 자가 소집하여 결의한 경우 등이다.

2) 주주총회결의 무효 확인의 소

주주총회결의 무효확인의 소는 확인의 소이다. 결의무효확인의 소의 원인은 결의의 내용이 법률과 행정법규 및 회사 정관에 위반하였을 경우이다. 법률규정은 임의성규정과 강행성규정 모두를 포함한다. 결의의 내용이나 그 진행절차가 위법인 경우 또는 의결권의 범위를 남용한 경우 등이 모두 주주총회결의 무효확인의 소의 대상이 된다.

예컨대 이사는 주주총회가 선임하도록 되어 있는데 이를 총괄적으로 이사회에 수권하여 이사회가 이사를 선임한 것도 법률을 위반한 것으로서 본 소의 대상이 된다.[33)]

3) 주주총회결의 부존재의 소

중국 구 회사법에서 주주총회결의 부존재의 소에 관한 규정은 존재하지 않기 때문에 실무에서 이와 관련된 소송은 주로 주주총회결의 무효확인의 소로써 처리하고 있었다. 예컨대 주주총회 회의록의 작성에서 주주의 서명이 존재하지 않았던 사안을 주주총회결의 무효확인의 소로 판시하였던 것이 전형적인 것이다.[34)] 그러나 학설에서는 이 소의 형식을 인정하였다.

주주총회 결의 부존재의 소는 유효한 결의를 뒷받침할 증명이나 증거가 존재하지 않는 경우에 할 수 있고, 그 효력은 처음부터 결의가 존재하지 않는 것이 되고 그 효력이 소급력을 갖기 때문에 회사와 주주 및 제3자에 대해서도 절대적 효력을 갖는다.

4) 위법행위 중지의 소와 손해배상 청구의 소

주주총회결의가 주주의 권한을 침해하는 위법행위로써 주주의 이익을 침해하였을 경우 그 위법행위의 중지를 청구하고 손해가 발생한 경우 손해배상도 청구할 수 있다.

---

33) 上海市高級人民法院編(齊奇主編), 公司法疑難問題解析, 法律出版社, 2006, 49면.
34) 上海市高級人民法院編(齊奇主編), 公司法疑難問題解析, 法律出版社, 2006, 49면.

5) 주주총회결의 하자의 소의 효력

주주총회결의 하자의 소가 제기된 사항이 주주총회 또는 사원총회나 이사회의 결의에 따라 이미 변경등기를 완료한 상태라고 하더라도 인민법원이 해당 결의의 무효 또는 취소를 확정한 경우, 회사는 회사등기기관에 변경등기의 취소를 신청하여야 한다.

(3) 주주총회결의 하자의 소의 제척기간

주주총회결의 하자의 소는 형성권의 성질을 갖기 때문에, 소의 제기는 결의 하자가 발생된 날로부터 일정한 기한 내에 하여야 한다. 이 기간은 제척기간이다. 중국 회사법에서 주주총회결의 하자의 소는 결의된 날로부터 60일 이내에 제기하여야 한다(제22조 제1단).

Ⅱ. 주주대표소송

1. 주주대표소송제도의 신설

특정인의 위법행위로 인하여 회사의 권리가 침해되거나 손해를 받았을 경우에 사법절차를 거쳐 구제될 수는 있지만, 이러한 위법행위를 하는 자는 주로 회사의 지배주주나 지배주주의 통제를 받는 이사·감사·경리(經理)와 같은 회사의 실질적 지배자인 경우에 사법절차상의 구제는 현실적으로 그 한계를 갖는다. 이와 같은 사정이 발생된 경우 주주대표소송을 통하여 일정한 한도 내에서 회사를 위한 구제절차를 진행할 수 있다.[35)]

주주대표소송은 소송절차를 통하여 회사 기관담당자의 책임을 추궁하거나 기타 권리구제를 하는 경우에, 법정의 주주자격이 있는 자가 회사의 이익을 위하여 법정절차에 따라 회사를 대신하여 소송을 제기하는 것을 말한다. 주주대표소송은 파생소송 또는 간접소송이라고도 하며 주주직접소송에 대응하여 [표 4-1]과 같은 차이점이 있다.

구 회사법에서는 주주대표소송에 관한 근거규정이 없었기 때문에 실무상 많은 혼란이 발생하였다. 특히 주주대표소송이 제소되었을 경우 조정(調解)과 소의 철회방식으로 처리됨으로써 원고와 피고 사이에 여전히 불확정적인 판정결과를 수용하게 하는 결과를 초래하게 되었다.[36)]

---

35) 법제처 동북아법령정보서비스사업 2006년도 연구용역과제 보고서, p. 91.

[표 4-1] 주주직접소송과 주주대표소송의 차이

	주주직접소송	주주대표소송
근 거	주주의 자익권	주주의 공익권
원 고	주주의 신분으로서, 원고의 일원성	주주의 주주가 회사의 대표자로서, 원고의 이원성
피 고	회사 또는 대주주 · 이사 · 감사 · 경리	해당 위법행위를 한 주주나 제3자
주요목적	주주 본인의 이익	회사의 이익
소 권	형식상의 소권과 실질적인 소권이 모두 원고인 주주에게 귀속됨	원고는 형식상의 소권만 보유하고, 실질적의 소권은 회사가 보유함
소송물 (訴因)	법률과 행정법규 및 정관에서 주주의 권한으로 정한 사항	사권이나 공권 등에 근거한 다양한 형태

개정 회사법은 이러한 문제점을 개선하기 위하여 제150조에서 제153조까지 주주대표소송에 관한 규정을 두었으나 여전히 원칙적인 규정만 두었다는 한계가 있다.

2. 주주대표소송의 성질

주주대표소송은 영미의 형평법에서 출발하였으나 대륙법계국가에서 이를 수용하면서 많은 발전을 이루어온 제도이다. 중국에서 주주대표소송의 법적 성질에 관하여 실체법적인 측면에서 접근하는 견해와 절차법적인 측면에서 접근하는 견해로 구분된다.

중국 회사법체계에서 주주대표소송은 대위성과 대표성을 갖는다는 점을 통해 간접소송의 성격을 갖는다. 주주직접소송은 주주가 자익권에 근거하여 자신의 이익을 확보하기 위하여 제기하고 동시에 그 소송효과도 본인에게 귀속되는 네 반하여 간접소송은 공익권에서 출발하기 때문에 회사의 이익을 위한 목적으로 시행되고 그 효력도 회사전체로 귀속되기 때문에 제소자뿐만 아니라 기타 이해관계자 역시 간접적인 효력을 받게 된다.

원고가 타인의 이익을 위하여 자기의 명의로 소송을 제기하고, 그 효과를 타인에게 귀속시키는 것이 대위소송의 전형적인 모습인데, 주주대표소송은 이 범주에 속한다.

36) 법제처 동북아법령정보서비스사업 2006년도 연구용역과제 보고서, p. 91.

3. 주주대표소송의 제소요건

주주대표소송은 소수 주주가 회사의 공익을 위한 목적으로 인정하는 것이지만 개별 주주에 의한 제소가 남용되는 것을 막기 위하여 이에 대한 요건을 엄격히 하는 것이 일반적이다. 중국 개정 회사법에서 주주대표소송은 다음과 같은 요건이 구비되어야 한다.

⑴ 원고적격

원고인 주주는 법정요건에 맞는 자격이 있어야 한다. 주주는 본 소송의 제기에서부터 종료 시까지 주주명부에 기재된 주주로써 회사의 주식을 일정한 정도로 보유한 주주(사원)이어야 한다. 개정 회사법 제152조에서는 이 소송의 원고적격으로서 유한책임회사의 사원이거나, 또는 주식회사의 주주로서, 연속해서 180일 이상 회사 주식의 1/100 이상을 단독으로 또는 합계하여 보유하고 있는 자이어야 한다고 규정하고 있다.

본 소송의 원고로서 주주(사원) 이외에 회사채권자도 포함되는가에 관해서는 민법통칙 및 계약법에 채권자대위권에 의하여 해결이 가능하므로 회사채권자는 여기에 포함되지 않는다.[37)]

⑵ 제소전 구제절차

소송을 제기할 주주는 제소전 일정한 절차를 거쳐야 한다. 본 소송은 대위소송이라는 성질을 갖기 때문에, 원래의 제소권자가 제소를 거절하거나 해태할 경우에 한하여 제기될 수 있다. 이러한 특성 때문에 소송을 제기하려고 하는 주주(사원)는 사전에 회사의 기관에 대하여 소송을 제기하도록 청구하거나 기타 구제조치를 취한 후에 본 소송을 제기할 수 있다.

주주대표소송에서 제소전 절차를 담당하는 기관은 감사회(또는 감사), 이사회 또는 집행이사이다(제152조 제1단). 그러나 감사회나 감사가 본 소송의 대상자인 경우 이사회나 집행이사가 담당기관으로 된다(제152조 제1단). 이 기관들이 제소전 절차에 의한 서면청구를 받고도 제소를 거절한 경우이거나 그 청구를 받은 날로부터 30일 내에 소송을 제기하지 않을 경우 또는 상황이 긴급하여 즉시 소송을 제기하지 않으면 회사의 이익에 돌이킬 수 없는 손해가 발생할 경우, 원고적격 있는 주주는 회사의 이익을 위하여 자기의 명의로 인민법

37) 법제처 동북아법령정보서비스사업 2006년도 연구용역과제 보고서, p. 92.

원에 본 소송을 제기할 수 있다(제152조 제2단).

⑶ 제소요건

주주대표소송의 요건으로는 회사가 회사의 손실을 발생케 한 자나 채무자에 대하여 제소를 거절하거나 제소를 하지 않아야 한다. 회사의 손실을 발생케 한 자에는 회사의 이익을 침해하는 모든 '타인'이 포함한다. 여기에는 회사의 이사, 감사, 경리(經理) 등 고급관리자는 당연히 포함되며, 회사의 내부자나 외부자 및 제3자도 포함된다.

회사에 손실을 발생케 하는 유형으로는 다음과 같이 분류할 수 있다.[38] ① 회사의 이사, 감사, 청산인, 발기인, 경리 및 기타 경영 관리자가 그 회사에 대하여 선량한 관리자의 주의의무 및 충실의무를 위반함으로써 회사에 대하여 책임을 지는 경우이다. ② 지배주주 또는 절대주주가 회사에 대하여 지는 성실의무를 위반함으로서 회사에 대하여 지는 책임에 관한 사항이다. ③ 회사 이외의 제3자가 채무불이행으로 인하여 회사에 대하여 책임을 지는 경우이다. ④ 회사가 행정기관에 대하여 부담하는 의무를 해태함으로써 발생된 책임이다. ⑤ 기타 법률상의 책임을 위반하는 경우이다.[39]

이 외에도 회사가 이와 같은 자들에 대한 제소를 거절하거나 제소를 해태하여야 한다.

4. 주주대표소송의 효과

주주대표소송은 대표성을 갖는 소송이기 때문에 일단 특정 주주에 의하여 소송이 제기되면 회사나 다른 주주는 동일한 사안에 대하여 중복제소를 할 수 없고, 원고가 승소하면 그 소송효과는 회사에 귀속된다. 따라서 소송과정에서 소요된 비용도 회사의 부담으로 귀속된다. 다만 원고가 패소할 경우 그 소송비용은 원고의 부담으로 확정된다. 원고가 패소한다면 원고는 회사와 피고로부터 손해배상청구를 받게 될 것이다.[40]

---

38) 법제처 동북아법령정보서비스사업 2006년도 연구용역과제 보고서, p. 93.

39) 劉俊海, "論股東的代表訴訟提起權", 商事法論集, 第1卷, 93~94면: 上海市高級人民法院編(齊奇主編), 公司法疑難問題解析, 法律出版社, 2006, 147면에서 재인용.

40) 법제처 동북아법령정보서비스사업 2006년도 연구용역과제 보고서, p. 93.

제2. 이사회와 경리

Ⅰ. 이사회제도의 개요

중국 회사법의 기관구조(組織機構)에서 이사회는 주주총회(사원총회)에 대하여 책임을 지며, 회사법에서 업무집행과 관련하여 규정된 일정한 직권을 갖는다(제47조, 제109조 제4단). 이사회 회의(會議)의 소집을 책임지는 이사장(董事長)을 반드시 선출하여야 하고 그 인원수는 1인으로 한다. 부이사장을 선출할 수도 있으며, 이사장과 부이사장의 선출방식에 관해서는 정관에 규정을 두어야 한다(제45조 제3단).

중국회사법은 회사의 업무집행을 담당하는 이사회와는 구별되는 기관으로서 경리(經理)를 회사의 보조기관으로 규정하고 있지만(제50조, 제114조), 그 설치여부는 유한회사의 경우 임의규정으로 하고 있으나 주식회사의 경우에는 강행규정으로 하고 있다.

중국회사법은 이사회나 경리(經理)의 업무를 감독하는 기관으로 감사회 또는 감사제도를 두고 있다. 감사회나 감사는 사원대표(주주대표) 및 근로자 대표로 구성된다. 주주총회(사원총회)와 이사회 및 감사회가 분권적인 체계를 갖고 있는 것처럼 보지만, 실질적으로는 지배주주(控股股東)나 또는 이사회 또는 총경리가 강력한 지배권을 행사하는 지배구조를 갖고 있다. 상장회사의 경우에도 국유주권(國有股權)이 전체 주식총수 중 60/100 이상 과도하게 설치되어 있을 뿐만 아니라 이 국유주권은 국가인 대주주나 지배주주가 통제하게 되고, 주주총회를 통하여 선임된 이사도 대주주나 지배주주의 통제를 받는 구조로 운영되고 있다는 점이 실증조사에서 나타난다.[41]

Ⅱ. 이사회의 구성과 권한

1. 이사회의 지위

중국 회사법에서 이사회(董事會)는 필요적 상설기관이다(제45조 제3단). 회

41) 上海證券交易所研究中心, 中國公司治理報告(2005): 民營上市公司治理, 復旦大學出版社, 2005, 104면.

사는 법인이므로 업무를 집행하는 기관으로서의 이사회(董事會)는 필요기관이다. 회사의 설립 당시부터 존재하는 기관이고, 그 회의가 개회·폐회·휴회 또는 그 구성원의 변동과 관계없이 지속적으로 존재하는 상설기관이다.[42]

이사(董事)는 이사회 구성원의 지위만을 갖고 있기 때문에, 중국 회사법상 이사는 회사의 기관이 아니다. 이사장(董事長)도 이사회의 회의소집권자일 뿐만 아니라(제47조, 제109조), 회사의 기관 중의 하나이다.

2. 이사의 종류와 선임 및 자격

(1) 이사의 종류

회사의 이사(董事)는 회사 내부업무를 전담하는 지의 여부에 따라 내부이사와 외부이사로 구분하고, 이사가 주주의 지위나 이익 또는 회사의 업무와 관련되어 선임되었느냐의 여부에 따라 독립이사와 비독립이사로 구분한다.[43] 또 회사의 직무를 담당하는지의 여부에 따라 집행이사와 비집행이사 등으로 구분되지만,[44] 중국 회사법에서 인정되는 이사의 종류로는 주식회사편에서 규정하고 있는 일반이사와 사외이사(獨立董事) 및 유한회사편에서 규정되고 있는 집행이사가 있다.

중국 회사법에서 사외이사(獨立董事)는 상장회사의 지배구조와 관련되어 규정되어 있다. 상장회사는 사외이사를 반드시 두어야 하며, 그 임면에 관한 구체적인 방법은 국무원규정에 따르도록 하였다(제123조). 사외이사는 아래 상장회사의 조직구조에서 언급된다.

중국 회사법에서 말하는 집행이사(執行董事)는 규모가 작은 유한회사에서 이사회를 구성하지 않고 1인의 집행이사만을 설치하여 이사회의 업무를 수행하는 기관을 말한다(제51조).

(2) 이사의 선임

이사는 주주주총회 또는 사원총회에서 선임한다(제38조, 제100조). 상장회사의 경우 많은 수의 회사들이 회사 정관에 이사의 선임과 투표에 관한 규칙

42) 石少俠, 公司法, 吉林人民出版社, 1994, 228면.

43) 비독립이사는 주주의 배경이나 주주의 이익 또는 회사의 업무와 관련하여 파견된 이사를 말한다. 독립이사는 주주의 배경이나 회사의 업무연관성과 관련 없이 회사나 주주로부터 독립하여 선임된 이사를 말한다.

44) 집행이사는 회사의 고급관리자로서 회사의 이사직무를 집행하는 자를 말한다.

을 두어 실시하고 있다.[45]

상장회사에서는 이사장이 이사를 추천한 후 주주총회에 제안하거나 지배주주가 직접 이사를 추천하는 방식으로 그 선임이 이루어진다. 이에 따라 이사회의 구성원인 이사는 이사장이나 지배주주의 영향을 많이 받고 있고, 실제로도 이와 같은 상장회사가 45.7%나 된다는 점에서 회사지배구조에 많은 문제점을 내포하고 있다.[46]

(3) 이사의 자격[47]

구 회사법에서 이사의 자격에 대하여서는 주식회사편에서는 규정이 없었고 유한회사편 제57조에서 규정하고 있었기 때문에, 주식회사의 이사 자격에 관해서는 유한회사의 규정을 준용하는 방식으로 해결하였다. 그러나 개정 회사법은 이사의 자격에 관하여 제6장 제147조에서부터 제153조까지 비교적 상세하게 규정하였다.

동 규정에서는 이사의 자격을 적극적으로 규정하는 방식을 취하지 않고 소극적으로 이사의 결격사유 또는 금지사유를 정하는 방식을 선택하였다. 특히 제147조 제1호에서 무능력자나 제한능력자는 이사의 결격사유임을 명시하고 있고, 제5호에서는 채무상환불능자도 이사의 결격사유로 하고 있는 등의 특징이 있다.[48] 동조항에 의할 때, 이사·감사 및 고급관리자의 결격사유가 있음에도 불구하고 회사가 이러한 규정을 위반하여 이사·감사 및 고급관리자를 선임한 경우에는 무효로 규정하였다. 나아가 이사·감사 및 고급관리자가 재임기간 중에 행위무능력자로 되거나 제한능력자로 되는 경우 회사는 그 직무를 해제하도록 하고 있다.

중국 회사법에서 이사의 국적에 관해서는 원칙적으로 제한이 없으므로 외국인도 중국의 유한회사나 주식회사의 이사가 될 수 있다. 그러나 국가단독출자회사(國有獨資公司)는 유한회사의 성격을 갖지만 특별 법률에 의하여 그 자격에 일정한 제한이 따를 수 있다.

---

45) 上海證券交易所硏究中心, 中國公司治理報告(2005): 民營上市公司治理, 復旦大學出版社, 2005, 104면.

46) 上海證券交易所硏究中心, 中國公司治理報告(2005): 民營上市公司治理, 復旦大學出版社, 2005, 104면.

47) 법제처 동북아법령정보서비스사업 2006년도 연구용역과제 보고서, p. 96 이하.

48) 이사, 감사 및 고급관리자의 자격에 관한 상세한 내용은 본 장 제7절 참조.

3. 이사회의 조직

이사회 조직은 회사의 유형과 조직규모 등에 따라 구성되고, 회사법과 기타 특별법에서 별도로 규정이 있는 경우도 있으므로 이에 따라 조직하여야 한다.

(1) 이사회의 구성 인원수

유한회사의 경우 이사의 구성원은 3인에서 13인이다(제45조). 다만 사원수가 비교적 적거나 회사의 규모가 비교적 작은 유한회사의 경우에는, 이사회를 조직하지 않고 1인의 집행이사를 둘 수 있다.

국가단독출자회사(國有獨資公司)와 같은 특수한 유한회사의 경우, 즉 두 개 이상의 국유기업 또는 두 개 이상의 기타 국유투자주체가 투자하여 설립한 유한회사의 이사회는 그 구성원 중에 반드시 근로자대표를 두어야 하고(제68조, 제45조 제2단), '기타의 유한회사'의 경우에는 이사회의 구성원 중에 근로자대표를 둘 수 있다(제45조 제2단).

주식회사의 이사회 구성원은 5인 이상 19인이다(제109조 제1단). 이사의 수는 일반적으로 홀수로 구성되는 것이 관례이다. 현재 중국의 상장회사는 이사회의 구성원을 평균 10명 내외로 구성하고 있다.[49] 주식회사의 이사회에도 근로자대표를 참여시킬 수 있다(제109조 제2단). 주식회사의 이사회에 근로자대표를 참여시킬 것이냐는 정관의 규정에 따라 달리 정할 수 있다.

상장회사의 경우, 중국 증권감독관리위원회가 2003년 공포한 「상장회사의 사외이사조직에 관한 지도의견(關於在上市公司建立獨立董事制度的指導意見)」을 통하여 사외이사(獨立董事)를 반드시 설치하도록 하였고, 그 수는 이사회 구성인원의 1/3 이상이 되어야 한다. 현재 중국 상장회사에 선임된 사외이사도 평균 3.3인으로서 이 지도의견에 부합되는 인원수를 갖추고 있다.[50]

(2) 이사회의 조직과 임기[51]

이사회는 이사장 1인을 두며 부이사장을 둘 수 있다. 이사장과 부이사장의 선출방식은 유한회사의 경우에는 회사정관에서 규정하고(제45조 제3단), 주

49) 上海證券交易所研究中心, 中國公司治理報告(2005): 民營上市公司治理, 復旦大學出版社, 2005, 105면.

50) 上海證券交易所研究中心, 中國公司治理報告(2005): 民營上市公司治理, 復旦大學出版社, 2005, 105면.

51) 법제처 동북아법령정보서비스사업 2006년도 연구용역과제 보고서, p. 95 이하.

식회사의 경우에는 이사회에서 전체 이사의 과반수 동의로 직접 선출한다(제110조).

주식회사의 경우 이사회의 조직은 초기 설립형태와 설립 후 결원 등의 사유로 재모집하는 경우에 따라 그 구성이 달라진다. 초기 설립형태에서도 발기설립과 모집설립에 따라 그 구성이 달라진다. 발기설립방식으로 회사를 설립할 경우 발기인이 이사회 구성원을 선출하고, 모집설립방식으로 설립할 경우에는 창립총회에서 이사회의 구성원을 선출한다(제91조). 회사가 설립되고 난 후에는 주주총회에서 이사를 선출한다(제100조, 제38조).

중국회사법에서 이사의 임기는 회사 정관에서 정하고, 매 임기는 3년을 초과할 수 없도록 규정하였고, 다만 임기 만료된 경우에도 연임이 가능하도록 규정하였다(제46조). 이사의 임기가 만료되고 새로운 이사가 즉시 선임되지 못한 경우 또는 이사의 임기 내에 사직 등으로 인하여 이사회의 구성원 수가 법정인원수에 미달하는 경우, 새로운 이사의 선출 전까지 전임 이사가 법률과 행정법규 및 회사정관에 규정된 이사의 직무를 수행한다(제46조).

4. 이사회의 권한

중국회사법에서 이사회는 회사의 집행기관으로서 광범위한 권한을 갖는다. 이사회의 구체적인 권한에 대하여서는 제47조 및 제109조 제4단에서 규정하고 있다.

그 주요한 권한으로는 사원총회(주주총회) 회의의 소집 및 사원총회(주주총회)에의 업무보고, 사원총회(주주총회)의 결의·집행, 경영계획과 투자방안 결정, 연도재무예산안·결산안의 작성, 이익배당안과 결손전보안 작성, 등록자본금의 증자 또는 감자의 계획서 작성, 합병과 분할, 해산 및 회사 조직변경안 작성, 내부관리기구의 설치와 결정, 경리의 선임·해임 및 보수에 관한 사항의 결정, 경리가 지명하는 회사 부경리와 재무책임자를 선임 또는 해임 및 그 보수와 관련한 사항, 회사의 기본 관리제도의 제정, 회사정관에 규정된 기타 권한의 수행 등이다.

상장회사인 경우「상장회사정관가이드라인(上市公司章程指引)」에서는, 회사법에서 규정한 이사회의 권한 이외에도, 이사회는 경리의 업무보고 청취 및 경리의 업무조사를 할 수 있도록 규정하고 있다(동 가이드라인 제121조 제15호).

회사법에서 규정하고 있는 이사회의 권한사항을 집약해 보면 사원총회(주주총회)의 결의에 관한 사항, 회사 중대한 사항의 결정과 집행, 회사 내부관리기구의 통치와 회사의 기본제도의 입안 및 인사권의 행사 등 4대 기능으로 대별된다.[52]

중국회사법에서 이사회는 회사의 업무집행기관임에도 불구하고 기타 국가의 대표이사가 보유하는 권한까지도 가지고 있다. 이러한 경향은 동법 제47조 제3호나 제4호 그리고 제6호 · 제7호 · 제8호 · 제9호 · 제10호 등에서 나타난다.[53] 이러한 특색으로 인하여 사원총회(주주총회)와 이사회의 권한이 충돌되었을 경우 어떻게 해결할 것인가에 관하여 논의가 있다. 예컨대 사원총회나 주주총회가 폐회기간 동안에 이사회의 결의가 사원총회나 주주총회의 결의와 충돌된 경우 어느 것을 우선할 것인가에 관한 것이다. 이에 관해서는 사원총회나 주주총회의 결의를 우선하여야 한다는 견해도 있다.[54] 그러나 사원총회나 주주총회가 폐회된 기간에는 이사회가 사원총회나 주주총회의 권한을 위탁받은 것이므로 이사회의 결의는 결의 즉시 발효되고, 이에 관하여 이의가 있을 경우는 주주의 소권이나 대표소송 등을 통하여 해결하게 될 것이다.[55]

5. 이사회의 결의절차

이사회의 의사방식과 결의절차는 회사법이 정한 사항을 제외하고는 회사 정관으로 정한다. 이사회 회의의 소집 횟수 · 소집시기 · 소집사유 등도 회사법에 규정이 없으므로 정관으로 정하여 시행한다. 결의절차에 관한 기타 사항도 정관으로 정하여야 한다.

이사회 회의는 이사장(董事長)이 소집하고 주최한다. 이사장이 소집 · 주최할 수 없거나 하지 않을 경우에는, 부이사장이 소집 · 주최한다. 부이사장이 직무를 수행할 수 없거나 수행하지 않을 경우 과반수 이사가 공동으로 선출한 1인의 이사가 이사회 회의를 소집 · 주최한다(제48조 제1단).

이사회 회의의 결의는 1인 1표를 행사한다(제48조 제3단). 이사회는 의사

52) 李建僞, 公司制度·公司治理與公司管理, 人民法院出版社, 2005, 156면.
53) 법제처 동북아법령정보서비스사업 2006년도 연구용역과제 보고서, p. 99.
54) 李維安·武立東, 公司治理教程, 100면; 李建僞, 公司制度·公司治理與公司管理, 人民法院出版社, 2005, 166면에서 재인용.
55) 李建僞, 公司制度·公司治理與公司管理, 人民法院出版社, 2005, 160면.

결정에 대한 회의록을 작성하여야 하고, 회의에 출석한 이사들이 이에 서명하여야 한다(제48조 제2단).

다른 법률에서 이사회의 의사방식과 결의절차에 관하여 규정한 것으로는, 외국인투자기업법 중에서 중외합자경영기업의 경우이다. 중외합자경영기업의 이사회는 매년 1회 이상 개최하여야 하며, 1/3 이상의 이사가 발의하여 임시 이사회 개최를 제안할 수 있다.[56]

6. 이 사 장

⑴ 이사장의 법적 지위

중국 회사법상 유한회사나 주식회사에서 이사회는 반드시 이사장 1인을 두어야 한다(제45조 제3단, 제110조). 이사장은 전체 이사의 회의체에서 선출되므로 이사회의 수권을 받아서 이사회의 업무를 지속적으로 집행하는 파생기관이 된다. 이사장은 이사회에서 선출되어 이사회의 명의로 그 권한을 행사하므로, 이사회의 대표자이지 회사의 대표자는 아니다. 이사장의 권한도 이사회의 주최권과 소집권 및 회사를 대표하여서 명할 권한을 갖고 있을 뿐이고, 이사회 내부에서 기타 일반이사와도 평등한 지위를 갖기 때문이다. 이사장은 권한 정책결정기구의 책임자라는 데 그 의미가 있다.

구 회사법에서는 이사장이 회사의 법정대표자로 명시되었지만(구 회사법 제113조 제2문), 개정 회사법은 이 규정을 삭제하고, 제25조에서 법정대표자를 정관에 기재하도록 하고 있다(제13조). 이에 따라 이사장, 집행이사 또는 경리 중에서 회사 정관으로 정한 자가 법정대표자로 된다(제13조).

⑵ 이사장의 권한

이사장은 구 회사법에서 회사의 법정대표기관이 되었고, 지배주주와 직접·간접으로 연관되면서 상당한 영향력을 행사하였다. 그러나 이사장의 지위가 독단화 되는 것은 회사 이해관계자의 이익에도 영향을 주게 되므로, 개정 회사법에서는 이사장에게 이사회의 제안권과 주최권 및 소집권, 회사명의로 서명할 수 있는 권리 등의 형식적 권한만 부여하고, 나머지 중요 권한은 이사회의 권한으로 전환하였다.

이사장은 정기 이사회 회의와 임시 이사회 회의를 소집·주최할 권한을

---

56) 中外合資經營企業法實施細則, 제32조.

갖는다(제48조, 제110조). 주식회사의 경우에는 이사회 결의사항을 검토하고 집행할 권한을 갖는다. 구 회사법은 이사장이 이사회의 수권을 받아서 이사회의 권한 중 일부를 행사할 수 있도록 하였다(120조).

이사장과 경리의 관계에 관한 상장회사의 실증연구에서는, 상장회사의 대부분이 이사회의 규칙을 제정하여 실시하고 있고, 이 규칙에 따르면 임시 이사회의 제안권은 민영상장회사의 92.68%가 이사장에게 부여하고 있지만, 75.61%의 회사도 총경리에게 임시 이사회의 제안권을 부여하고 있는 것으로 나타난다.[57)]

이 외에도 63.41%의 민영상장회사가 이사에게도 임시 이사회의 제안권을 주고 있고, 39.02%의 회사가 대주주에게도 이 권한을 주는 것으로 나타났다.[58)]

Ⅲ. 경　　리

1. 경리의 법적 지위

중국 회사법에서 규정된 경리(經理)는 '총경리(總經理)'라고 호칭되기도 하며, 회사법상 독특한 지위를 가지고 있을 뿐만 아니라 경영 실무에서 특수한 기능을 발휘하고 있다.

중국 회사법상 유한회사는 경리를 설치할 것인가에 관해 정관을 통하여 자율적으로 정할 수 있기 때문에(제50조), 유한회사의 경리는 필요기관은 아니다. 그러나 주식회사는 경리를 반드시 두어야 한다(제114조). 주식회사에서 경리는 이사회가 초빙 또는 해임하고(제114조), 경리는 이사회에 대하여 책임을 진다(제50조, 제114조 제2단).

중국 회사법학자들은 경리의 법적 지위에 대하여, 중국회사법상 회사의 경영권은 이사회에 있고, 경리의 임명·관리권도 회사경영권의 일부로 보기 때문에 경리는 회사의 일상적인 업무를 처리하는 고급관리자의 지위를 갖는다고 하거나,[59)] 이러한 경리의 회사법상지위는 이사회의 위임을 받아서 이사회

57) 上海證券交易所研究中心, 中國公司治理報告(2005)：民營上市公司治理, 復旦大學出版社, 2005, 106면.

58) 上海證券交易所研究中心, 中國公司治理報告(2005)：民營上市公司治理, 復旦大學出版社, 2005, 107면.

59) 憑曉光, 公司法, 中國和平出版社, 1994, 140면.

의 지도하에 회사를 관리하며, 이사회에 대하여 책임을 지는 상설적 보조업무 집행기관이라는 견해로 구분된다.[60] 후자의 경우 법률상으로 사용인의 지위에 해당되는 것이다.

회사법 규정으로 경리는 이사회의 통제를 받는 업무집행기관이지만, 회사법에서 독자적인 권한을 부여하고 있는 법정기관이다(제50조, 제114조 제2단). 이러한 규정 및 이사회의 수권이나 이사와 경리의 겸직 등과 같은 관행으로 인하여 이사회보다 더 강력한 권한을 행사하기도 한다.[61]

2. 경리의 권한[62]

경리의 권한사항은 중국 회사법 제50조 및 제114조에서 법정하고 있다. 즉, 회사의 생산·경영관리업무의 처리, 이사회결의의 집행, 회사 사업연도 경영계획과 투자방안의 집행, 회사내부관리기구와 조직의 입안, 회사의 기본적 관리제도 입안, 회사의 규칙 제정, 부경리와 재무담당자의 초빙·경질제청, 이사회가 초빙하거나 경질하는 자 이외의 관리자의 초빙·경질, 이사회가 수권한 기타의 권한과 회사정관에서 정한 특정된 권한 등이다. 이 외에도 이사회에 참석할 권한이 부여된다. 회사법 제114조 제8호에서는 상술한 법정 권한사항 이외에도 정관과 이사회의 수권에 의하여 경리의 권한을 확대할 수 있도록 규정하고 있다.

회사법에서 규정하고 있는 경리의 권한은 회사의 일상적인 경영관리 및 이사회 결의사항의 집행업무로 대별된다.

경리는 이사회에 대하여 책임을 지고 주주총회에 대하여 책임을 지지 않는 다는 것은 당연하지만, 주주총회가 정관으로 경리의 권한사항을 결정할 수 있다고 하는 것은 중국회사법이 경리의 역할이 중요하다는 것을 인정하는 반면에, 주주총회가 경리를 통하여 회사업무집행에 대한 간섭을 할 수 있다는 의미도 될 수 있다.

이사회의 구성원은 경리를 겸임할 수 있다(제115조). 현재 중국 상당수 주식회사의 이사장이 경리의 지위를 겸임하는 경우가 많아지고 있으며, 이사장과 경리가 권한을 분담하는 체제라고 하더라도 회사의 관리권은 주로 경리에

60) 石少俠, 公司法, 吉林人民出版社, 1994, 249면.

61) 법제처 동북아법령정보서비스사업 2006년도 연구용역과제 보고서, p. 100.

62) 법제처 동북아법령정보서비스사업 2006년도 연구용역과제 보고서, p. 101.

게 집중되고 있고, 이러한 사실은 이사회와 이사장의 권력이 약화되어 가는 경향이라고 한다.[63] 상장회사의 이사회와 경리의 관계에 관한 조사에 의하면, 중국 상장회사의 이사회 구성원은 평균 9.42인이고, 이사회에 소속된 이사의 평균 2.72인이 경리층(총경리, 부총경리, 경리)의 직무를 겸직하고 있으며, 이 비율은 전체의 28.83%가 된다. 이사가 경리업무를 겸직하지 않는 것은 평균 6.7인으로 전체 이사회 구성원 중의 71.17%가 되는 것으로 나타났다.[64]

경리의 권한이 이사회의 권한보다 강화된 배경은 회사법에서 직접 경리의 권한사항을 규정하고 있을 뿐만 아니라, 경리의 권한을 제한할 수 있는 명확한 규정이 없고, 이사회가 경리에게 권한사항을 위임할 수 있도록 한 것에 그 원인이 있다. 원래의 국유기업에서 최고권력기관이었던 공장장(廠長)이 국유기업의 개혁(조직변경)에 따라 총경리로 전환되면서 종래의 권한이 그대로 유지되었던 것도 그 이유 중의 하나라고 한다.[65]

3. 이사회와 경리의 관계

중국회사법에서 회사의 기관인 이사회의 구성원이면서 이사회를 대표하는 이사장 및 이사회의 구성원과 독립된 경리가 법률상 별도로 설치되어 있을 뿐만 아니라, 각각의 권한사항이 다르게 정하여져 있다. 그러나 이 양자의 법적 지위와 권한관계는 법률상으로 명백하게 분리할 수 있는 것이 아니기 때문에 문제가 될 수 있다. 영미법에서 이사장과 회사의 관계는 일종의 대리 또는 신탁관계로 표현되고, 이사는 회사의 대리인 또는 신탁인의 지위를 갖는다. 대륙법계에서 이 양자의 관계는 위임관계 또는 대표관계로 표시되고 이사장이나 이사회 주석은 일반적으로 이사회에 대하여 책임지는 구조로 되어 있다.

중국 회사법에서 이사회와 회사는 대표관계(代表關係)로 되지만, 이사회와 경리의 관계는 전체 회사법의 관련 규정을 고려하여야 한다.

경리의 자격과 선임은 이사회에서 결정하지만, 경리의 권한은 회사법에서 정하고 있을 뿐만 아니라 이사회의 수권에 의하여 확장될 수도 있으며, 나아가 정관에 의하여 최종적으로 확정되기 때문이다(제50조, 제69조, 제119조). 이에 따라 경리는 법정된 권한과 수권된 범위 내에서 회사의 일상 경영업무를 집행

63) 憑曉光, 公司法, 中國和平出版社, 1994, 141면.
64) 李建偉, 公司制度·公司治理與公司管理, 人民法院出版社, 2005, 170면.
65) 李建偉, 公司制度·公司治理與公司管理, 人民法院出版社, 2005, 158면.

한다. 회사법에서 정한 경리의 권한은 이사회나 사원총회(주주총회) 또는 정관으로 변경하거나 박탈할 수 없다.

이러한 규정을 집약하면 이사회와 경리의 관계는 위탁과 수탁을 받는 대리관계(代理關係)로 되고, 경리와 회사의 관계는 법정대리의 관계가 성립한다.

Ⅳ. 유한회사의 집행이사

1. 집행이사의 의의

유한회사의 경우 사원의 수가 비교적 적고 규모가 작은 경우 집행이사 1인을 두고, 이사회를 설치하지 않을 수 있다(제51조 제1단). 이사회 대신 집행이사(執行董事)를 둘 수 있는 것은 유한회사의 특징이며, 이는 유한회사의 경우 그 규모나 사원수 등에서 일정한 차이가 있기 때문이다. 집행이사는 회사의 경리를 겸임할 수 있다(제51조).

집행이사는 1인으로 설치되는 기관이기 때문에 이사장과 동일한 법적 지위를 갖고 이사회의 직권을 행사할 수 있을 뿐만 아니라 경리로서의 권한도 갖기 때문에 회사의 권력이 집중되는 기관이다.

집행이사를 둔 유한회사의 경리는 어느 기관에서 선임되느냐의 여부에 관하여 회사법상 규정이 없다. 사원총회가 선임할 수도 있고 집행이사가 선임할 수도 있지만 집행이사는 이사회의 권한을 갖기 때문에 집행이사가 경리를 선임하는 것이 타당하다고 할 것이다.[66]

2. 집행이사의 권한

집행이사의 권한은 회사의 정관에서 정한 규정에 따른다(제51조 제2단). 집행이사가 회사의 법정대표권을 갖는지의 여부도 회사의 정관 규정에 따른다(제13조). 다만 집행이사가 회사정관에서 그 권한사항에 관한 제한이나 배제에 관한 규정이 있음에도 불구하고 이를 초과하여 행사하였거나 무단으로 행사한 경우, 외부의 선의의 제3자는 이를 알지 못하는 것이 일반적이기 때문에 대외적인 효력에는 영향력이 없다고 보아야 한다. 이것은 이사장이 회사정관에서 권한사항에 관한 제한이나 배제가 있을 경우 이를 남용하여 행사한 경우에는

66) 耿法·劉金華, 中華人民共和國公司法解讀, 中國海關出版社, 2006, 158면.

대외적으로 무효가 되는 것과 근본적으로 차이가 있다.[67)]

제3. 감사회(감사)

Ⅰ. 감사회(감사)의 법적 지위

감사회제도는 일반적으로 회사의 이사와 경리에 대한 직무감독과 회사 재무감독을 통하여 궁극적으로는 회사와 주주 및 채권자를 보호하는 기능을 한다. 중국 회사법에서 감사회는 이와 같은 일반적 감독기능 이외에 근로자대표(職工代表)를 참여시킴으로써 근로자의 이익을 반영하는 기능도 한다.

감사회는 반드시 설치하여야 하는 법정기관이지만(제52조, 제118조), 사원수가 적고 규모가 작은 유한회사의 경우에는 예외가 있다(제52조 제1단).

Ⅱ. 감사회(감사)의 구성과 조직

유한회사와 주식회사의 감사회 구성원은 최소 3인 이상이어야 한다(제52조, 제118조). 사원이 비교적 적고 규모가 작은 유한회사는 1~2인의 감사만을 두고 감사회를 설치하지 않을 수 있다(제52조 제1단).

감사회는 사원대표 및 적절한 비율의 근로자대표(職工代表)를 반드시 포함시켜야 하고, 근로자대표의 비율은 감사회 구성원의 1/3에 미달하지 않아야 하며, 그 구체적인 비율은 '적절한 비례'에 따라 회사정관으로 정한다(제52조 제2단, 제118조 제2단). 감사회의 근로자대표는 근로자대표회의, 근로자회의 또는 기타 형식을 통하여 회사 근로자들의 민주선거에 의하여 선출되어야 한다(제52조 제2단, 제118조 제2단).

감사회는 주석(主席) 1인을 두어야 하며, 전체 감사의 과반수로 선출한다(제52조 제3단, 제118조 제3단). 주식회사의 경우 감사회 부주석(副主席)을 둘 수 있으며 그 선출방식은 주석과 동일하다(제118조 제3단).

감사회 주석은 감사회 회의를 소집·주최할 권한을 갖는다. 감사회 주석은 회의의 소집 및 주최권밖에 없고, 기타 권한사항에 관해서는 일반 감사와

67) 耿法·劉金華, 中華人民共和國公司法解讀, 中國海關出版社, 2006, 159면.

동일한 지위를 갖는다. 감사회 주석이 직무를 수행할 수 없거나 수행하지 않을 경우, 유한회사의 경우에는 과반수의 감사가 공동으로 선출한 1인의 감사가 감사회 회의를 소집 및 주최하고(제52조 제3단), 주식회사의 경우에는 부주석이 소집·주최한다. 부주석이 소집·주최하지 않거나 하지 않을 경우 과반수의 감사가 공동으로 선출한 1인의 감사가 감사회 회의를 소집 및 주최한다(제118조 제3단).

이사 및 고급관리자는 감사를 겸임하지 못한다(제52조 제4단, 제118조 제4단).

감사의 임기는 3년으로 하고, 임기가 만료된 후 재선되면 연임할 수 있다(제53조 제1단, 제118조 제5단). 감사의 임기를 법률에서 고정한 것은 직무수행 시 외부로 부터의 간섭을 받지 않도록 하기 위한 것이다. 감사의 임기는 회사법에서 3년으로 확정하였기 때문에 이를 정관으로 변경할 수 없지만, 이사의 임기는 회사의 정관에서 정하도록 규정하고 있기 때문에 그 임기는 고정되지 않는다는 차이점이 있다.

감사의 임기 만료후 적시에 새로운 인원을 선임하지 못하거나, 감사가 임기중 사직하여 감사회 구성원이 법정 최저인원수에 미달하게 된 경우, 새로운 감사 선임 이전까지 전임 감사가 법률·행정법규 및 회사정관의 규정에 따라 감사의 직무를 수행한다(제53조 제1단, 제118조 제5단).

Ⅲ. 감사회의 권한

중국 회사법에서 감사회의 주요한 권한은 두 가지이다. 하나는 회사의 재무감독권이고, 다른 하나는 이사와 경리 등의 직무감독권이다.

개정 회사법에서 규정된 감사회의 권한사항은 구 회사법과 비슷하지만, 구 회사법보다 그 범위가 확대되어 규정되었다. 감사회의 권한 사항을 규정한 구 회사법 제54조에서는 회사재무의 직무감사, 이사 및 경리의 직무위반행위 감사권, 이사와 경리의 직무행위가 회사에 손실을 입힐 경우의 수정 요구, 임시 사원총회(주주총회)의 소집제의, 회사 정관이 정한 기타 직무권한 등이 있었다.

개정 회사법에서 보완된 것으로는 후임 감사를 선임할 때까지 전임 감사의 권한유지(제53조 제2단), 이사나 고급관리자에 대한 파면건의권(제54조 제2항, 제119조), 이사회를 대신한 사원총회(주주총회)의 소집과 주최권(제54조 제4항, 제119조), 사원총회의(주주총회)에 대한 의안제출권 등이 있다(제54조 제5항, 제119조).

감사회나 감사가 회사 경영상태에 대한 직무감사권을 실시하거나, 회계사 사무소 초빙권이나 이사나 고급관리자에 대한 회사 업무수행중의 법률위반행위를 적발한 경우(제54조 제6항, 제119조, 제152조, 제150조)의 소송대행청구권 등도 신설되었다(제152조).

이 외에도 구 회사법에서 감사는 이사회 회의에 참석할 수는 있었지만, 질문권이나 건의권에 관한 명시적인 규정이 없었기 때문에 해석으로 이것을 인정하였지만, 개정 회사법에서는 명시적으로 이에 대한 규정을 두게 되었다(제55조, 제119조).[68]

감사회나 감사는 충실의무와 근면의무(제21조 제1단, 제148조), 손해배상책임(제21조 제2단), 비밀유지의무(제148조), 경업금지의무(제149조) 등을 부담한다.

감사회가 권한을 행사하는 데 필요한 비용은 회사가 부담한다(제119조 제2단). 상장회사의 감사회는 필요할 경우 변호사사무소·회계사무소 등의 전문기관의 보조를 받을 수 있고, 이로 인하여 발생되는 비용은 회사가 부담하여야 한다(상장회사정관가이드라인 137조).

제4. 소수주주와 상장회사의 특별규정

Ⅰ. 소수주주(사원)의 보호

소수주주의 보호는 주주로서의 권익을 보장해 주는 사익적인 측면이 있지만, 이 제도를 통하여 회사의 경영활동을 투명하게 함으로써 기업의 경쟁력을 제고할 수 있다는 공익적인 측면도 있다.

중국의 구 회사법 시행당시 주주총회(사원총회), 이사회, 감사회로 구성되는 분립된 기관구조체계를 갖고 있지만, 지배주주나 이사장 또는 경리가 주주

68) 이정표, "최근 개정된 중국회사법의 검토", 성균관법학 제17권 제2호, 2006. 12., p. 454.

총회와 이사회 등에서 강한 통제권을 행사하였고, 또 지리적인 특성 등에 의하여 소수주주가 회사의 경영에 참여할 수 있는 길이 제한되어 있었다.

개정 회사법은 구 회사법에 비하여 소수주주(소수사원)에 관한 보호규정을 상대적으로 상세하게 입법하였을 뿐만 아니라, 지배주주가 기업의 법인격을 남용하는 경우 이를 구제하기 위한 법인격부인의 법리 등을 명시하였다. 이와 함께 소수주주나 소수지분권을 갖는 사원들의 권한남용을 방지하기 위한 손해배상제도를 새롭게 도입하였다.

회사의 지배구조가 특수하게 설정된 1인 유한회사와 국가단독출자회사에 관한 규정도 있지만, 이 절에서는 소수주주보호와 상장회사의 기관구조에 관해서만 논의한다.

1. 대주주와 소수주주의 구별기준[69)]

대주주와 소수주주를 구별하는 기준에 관하여 구 회사법에서는 관련 규정이 없었다. 이에 관하여 회사의 대주주에 관한 지표는 그 보유주식의 수량이 절대적 비율을 점하고 있다는 것만으로 판단할 것이 아니라, 관련되는 사안이 있을 때마다 개별적으로 판단하되, 그 개별사안에 대하여 영향력과 결정력을 갖는 수준이어야 한다고 하는 견해도 있었다.[70)]

개정 회사법은 부칙에서 대주주라는 용어 대신에 '지배주주(控股股東)'를 사용하고 있다(제217조). 동 규정에 의하면 지배주주란 그 출자액이 유한책임회사 자본총액의 50/100 이상이거나, 보유한 주식이 주식회사 주금총액의 50/100 이상인 주주, 출자액 또는 보유한 주식의 비율이 50/100에 미달하지만, 그 출자액 또는 보유한 주식이 가지는 의결권이 사원총회 또는 주주총회의 결의에 중대한 영향을 미치는 주주를 말한다. 개정 회사법은 지배주주의 판단기준으로서 출자액기준과 주식보유율기준 및 의결권기준을 사용하고 있다.

이러한 정의에 따르면 소수주주는 회사법에서 규정된 지배주주가 아닌 자에 해당되는 자이면서 동시에 회사법에서 소수주주로 인정하는 자를 말한다.

---

69) 법제처 동북아법령정보서비스사업 2006년도 연구용역과제 보고서, p. 108.

70) 齊斌, "股份有限公司小股東權益保障研究", 商事法論集 第3卷, 法律出版社, 1999, 593면.

2. 소수주주의 보호에 관한 새로운 규정

중국 구 회사법의 시행당시에 소수사원 또는 소수주주의 권리가 침해되는 가장 전형적인 사례로는, 사원총회가 개최되지 않거나, 또는 소집통지 없이 개최되는 경우, 주주총회나 사원총회가 개최되더라도 정관의 규정과 배치되는 결정을 하는 경우, 주주명부의 열람을 제한하여 회사의 재무회계 등의 중요정보에 접근하지 못하는 경우 등이다.[71] 이러한 배경은 회사법에서 소수주주는 회사의 주주로서 이익배당에는 참여할 수 있지만 주주권실현에는 제한적으로 참가할 수밖에 없었기 때문이다.

중국 회사법은 소수주주를 보호하기 위하여 유한회사와 주식회사로 구분하여 이와 관련된 몇 가지 조치를 취하고 있다.[72]

유한회사에 관한 부분에서는 구 회사법이 개별 사원에게는 사원총회 회의록과 재무회계자료의 열람권만 부여하였으나, 개정 회사법은 회사정관, 사원총회 회의록, 이사회 결의서 및 감사회 결의서 등을 열람 및 복사할 수 있도록 하였다(제34조). 이 외에도 자본을 증자하는 경우 지분권 우선매입청구권 및 1/10이상의 의결권을 갖는 사원의 임시사원총회 소집청구권(제40조 제2단)과 이사회 소집과 주최권(제41조 제3단), 사원총회결의로 지분양도를 결정한 경우 회사에 대한 지분매수청구권(제75조) 등도 부여하였다.

주식회사에서는 주주에게 임시주주총회 소집권(제101조), 특별한 경우의 주주총회의 소집 및 주최권(제102조 제2단), 주주총회 결의사항의 사전제안권(제103조 제2단), 회사 자기주식의 의결권제한(제104조), 임시이사회 소집청구권(제111조 제2단), 회사합병·분할을 결정한 주주총회결의에 이의를 제기한 주주의 주식매수청구권(제143조 제4항), 이사 및 고급관리자의 직무위반행위가 발생된 경우 감사에 대한 제소청구권(제152조 제1단), 예외적인 직접제소권(제152조 제2단), 제3자의 회사에 대한 불법행위로 인한 손해가 발생한 경우에 감사에 대한 제소청구권, 이사와 고급관리자의 직무행위가 법률이나 행정법규 또는 회사정관에 위반한 행위에 대한 제소권(제153조), 회사의 회복 불가능한 경영상황이 발행한 경우의 회사해산청구권(제183조) 등이 부여되었다. 이 중에

71) 법제처 동북아법령정보서비스사업 2006년도 연구용역과제 보고서, p. 109.
72) 법제처 동북아법령정보서비스사업 2006년도 연구용역과제 보고서, p. 109.

서 회사법 제152조, 제153조에 관한 사항은 주주대표소송에 관한 규정이다.

Ⅱ. 상장회사의 기관구성에 관한 특별규정

1. 상장회사에 관한 회사법 편제

구 회사법은 상장회사에 관하여 주식회사의 주식발행과 양도에 관한 부분에서 규정을 두었고, 다시 증권법에서 이에 관하여 상세하게 규정하는 방식을 취하였다. 이에 따라 구 회사법에서는 상장회사의 상장허가요건, 자본총액요건, 활동기간과 잉여이익요건, 주식의 분포요건 및 적법활동요건 등이 총괄적

[표 4-2] 상장요건

구 〈회사법〉	개정 〈증권법〉
제152조 주식회사의 주권상장은 아래요건에 부합하여야 한다. ⑴ 주권이 국무원 증권관리기구의 인가를 거쳐 이미 일반에 공개 발행되었고 ⑵ 회사의 주식자본 총액이 인민폐 5천만원 이상이며 ⑶ 영업기간 3년 이상, 최근 3년 연속흑자인 경우, 원 국유기업이 법에 의하여 조직변경된 경우, 또는 이 법 실시 후 새로 건립, 설립되고 그 주요발기인이 국유대형기업인 경우는 연속으로 계산 가능 ⑷ 액면가가 인민폐 1000원 이상에 달하는 주권을 소지한 주주의 수가 1000명 이상인 경우, 일반 공개 발행한 주식이 회사 주식총수의 25/100 이상일 것. 회사 주식자본 총액이 인민폐 4억원을 초과하고 일반 공개 발행한 주식의 비율이 15/100 이상일 것 ⑸ 회사가 최근 3년 내에 중대한 위법행위가 없고, 계산서류 보고에 허위기재가 없을 것 ⑹ 국무원이 규정하는 기타요건	제50조 주식회사의 주권상장은 아래요건에 부합하여야 한다. ⑴ 주권이 국무원 증권감독관리기구의 인가를 거쳐 이미 일반에 공개 발행되었고 ⑵ 회사의 주식자본 총액이 인민폐 3천만원 이상이며 ⑶ 일반 공개 발행한 주식이 회사 주식총수의 25/100 이상일 것. 회사 주식자본 총액이 인민폐 4억원을 초과하는 경우, 일반 공개 발행한 주식의 비율이 10/100 이상일 것 ⑷ 회사가 최근 3년 내에 중대한 위법행위가 없고, 계산서류의 보고에 허위기재가 없을 것 증권거래소는 전술한 요건보다 더 엄격한 주식상장요건을 규정할 수 있고 국가 증권감독관리기구에 인가를 신청하여야 한다.

으로 규정되었다(구 회사법 제152조). 개정 회사법은 상장회사의 정의와 기관구성 및 중요자산처분행위에 관해서만 규정을 두고 기타 모든 사항은 증권법에 포함시켰다.

상장회사란 주식발행에 관하여 국무원 증권감독관리기관의 심사비준을 획득한 후 그 주식을 증권거래시장에서 거래할 수 있는 주식회사를 말한다(제121조). 상장회사가 상장을 하기 위한 요건은 개정 증권법 제50조에 명시되어 있다.

개정 증권법 제50조에서 상장요건과 상장절차를 비교적 까다롭게 규정한 것은, 회사의 신뢰성을 보증함으로써 회사로 하여금 상장을 통한 자본융통을 용이하게 하고, 상장회사에 투자하는 투자자를 보호하기 위한 것이다.[73]

2. 상장회사의 중요자산 처분행위[74]

상장회사는 실제 지배주주가 회사의 통제권을 이용하여 지배회사나 상장회사 또는 자회사의 자산양도나 양수, 또는 자본증자나 분식회계의 방식을 통하여 상장회사의 재무상태를 분식하는 경향이 많았다. 이러한 행위는 결국 회사의 재무상태를 악화시킴으로써 소수주주나 투자자에게 손실을 초래하는 사유가 되었다. 개정 회사법은 상장회사의 중요자산 처분시 그에 대한 요건과 제한에 관한 규정을 신설하였다.

상장회사가 1년 이내에 중요자산을 구매·매각하거나 담보설정금액이 회사 자산총액의 30/100을 초과할 경우 주주총회의 결의를 거쳐야 하고, 주주총회에 출석한 주주가 보유한 의결권의 2/3 이상의 찬성으로 통과된다(제122조). 이 규정에서 회사 자산총액은 회사의 총자산을 의미한다. 동 규정이 적용되는 경우로는 중요자산을 구매 또는 매각하는 경우와 상장회사가 담보설정행위를 하는 경우로서 이 모든 경우가 회사의 중요자산처분행위에 해당된다.

「상장회사의 중요자산의 구매 또는 매각에 관한 통지(關於規範上市公司重大購買或出售資產行爲的通知)」에서는 상장회사의 자산구매나 매각 및 교환의 경우 그에 관한 기준을 설정하고 있다. 첫째, 자산의 매각이나 구매의 총액은 상장회사가 최근 감사 후의 순자산의 50/100 이상이어야 한다. 둘째, 매각하거나

73) 법제처 동북아법령정보서비스사업 2006년도 연구용역과제 보고서, p. 116.
74) 법제처 동북아법령정보서비스사업 2006년도 연구용역과제 보고서, p. 119.

구매하는 자산순액은 상장회사가 감사 후의 순자산의 50/100 이상이어야 한다. 셋째, 매각하거나 구매하는 자산의 관련이익이 상장회사의 최근 감사후 이익액의 50/100 이상이어야 한다. 따라서 위와 같은 세 가지의 사항의 경우 회사법 제122조에 규정된 특별절차를 거쳐야 한다.

3. 상장회사 기관의 특별규정

상장회사는 그 규모나 역량 등에서 경제적으로 영향을 미치므로 이를 운영하고 감독하기 위한 기관이 필요하다. 상장회사는 비유통주가 대부분을 점유하고 있었기 때문에 대주주 또는 이사장이 비유통주를 배경으로 하여 회사경영에 절대적인 통제권을 행사하고 있었다. 이러한 특성으로 인하여 대주주는 이사회의 이사나 이사장 선임에 직접 또는 간접적으로 관여하게 되면서 상장회사의 지배구조는 지배주주의 통제를 받는 수직적 구조를 갖게 되었다. 상장회사의 수직적 지배구조 속에서 소수주주와 채권자를 보호하면서도 이사회의 기능을 활성화하기 위하여 중국 정부는 상장회사의 기관구성에 몇 가지 특별한 조직을 설치하도록 하였다.

개정 회사법은 일반적인 조직기관 이외에도 대주주 또는 이사장이 통제하는 이사회를 견제하기 위하여 사외이사제도(獨立董事制度)를 신설하고, 이사회 결의에 이해관계자가 참여할 수 있도록 법제화하였으며, 이사회비서(董事會秘書)를 설치하도록 하였다. 이 외에도 회사법상의 제도는 아니지만 관련 규정에 의하여 상장회사의 이사회에 이사회전문위원회제도(董事會專門委員會制度)를 설치할 수도 있다.

(1) 사외이사(獨立董事)

1) 상장회사 사외이사의 구성

상장회사는 사외이사(獨立董事)를 두어야 하며, 그 구체적인 설치방식은 국무원이 정한 규정에 의한다. 사외이사는 상장회사 내의 일반 이사의 직무가 아닌 기타 직무를 담당하는 자로서 회사나 지배주주와 어떤 이해관계도 없는 자를 선임함으로서 회사의 관련 업무를 독립하여 객관적으로 판단하는 이사이다.

사외이사는 회사의 업무로부터 독립하여 중요사항을 객관적으로 판단할 수 있도록 하여 소수주주의 이익을 보호하고 나아가 공정한 감독기능을 할 수 있다는 데 그 의의가 있다.75) 업무의 독립성은 주주총회에서 사외이사를 선임하고, 사이외사는 회사의 주주나 이사회 또는 경리 등의 업무와 독립적으로 존재하게 된다는 의미이다. 이로써 사외이사는 전체 회사의 이익을 위하여 의결권을 행사하고 경리층에 대한 업무감독을 할 수 있게 된다. 중국과 같이 경리가 이사회의 권한을 대행하는 국가에서 사외이사의 기능은 더욱 필요한 사안으로 해석된다. 업무의 객관성은 각 방면의 유력하고 경력 있는 전문가가 사외이사로 초빙되기 때문에, 이사회의 정책결정에 전문성과 객관성을 제고할 수 있게 된 것이다.

중국 회사법체계에서 사외이사제도가 처음 도입된 것은 1997년「상장회사 정관가이드라인(上市公司章程指引)」이다. 동 가이드라인에서는 사외이사의 개념과 함께 겸직금지규정을 두었다. 그러나 2001년 5월에 증권감독위원회가 제정한「상장회사의 사외이사 설치에 관한 지도의견(關於在上市公司建立獨立董事制度的指導意見)」과 2002년 1월에 증권감독위원회와 국가경제무역위원회가 공동으로 제정한「상장회사 지배구조준칙(上市公司治理準則)」에서 비로소 현대적 사외이사제도가 구현되었다.76)

상장회사의 사외이사의 자격에 관해서는 위의「지도의견」에서 적극적 요건과 소극적 요건을 규정하고 있다. 적극적 요건으로는, 첫째 상장회사 이사자격을 구비하고 있을 것, 둘째 독립성을 구비할 것, 셋째 상장회사 운영시스템에 관한 기본지식을 갖추고, 이와 관련된 법률, 행정법규, 규장 및 규칙을 숙지하고 있을 것, 넷째 5년 이상 법률, 경제 또는 기타 사외이사 직무에 필요한 경험이 있을 것 등이다.

소극적 요건에 관해서도 몇 가지 규정을 두고 있지만 그 주요한 것은 상장회사 또는 그 부속회사에 재임하는 자나 그 직계친족, 직접 또는 간접으로 상장회시의 기 발행주식의 5/100 이상을 보유한 주주이거나 상장회사 또는 그 부속회사에 재무, 법률 및 자문 등의 서비스를 제공하는 자, 회사 정관에서 규정한 기타의 자 등은 사외이사로 될 수 없다.

사외이사를 추천할 수 있는 자는 위「지도의견」에 의할 때, 이사회, 감사회, 단독으로 또는 공동으로 상장회사 발행 주식의 1/100 이상을 보유한 주주

75) 耿法·劉金華, 中華人民共和國公司法解讀, 中國海關出版社, 2006, 300면.
76) 법제처 동북아법령정보서비스사업 2006년도 연구용역과제 보고서, p. 120.

이다.

상장회사의 이사회는 주주총회에서의 의결을 통하여 경영전략·계리(審計)·추천(提名)·보수(薪酬) 및 조사(考核) 등의 전문위원회를 설치할 수 있다. 전문위원회는 이사로 구성되며, 다만 계리위원회·추천위원회·보수위원회 및 조사위원회에는 사외이사가 다수(多數)로 참여하여야 하며, 동시에 소집인이 되어야 한다(상장회사지배구조준칙 제52조).

2) 사외이사와 감사회의 기능 중복

사외이사는 상장회사 내부에 존재하는 이사와는 달리 전문성과 객관성을 발휘하여 회사 경영진의 경영활동을 감독할 수 있다는 점에서 그 의미가 있다. 그러나 이 제도는 감사회를 반드시 설치하도록 한 주식회사 감사회규정과 그 기능에서 중복되는 부분이 있기 때문에 이 제도의 도입과정에서 많은 논의가 있었던 부분이다.

사외이사와 감사회는 모두 이사회와 경리에 대한 감독기능을 한다는 점에서 공통되지만, 그 기능의 구체적인 성질에 관해서는 약간의 차이가 있다. 사외이사의 감독기능은 이사회의 경영정책 결정과정에서 작용하기 때문에 이사회 및 경리에 대한 사전 및 사후의 정책결정과정에 관한 타당성 감독기능을 하는 것이다. 감사회는 이사회와 경리에 대한 재무감독과 직무감독을 그 주요한 권한으로 하고 있고, 이러한 감독권은 사후적인 감독권이면서 합법적인 감독이라는 점에서 사외이사의 기능과 구별된다. 감사회는 이사회 회의에 참석하여 발언할 수는 있지만 의결권이 없기 때문에, 이사회 결의에 대한 사후 감독기능만을 한다는 점에서 사외이사와 감사회는 그 감독기능의 방향이 다르고, 이 양자의 설치로 인하여 감독기능이 중첩되지는 않는다고 하는 견해가 있다.[77] 이러한 학자들의 의견과는 상충되는 실증조사가 다음의 표에 있다.

[표 4-3]에서 보듯이 상장회사의 운영 부분 중에서 사외이사와 감사회는 이사회에 대한 견제 및 감독업무를 담당하고 있으나 10가지 권한사항 중에서 5개 부분이 상호 중복되고 있고, 회사의 이사 및 고급관리자의 직무감독권이나 증권감독기관 및 기타 부서에 직접 보고할 권리 등은 형식상으로만 존재하는 것으로 나타났다. 이와 같이 사외이사와 감사회는 많은 부분에서 중복으로 인한 기능성 및 효율성을 정리하여야 하는 것으로 평가된다.

77) 李建偉, 公司制度·公司治理與公司管理, 人民法院出版社, 2005, 161면.

[표 4-3] 사외이사 및 감사회의 감독작용

감독균형부분	사외이사	감 사 회
회계사사무소의 초빙 또는 해촉에 관한 제의권	유	유
임시 주주총회 제안권	유	유
외부 계리기관(審計機構)과 자문기관의 독립적인 초빙권	유	유
중대 관련 거래	인가권	독립의견 발표권
공개 주주소집투표권	유	무
이사의 추천(提名) 및 임면권	유	무
상장회사 고급관리자의 초빙 및 해임권	유	무
회사의 이사 및 고급관리자의 보수결정권	유	무
회사의 이사 및 고급관리자의 직무감독권	유	유(실제적으로 집행권이 흠결된 상태임)
증권감독기관 및 기타 관련 부서에 직접 보고할 권리	유	유(실제적으로 집행권이 흠결된 상태임)

출처: 上海證券交易所硏究中心, 中國公司治理報告(2005): 民營上市公司治理, 復旦大學出版社, 2005, 제112면.

사외이사는 대부분 지배주주나 대주주를 대표하는 이사장에 의하여 직접적으로 추천되고 있을 뿐만 아니라, 사외이사의 선임은 주주총회에서 결정하기 때문에 지배주주나 이사장의 통제권은 여전히 사외이사에게 영향을 미친다고 평가된다.[78]

상장회사의 실증조사에 따른 자료에 의하면 이사회의에 출석률이 가장 낮은 이사가 사외이사인 것으로 보고되었으며, 그 이유는 사외이사가 다른 업무가 매우 바쁘고, 시간이 중복되는 것으로 보고되었다.[79] 다만 조사된 민영상장회사의 75% 이상이 사외이사의 출석률에 비교적 만족하는 것으로 나타났기 때문에 전체적으로 볼 때 사외이사의 출석률은 양호한 것으로 평가된다.

이와 같이 사외이사와 감사회의 기능이 중복되는 면이 있음에도 불구하고

78) 上海證券交易所硏究中心, 中國公司治理報告(2005): 民營上市公司治理, 復旦大學出版社, 2005, 109면.
79) 上海證券交易所硏究中心, 中國公司治理報告(2005): 民營上市公司治理, 復旦大學出版社, 2005, 107면.

사외이사제도를 회사법에서 도입하게 된 것은 중국 회사의 지배구조가 갖는 특징에 기인한다. 즉, 주권이 분산되었다는 전제에서 소유권과 경영권이 분리되고 나아가 소유권과 통제권이 분리된 영미법하의 기업 지배구조의 문제는 주로 그 감독대상이 집행이사와 경리에 집중되는 경향이 있다. 그러나 주권이 특정주주에게 과도하게 집중되고, 집중된 통제권을 이사회나 경리층이 집중적으로 이용할 뿐만 아니라, 감사회 까지도 지배주주에게 통제당할 수 있는 중국의 기업 지배구조체계에서는 이들을 감독할 외부적인 지배구조가 필요하였기 때문이다.[80]

⑵ 이사회 비서

상장회사는 이사회에 비서(秘書)를 두어야 한다. 이사회 비서는 회사 주주총회 및 이사회의 준비업무와 서류보관 및 회사의 주주에 관한 자료의 관리 및 정보공개업무 등을 담당한다(제124조).

중국 회사법체계에서 이사회 비서는 특별한 경우에 인정되었다. 1994년 8월에 국무원, 증권감독위원회 및 국가체제개혁위원회가 공동으로 제정 · 공포한 「국외상장회사 정관필수조항(到境外上市公司章程必備條款)」에서 처음으로 이사회 비서제도가 도입되었다. 이후 1997년 증권감독위원회가 제정 · 공포한 「상장회사 정관가이드라인(上市公司章程指引)」에서 상장회사의 이사회는 이사회 비서를 설치하도록 의무화하였고, 동 비서는 회사 고급관리자의 지위를 갖도록 규정하였다. 동 가이드라인에 의하면 이사회 비서는 일정한 전문지식과 경험을 갖춘 자 중에서 이사회가 선발하도록 하였다.[81]

⑶ 이사회 의결권의 예외적 제한

상장회사의 이사회는 일정한 경우 의결권이 배제된다. 상장회사의 이사가 이사회 회의 결의사항에 포함되는 기업과 연관관계(關聯關係)가 있는 경우, 당해 결의에 의결권을 행사할 수 없고, 또한 다른 이사를 대리하여 의결권을 행사할 수도 없다(제125조).

해당 이사회 회의는 이해관계가 없는 이사의 과반수가 출석하여야 개최될 수 있으며, 이사회 결의는 연관관계가 없는 이사 과반수의 찬성으로 통과된다(제125조). 이사회에 출석하는 이해관계가 없는 이사의 수가 3인에 미달하는

80) 李建僞, 公司制度·公司治理與公司管理, 人民法院出版社, 2005, 162면.
81) 법제처 동북아법령정보서비스사업 2006년도 연구용역과제 보고서, p. 120.

때에는, 해당 결의사항은 상장회사 주주총회에 이관하여 심의하여야 한다(제125조).

⑷ 이사회 전문위원회(董事會專門委員會) 제도

이사회 전문위원회(董事會專門委員會)는 이사회를 전문화·활성화하기 위한 제도로서 이사회의 권한사항 중에서 특정한 부분에서 전문화나 심의화가 필요한 경우에 전문위원회를 두어서 이사회 업무성과를 제고하기 위한 것이다.

중국 회사법에서는 이에 관하여 규정이 없지만, 「상장회사의 사외이사 설치에 관한 지도의견(關於在上市公司建立獨立董事制度的指導意見)」과 「상장회사 지배구조준칙(上市公司治理準則)」에서 이 사항을 규정하고 있다.

위 지도의견에서는 "상장회사의 이사회가 그 밑에 보수(薪酬)·계리(審計)·추천(提名) 등의 위원회를 설치할 경우, 그 위원회 구성원 중에서 사외이사의 비율을 1/2 이상 두어야 한다"고 규정하고 있다. 위 「지배구조준칙」도 "상상회사의 이사회는 주주총회의 결의로 경영전략(戰略)·계리(審計)·추천(提名)·보수(薪酬) 및 조사(考核) 등의 전문위원회를 설치할 수 있다. 전문위원회의 구성원 전원은 이사로 구성하고, 그 중에서 계리위원회(審計委員會)·추천위원회(提名委員會)·보수(薪酬) 및 조사위원회(考核委員會)의 구성원 중에서 사외이사는 다수를 점유하여야 하고 소집권을 갖는다. 계리위원회 구성원에는 1인의 사외이사가 회계전문인사로 구성되어야 한다"라고 규정하고 있다(제52조).

2004년도 조사결과 이사회 전문위원회제도를 설치하지 않은 민영상장회사들이 55.03%나 되었고, 비민영상장회사들은 40.04%가 되었다.[82] 이사회 전문위원회를 설치한 상장회사들도 주로 보수 및 조사위원회가 43.39%로 가장 많았고, 계리위원회가 40.74%, 경영전략위원회가 39.68%로 나타났다.[83]

이사회가 설치하는 각종 전문위원회 제도는 사외이사제도가 정착되어야 그 기능을 다 할 수 있으므로 이제 갓 사외이사제도가 실시된 중국에서는 이 위원회 제도가 도입단계에 있다.

---

82) 上海證券交易所研究中心, 中國公司治理報告(2005): 民營上市公司治理, 復旦大學出版社, 2005, 112면.

83) 上海證券交易所研究中心, 中國公司治理報告(2005): 民營上市公司治理, 復旦大學出版社, 2005, 111면.

제 4 절 회사의 이사, 감사 및 고급관리자의 의무와 책임

제1. 이사, 감사 및 고급관리자의 자격

회사의 이사, 감사 및 고급관리자는 회사 기관의 구성원으로서 업무를 담당한다. 이러한 주요 업무 담당자들의 소질과 능력은 회사 경영에서 중요한 변수로 작용하기 때문에 각국의 회사법은 이들에 대하여 일정한 의무와 책임을 부여하고 있다.

이들이 회사의 기관의 구성원으로서 의무를 부담하는 근거에 관해서는 영미법계의 신탁관계설 또는 대리관계설과 대륙법계의 위임관계설이 있는데, 중국에서는 대륙법계의 전통을 따라 위임설에 의한 위탁관계로 본다.[84] 따라서 회사의 이사, 감사 및 고급관리자는 회사의 수임자로서 선관의무를 지는 것으로 보는 것이 일반적이고, 최근에는 일본 상법의 영향으로 이들의 충실의무가 개정 회사법에 반영되었다.

각국의 회사법은 이사, 감사 및 고급관리자의 자격에 대하여 적극적인 요건과 소극적인 요건을 정하는 방식을 사용하고 있는데, 중국 회사법은 일정한 요건 하에서 이들의 자격을 제한하는 소극적 입법방식을 택하고 있다(제147조).

일반적으로 능력의 문제는 중국「민법통칙」에 의한다. 동 법에 의하면 자연인의 민사능력은 세 가지로 분류된다.[85] 첫째, 완전능력자, 둘째, 제한능력자, 셋째, 무능력자이다. 완전능력자는 본인이 독립적으로 법률행위를 할 수 있고 이로서 권리와 의무를 부담할 수 있는 자이다. 제한능력자는 일정한 행위능력을 보유하고 있지만 사법의 안정과 사회경제질서를 유지하기 위한 목적으로 그 행위의 효력에 일정한 제한을 두는 자이다. 무능력자는 독립하여 법률행위를 할 수 없는 자이고 법정대리인을 통하여서만 법률행위를 할 수 있는 자이다. 이 중에서 회사의 이사, 감사, 고급 관리자의 자격이 금지되는 것은 제한능력자와 무능력자이다(제147조 제1호).

회사의 이사, 감사 및 고급관리자의 자격이 금지되는 요건 중에서 비교적

84) 上海市高級人民法院編(齊奇主編), 公司法疑難問題解析, 法律出版社, 2006, 69면.
85) 이정표, 중국통일계약법, 한울아카데미, 2002, p. 83.

[표 4-4] 이사, 감사, 고급관리자의 직무자격

구 〈회사법〉	개정 〈회사법〉
第57조 아래 사항 중의 하나에 해당할 경우에는 회사의 이사·감사·경리를 담임할 수 없다. (1) 민사행위 무능력자 또는 민사행위 제한능력자인 경우 (2) 독직죄·수뢰죄·재산침해죄·재산유용죄 또는 사회경제질서 파괴죄를 범하여 형벌을 선고받고 집행기간 만료 후 5년이 경과하지 않았거나 또는 범죄로 인하여 참정권을 박탈당하고 집행기간 만료 후 5년이 경과하지 않은 경우 (3) 경영부실로 파산, 청산한 회사·기업의 이사 또는 공장장, 경리를 담임하였으며 또 그 회사·기업의 파산에 대하여 개인적 책임을 지고 있는 사람으로 그 회사·기업의 파산, 청산완료일로 부터 3년이 경과하지 않은 경우 (4) 위법으로 인하여 영업허가증이 말소된 회사·기업의 법정 대표자를 담임하였으며, 동시에 개인적인 책임을 지고 있는 사람으로 그 회사·기업이 영업허가증이 말소된 날로부터 3년이 경과하지 않은 경우 (5) 개인이 지고 있는 채무액수가 비교적 크고 기간이 만료되었으나 아직 청산되지 않은 경우 회사가 전항 규정을 위반하여 이사·감사를 선임, 위임 파견하거나 또는 경리를 초빙한 경우, 그 선임·위임파견·초빙은 무효로 한다. 第58조 국가 공무원은 회사의 이사·감사·경리를 겸임할 수 없다.	第147조 아래 각호의 하나에 해당되는 경우, 회사의 이사, 감사, 고급관리자의 직무를 맡을 수 없다. 1. 민사행위능력이 없거나 민사행위능력이 제한되는 자 2. 부패, 수뢰, 재산불법침탈, 재산유용 또는 사회주의시장경제질서를 파괴한 혐의로 형사 처벌되고 집행기간 만료 후 5년이 경과되지 않았거나, 범죄로 인하여 공민의 권리를 박탈당하고 집행기간 만료 후 5년이 경과되지 않은 자 3. 파산한 회사·기업의 이사, 공장장, 경리를 담임하면서 해당 회사·기업 파산에 직접적인 책임이 있는 자로, 해당 회사·기업의 파산절차가 완료된 날로부터 3년이 경과되지 않은 경우 4. 위법행위로 영업허가증이 말소되고 폐업된 회사·기업의 법정대표자를 담임하면서 그에 대한 개인책임이 있는 자로, 해당 회사·기업의 영업허가증이 말소된 날로부터 3년이 경과되지 않은 경우 5. 개인이 비교적 큰 금액의 채무를 부담하고 있으며, 상환기일에 도달하였는데도 불구하고 상환하지 않은 경우 회사가 전항 규정을 위반하여 이사, 감사를 선출·임명하거나 고급관리자를 초빙한 경우, 해당 선거·임명 또는 초빙은 무효이다. 이사, 감사, 고급관리자가 재임 기간중 본 조 제1항에 열거된 사항이 발생한 경우, 회사는 그 직무를 해제하여야 한다.

큰 채무가 있는 상환불능의 채무자도 포함되는데(회사법 제147조 제5호), 이는 상환불능인 자는 신용능력이 없는 자로서 회사의 기관의 구성원이 되기에 부

적합하기 때문이다. 다만 어느 정도가 '비교적 큰 채무'가 있는지에 관해서는 회사 정관으로 정할 수밖에 없다.

이 밖에도 기타 특별법에서 회사의 이사, 감사 및 고급관리자의 자격을 담임할 수 없도록 하는 규정이 있다. 회사의 이사·경리는 자신이 담임하는 회사의 투자와 무관한 동종의 기타 회사에 이사·경리를 겸직할 수 없다.[86] 공무원은 기업과 영리성 사업단위의 직무를 겸직할 수 없다.[87] 당(黨)과 국가기관의 간부(幹部)는 회사와 외국인투자기업의 직무를 겸직할 수 없다.[88]

제2. 이사, 감사 및 고급관리자의 의무

Ⅰ. 충실의무와 근면의무의 법적 성질

이사는 회사의 정책결정에 관여하는 중요한 지위에 있고, 감사는 이사회와 경리의 직무감사를 통하여 감독기능을 담당하며, 고급관리자는 회사의 일상 업무를 집행하는 중요한 기능을 담당한다. 이러한 정책결정과 감독 및 집행기능을 담당하는 주요 인사들은 회사에 대하여 수임자로서 의무를 부담한다.

중국 개정 회사법 제148조는 이사, 감사 및 고급관리자는 법률과 행정법규 및 회사정관을 준수하여야 하며, 회사에 대하여 충실의무(忠實義務)와 근면의무(勤勉義務)를 진다고 규정하고 있다. 본 조항이 정하고 있는 이사, 감사 및 고급관리자의 충실의무와 근면의무가 선량한 관리자의 주의의무에 포함되는 것인지에 관해 분석해 볼 필요가 있다.

충실의무는 회사법이 추상적 주의의무를 구체화 한 것이기 때문에 충실의무는 선량한 관리자의 주의의무의 범주에 포함시킬 수 있으나 이 양자는 각각 그 성질을 달리하는 다른 의무라고 인정된다.

첫째, 선량한 관리자의 주의의무는 관리의무에 속하고, 충실의무는 신뢰의무에 속한다는 점, 둘째 충실의무는 회사에 대한 의무인 데 반하여, 선량한 관리자의 의무는 회사에 대한 것뿐만 아니라 회사의 주주와 채권자에 대한 의무도 포함된다는 점, 셋째 충실의무를 위반한 책임은 계약책임에 불과하지만, 선

86) 公司登記管理若干問題的規定(1998. 1. 7.), 제26조.
87) 國家公務員暫行條例, 제49조.
88) 「關於淸理黨和國家機關幹部公司(企業)兼職有關問題的通知」(1989. 2. 5.).

량한 관리자의 주의의무를 위반한 책임은 불법행위책임도 포함된다는 점 등에서 양자는 본질적으로 차이가 있다.[89] 중국 통일계약법의 계약책임의 구성요건으로는 위약행위, 손해의 발생, 위약행위와 손해의 발생간의 인과관계로 구성된다.[90] 그러나 불법행위에서는 당사자의 귀책원칙인 고의 또는 과실까지도 고려하여 결정된다는 점에서 선량한 관리자의 주의의무를 위반한 이사, 감사 및 고급관리자의 책임을 추궁하기 위해서는 이들이 고의 또는 과실이 있음을 주장하는 쪽에서 입증하여야 한다.

마지막으로 선량한 관리자의 주의의무의 경우 관리의무를 충실히 수행하였음에도 불구하고 회사에 경영상의 손실이 발생되는 경우에는, 경영판단의 법리에 의하여 면책가능성이 존재하지만, 충실의무를 위반한 경우에는 계약에 따른 충실의무를 요구하는 것이기 때문에 계약법에서 요구하는 면책법리만 허용되는 것으로 귀결되지만, 상업적 · 전문적 지식을 기반으로 한 이사, 감사 또는 고급관리자의 면책은 그 범위가 좁게 될 것이다. 회사법 제148조에서 말하는 이사, 감사 및 고급관리자의 근면의무는 이들의 선관주의의무 중의 하나이다.

개정 회사법 제148조 제1단이 규정하는 바는 선량한 관리자의 주의의무를 규정한 것으로 해석되고, 제148조 제2단과 제149조는 충실의무를 규정한 것으로 해석된다.[91] 이 두 의무를 총칭하여 이사, 감사 및 고급관리자의 신의성실(誠信信義) 의무라고 할 수 있다.[92] 이사, 감사 및 고급관리자의 신의성실의 의무 및 책임에 관해서는 중국 회사법 제21조가 총괄적으로 정하고 있다.

Ⅱ. 충실의무

충실의무란 이사, 감사 및 고급관리자가 회사의 업무를 처리함에 있어서 회사의 이익을 극대화 하는 방향으로 하여야 할 주관적 의무와 함께 자기 자신의 이익이나 자신의 이익이 포함된 제3자의 이익이 회사의 이익과 충돌될 때 회사의 이익을 우선해야 할 객관적 의무를 말한다.

89) 耿法·劉金華, 中華人民共和國公司法解讀, 中國海關出版社, 2006, 343면.
90) 이정표, 중국통일계약법, 한울아카데미, 2002, p. 298.
91) 上海市高級人民法院編(齊奇主編), 公司法疑難問題解析, 法律出版社, 2006, 75면.
92) 徐婧, 新公司法疑難解釋, 中國工商出版社, 2005, 55면.

이 의무는 이사, 감사 및 고급관리자가 의결권을 행사할 때, 회사의 거래관계에 참여할 때, 내부자거래의 경우, 소수주주의 보호와 관련 있는 사항 등에 적용된다.

중국 개정 회사법은 이사, 감사 및 고급관리자가 회사의 이익을 극대화하도록 이들에게 충실의무를 부과하고 있고, 구체적으로는 경업금지의무와 자기거래 금지의무를 그 주요한 내용으로 하고 있다(제148조 제2단, 제149조). 특히 회사의 이사와 고급관리자에게는 제149조에서 충실의무에 관한 특별한 규정을 두고 있다.

1. 자기거래 금지의무

이사, 고급관리자의 자기거래 금지의무는 이들이 궁극적으로는 자신을 위하여 회사와 자신의 거래 또는 회사와 제3자의 거래를 주선하는 것을 금지하는 것이다. 자기거래금지의무는 직접적으로 이사나 고급관리자가 회사의 자산이나 기타 이익을 직접 양수받는 행위와 간접적으로 회사가 이사나 고급관리자의 이익을 위하여 대외담보를 설정하는 행위 등이 포함된다. 중국 회사법은 이에 대하여 제149조 제4호에서 "회사정관의 규정을 위반하여 사원총회, 주주총회의 동의 없이 당해 회사와 계약을 맺거나 거래를 진행하는 행위"라고 규정함으로써 이사와 고급관리자가 주주총회 등의 동의를 얻지 않고 직접적으로 거래행위를 하는 것을 금지하는 것이므로 이는 조건부 허가주의를 채택한 것이다.[93]

2. 경업금지의무

이사, 고급관리자의 경업금지의무는 이사나 고급관리자가 회사의 동의 없이 독단적으로 회사의 영업과 본질적으로 성격이 같은 영업을 하는 것을 금지하는 것이다. 중국 개정 회사법 제149조 제5호에서는 "사원총회 또는 주주총회의 동의 없이, 자기 또는 타인을 위해 직무상 편의를 도모하여 회사의 상업비밀을 이용하여, 재직중인 회사와 동종의 업무를 자영하거나 타인에게 영업하게 하는 행위"가 경업금지의무에 위반되는 것으로 규정하고 있다. 여기서 재직중인 회사와 동종의 업무를 자영하거나 타인에게 영업하게 하는 행위란,

93) 趙旭東, 新公司法講義, 人民法院出版社, 2005, 179면.

완전히 같은 업무뿐만 아니라 유사한 업무도 포함되며 그 판단기준은 회사의 정관에서 정한 회사의 경영범위와 직접적으로 관련된다. 다만 이사, 고급관리자의 영업행위가 회사의 정관범위에 포함되더라도 경업이 되느냐에 관한 최종적인 판단은 현재 회사가 그 영업을 하고 있느냐에 중점을 두어서 판단하여야 하는 것이지, 회사가 영업을 하지 않는 정관범위 내의 사항까지도 경업의 범위에 포함되는 것은 아니다.[94]

이사, 고급관리자의 경업금지의 방식 중에서 각국의 회사법은 생산과 판매업의 경업금지뿐만 아니라 재직중인 회사와 동종의 경쟁관계에 있는 다른 회사의 동종지위를 겸직하는 것도 금지한다. 중국 개정 회사법에서는 동종 회사와의 겸직금지의무를 규정하고 있지는 않으므로 회사에 손해가 되지 않는다면 겸직은 허용된다는 견해가 있다.[95] 국가단독출자회사(국유독자회사)의 이사장, 부이사장, 이사 및 고급관리자는 국유자산감독기관의 동의없이 기타 유한회사나 주식회사 또는 기타 경제조직의 직을 겸직할 수 없다(제70조).

Ⅲ. 근면의무

근면의무는 선관주의의무 또는 주의의무라고 통칭되는 것으로서, 충실의무가 회사의 기관담당자에게 그 직무에 필요한 소질과 품격에 관한 요구를 하는 것이라면, 선관주의의무는 이들이 회사를 경영함에 있어서 그 경영능력에 관한 높은 의무적 요구를 회사법에서 반영한 것이다. 구체적으로 선관주의의무의 주요내용은 이사나 고급관리자가 법률과 회사정관에서 정해진 범위 내에서 그 권한을 행사하여야 하고, 이사회나 각종 회의에 출석하여 성실하게 제안하거나 이의를 제기하고, 경리층에 대한 인사 등의 업무에 적절하게 자기의 권한을 행사하는 것 등이 포함된다.

중국 개정 회사법은 선관주의의무에 관하여 제148조 제1단에서 "이사, 감사, 고급관리자는 법률·행정법규 및 회사정관을 준수하여야 하며, 회사에 대해 충실의무와 근면의무를 진다"고 규정하고 있다. 이러한 선관주의의무를 충실히 이행하였음에도 불구하고 경영상의 손실이 발생된 경우 경영판단의 법칙

94) 上海市高級人民法院編(齊奇主編), 公司法疑難問題解析, 2006, 法律出版社, 71면.
95) 上海市高級人民法院編(齊奇主編), 公司法疑難問題解析, 2006, 法律出版社, 72면.

에 의하여 면책될 수 있다.

회사의 이사, 고급관리자는 회사의 수임자로서 선량한 관리자의 주의의무를 지므로 직권을 이용하여 뇌물을 수수하거나 기타 위법한 방법으로 이익을 취할 수 없고, 회사의 재산을 무단 점유할 수 없다(제148조 제2단).

제3. 이사, 감사 및 고급관리자의 책임

중국 개정 회사법에서 이사, 고급관리자가 충실의무나 근면의무를 위반했을 경우 그 효력은 당연무효로 되는 것은 아니다. 이는 선의의 제3자를 보호하여 거래의 안전을 보호하여야 하기 때문인데, 중국 회사법은 이사나 고급관리자가 충실의무나 근면의무를 위반하였을 경우 그 이익은 회사에 귀속되도록 규정하였다(149조). 이러한 행위로 인하여 회사에 손실을 초래한 해당 이사나 고급관리자는 회사에 손해배상책임을 진다(제150조). 이러한 손해배상책임의 법적성질은 선관주의의무에 위반하였을 경우에는 위약책임과 함께 불법행위책임을 지며, 충실의무를 위반하였을 경우에는 위약책임을 지는 것이다.[96)]

이 외에도 이사, 고급관리자가 법률, 행정법규 또는 회사정관의 규정을 위반하여 주주에게 손해를 발생케 한 때에는 해당 주주는 인민법원에 소송을 제기할 수 있으므로(제153조), 이사나 고급관리자는 주주인 제3자에 대한 민사책임도 부담할 수 있다. 위에서 언급된 개정 회사법 제150조는 직무집행을 위반한 경우에 이사나 고급관리자가 책임을 추급당하는 경우지만, 제153조는 직무집행과 관련없이 법률이나 정관에 위반되면 주주가 주주권에 근거하여 소송을 제기할 수 있다는 점에 차이가 있다. 개정 회사법 제150조에서 제153조까지는 앞에서 언급한 주주대표소송에 관한 규정이다.

제5절 노동조합

중국 회사법에서 노동조합의 가장 큰 특징은 회사의 경영에 직접 참여할 권리를 갖는 것이다. 회사는 노동조합의 합법적인 활동을 보장하기 위하여 헌

96) 耿法·劉金華, 中華人民共和國公司法解讀, 中國海關出版社, 2006, 343면.

법 및 기타 관련 법률에 따라 근로자 대표회 또는 기타 형식으로 민주적 관리를 시행하여야 한다(제18조 제2단). 회사의 구조조정(改制)이나 경영상의 중대한 문제 및 정관에서 중요한 사항을 제정하는 경우에는 노동조합의 의견을 청취하여 결정하도록 하였기 때문에(제18조 제3단), 노동조합은 회사의 지배구조와 관련하여 회사의 이해관계자에 속하는 조직이다. 노동조합법(工會法)에서도 기업·사업단위(單位)는 경영관리와 발전에 관한 중대한 문제에 대해서는 노동조합의 의견을 청취하여 결정하도록 하고 있고, 급료(工資)·복지(福利)·근로안전(勞動安全)·위생·사회보험 및 근로자의 이익과 관련 있는 회의는 반드시 근로자대표를 참가시켜야 한다(노동조합법 제38조).

노동조합대표는 이사회의 구성원에 참여할 수 있고(제109조 제2단), 감사의 신분으로 회사의 경영감독을 할 수 있다(제118조 제2단). 특히 유한회사와 주식회사의 감사회는 주주(사원)대표와 적당한 비례의 근로자대표로 구성되어야 하고, 그 비율은 감사 전체 구성원의 1/3 이하가 되지 않도록 하였다(제52조 제2단, 제118조 제2단).

노동조합은 회사 근로자의 합법적인 권익을 보호하기 위한 조직체이므로, 근로자의 노동임금(報酬), 업무시간, 복지(福利), 보험 및 근로안전 등의 사항에 관하여 회사와 단체계약을 체결하여야 한다. 이 부분은 회사법에서도 근거규정을 두고 있지만 전체적으로 노동계약법(勞動合同法)의 적용을 받는다.

제 5 장
1인 유한회사와 국가단독출자회사

제 1 절 구 회사법의 1인 유한회사

1인 유한회사(1人有限責任公司)는 자연인 1인의 사원 또는 단독의 법인사원(法人股東)만으로 구성되는 유한책임회사를 말한다(제58조 제2단). 1인 유한회사는 설립당시에 사원 단독으로 또는 법인사원만으로 구성되는 1인 유한회사와 일반 회사의 존속중에 사원의 지분의 양수로 인하여 1인 유한회사로 되는 경우 등이 있다. 1인 유한회사의 설립과 기관에 관해서는 회사법상의 특별규정(제2장 제3절)이 적용된다.

구 회사법에서 1인 회사는 설립 당시에는 국가에서 출자하여 설립된 국가단독출자회사(國有獨資公司)만 인정되었고, 일반 유한회사나 주식회사에서는 1인 회사를 허용하지 않았다. 그러나 유한회사의 사원이나 주식회사의 주주는 자신의 지분이나 주권을 처분할 수 있는 자유가 있으므로, 다른 사원이나 주주가 이러한 지분이나 주권의 양수를 통하여 회사의 존속중에 1인 유한회사 또는 1인 주식회사의 형태로 남아 있는 경우가 있었다. 구 회사법에서는 존속중의 1인 유한회사나 1인 주식회사가 법정의 해산 사유에 해당되지 않았기 때문에 이와 같은 경우는 상존하였다.

다만 외국인이 투자주체인 외국인투자기업의 관련법(外商投資企業法) 중에서 「외국인독자기업법(外資企業法)」에서는 그 특성상 설립당시의 1인 회사를 인정하였다. 나아가 「중외합작경영기업법(中外合作經營企業法)」 및 「중외합자경영기업법(中外合資經營企業法)」과 그 실시세칙에서는 합영당사자 또는 합작당사자 일방이 그 출자지분을 전부 또는 일부 양도할 경우 타방당사자가 이를 우선적으로 매입함으로서 발생되는 1인 유한회사를 인정하고 있었다. 그러나 이 경우의 1인 유한회사는 전적으로 외국투자자에 의하여 설립되거나 지분양수로 발생된 외국인투자기업법의 영역에 한정되었다.

개정 회사법의 논의과정에서 1인 유한회사의 설립여부에 대한 찬반논쟁은 그동안 투자자가 법인격을 이용하여 재산도피, 조세회피 등의 수단으로 이용할 수 있기 때문에 금지하여야 한다는 견해와 경제적인 입장에서 투자자보호와 회사경영의 원활화를 위하여 1인 유한회사를 인정하여야 한다는 견해로 대립되었다.[1]

그러나 1인 유한회사를 인정하는 것이 전 세계적으로 공통된 현상이며, 하이테크기술의 발달로 고기술산업을 이용한 1인 유한회사를 인정할 필요성이 대두되었다. 이를 인정함으로서 그동안 타인명의를 이용하여 유한회사의 사원으로 등록하던 불법적인 관행 등을 합법적인 규범체계로 편입할 수 있게 되었다.

다만 개정 법률에서는 1인 유한회사의 설립을 인정하되, 그 설립요건을 일반 유한회사보다 가중하였고, 재투자를 금지하였으며, 남용을 제한하기 위하여 회사형태를 법정화하도록 하였고, 회사의 재무감사체계도 마련하였다.[2]

1인 유한회사에 관한 제3절과 국가단독출자회사에 관한 제3절 부분은 유한회사의 기관구조 부분에서 규정하고 있으나, 그 특수성 때문에 편의적으로 제4장에서 분리하여 제5장으로 구성한다.

제2절 1인 유한회사의 특별규정

제1. 1인 유한회사의 성질

중국 회사법에서 인정되는 1인 유한회사는 유한회사의 실체를 갖는다. 중국 회사법에서는 "1인 유한회사의 설립과 조직기구에 관해서는 본 절(제2장 제3절 1인 유한회사 특별규정)을 적용하고, 본 절에 규정이 없을 경우 본 장(유한

1) 王保樹主編, 中國公司法修改草案建議稿, 社會科學文獻出版社, 2004, 359면.
2) 이정표, "최근 개정된 중국회사법의 검토", 성균관법학 제17권 제2호, 2006. 12., p. 455.

회사의 설립과 조직구조)의 제1절(유한회사의 설립), 제2절(조직기구)의 규정을 준용한다"고 규정하고 있다(제58조).

1인 유한회사가 유한회사의 본질을 갖는다는 점에서, 사원의 유한책임 법리가 적용된다. 즉, 사원은 자신이 회사에 출자한 지분을 한도로 대외적인 회사 채무에 관하여 책임을 진다. 이러한 점에서 1인의 자연인이 설립한다는 점에서 유사한 형태의 개인독자기업(個人獨資企業)의 법정대표자가 외국인독자기업(外資企業法)의 법정대표자가 회사의 채무에 대하여 무한책임을 지는 것과 구별된다.

제2. 1인 유한회사의 특별규정

1인 유한회사는 1인의 사원으로 구성된다는 기관의 특수성 때문에 개정회사법은 이에 관한 몇 가지 사항을 따로 규정하고 있다. 즉, 등록자본과 출자방식, 설립주체, 등기부상의 기재사항, 사원과 회사재산의 분리와 연대책임, 조직구조 및 재무작성 등에 대하여 일반 유한회사와는 다른 특별한 규정을 하고 있다.[3]

Ⅰ. 회사 등록자본금

1인 유한회사는 등록자본금이 10만원(인민폐)으로, 일반 유한회사가 그 등록자본금을 3만원(인민폐)으로 하고 있는 점을 고려하면 매우 높은 편이다(제59조). 1인 사원만 존재하는 1인 유한회사는 일정한 정도의 자본유지가 대외적 신용을 제고할 수 있다는 정책적 고려가 반영된 것이다.

이와 동일한 측면에서 1인 유한회사의 출자기한도 일반 유한회사와 다르게 규정하였다. 일반 유한회사의 사원은 회사의 성립 후 2년 이내 분할출자액을 납입하도록 완화하고 있으나(제26조), 1인 유한회사의 사원은 회사정관이 규정한 납입액을 1회에 납입완료하도록 하였다.

3) 법제처 동북아법령정보서비스사업 2006년도 연구용역과제 보고서, p. 132.

Ⅱ. 다른 유한회사의 설립이나 재투자 금지

1인 유한회사는 1인의 자연인이 하나의 유한회사만을 설립할 수 있고, 이 회사는 새로운 1인 유한회사를 설립하거나 재투자할 수 없다(제59조 제2단). 1인 유한회사를 설립할 수 있는 주체는 자연인뿐만 아니라 법인이나 국가 등도 가능하다. 외국의 자연인과 법인은 외국인투자기업법률에서 정하는 외국인독자기업법(外資企業法)의 주체가 된다.

Ⅲ. 회사 등기사항 및 영업허가증의 명기사항

1인 유한회사는 회사등기를 할 때 및 영업허가증의 신청·발급시에 회사 특징을 명시하여 기재하여야 한다. 즉, 1인 유한회사는 개인독자회사인지 법인독자회사인지를 등기 당시에 기재하여야 하고 또한 영업허가증에도 이를 명기하여야 하며(제60조), 유한회사가 갖는 특징인 유한책임회사(有限責任公司)라는 명칭을 특정하여야 한다(제8조). 1인 유한회사의 정관은 투자자인 사원이 제정하므로, 1인 유한사원의 책임범위와 내용에 관해서도 정관에 기재한다(제61조).

Ⅳ. 회사 채무의 연대책임과 계산제도

1인 유한회사의 사원이 회사재산을 사원자신의 재산과 분리 독립된 것임을 증명하지 못할 경우에는, 회사 채무에 관하여 연대책임을 진다(제64조). 이 규정은 법인격부인의 법리를 적용하여 회사채권자의 이익을 보호하기 위한 것이다.

개정 회사법은 1인 유한회사 사원의 책임을 확정하면서 이를 뒷받침하기 위하여 계산제도에 관한 특정 규정을 두었다. 즉, 1인 유한회사는 매회계연도 종료시에 재무회계보고서를 작성하여야 하고, 회계사무소의 회계감사를 받아야 한다(제63조).

Ⅴ. 기관구성의 특별규정

1인 유한회사는 사원총회(股東會)를 설치하지 않는다. 사원이 유한회사의 사원총회가 행사하는 직권을 행사할 경우 서면형식으로 하여야 하며, 사원명부에 서명한 후 회사에 비치하여야 한다(제62조).

1인 유한회사의 정관은 1인 사원이 작성한다(제61조).

제3절 국가단독출자회사

제1. 국가단독출자회사의 특성과 기관구조

Ⅰ. 국가단독출자회사의 특성[4)]

국가단독출자회사(國有獨資公司)는 국유독자회사라고도 하며, 국가가 단독으로 출자하여, 국무원이나 지방인민정부가 이와 동급인 인민정부국유자산관리기관에 수권하여 출자자의 직무와 책임을 이행하도록 한 회사법상의 유한회사를 말한다(제65조 제2단). 국가단독출자회사를 설치하는 이유는 국가안전과 국민경제에 중요한 업종에 관련된 기업이거나 기간산업 또는 국유자산을 관리하는 기업을 회사법상의 유한회사의 형태로 설립하게 하여 국민경제의 안전과 기업의 효율성을 제고하도록 하기 위한 것이다.

국유단독출자회사는 소유권에 따른 회사분류체계에 의할 때 국가가 단독으로 출자한 회사이기 때문에 국유회사의 한 형태이다. 국유회사를 경제법의 적용영역인「기업법」의 범주에 넣지 않고 상법의 적용영역인「회사법」에 편제한 것은 국유기업을 민영회사로 전환하기 위한 정책적 고려이다.

국가단독출자회사가 국유기업과 구별되는 점은, 국유단독출자회사가 유한회사로써 회사의 소유관계와 책임관계가 구분될 뿐만 아니라, 비록 국가가 유일의 출자이지만 출자한 순간부터 그 자산은 회사의 소유로 전환되기 때문에, 재산관계가 국유로 귀속되는 국유기업과는 차이가 있다. 따라서 국가의 행정

4) 법제처 동북아법령정보서비스사업 2006년도 연구용역과제 보고서, p. 111.

기관은 국유기업에 대하여 재량의 범위 내에서 통제권을 행사할 수 있지만, 국유단독출자회사에 대하여 그 통제권의 행사가 제한된다. 특히 국유기업 근거 법률 중의 하나인 「전민소유제공업기업전환경영기제조례(全民所有制工業企業轉換經營機制條例)」에서는, 국유기업은 유보된 자금으로 채무를 상환하고 기업이 파산사태에 놓일 경우에 정부가 채무상환을 위하여 일정한 정도의 보조금을 지급할 수 있도록 규정하고 있기 때문에, 국가가 유일한 주주이면서 동시에 투자금액을 한도로 하여 대외채무를 상환할 책임을 지는 국가단독출자회사와는 근본적인 차이점이 있다. 다만 국가단독출자회사의 중요 사항, 즉 국가단독출자회사의 합병・분할・해산 및 파산의 신청등과 같은 사항을 결정하는 경우에는 국유자산관리기관의 심사 후에 해당 지역 인민정부에 보고하여 비준을 받아야 하므로(제67조 제2단), 이 경우에는 국가의 통제권을 받게 된다.

국가단독출자회사는 특수한 1인 유한회사의 한 형식에 속하기 때문에, 이 회사의 법률행위는 국가단독출자회사에 관하여 규정한 회사법 제65조에서부터 제71조가 우선 적용되고, 이에 규정이 없을 경우에는 일반 1인 유한회사에 관한 제58조에서부터 제64조가 적용되며, 이 두 가지 유형에도 속하지 않을 경우에는 본 회사법의 유한회사의 일반 규정이 적용된다.

Ⅱ. 국가단독출자회사의 기관구조

개정 회사법은 구 회사법에서 애매하게 규정하였던 국가단독출자회사(國有獨資公司)의 개념규정[5]과 지배구조에 관한 부분들을 다소 개정하였다.

국가단독출자회사의 조직구조는 유한회사의 본질을 갖고 있음에도 불구하고 그 실체가 국유회사라는 법적 특성 때문에 일반 유한회사가 갖는 사원총회와 이사회 및 경리로 연결된 지배구조체제를 갖지 못하고, 다만 이사회와 감사회가 경리에 대한 업무집행을 감독하는 구조로 되어 있다.

국가단독출자회사는 국가가 단독으로 출자하였지만, 중앙정부와 지방정부가 동급인민정부에 속한 국유자산관리기관에 수권하여 출자자의 직무와 책임을 이행하도록 한 유한회사이기 때문에, 국가단독출자회사에 관한 모든 권한

---

5) 구 회사법에서 말하는 국가단독출자회사는 국가로부터 투자를 위임받은 기관이 단독으로 출자하여 설립하거나, 국가가 수권한 부서가 단독으로 투자하여 설립한 유한회사이다(제64조).

은 국유자산관리기관에 수권되어 있다. 즉, 국가단독출자회사는 국가가 유일한 사원(股東)으로 출자한 유한회사이기 때문에 사원총회(股東會)는 설치할 필요가 없고, 국유자산관리기관이 국가의 수권에 의하여 사원총회의 권한을 행사한다(제67조). 사원총회의 권한 일부를 이사회에 수권할 수 있지만, 회사의 합병·분할·해산·증자·감자 및 회사채권의 발행 등과 같은 중대한 사항에 대해서는 국유자산관리기관이 직접 결정하여야 할 뿐만 아니라, 회사의 합병·분할·해산 및 파산의 신청은 국유자산관리기관이 심사한 후에 해당지역의 인민정부에 보고하여 비준을 받아야 한다(제67조).

구 회사법은 국가단독출자회사의 이사회를 3인에서 9인 이내로 구성하도록 법정하였지만(제68조 제2단), 개정 회사법은 국가단독출자회사에 관하여 법정인원수를 두지 않고 일반 유한회사와 동일하게 처리하였기 때문에(제65조), 이사회 구성원은 3인에서 13인이 된다. 그 구성방식은 국유자산관리기관이 위탁·파견하는 이사와 근로자대표로 조직된다. 다만 이 두 기관이 파견하여 구성하는 비율은 회사법에 규정이 없으므로 정관에서 정해진다. 이사회의 이사장이나 부이사장은 국유자산관리기관이 지정한다. 이사회는 유한회사의 이사회가 갖는 권한을 행사한다(제68조).

개정 회사법은 국가단독출자회사의 감사회 법정인원수를 3인(구 회사법 제67조)에서 5인으로 상향조정하였을 뿐만 아니라, 그 중에서 근로자대표의 비율을 최소 1/3 이상으로 할 것을 규정하였다(제71조). 감사회의 구성원으로 되는 근로자대표는 회사의 근로자가 선거로 선출하고, 기타 인원은 국유자산관리기관이 파견하도록 하였다(제71조 제2단).

국가단독출자회사의 경리는 이사회가 초빙하고 해임한다. 경리는 회사법 제50조에서 정한 유한회사 경리의 직권을 행사한다. 다만 국유자산감독기관의 동의를 거쳐 이사회의 구성원은 경리를 겸직할 수 있다(제69조).

국가단독출자회사의 기관구조에서 국가주주는 국유자산관리기관에 위탁하여 그 권한을 행사하면서 회사의 최고의사결정기관의 지위를 갖게 되고, 이사회는 회사의 권력기관적 지위를 갖게 된다.[6)]

국가단독출자회사의 기관구조와 이사장·부이사장·이사·총경리·경리 등의 자격과 임명방식 등은 회사법의 유한회사에 관한 규정을 적용하고, 이에

6) 耿法·劉金華, 中華人民共和國公司法解讀, 中國海關出版社, 2006, 188~189면.

관한 규정이 없거나 기타 사항은 「기업국유자산감독관리잠행조례(企業國有資産監督管理暫行條例)」, 「국유기업감사회잠행조례(國有企業監事會暫行條例)」가 적용된다.

제2. 국가단독출자회사의 이사회 구성원과 고급관리자의 충실의무[7)]

국가단독출자회사의 이사장, 부이사장, 이사 및 고급관리자(高級管理人員)는 국유자산관리기관의 동의를 받지 않고는 다른 유한회사, 주식회사 및 기타 경제조직의 직을 겸직할 수 없다(제70조). 이 규정은 국가단독출자회사의 중요관리자는 국유회사라는 특성에 기인하여 전임제도를 실시하는 것이므로, 이사나 경리의 경업금지의무와는 달리 회사에 손해를 발생시키느냐에 관계없이 원칙적으로 금지되는 의무이다. 다만 매우 예외적으로 특수하게 국유자산관리기관의 동의를 얻은 경우에 한하여 다른 경제조직의 직을 겸직할 수 있다.

7) 법제처 동북아법령정보서비스사업 2006년도 연구용역과제 보고서, p. 115.

제6장
주권(지분)과 사채의 발행 및 양도

제1절 개　　요

회사의 주식이나 지분(股份) 또는 채권의 발행은 회사의 이해관계자에게 중대한 영향을 주는 경영행위일 뿐만 아니라 회사의 자본제도와 관련이 있고, 나아가 한 국가의 경제정책과 관련되는 중요한 사안이다. 회사의 유형이 비교적 복잡한 중국의 기업법제에서 주식이나 지분 또는 채권의 발행과 유통은 규제정책과 직접적으로 관련된다. 종래의 유한회사 사원의 지분, 대형 회사들이 보유한 국유주(國有股), 외국인투자기업의 투자자 지분 등은 모두 발행과 양도 등에 엄격한 제한이 가해졌다.

중국의 구 회사법과 증권법도 이러한 규제적인 측면에서 주식이나 지분 또는 채권발행에 관하여 엄격한 제한을 하였다. 구 회사법에서는 유한회사의 지분양도의 요건으로서 관련 기관의 인가를 받을 것, 주식회사의 주식을 양도할 경우 증권거래소에서만 실시할 것, 발기인이나 이사 또는 감사가 소지한 주식은 일정한 기간 내에 양도를 금지할 것 등을 규정함으로써, 실질적으로는 지분이나 주식의 양도가 차단되었다.

채권의 경우에도, 회사 채권의 발행이 가능한 회사의 유형으로 주식회사와 국유유한회사(國有有限責任公司)에 한정되고, 채권발행규모와 발행자격 등을 모두 국무원 규정으로 고정하였을 뿐만 아니라, 국유주(國有股)를 보유하고 있는 회사들은 관련 특별 법률에 의하여 더욱 엄격하게 그 유통이 제한되었다.

개정 회사법은 유한회사의 지분양도에 관한 규정을 제3장에서 독립적으로 규정하였다. 새롭게 반영된 주요 내용은 유한회사 사원간의 지분양도를 인정하고(제72조 제1단), 제3자에게 지분을 양도하는 경우 기타 사원 과반수의 동의를 요건으로 하였으며(제72조 제2단), 지분우선인수청구권을 부여하고(제72조 제3단), 소송절차에서의 지분우선인수청구권을 보장하며(제73조), 회사 중요사항에 관한 사원총회 결의에 반대한 사원의 회사에 대한 지분매수청구권의 보장(제75조) 등이 있다.1)

주식회사의 주식발행과 양도에 관해서는 구 회사법의 기본적인 틀을 그대로 유지하면서도, 주식의 발행과 관련된 절차적인 부분은 개정 증권법으로 이양하고, 상장회사에 관한 부분은 새로운 규정으로 보완하였다. 구체적으로 주식발행의 요건 완화, 무기명주권의 양도효력(제141조), 발기인, 이사나 감사 등의 주요 임원의 주식 양도제한의 완화(제142조) 등이 새로 추가된 내용이다.

개정 회사법은 이 외에도 주식을 회사의 근로자들에게 장려의 의미로 배당하거나, 주주총회가 회사의 합병 및 분할을 결의할 때 이의를 제기한 주주가 회사에 대하여 자기 보유주식을 매수청구할 경우에도 회사가 자기주식을 매입할 수 있는 길을 열어주었다.

회사의 사채부분에서도 사채의 발행과 관련된 절차적 부분을 증권법으로 이양하고, 회사법에서는 사채의 권리와 유통성을 보호하는 실체적 규정만 두었다.

유한회사의 지분과 주식회사의 주식은 그 본질이나 유통성 등에서 많은 차이가 있다. 유한회사의 경우 지분발행보다는 지분양도에 본질적인 의미가 있고, 주식회사의 경우에는 주식발행과 양도 모두 중요한 부분이다. 사채의 경우에도 발행과 양도를 중심으로 설명한다.

제 2 절 유한회사의 지분양도

제1. 유한회사의 지분양도와 우선인수권

유한회사는 인적 신뢰를 기초로 하여 성립된 회사이므로 사원 상호간의

1) 법제처 동북아법령정보서비스사업 2006년도 연구용역과제 보고서, p. 137.

지분도 신뢰성에 기초한 특성을 갖는다. 이에 따라 유한회사의 사원 상호간에는 그 전부 또는 일부의 지분을 양도할 수 있지만(제72조 제1단), 인적 결합이라는 특성을 갖는 유한회사의 특성상 그 양도는 일정한 절차에 따라야 한다. 이 외에도 유한회사의 지분구조는 회사 외부에 존재하는 채권자나 회사 이해관계자에게 중대한 영향을 주므로, 회사가 대외적으로 갖고 있는 공신력이라는 측면에서도 지분양도는 일정한 절차와 방식에 따라 진행되어야 한다.

유한회사 사원의 지분 양도절차는, 계약에 의한 자유로운 양도인지 강제집행절차에 따른 법정양도인지에 따라 달라진다. 계약에 의한 지분양도도 사원 상호간의 내부적 양도인지 아니면 사원 이외의 자에게 양도하는 대외양도인지에 따라 다르게 된다. 외국인투자기업 관련 법률에서는 유한회사의 지분양도에 관해 엄격한 규정을 두어 이를 통제하고 있다.[2]

Ⅰ. 계약에 의한 지분양도와 우선인수권

1. 사원 상호간의 지분양도

유한회사가 폐쇄성회사라는 특성상 한 사원이나 몇몇 사원이 자기의 지분을 다른 사원에게 양도할 경우에는 기존의 사원을 먼저 고려하여야 한다. 사원 상호간에 지분을 양도하는 경우에는 회사 전체적인 지분규모에 영향이 없기 때문에 그 양도에는 원칙적으로 제한이 없고, 그 지분의 일부 또는 전부를 양도할 수 있다(제72조 제1단).

사원의 동의를 거쳐 양도하는 지분은 동일한 조건일 경우, 기타 사원이 우선인수권(優先購買權)을 갖는다. 두 명 이상의 사원이 우선인수권을 행사하는 경우, 협의를 통하여 각자의 구매 비율을 정한다. 협의가 정해지지 않을 경우 정관의 규정에 따르고, 정관에도 규정이 없는 경우는 각자의 출자비율에 의하여 우선인수권을 행사한다(제72조 제3단). 여기서 '동일한 조건(同等條件)'이란 부가적인 조건이 없이, 불리하지 않은 가격 또는 동일한 가격으로 양도하거나, 기간상의 우대 등이 없는 것 등을 포함하는 의미이다.

회사정관에 지분양도에 관한 다른 규정이 있을 경우 이에 따른다(제72조 제3단).

---

2) 법제처 동북아법령정보서비스사업 2006년도 연구용역과제 보고서, p. 137.

2. 제3자에 대한 지분양도

사원 이외의 제3자에게 지분을 양도할 경우에는, 기타 사원의 권리를 침해하지 않는 한도에서 일정한 절차를 거친 후에 양도가 가능하다.

유한회사의 사원이 내부 사원이 아닌 제3자에게 지분을 양도하는 것은 회사의 중대한 사항에 속하기 때문에, 해당 사원은 이 사실을 이사회에 통지하고 이사회는 이를 사원총회의에 제안하여 그 결의로서 처리한다. 즉, 제3자에 대한 지분양도는 서면으로 기타 사원에게 통보하여 동의를 얻어야 하고, 이 동의는 기타 사원 과반수의 찬성을 받아야 한다(제72조 제2단).

여기서 '기타 사원 과반수의 찬성'은 어떤 기준으로 확정할 것인가에 대하여, 유한회사는 특수한 인적 결합으로 구성된 사원의 조직체라는 특성을 가지므로 단 1주라도 출자한 사원이 한 표의 의결권을 갖는다는 점 때문에 사원수를 기준으로 하여 그 과반수를 정해야 한다는 견해와,[3] 유한회사의 사원은 그 출자비율에 따라 의결권을 갖는다는 견해로 구분된다.[4]

앞의 견해는 회사법 제43조에서 "사원총회의 결의는 반드시 그 사원이 보유하고 있는 의결권의 비율에 따라 행사하여야 한다"고 규정한 것은 사원총회의 자본다수결을 정한 원칙적인 규정이고, 사원의 지분양도에 관한 회사법 제72조 제2단의 규정은 자본다수결에 대한 예외규정이라고 한다.

뒤의 견해는 만일 정관에 그 규정이 없을 경우 회사법 제43조에 따라서 사원총회의 의결권은 사원이 출자한 비율에 따라 의결권을 행사한다는 원칙적인 기준에 의하여야 한다고 한다.

중국 개정 회사법은 사원의 자율성을 최대한 보장하기 위하여 정관사항으로 자율성을 확대하고 있으므로, 이 문제에 관해서는 우선 정관에 규정하여 해결하는 것이 가장 중요하다. 정관에서 이에 관한 규정이 없더라도 회사법 제72조를 세밀하게 검토해 보면, 제1단은 규정상으로 이미 '전체 사원수'를 기준하는 과반수의 의미일 뿐만 아니라, 제2단에서도 '기타 사원 과반수'가 동의하지 않을 경우 동의하지 않은 사원은 해당 지분을 인수하도록 하고 있다. 따라서 중국 회사법 제72조를 엄격하게 해석해 볼 때 '기타 사원 과반수'는 사원수를

3) 上海市高級人民法院編(齊寄主編), 公司法疑難問題解析, 法律出版社, 2006, 81면.

4) 耿法·劉金華, 中華人民共和國公司法解讀, 中國海關出版社, 2006, 200면.

기준으로 하여 결정하여야 한다는 전자의 견해가 타당하다.[5]

기타 사원이 서면통지를 받은 날로부터 만 30일 내에 그에 대한 답신이 없는 경우 양도에 동의한 것으로 본다. 기타 사원 과반수가 지분양도에 동의하지 않은 경우 동의하지 않은 사원은 해당 지분을 매수하여야 한다. 매수하지 않을 경우 양도에 동의한 것으로 본다(제72조 제2단).

제3자에 대한 지분양도의 경우에도 기타 사원이 우선인수권을 갖고, 다수의 사원이 우선인수권을 행사하는 경우, 협의나 정관의 규정 또는 각자의 출자비율에 따라 이 권한을 행사하는 것은 사원상호간의 지분양도와 같다(제72조 제3단). 회사정관에 지분양도에 관한 다른 규정이 있을 경우 이에 따른다(제72조 제3단).

Ⅱ. 강제집행에 의한 지분의 법정이전

인민법원이 법률에 규정된 강제집행 절차에 따라 사원의 지분을 이전하는 경우 회사의 전체 사원에게 이를 통지하여야 하며, 기타 사원은 동일한 조건하에서는 우선인수권을 갖는다(제73조). 강제집행으로 사원의 지분을 이전하는 것은 채권자의 이익을 보호하기 위하여 법원의 강제집행문서에 의하여 사원이 보유하고 있는 사원권의 그 일부 또는 전부 양도하게 하는 조치이다. 이러한 경우로는 주로 사원의 출자금 중에서 일부를 회수하여 채무 등에 상환하게 하거나, 회사설립이 취소되거나 회사의 해산명령을 받은 경우에 이미 출자된 내역을 회수하여 상환하는 경우, 해당 사원의 출자로 발생된 이익배당권으로 상환하는 경우,[6] 주식을 담보로 하는 질권의 실행, 사원의 출자회수를 강제하는 경우, 자연인인 사원의 사망으로 인한 지분상속 등의 여러 가지 상황이 존재할 수 있다.

기타 사원이 인민법원의 통지일로부터 20일 이내에 우선인수권을 행사하지 않을 경우, 우선인수권은 포기한 것으로 본다(제73조). 강제집행에 의한 법정이전의 경우에, 기타 사원은 이에 대하여 이의를 제기할 수 없다.

우선인수권이 상속이나 증여 등의 이유로 양도되는 경우 이에 대한 항변

5) 이러한 결과는 법제처 동북아법령정보서비스사업 2006년도 연구용역과제 보고서 138면과 상치되는 것이지만, 개정 회사법 제72조를 재해석한 결과 이와 같은 결론에 이르게 되었다.

6) 耿法·劉金華, 中華人民共和國公司法解讀, 中國海關出版社, 2006, 203면.

권을 행사할 수 있는지에 관하여 보면 다음과 같다. 회사법 제76조는 "자연인인 사원이 사망한 후 합법적인 상속인은 사원자격을 승계하고, 다만 회사 정관에서 이와 다른 규정을 두었을 경우에만 예외로 한다"고 하였으므로, 이와 같은 합법적인 사유가 있는 경우에는 다른 사유로 항변권을 행사할 수 없다.

제2. 사원총회 결의에 반대한 사원의 지분매수청구권

사원총회가 회사의 경영과 관련된 중요사항을 결정할 경우에, 이 결의에 반대한 사원은 회사에 대하여 합리적인 가격으로 자기의 지분을 매수(收購)하도록 청구할 권리가 있다(제75조 제1단). 즉, 회사가 연속 5년간 사원에게 이익을 배당하지 않았고, 회사가 이 기간 중 연속으로 잉여가 발생하였으며 동시에 본 법에서 규정한 이익배당 요건에 부합하여 이익배당을 실시하는 경우, 회사가 합병 또는 분할되거나 주요 재산을 양도한 경우, 회사정관의 영업기한이 만료되었거나 또는 정관이 규정한 해산사유가 발생하였음에도 불구하고 사원총회에서 정관을 개정하여 회사가 계속 존속하도록 결의한 경우 등이다. 이 규정은 개정 회사법에서 사원총회 결의에 이의를 제기한 소수사원을 보호하기 위한 것이다.

사원총회 결의가 통과된 날로부터 60일 이내에 사원과 회사간에 지분매수에 관한 협의가 이루어지지 않을 경우, 해당 사원은 사원총회 결의가 통과된 날로부터 90일 이내에 인민법원에 지분매수청구에 관한 소를 제기할 수 있다(제75조 제2단).

제3. 지분양도에 따른 인증절차

계약에 의한 지분양도이건 강제집행에 의한 지분이전이건 지분권의 변경 후에 회사는 이전 사원의 출자증명서를 말소하고 새로운 사원에게 출자증명서를 발행해야 한다(제74조). 이에 따라 회사정관과 사원명부의 관련 기재사항도 정정하여야 한다(제74조). 회사정관은 원래 사원총회의 결의사항이지만 지분양도에 의한 관련 사항을 변경할 경우에는 그 의결을 거치지 않는다(제74조).

지분양도는 회사 변경등기의 대상이 된다(제36조). 회사의 지분양도 이후에 변경등기를 거치지 않은 경우, 제3자에 대항할 수 없다(제32조 제3단).

사원의 지분양도 및 양수를 통하여 유한회사의 사원수가 법정 인원수인 2인에서 50인 이하로 되었을 경우에는 문제가 없지만, 이를 초과하였을 경우에는 어떻게 할 것인지에 관해서는 회사법에 규정이 없다. 이에 관해서는 사전에 정관에서 사원자격 없는 자에 대한 지분양도에 대한 제한이나 관련 규정을 두어 해결하여야 하지만, 정관에 규정을 두지 않음으로써 사후적으로 이러한 결과가 발생된 경우에는 정관 변경을 통하여 해결하여야 한다.

제4. 유한회사 지분양도의 특수문제들

유한회사의 지분은 자유롭게 양도할 수 있는 것이 원칙이지만, 지분양도와 관련하여 파생되는 문제들이 있다.

이와 관련된 것으로는 유한회사의 이사 또는 감사가 보유하는 지분의 양도 제한 문제가 있고, 질권의 대상인 지분을 양도할 경우 선의의 제3자를 어떻게 보호할 것인가에 관한 것이다.

Ⅰ. 유한회사의 이사 또는 감사의 지분양도

유한회사의 이사나 감사 및 고급관리자가 자신이 보유한 회사의 지분을 양도하는 경우에 관하여 회사법의 제3장 유한회사의 지분양도에서는 특별한 제한규정이 없다. 그러나 주식회사의 이사, 감사 및 고급관리자는 보유한 주식과 그 변동 상황을 회사에 보고하여야 하고, 재임기간 중이나 사임 후라도 일정한 기간 주식을 양도하는 것은 제한된다(제142조 제2단).

주식회사의 이사, 감사 및 고급관리자가 보유하고 있는 당해 회사의 주식 양도제한에 관한 규정이 유한회사의 이사, 감사 및 고급관리자에게도 적용될 수 있을 것인가가 문제된다.

유한회사는 사원 상호간에 인적 결합성을 기초로 하여 성립할 뿐만 아니라, 유한회사의 이사, 감사 및 고급관리자가 회사의 지분을 보유하고 있는 것이 일반적인 상황에서 이와 같은 제한을 둘 이유는 없다고 할 것이다. 다만 정관에서 이에 관한 제한 규정이 있을 경우는 이것을 적용하여야 한다.

Ⅱ. 주권(지분)을 피담보채권으로 한 질권의 양도

주권이나 지분은 사용·수익 및 처분할 수 있는 권리이므로, 이를 질권의 목적으로 할 수 있다(담보법 제75조). 주권이나 지분을 입질한 경우에는 원칙적으로 이를 양도할 수 없고, 다만 질권자와 질권설정자가 협의하여 양도에 동의한 경우에는 가능하다(담보법 제78조).

그러나 실무상에서 지분이나 주권을 담보로 하여 질권을 설정하는 경우가 많이 발생하였지만 이에 관한 규정이 없었기 때문에, 관련된 규정을 유추적용하는 방식으로 이 문제를 해결하였다.[7)]

최고인민법원의 담보법에 관한 사법해석에 의하면, 저당권존속기간중에 저당권설정자가 저당권자의 동의 없이 또는 양수인에게 저당사실을 고지하지 않고 지분을 양도한 경우 저당물에 관한 변경등기가 완료되었다고 하더라도 저당권자는 저당권을 실행할 수 있다. 저당물에 저당권이 설정된 사실을 고지받지 못하고 저당물을 양수받은 양수인은 채무자를 대위하여 저당권자에게 상환함으로써 저당권을 소멸시킬 수 있고, 양수인은 저당권설정자에 대하여 대위청구를 할 수 있다고 규정하고 있다. 저당물에 대한 등기가 완료되지 않은 경우이면 저당권자는 그 양수인에게 대항할 수 없고, 이로 인하여 초래된 손해는 저당권설정자가 부담한다고 규정하고 있다.[8)] 이와 같이 처리하는 이유는 저당물을 양수받은 양수인을 신뢰한 제3자를 보호할 수 있게 되고, 거래의 안전을 유지할 수 있기 때문이다.

제3절 주식회사의 주식 발행과 양도

제1. 주식과 주권

주식회사의 주식(股份)은 회사 자본의 최저 기본단위를 구성하면서, 주주권(股東權)의 근거가 되는 주권(股票)의 내재적 가치를 표창하는 증권이다. 회

7) 孫建國·劉安財, 論有限責任公司股權轉讓中的法律問題, 公司法律師實務, 法律出版社, 2006, 259면.
8) 最高人民法院, 「關於適用(中華人民共和國擔保法)若干問題的解釋」(2000. 12. 8.), 제67조.

사의 자본총액(資本總額)은 주식수와 1주당 시가금액을 곱한 금액의 총액을 의미한다. 주식은 주주가 주주권을 행사할 수 있는 최저 기본단위이며 그 보유비율은 대주주와 중소주주를 구별하는 표지가 된다.

동일한 주식은 매 1주당 표시되는 금액 및 표창되는 의결권이 동일한 가치를 갖는다. 주식은 양도성을 본질로 하는 증권이며, 주권(股票)의 형식으로 존재한다.

주권(股票)은 주식회사가 발행한 유가증권이고(제126조), 주주권을 표창하는 권원증권(證權證券)이며(제133조), 일정한 형식에 따라 발행되는 요식증권(要式證券)이고(제131조), 법정의 절차 및 장소에서 거래가 가능한 유통증권이다.[9]

주권은 주식회사의 주주가 회사에 출자한 것을 표창하고, 이를 통하여 회사에 대한 자익권(自益權) 및 공익권(共益權)을 행사할 수 있는 유가증권이다.

주권은 주식회사의 성립 전에 이를 발행하여 주주에게 교부할 수 없고(제133조), 주식회사의 성립 후에 회사의 법정대표자가 서명하고 회사가 날인한 주권을 발행하여 지체없이 주주에게 교부하여야 한다(제129조, 제133조). 법정대표자의 서명과 회사의 날인이 되어 있는 주권은 주주권을 표창하는 권원증권이 된다.

주권은 법정의 기재사항을 구비하여야 하는 요식증권이다. 회사가 기명주권을 발행하는 경우, 주주명부를 비치하여야 하고 주주의 성명이나 명칭 및 주소, 개별 주주가 소지한 주식의 수와 주권의 일련번호, 개별 주주가 주식을 취득한 일자 등을 기재하여야 한다. 회사가 무기명주권을 발행할 경우에는 주권의 수, 주권의 일련번호 및 발행일자 등을 기재하여야 한다(제131조).

주권은 증권법이 정하는 절차와 장소에서 유통되는 유통증권이다.

제2. 주식의 종류

중국 회사법 및 증권법에서 주식(股份)[10]은 발행되는 지역(국내, 국외)과 거래대상을 기준으로 분류되며, 또한 출자의 주체와 유통성 여부에 따라 유통

9) 徐婧, 新公司法疑難解釋, 中國工商出版社, 2005, 208면.

10) 다만, 여기서의 주식은 주식회사에서의 주식 개념에 해당 되는 것이며, 중국 회사법의 유한회사에서 '股份'으로 표기된 것은 지분에 가까운 개념이다.

주식(流通股份)과 비유통주식(非流通股份)으로 구분된다.

Ⅰ. 발행지역과 거래대상

주식은 발행되는 지역과 거래대상을 기준으로 할 때, 주식은 국내발행주식과 해외상장주식으로 구분된다. 국내발행주식은 A주식과 B주식으로 구분된다. A주식은 중국 내국인과 법인이 투자할 수 있는 주식이고, B주식은 상해증권거래소 및 심천증권거래소에 상장되어 외국인만이 투자할 수 있는 주식이다. 해외상장주식은 중국기업이 주식을 상장하는 해외증권거래소의 지역명칭을 따라 H주식(홍콩증권거래소 상장주식), N(뉴욕증권거래소 상장주식), L주식(런던 증권거래소 상장주식), S주식(싱가폴 상장주식) 등으로 분류된다.

한국의 증권시장에도 중국기업이 상장되고 있으므로, 곧 이에 관한 분류기준이 마련될 것이다. 종업원지주도 일정한 정도로 유통이 제한된다.

Ⅱ. 출자의 주체

주식은 출자하는 주체에 따라 국가주(國家股)·국가법인주(法人股)·종업원지주(職工股)·개인주(個人股) 및 외상투자기업주(外商股)로 구분된다. 출자의 주체에 따라 주식을 분류할 경우 위 주식들은 유통주와 비유통주로 구분된다. 국가주와 국가법인주는 '국유주(國有股)'로서 유통이 제한되고, 국가주와 국가법인주를 포함하는 국유주는 국가가 지배적 통제권을 갖기 때문에, 국유주를 보유한 회사의 지배구조나 자본제도에 절대적인 영향을 미치고 있다.

국유기업이 경제활동의 주체로 활동하던 개혁·개방 초기에는 국가가 국유주를 통한 경제조절 정책이 필요하였지만 글로벌화 된 중국의 경제현실과 부합되지 못하게 되자 비유통주를 개혁하려고 하는 것이 최근 중국 정부가 지향하는 주요한 금융정책이다. 이 정책은 2006년을 기한으로 정하여 연말까지 비유통주식(國有股)을 유통주식으로 전환하는 것이 주요한 내용이다.[11)]

11) 상세한 것은 이정표, "중국 비유통주(國有股) 개혁에 관한 법적 고찰", 중국법연구, 2006. 12., 277면 이하 참조.

제3. 주식의 발행

Ⅰ. 주식 발행요건의 완화

개정 회사법은 주식발행에 관해서 발행원칙에 관한 일반적 규정 외에, 신주 발행 시에 구 회사법이 그 요건으로 하였던 기간, 잉여이익과 이익배당, 재무회계서류를 조작하지 않을 것, 일정한 기간 동안 이익률이 발생할 것(구 회사법 제137조)과 같은 제한적 요건을 삭제함으로써 신주발행의 요건을 완화하였다.[12)]

신주발행은 주식발행과 관련이 있으나 본질적으로는 회사 성립 후의 자본의 변동에 관한 사항이므로 자본제도와 직접적인 관련이 있다.

이 외에 주식의 종류, 주식발행가액 및 발행절차, 기명식 주권과 무기명식 주권, 액면주권, 주권의 기재사항, 기명주권의 기재사항, 신주 발행시 주주총회가 결정할 사항 등은 구 회사법 규정과 동일하다.

Ⅱ. 주식발행의 원칙

1. 증권관련 법률의 발행원칙

중국 회사법에서는 주식의 발행·유통 및 양도에 적용되는 일반원칙으로서 공평원칙(公平原則)·공정원칙(公正原則) 및 동주동권원칙(同股同權原則)과 동일주식동일이익원칙(同股同利原則)이 있다(제127조). 그러나 주식의 발행에 관한 상위법인 증권법에서는 증권의 발행은 공개원칙·공평원칙 및 공정원칙에 의하여야 함을 규정하고 있다(증권법 제3조).

이 외에도 중국 증권감독관리위원회가 제정한 규정에 의하면 주권의 발행은 회사법상의 일반원칙 이외에 공개(公開)원칙 및 경제원칙을 부가하고 있고,[13)] 주권발행과 거래에 관한 잠행조례에서는 공개원칙, 공평원칙 및 신의성실의 원칙을 규정하고 있다.[14)]

이와 같이 각각의 법률에서 주권의 발행 및 거래와 관련하여 일정한 원칙

12) 법제처 동북아법령정보서비스사업 2006년도 연구용역과제 보고서, p. 141.

13) 「關於股票發行與認股方式的暫行規定」(중국증권감독관리위원회 공포, 1996. 12. 26.).

14) 股票發行與交易管理暫行條例(국무원 공포, 1993. 4. 22.), 제3조.

을 규정하고 있지만, 가장 상위법인 증권법이 정한 일반원칙인 공개원칙, 공평원칙 및 공정원칙에 따라야 한다.

2. 일반원칙

공개원칙은 주권의 발행시에 주권을 발행하는 해당 회사 및 이와 관련된 기관의 재무회계정보가 법률에 따라 공개되고, 이에 의한 발행절차가 개시되어야 함을 말한다. 이 원칙에 의해 투자자들은 관련정보에 의하여 투자할 수 있게 된다. 공개원칙은 공평원칙, 공정원칙의 전제가 된다.

공평원칙은 주권발행시에 이에 참여하는 각 당사자는 공평한 권리와 의무를 부담한다는 원칙이다. 예컨대 주식의 매입에 있어서 공평한 기회와 자격이 부여될 것, 소지하는 매 주식의 권리와 의무가 공평할 것 등을 내용으로 한다. 회사법에서는 동기에 발행한 동종의 주식은 매 주의 발행조건과 가격이 동일하도록 함으로써, 이 원칙을 적용하고 있다(제127조 제2단). 다만 동일한 발행가격이어야 한다는 요건은 동기에 발행한 동종의 주식에만 적용되므로, 발행기간이 다를 경우 그 가격은 회사가 자유롭게 정할 수 있다.

공정원칙은 주권의 발행 시에 회사가 주권의 가치와 관련하여 공개한 정보가 진실하고 오류가 없어야 한다는 신의성실 원칙의 다른 표현이다. 공정의 원칙은 주로 주권의 발행과정에서 관련 당사자의 절차적 의무와 직접적으로 관련된다. 예컨대, 증권관리기관이 공정하게 처리할 것, 증권위탁기관이 공정하게 주권발행업무를 처리할 것, 주권을 발행하는 회사는 공정하게 정보를 공개할 것 등을 중심 내용으로 한다.[15)]

동일주식동일권리원칙은 같은 유형의 주식은 같은 권리와 의무를 갖는다는 것이며, 동일주식동일이익의 원칙은 동일한 주식은 동일한 이익을 갖는다는 원칙이다.

15) 법제처 동북아법령정보서비스사업 2006년도 연구용역과제 보고서, p. 142.

제4. 주권발행

Ⅰ. 주권발행가액

중국 회사법에서 주권의 발행가액은 액면가발행, 액면가초과발행은 가능하지만, 액면가미달발행은 허용되지 않는다(제128조). 주권의 액면가초과발행은 회사의 순자산가치가 증가 하거나, 회사의 미래전망이 좋을 것으로 예상 되는 때 또는 발행시점의 시장이율상황 등에 의하여 결정된다.[16] 주권이 액면가초과로 발행된 경우 그 초과된 자본은 회사의 자본준비금(資本公積金)으로 계상된다.

Ⅱ. 주권의 형식과 기재사항

개정 회사법 제129조에 의할 때 주권은 서면형식 또는 국무원 증권감독관리부문에서 정한 기타 형식에 따른다. 국무원 증권감독관리부문에서 정한 기타 형식은 전자주권발행에 관한 것으로서 특수한 주권형식을 말한다. 따라서 중국 회사법체계에서 주권은 서면형식과 전자주권형식으로 구분된다.

주권의 법정기재사항은 회사명칭, 회사성립시기, 주권종류, 액면금액 및 대표하는 주식의 수, 주권일련번호 등을 기재하여야 하고, 법정대표자가 서명하고 회사의 대표인장(公章)을 날인하여야 한다(제129조). 이러한 사항을 위반한 주권발행은 무효이다.

Ⅲ. 주권의 종류

1. 회사법상 주권의 종류

중국 회사법체계에서 주권은 기명주권과 무기명주권 및 국무원이 정하는 특수한 주권형식으로 구분된다(제130조). 기명주권과 무기명주권은 그 경제적 효용 및 법적 효력이 각각 다르기 때문에 회사가 이를 선택하여 발행할 수 있다.

16) 耿法·劉金華, 中華人民共和國公司法解讀, 中國海關出版社, 2006, 309면.

무기명주권은 발행시 절차가 간소하고 취득이나 양도절차에서 유통성을 생명으로 하지만, 회사로서는 그 관리가 용이하지 않다. 기명주권은 취득시와 양도시 일정한 절차를 거쳐야 하고 사적인 거래방식으로 양도할 수 없다.

회사가 발기인·법인에게 발행하는 주권은 반드시 기명주권이어야 한다(제130조 제2단). 무기명주권은 자유롭게 양도할 수 있기 때문에 발기인이나 법인의 대표자가 이러한 제도적 방식을 남용하여 회사의 주주나 채권자의 이익을 침해하지 못하도록 한 것이다.[17)]

2. 특수한 주권의 발행

국무원은 회사가 본 회사법에서 규정한 것 이외의 기타 종류의 주권을 발행하는 것에 관하여 별도의 규정을 둘 수 있다(제132조). 국무원이 수권입법의 형식으로 발행하는 기타 주권에는, 주권의 법적 성질에 따른 발행과 주식시장의 구분에 따른 주권의 발행이 있다.

주권의 법적 성질에 따른 것으로는 보통주와 우선주 및 후배주, 의결권 있는 주권과 무의결권 주권 및 의결권이 제한되는 주권, 액면주권과 무액면주권, 국가주(國家股)와 법인주(法人股) 및 개인주와 외국인주(外資股) 등이 있다.

주식시장의 구분에 따른 것으로는 내국인 전용주식과 외국인 전용주식 및 해외주식이 있다. 주식시장은 상해와 심천 두 곳에서만 개장되고, 두 개의 주식시장에서 각각 내국인 전용주식인 A주와 외국인 전용주식인 B주를 발행한다. 이 외에도 중국기업이 해외에 상장하는 경우 그 지역주식시장의 특성을 따서 H주(홍콩), N주(뉴욕), S주(싱가폴) 등으로 명칭하였다. 이와 같은 특별한 주권은 국무원의 관련기관에서 규장으로 입법하도록 하였다.

제5. 주식양도

Ⅰ. 주식양도에 관한 회사법 체계

주식양도는 주주 개인의 투자금 회수와 관련된 사안일 뿐만 아니라 회사의 자본제도와도 직접적인 관련이 있다.

17) 법제처 동북아법령정보서비스사업 2006년도 연구용역과제 보고서, p. 142.

구 회사법은 주식양도에 관한 규제가 심하였다. 증권거래소 내에서만 거래할 것(제146조), 발기인·이사·감사 및 경리가 보유한 주식의 일정 기간내 양도금지(제147조), 회사의 자기주식매입의 원칙적 금지(제149조) 등과 같은 것이 대표적인 것이다.

개정 회사법은 무기명주권은 교부로써 양도의 효력이 발생하는 것으로 전환하였고(제141조), 발기인이 소지한 당해 회사의 주식은 회사 성립일로부터 1년 내에 양도할 수 없는 것으로 완화하였다(제142조). 회사의 이사나 감사 및 고급관리자가 소유한 당해 회사의 주식은 임기 내에 연간 소유주식총수의 25/100을 초과하지 않는 범위 내에서 양도 가능한 것으로 전환하였다(제142조 제2단). 특히 당 회사의 주식을 소유하는 이사나 감사 및 고급관리자가 이직하는 경우, 사임 후 6개월 이내에는 양도할 수 없도록 제한하는 규정을 신설하였고, 이와 같은 제한적 규정을 회사정관에 기재할 수 있도록 하여 자본의 안정을 유지할 수 있도록 하였다(제142조 제2단).

개정 회사법은 이 외에도 주식을 회사근로자들에게 장려의 의미로 배당하는 경우 또는 주주총회가 회사의 합병 및 분할을 결의할 때 이의를 제기한 주주가 회사에 대하여 자기 보유주식을 매수청구하는 경우에도 회사가 자기주식을 매입할 수 있는 길을 열어 놓았다(제143조 제3항, 제4항). 회사가 자기주식을 매입한 후에는 주식소각절차를 밟아야 하는 것은 구 회사법과 같다.[18]

주식양도는 그 성질상 자유롭게 양도할 수 있으나(제138조), 특별법에서 그 성질이나 양도방식 등에 의하여 제한을 받는 경우가 있다. 예컨대 상장회사가 보유하고 있는 비유통주인 국가주(國家股)와 사회법인주(社會法人股)를 양도하는 경우, 또는 상장회사 국가주와 사회법인주가 인민법원에 의하여 동결(凍結)되거나 또는 경매되는 경우에는 특별한 절차와 방식에 의하여 양도된다.

Ⅱ. 주식의 양도방식

개정 회사법은 주식의 양도자유를 인정하면서 동시에 양도에 따른 기본적인 법률관계를 규정하였다. 주식은 법정장소와 주권의 종류에 따라 그 양도가

18) 회사는 원칙적으로 자기주식을 매입할 수 없도록 하고, 감자(減資)의 경우나 본 회사의 주식을 보유하고 있는 기타 회사를 합병하는 경우에 예외적으로 자기주식의 매입을 허용하는 것은 구 회사법과 같다.

진행되어야 한다.

1. 양도의 장소

주식의 양도는 법에 따라 설립된 증권거래소에서 이행하거나 국무원이 정한 기타의 방식으로 이행하여야 한다(회사법 제139조). 법에 의하여 설립된 증권거래장소는 증권거래소와 기타 증권거래장소를 말한다. 증권거래소는 1990년 12월 19일에 개장된 상해증권거래소와 1991년 7월에 개장한 심천증권거래소 두 곳이 있다. 기타 증권거래소는 전문영업을 목적으로 하는 증권회사와 증권업무를 겸하는 신탁투자회사 및 기타 금융기관을 말한다. 이 외에도 장외거래시장이 존재한다.

국무원이 정한 기타의 방식으로는 「비상장회사의 주식양도에 관한 규정」에 의하여 양도하는 것을 말한다. 중국 증권법상 상장회사는 증권거래소에 거래하도록 법정하였고, 비상장회사는 증권거래소 이외의 장소에서 국무원 관련기관이 정한 규정에 의하여 거래되도록 법정하였다(증권법 제39조).

2. 주권의 종류에 따른 양도

주식양도는 주권의 종류에 따라 달라진다. 무기명주권은 교부함으로써 효력이 발생하고, 기명주권은 주권의 이면에 배서하여 양도하든지 또는 법률과 행정법규가 정한 방식에 의하여 양도한다. 법률과 행정법규에서 정한 방식이란 전자주권발행이나 기타 특수한 목적이나 방식을 위하여 동 법률과 행정법규에서 정한 방식이다.

Ⅲ. 주식의 양도 및 취득의 제한

주식은 자유롭게 양도할 수 있으나 일정한 조건하에서는 그 양도나 취득이 제한된다. 회사의 주요 임원이 보유하는 당해 회사의 주식 및 회사의 자기주식 취득은 일정한 조건하에서 제한된다.

1. 주요 임원의 주식양도의 제한

주요 임원에는 발기인, 이사, 감사, 및 고급관리자가 포함된다.

발기인이 보유한 당해 회사의 주식은, 회사가 성립된 날부터 1년 내에는 양도하지 못한다, 회사가 주식을 공개발행하기 전에 이미 발행된 주식은, 회사의 주권이 증권거래소에 상장 거래되기 시작한 날로부터 1년 내에는 양도할 수 없다(제142조 제1단).

회사의 이사·감사·고급관리자가 보유하고 있는 당해 회사의 주식과 그 변동사항은 회사에 보고하여야 하며, 임기 중에 양도하는 주식은 매년 보유한 주식의 25/100을 초과할 수 없다. 주요 임원이 보유한 당해 회사의 주식은 회사 주권이 상장 거래된 날로부터 1년 내에는 양도할 수 없다. 이사·감사 및 고급관리자가 이직한 후 반년(半年) 이내에는 자신이 보유한 당해 회사의 주식을 양도할 수 없다. 회사정관으로 이사·감사·고급관리자가 보유한 당해 회사 주식의 양도에 관하여 제한규정을 둘 수 있다(제142조 제2단).

회사의 이사, 감사 및 고급관리자가 보유하고 있는 당해 회사의 주식을 일정한 조건하에서 양도하지 못하도록 제한하는 것은 회사의 중요 상황을 가장 잘 알고 있는 임직원들의 내부자거래를 제한하고 회사주식의 급격한 변동을 방지하기 위한 회사법상의 제한이다.

상장회사의 경우에는 주요 임원의 주식양도가 더욱 엄격하게 제한되어 있다. 상장회사의 이사·감사·고급관리자 및 상장회사주식의 5/100 이상을 보유한 주주가 그 보유하는 당해 회사의 주식을 취득 후 6개월 이내에 매각하거나, 매각한 후 6개월 이내 재취득하는 경우에는, 이로 인하여 발생된 이익은 회사로 귀속된다. 이사회는 이 이익의 귀속에 대하여 책임을 진다(증권법 제47조).

2. 회사의 자기주식 취득

회사는 자본제도를 충실히 하기 위하여 경제적 여건에 따라 자신이 발행한 주식을 취득할 수 있다. 회사의 자기주식의 취득은 자본부분의 감소에 해당될 뿐만 아니라 주식의 양도에도 해당 된다. 회사가 자기발행주식을 인수하는 행위는 회사의 자본제도뿐만 아니라 주주와 채권자에게도 직접적인 영향을 주고 이사회의 경영권에도 영향을 미치게 되므로, 각 국의 회사법은 자기주식 취득에 관한 제한을 두고 있는 것이 일반적이다.[19)]

19) 법제처 동북아법령정보서비스사업 2006년도 연구용역과제 보고서, p. 149.

회사는 원칙적으로 자기주식을 인수(收購)할 수 없다(제143조). 그러나 예외적으로 회사의 경영상 필요한 경우에는 회사법에서 정한 사항의 범위 내에서 자기주식의 취득이 허용된다. 즉, 회사의 등록자본금을 감소하는 경우, 본 회사의 주식을 보유한 기타 회사와 합병하는 경우, 주식을 당해 회사 근로자에게 성과급으로 제공하는 경우, 주주가 주주총회에서 결정한 합병, 분할 결의에 이의를 가지고, 회사에 그 주식 인수를 요청하는 경우 등이다(제143조 제1호~제4호).

회사가 회사법 제143조에 의하여 자기주식을 취득하는 경우에 반드시 주주총회의 결의를 거쳐야 하고, 회사가 감자(減資)를 위하여 자기주식을 취득하는 경우 취득일로부터 10일 이내에, 당해 회사의 주식을 보유한 기타 회사를 합병하는 경우와 주주총회에서 합병이나 분할결정에 이의를 가지고 회사에 그 주식매수를 청구한 경우는 취득일로부터 6개월 이내에 주식을 소각하여야 한다. 이와 함께 법률이나 행정법규에 따른 변경등기를 하여야 한다(제143조 제2단, 제3단).

특히 회사가 주식을 해당 회사 근로자에게 성과급으로 제공하기 위하여 자기주식을 인수하는 경우, 당해 회사가 이미 발행한 주식총액의 5/100를 초과할 수 없고(제143조 제3단), 인수에 사용된 자금은 회사의 납세 후 이익에서 지출 한다. 이와 동시에 이러한 목적을 위하여 인수한 주식은 1년 이내에 근로자에게 양도하여야 한다(제143조 제3단).

상장회사도 예외적으로 자기주식을 인수할 수 있는데, 특히 이사·감사·고급관리자 및 기타 직원에게 성과급으로 주권을 지급하는 경우에, 그 대상이 되는 주권총수의 누계 금액은 회사 주식자본총액의 10/100을 넘지 못한다.[20]

3. 자기주식의 담보설정 금지

회사는 자기주식을 질권과 저당권의 목적물로 하지 못한다(제143조 제4단). 중국 회사법은 자기주식을 질권과 저당권의 객체로 하지 못하도록 법에서 원천적으로 금지하고 있다.

20) 上市公司股權激勵管理辦法(試行)(2005. 12. 31.), 제12조.

제4절 국유주 유통제한의 문제

국유주(國有股)란 국유기업을 주식회사나 유한회사로 조직변경을 할 때 국유기업이 보유하고 있는 국유자산을 일정한 평가절차를 거쳐 주식으로 전환한 것, 또는 국가가 주식회사의 주식을 매입하여 보유하고 있는 지분을 말하기도 한다. 국유주는 국가주(國家股)와 국가법인주(國家法人股)로 구분되고, 회사의 총자본에는 포함되지만 유통이 제한된다는 특성을 갖는 주식이다.

상장회사들은 공개시장에서 주식발행을 통하여 보유하고 있는 유통성 주식과 위와 같이 전환과정에서 보유하고 있는 비유통주식을 함께 보유하고 있으며, 이 중에서 유통주만 증권시장에서 거래되는 현상을 '국유주주권설치(國有股權設置)'라고 한다. 이러한 증권유통시장이 갖는 이원적 구조는 중국 증권시장이 갖는 특수한 상황이었으며, 국가나 지방정부가 국유주를 통한 지배권을 행사함으로써 이와 관련된 제반 부작용이 속출하였다.[21]

중국 정부는 국유주를 2006년 말까지 모두 유통주로 전환하고, 나머지는 단계적으로 유통화 할 계획을 구상하고 이를 실천하고 있다. 국유주를 유통주로 전환하는 절차와 방식은 「상장회사주권분치개혁관리판법(上市公司股權分置改革管理辦法)」에 따르고, 이 「관리판법」에 따라 주주총회의 의결을 거쳐, 이사회가 주간사회사와 법률사무소 등 중개기관의 도움을 받아 국유주유통개혁업무를 진행하였다.

비유통주식을 유통주식으로 전환하는 방식은, 비유통주를 보유하고 있는 주주가 유통주 주주에게 주식배당의 방식을 통하여 비유통주식을 유통주식으로 교환하거나, 비유통주 주주가 유통주 주주에게 매 주당 평가된 금액을 교부하는 것이나. 주식배당의 방식으로 할 경우에는 비유통주 3.5주를 유통주 주주에게 교부하고, 현금교부로 할 경우 매 주당 8원(인민폐)으로 하였다.[22]

비유통주를 유통주로 전환하는 경우 시장의 안정성 및 비유통주권을 보호하기 위하여, 비유통주를 보유하고 있는 상장회사는 전환조치의 실시일로부터 12개월 내에 상장거래를 하거나 양도할 수 없도록 하였고, 상장회사 주식 총

---

21) 이정표, "중국 비유통주(國有股) 개혁에 관한 법적 고찰," 중국법연구, 2006. 12., p. 287.
22) 이정표, "중국 비유통주(國有股) 개혁에 관한 법적 고찰," 중국법연구, 2006. 12., p. 301.

수의 5/100 이상을 보유하고 있는 원래의 비유통주 주주가 앞의 규정된 기간 만료 후에 처분할 수 있는 수량은 그 회사 주식총수 중에서 차지하는 비율이 12개월 이내에 5/100를 초과하지 못하도록 하였으며, 24개월 내에 10/100 이상이 되지 못하도록 하였다(동 관리판법 제27조).

2007년 현재 비유통주의 유통주로의 전환작업은 상해증권시장과 심천증권시장에서 모두 95% 이상이 완료된 것으로 보고되고 있다.

결국 국유주의 유통주로의 전환은 유통주의 주주들에게 증권법과 회사법에 정한 규정과 관련하여 일정한 정도로 영향을 줄 것이다. 예컨대 유통주를 보유하고 있는 주주들은 비유통주의 소각절차에 따라 지분율의 상대적 증가에 따라 증권법에 의한 보고의무(5%룰)와 각종 의무를 지게 된다. 회사법에서 주주권 양도의 장외거래를 허용하는 데서 오는 문제점 등이 제기될 수도 있다.

제5절 외국인투자기업 관련 법률에 의한 지분양도

외국인투자기업(外商投資企業)이 유한회사나 주식회사로 설립 또는 존속하는 경우가 있으나, 일반적으로는 유한화사의 형태가 가장 보편적이다. 외국인투자기업은 원칙적으로 외국인투자기업 관련 법률의 적용을 받으며, 그 법률에 규정이 없을 경우, 외국인투자유한회사나 외국인투자주식회사에 관해 회사법이 보충적으로 적용되므로(회사법 제218조), 외국인투자기업의 지분양도의 경우 외국인투자기업 관련 법률과 회사법의 규정을 동시에 고찰하여야 한다.

「중외합자기업법」이나 「중외합작기업법」에 의할 때 유한회사의 형태를 가지는 외국인투자기업의 지분양도는 합자기업의 합영당사자나 합작기업의 합작당사자인 사원이 지분을 양도하고자 하는 경우, 내부적 동의와 주관부서의 심사비준을 거쳐야 한다.

중외합자기업이나 중외합작기업의 당사자가 지분의 일부 또는 전부를 양도하고자 하는 경우에는, 상대방 합영당사자나 합작당사자의 동의를 얻어야 한다. 상대방 당사자는 이 지분에 관한 우선매수권이 있고(중외합자기업법 제4조, 중외합자경영기업법실시조례 제20조 제1단, 제2단, 중외합작경영기업법 제10조), 지분양도시에 제3자에게 양도하는 조건은 합영당사자나 합작당사자에게 양도하는 조건보다 우대할 수 없다(중외합자경영기업법실시조례 제20조 제3단). 이외에도 해당 주관부서의 심사비준을 얻어야 한다(중외합자경영기업법실시조례 제20조 제1단).

이 두 가지 사항은 지분양도에 관한 효력요건으로서 위반하면 지분양도는 무효가 된다(중외합자경영기업법실시세칙 제20조 제4단).

외국인독자기업의 경우에는 심시비준기관의 인가를 받아야 하고 동시에 공상행정관리기관에 등록을 하여야 한다(외자기업법실시세칙 제22조, 제23조).

제 6 절 회사의 사채발행과 양도

제1. 사채의 발행

Ⅰ. 사채발행에 관한 중국법제

사채(債券)란 회사가 법에 따라 발행하며, 일정한 기한 내에 원금과 이자를 지불할 것을 약속하는 유가증권을 말한다(제154조 제1단). 회사가 발행하는 사채는 「증권법」에서 규정한 발행요건을 갖추어야 한다(제154조 제2단).

회사가 사채(債券)를 발행할 경우 사채발행과 직접적으로 이해관계가 있는 채권자를 보호할 수 있는 규범체계가 필요하다. 개정 회사법도 사채에 관한 구 회사법의 체제를 그대로 수용하면서도,[23] 사채의 발행과 모집절차 등은 증권법에서 정한 요건에 의하도록 함으로써 그 감독체계를 구성하고 있으며, 사채의 모집절차와 양도요건을 구체화하였다.[24]

구 회사범에서 사채를 발행할 수 있었던 회사는 주식회사와 국유유한회사였다(구 회사법 제159조). 국유유한회사는 국가단독출자회사(國有獨資公司) 및 두 개 이상의 국유기업 또는 기타 두 개 이상의 국유투자기관이 설립한 유한회사이다.

23) 구 회사법에서 인정하고 있던 채권의 모집절차, 채권의 기재사항, 기명식 채권과 무기명식 채권의 발행과 채권명부의 작성, 채권등기제도의 마련, 주식전환사채의 발행 등은 개정 회사법에서도 그 체계가 같다.

24) 이정표, "최근 개정된 중국회사법의 검토", 성균관법학 제17권 제2호, 2006. 12., p. 459.

유한회사는 폐쇄성을 지니므로 일반 투자자들이나 사회 공중의 이익을 보호하기 위하여 사채의 발행을 제한하는 것이 일반적이다. 구 회사법에서 국유유한회사에 관해 사채발행을 허용하였던 이유는 회사의 자본이 국가에서 출자된 것이기 때문에 회사의 자본상태가 양호하고, 이들 기업의 경제규모나 경제력이 비교적 양호하기 때문에 이러한 유한회사가 사채를 발행하여도 채권자에게 손해가 되지 않기 때문이라고 한다.[25]

개정 증권법은 사채를 발행할 수 있는 회사로서 주식회사뿐만 아니라 유한회사도 포함시키고 있다(증권법 제16조). 일반적으로 사채를 발행할 수 있는 회사는 주식회사와 특정 개방형 회사에 한정되는 것이 일반적이지만, 중국 「증권법」은 유한회사도 사채를 발행할 수 있도록 하였다. 다만 주식회사가 사채를 발행할 경우 그 전제로서 순자산이 3천만원(인민폐) 이상이 되어야 하지만, 유한회사가 사채를 발행하는 경우 그 순자산은 6천만원(인민폐) 이상이 되어야 한다(증권법 제16조 제1호). 유한회사의 순자산 요건을 주식회사의 경우 보다 더 가중한 것은, 유한회사가 갖는 폐쇄적 인적회사의 성질 및 이에 따른 채권자의 보호가 주식회사의 경우보다 더 필요하기 때문이다.

상장회사는 주주총회의 의결을 거쳐 주권으로 전환이 가능한 사채를 발행할 수 있으며(회사법 제162조), 이 경우에는 회사의 순자산요건(증권법 제16조 제1호)과 주권의 공개발행에 관한 요건(증권법 제13조, 제14조, 제15조)을 충족하여야 하고, 이와 함께 국무원 증권감독관리기관이 허가도 받아야 한다(증권법 제16조 제3단).

Ⅱ. 사채의 법적 성질

사채는 채권채무관계를 표창하는 유가증권이다. 사채는 채권(債券)의 형식으로 존재하며, 이 채권은 요식증권이며, 유통증권이고, 양도성이 있다.

사채의 발행을 통하여 회사는 채권(債券)을 소지한 채권자에 대하여 채무자의 지위를 갖고, 채권을 소지한 자는 채권자로서 회사법 및 증권법 등에서 정한 유가증권의 권리를 갖는다.

동일기간에 발행된 사채는 액면가액이나 이율, 원금 등에서 동일한 내용

25) 徐燕, 公司法原理, 法律出版社, 1997, 364면.

을 갖는다. 동일한 기간에 발행되는 사채는 채권(債券)의 형식으로 발행되는 요식증권이다. 사채를 표창하는 채권(債券)은 법정의 거래소에서 법정의 양도 절차를 통하여 양도함으로서 투자한 자금을 회수할 수 있는 유통증권이다.

사채를 표창하는 채권은 주권(股票)과 함께 유가증권성, 요식증권성, 유통증권성을 갖고 있으나, 양자는 다른 성질을 갖는다. 주권을 소지한 자는 주주권을 보유하고, 주주권은 이익배당권이나 기타 자산수익권도 있을 뿐만 아니라, 회사의 경영과 지배구조에 참여할 수 있는 권리도 주어진다. 그러나 사채를 소지한 자는 일정한 기한 동안 소지하고 이에 따른 원금과 이자를 지급받을 수 있는 채권관계의 채권자이다. 채권자도 회사법과 증권법 등의 법률이 정하는 채권자의 권리를 행사할 수 있으나, 주주권에는 회사의 경영참여권이 부여된다는 점에서 이 두 가지 권리는 근본적인 차이가 있다.

이와 함께 사채는 증권시장의 가격 변동이나 회사의 경영상태, 회사의 외부적 변화 등과 관계없이 고정된 이자를 수령할 수 있다는 점에서, 주가의 가격변동이나 회사의 대내외적 경영변화에 따른 이익배당의 폭이 크고 반드시 회사의 이익이 발생하여야 그 이익이 배당되는 주권과 본질적으로 구별되는 특성이 있다.

이 외에도 중국 회사법체계에서 유한회사와 주식회사 모두 사채를 발행할 수 있지만, 주권은 주식회사만 발행할 수 있다는 점도 다르다. 또한 회사가 발행한 주권으로 납입된 자금은 회사의 자본으로 전입되고, 특히 신주권을 발행한 경우는 회사의 자본증가로 이어진다. 그러나 사채의 발행은 회사의 자본에 영향이 없고, 사채발행으로 납입된 자금은 회사의 자산항목으로 전입되고, 이것은 곧 회사의 부채에 편입된다는 점에서도 차이가 있다.[26)]

Ⅲ. 사채발행의 요건

개정 증권법은 구 회사법 제16조가 규정하였던 사채발행을 위한 법정요건을 명시하였을 뿐만 아니라, 사채를 발행할 수 있는 회사로서 주식회사와 유한회사를 인정하고 있다(증권법 제16조).

사채도 주권의 발행과 같이 회사의 일정한 재무경영요건이 갖추어지고 절

26) 徐婧, 新公司法疑難解釋, 中國工商出版社, 2005, 214면.

차적 요건을 구비한 후에 발행절차를 신청할 수 있다.

1. 사채발행을 위한 재무경영요건

사채를 발행하기 위해서는 다음의 요건을 구비하여야 한다(증권법 제16조). 주식회사 경우에는 그 순자산이 3천만원(인민폐) 이하가 되지 않을 것, 유한회사의 경우에는 순자산이 6천만원(인민폐) 이하가 되지 않을 것, 사채의 누계총액이 회사 순자산의 40/100을 초과하지 않을 것, 최근 3년간 평균 배당가능한 이익이 회사 사채의 1년간 이자를 지급할 수 있을 것, 사채를 모집하여 투자하고자 하는 자금이 국가산업정책에 부합할 것, 사채의 이율이 국무원에서 정하는 이율수준을 초과하지 않을 것, 국무원이 정하는 기타 요건에 부합할 것 등이다.

중국 증권법 제16조가 정하는 사채발행 요건 중에서 몇 가지 해석이 필요한 부분이 있다.[27] 첫째, 회사의 순자산(淨資産)이란 회사의 자산총액 중에서 부채를 공제한 잔여액을 말한다. 둘째, 사채의 누계총액이란 회사가 이전에 기발행하였지만 아직 상환기간이 도래하지 않은 채권액(債券額)과 본 회에 발행하여야 하는 회사 사채총액을 합한 총액을 말한다. 셋째, 사채의 이율이 국무원에서 정하는 이율수준을 초과하지 않아야 한다는 것은 국무원이 공포한「기업사채관리조례(企業債券管理條例)」에서 정한 이율을 말하고, 이에 의할 때 기업의 사채 이율은 은행에서 동기간의 주민 저축정기이자율의 40/100을 초과하지 못한다고 규정하고 있다(기업사채관리조례 제18조).

최근 3년간 평균 배당 가능한 이익이 회사 사채의 1년간 이자를 지급할 수 있어야 한다는 것은 이익배당의 절차와 같다. 즉, 회사에 이익이 발생되고 이 이익 중에서 각종 조세를 완납한 후에, 회사의 손실을 전보하고도 이익이 남은 경우에는 각종 법정준비금(法定公積金)으로 적립하고, 이 법정준비금을 적립한 후 잉여이익으로 사채의 이자를 지급할 수 있어야 한다는 의미이다.

특히 전환사채(可轉換爲公司債券: Convertible Bonds)를 발행하는 경우에는 위의 사채발행요건 중에서 회사의 순자산요건으로서 주식회사인 경우에는 3천만원(인민폐), 유한회사인 경우에는 6천만원(인민폐)을 충족하여야 하고, 이와 동시에 회사법에서 정하는 주권발행요건에 부합하여야 할 뿐만 아니라, 국무

27) 徐婧, 新公司法疑難解釋, 中國工商出版社, 2005, 247면.

원 증권감독관리기관에 보고하여 인가도 얻어야 한다(증권법 제16조 제4단).

국무원이 정하는 「전환사채관리잠행판법(可轉換公社債券管理暫行辦法)」은 전환사채의 발행요건을 다음과 같이 정하고 있다(동 잠행판법 제9조, 제10조). 즉, 최근 3년간 연속적으로 이익이 발생하고, 동시에 최근 3년간의 순자산 이익률이 평균 10/100 이상일 것, 에너지, 원자재, 기초설비 등에 종사하는 회사는 이보다 낮을 수 있으나 다만 7/100 이하가 되지 못한다. 전환사채의 발행 후에 자산부채비율이 70/100보다 높지 않아야 하고, 누계채권총액이 회사 순자산액의 40/100을 초과하지 않아야 하며, 모집자금의 투자방향이 국가산업정책에 부합하여야 하며, 전환사채의 이율이 은행의 동기의 저축이자율 수준을 초과하지 못하며, 전환사채의 발행총액은 1억원(인민폐) 이하가 되지 않아야 한다.

2. 사채발행의 절차적 요건

사채를 발행하고자 하는 회사는 회사법과 정관 및 관련 법률 등에서 정하는 내부적 절차를 완료하여야 하고, 대외적으로 주무부서에 신고·보고하고 변경등기 등의 절차를 거쳐야 한다.

사채를 발행하게 되면 회사의 전체 자산과 채무에 영향을 주게 되고 채권자와 주주의 이익에 중대한 영향을 초래하게 되므로, 이에 관한 사항은 주주총회의 결의를 거쳐야 한다(회사법 제100조, 제38조). 일반사채의 경우에는 주주총회가 보통결의로 처리하면 되지만, 상장회사의 전환사채는 특별결의에 의하여야 한다.[28)]

사채발행에 관한 회사의 내부적 절차가 완료되면 대외적 절차를 완료하기 위하여 이사회는 국무원 증권감독관리기관의 인가를 받아야 한다. 국무원은 국민경제를 조절하기 위하여 사채 발행규모를 총액으로 한정하고 있다. 사채를 발행하기 위하여서는 국무원에서 정한 신용평가제도를 통과하여야 한다.[29)]

사채발행을 위하여 국무원 증권감독관리기관에 제출하는 서류에는 다음의 사항이 기재되어야 한다(증권법 제17조). 즉, 회사 영업허가증, 회사정관, 회사

28) 徐婧, 新公司法疑難解釋, 中國工商出版社, 2005, 251면.

29) 신용평가제도는 회사 신용도와 상환능력을 기준으로 하여 AAA, AA, A, BBB, BB, B, CCC, CC, C, D급 등 10단계로 구분하고, 채권을 발행할 수 있는 회사를 A급 이상으로 정하고 있다.

사채모집방법, 자산평가보고 및 검증보고(驗資報告), 국무원이 수권한 부서 또는 국무원 증권감독관리기관이 정한 기타 서류 등이다.

사채의 발행신청에 관하여 국무원이 수권한 부서로부터 인가가 나면, 회사는 사채모집방법을 공고 하여야 한다. 사채모집방법에는 다음의 주요 사항이 명시되어야 한다(회사법 제155조). 즉, 회사명칭, 채권모집자금의 용도, 채권총액(債券總額)과 채권(債券)의 액면금액, 채권이자율의 확정방식, 원리금 상환의 기한과 방식, 채권의 담보상황, 채권의 발행가액, 발행의 기점과 종료일자, 회사의 순자산액, 이미 발행하였으나 만기가 도달하지 않은 회사채권총액(公社債券總額), 채권의 주간사(承鎖機構) 등이다.

채권이자율의 확정방식은 회사 정관에서 규정하거나 주주총회 또는 이사회의 결의로 결정한다.

사채모집공고에 따라 사채의 주간사가 사채의 발행을 담당하고, 모집된 자금은 회사의 용도에 사용되어야 한다.

Ⅳ. 사채발행이 금지되는 경우

회사의 사채발행은 회사의 경영상태와 자본의 필요 등에 따라 법정된 절차와 방식에 의하여 시행을 할 수 있으나, 회사의 채권자와 대외적 신용제고를 위하여 다음과 같은 경우에는 발행이 법률로 금지된다.

마지막으로 공개 발행된 회사 사채의 모집이 미달된 경우, 이미 공개 발행된 회사의 채권(債券) 또는 기타 채무(債務)가 원금과 이자지급이 위약되었거나 또는 지체된 사실이 발생되었고, 이러한 상태가 지속된 경우, 본 증권법의 규정에 위반되었거나 회사 사채의 공개발행으로 모집된 금액의 사용처가 변경된 경우 등과 같은 사실중의 하나라도 발생되면 회사는 차기의 회사 사채를 발행할 수 없다(증권법 제18조).

중국 증권감독위원회(中國證監會)가 2001년 4월 26일 공포한「상장회사의 전환사채실시판법(上市公司發行可轉換公社債券實施辦法)」 제6조에 의하면 다음과 같은 경우 전환사채의 발행을 인가하지 않는다. 최근 3년 내 중대한 위법행위나 법규위반행위, 최근 1차 모집자금이 규정에 따라 사용되지 않고 임의적으로 전용되었으며, 규정에 따라 정정(訂定)되지 않은 경우, 허위기재로 정보공개를 하거나 오도할 목적으로 공포(陳述)하거나 누락할 목적으로 공포한 경우, 회사의 경영이 규범을 준수하지 않음으로써 심각한 결과가 발생된 경우, 회사의 성장가능성에 관한 오차나 중대한 투자위험을 은닉한 경우, 중국 증권감독위원회가 정하는 기타 사항으로서 투자자에게 심각한 손해를 초래하게 하는 사정 등이다.

제2. 사채의 종류와 양도

Ⅰ. 사채의 종류

사채는 사채의 존속기한, 기명여부, 담보여부, 선회수여부, 전환권여부 및 등록여부에 따라 그 종류가 구분된다. 중국 회사법에서는 기명여부에 따른 기준만을 사용하지만(회사법 제157조), 개정 증권법에는 기타의 사채에 관하여서도 규정하고 있다(증권법 제11조 이하).

사채는 기명여부에 따라 기명사채와 무기명사채로 구분된다. 기명사채는 사채권(社債券)에 사채소지인의 성명이나 명칭이 기재되는 사채이다. 회사가 사채를 발행하는 경우 반드시 사채원부(債券存根簿)를 비치하여야 하고, 기명사채를 발행하는 경우에는 사채원부에 다음의 사항을 기재하여야 한다(회사법 제158조). 채권소지인(債券所持人)의 성명 또는 명칭과 주소, 채권소지인이 취득한 채권(債券)의 일자 및 채권의 일련번호, 채권총액(債券總額), 채권의 액면금액, 채권의 이율, 원금 및 이자의 상환기한 및 방식, 채권의 발행일자 등이다.

사채원부에 기재된 채권자는 채권소지인으로 추정되며, 회사의 합병·분할·증자·감자·조직변경 및 대외 담보제공 등의 경우에, 회사가 이 사채원부를 기준으로 하여 회사 채권자에게 통지하여야 한다.

무기명사채는 사채권(社債券)에 채권소지인의 성명이나 명칭 등의 기재가 없는 사채이다. 무기명사채가 발행된 경우에 회사는 사채원부를 비치하여야 하고(회사법 제158조 제1단), 사채원부에 채권총액, 이율, 상환기한과 방식, 발행일자 및 채권의 일련번호를 기재하여야 한다(회사법 제158조 제2단).

기명사채와 무기명사채는 그 법적 성질이 대체로 동일하고, 다만 요인성을 요하느냐 하는 점과 양도방식 · 구제방식 및 기재사항이 다를 뿐이다. 기명사채는 요인증권이므로 채권(債券)이 유실되거나 멸실 또는 훼손된 경우에 원래의 소지인이 인민법원에 사채무효확인의 소를 제기하고, 공시최고절차를 거쳐 자신의 채권을 회복할 수 있다. 그러나 무기명사채는 불요인증권성을 갖기 때문에 채권(債券)이 유실 · 멸실 또는 훼손된 경우에 바로 회사에 대한 채권(債權)을 상실하므로,[30] 중국 민사소송법상의 공시최고절차에 의한 구제를 받을 수 없다.

Ⅱ. 사채의 양도

구 회사법체제에서는 사채를 양도하는 경우 정부에서 정한 고시가액에 의해 정해졌기 때문에 사채의 기능을 다하지 못하였다. 개정 회사법은 회사의 사채를 양도하는 경우에는 양도인과 양수인이 약정으로 그 양도가격을 정할 수 있도록 하였을 뿐만 아니라(제160조), 무기명사채의 양도는 채권교부로 그 효력이 발생하도록 하는 규정을 신설하였다(제161조 제2단). 다만 상장된 사채는 증권거래소 규칙에 따라야 하므로, 반드시 증권거래소의 상장거래나 기타 국무원의 비준을 얻은 장소에서만 양도가 가능하도록 하였다(증권법 제39조).

기명사채는 배서에 의한 양도 또는 법률이나 행정법규에서 정하여진 방식으로 양도할 수 있다(제161조). 법률이나 행정법규에서 정하여진 방식이란 전자방식에 의한 사채의 발행을 말한다. 기명사채의 양도방식은 배서와 교부에 의하여 그 효력이 발생한다. 사채원부에 기명되었는지의 여부는 대항요건에 해당되는 것이므로, 사채양도인은 양수인이 사채명부에 기재되지 않았다는 이유로 그 양도의 효력을 부정할 수 없다.

무기명사채는 교부로써 그 양도의 효력이 발생될 뿐만 아니라 동시에 회사에 대한 대항적 요건도 완성된다.

사채를 양도한 후 회사는 양수인의 성명 또는 명칭 및 주소를 사채원부에 기재하여야 한다(제161조). 기명사채가 양도된 경우 사채의 양수인은 회사에 대하여 회사 사채원부상의 기재를 변경해 줄 것을 청구할 수 있다.

---

30) 徐婧, 新公司法疑難解釋, 中國工商出版社, 2005, 245면.

제 7 장
회사의 자본제도

제 1 절 중국 회사법상 자본제도 개관

제1. 회사자본의 개요

회사의 자본은 사원(주주)의 출자로 구성된 자산총액으로서 물적 회사의 기초가 된다. 회사의 자본제도는 지배구조와 함께 회사의 양대 지주라고 할 정도로 중요한 부분이 된다.

경제학적으로 자본은 투자총액(投資總額)을 의미하고, 이는 등록자본(注册資本)과 대차자본(借貸資本)을 포함하는 개념이다. 그러나 법률상의 자본은 등록자본(注册資本)을 의미한다. 회사법에서 말하는 자본(capital)은 회사 설립 당시에 전체 사원이나 발기인이 출자한 출자총액으로서 회사정관에 기재되고 회사 등기기관에 등록된 자본총액을 통칭하는 것이다. 이러한 의미에서의 회사자본은 회사의 설립에 중요한 역할을 할 뿐만 아니라 회사의 성립 후 법인의 독립성을 확보하기 위한 주요 수단이 되고, 특히 회사의 대외책임을 보장하는 최소한의 추상적 기준이 된다.

회사자본은 자산(資産: assets)과 구별된다. 회사자산은 회사가 실제적으로 보유하고 있는 재산의 총합으로서 무형의 재산과 유형의 재산으로 구성된다. 자산은 그 형태상 유동자산과 고정자산, 장기자산과 단기자산, 무형자산과 이연자산 등으로 구분된다. 회사가 보유하는 자산의 구성부분은 주로 주주의 출자총액(회사자본), 회사의 대외부채, 회사의 자산수익과 경영수익 등으로 된다.

이에 따라 회사의 자산 중에서 가장 중요한 부분이 회사자본이 되고 자본의 증감은 회사의 경영에 중대한 영향을 미치게 된다.[1] 중국의 실무에서도 종종 지배주주나 기타 실제지배자가 회사의 등록자본을 가장납입(虛假出資)하거나, 출자금의 무단 인출(抽逃) 또는 사적 목적을 위하여 각종 수단을 이용한 감자(減資) 등을 실시함으로써 회사의 자본구조에 심각한 영향을 초래하기도 하였다.[2]

회사자본은 자금(資金)과 구별된다. 중국은 정치경제학적 영향 때문에 자본은 잉여가치를 창조할 수 있는 가치로 정의되었고, 국유기업의 운영체제에서 자본은 일반적으로 '자금'으로 사용되었다. 구 회사법에서도 자본의 개념을 사용하기는 하였지만 그 실질적인 의미는 국유기업체계의 자본재산권 특히 법인재산권(法人產權)의 의미가 강하였다(구 회사법 제4조).[3]

회사자본은 주주나 사원들의 출자총액이 회사의 자본총액으로 형성되지만, 회사가 주권을 액면초과로 발행하는 경우에는 출자총액이 자본총액보다 높게 구성되므로 이러한 경우 준비금으로 전입된다.

제2. 회사자본의 유형

회사자본은 대체적으로 등록자본, 수권자본, 발행자본, 유보자본 및 납입자본 등으로 구별되나, 중국 회사법에서 사용되고 있는 자본의 유형으로는 등록자본, 수권자본, 발행자본 및 납입자본이다.

Ⅰ. 등록자본

등록자본(注册資本)은 액면자본(面額資本)이라고 하며, 회사가 성립할 당시에 회사 등기기관에 등록된 자본의 총액규모를 말한다.

회사법상의 동록자본은 회사 자본제도에 따라 출자자들의 실제 출자총액과 동일하지 않을 수도 있고, 회사의 유형과 설립방식에 따라서 그 적용방식도 달라진다.

---

1) 법제처 동북아법령정보서비스사업 2006년도 연구용역과제 보고서, p. 170.
2) 趙日昕·王剛義, 關於我國公司注册不實的法律分析, 公司律師實務, 法律出版社, 2006, 57면.
3) 張國平, 當代企業基本法律制度研究, 法律出版社, 2005, 32면.

유한회사의 경우 회사의 전체 사원들이 출자한 납입총액이 회사의 등록자본으로 된다(제26조 제1단). 주식회사가 발기설립 방식으로 설립된 경우 등록자본은 회사등기기관에 전체 발기인들이 납입을 완료하여 등기된 주금납입총액이다. 주식회사가 모집설립의 방식으로 설립될 경우 등록자본은 회사등기기관에 등기되고 실제 납입된 주금총액이다.

Ⅱ. 수권자본과 납입자본 및 발행자본

수권자본은 회사정관에 향후 발행 가능한 전체총액을 정해 놓고 회사가 필요한 때에 정관에 근거하여 자본을 사용할 수 있도록 수권한 것이다. 자본발행에 관한 수권은 이사회가 갖는다.

납입자본은 주주나 사원이 회사에 대하여 납입을 완료한 자본총액이다. 주주나 사원이 인수한 자본이 납입완료 되면 회사의 등록자본과 일치하게 된다. 수권자본제도에서는 주금의 분납이 허용되므로 주주나 사원이 분납을 완료한 주금으로 납입자본이 구성된다. 중국 회사법에서는 법정자본제도가 원칙이지만 유한회사의 출자사원이나 주식회사의 발기설립 방식인 경우 발기인에게 주금의 분납이 허용된다.

발행자본은 회사가 한 회에 한하여 또는 분기로 주식이나 지분권을 발행하는 경우 이미 발행된 자본총액을 말한다. 발행자본은 주주나 사원이 납입하기로 승낙한 부분도 포함되므로 발행자본과 등록자본 사이에 차이가 발생할 수 있다.

제 2 절 회사의 자본제도

제1. 회사의 자본형성 제도

회사의 자본은 회사의 설립당시에 어떤 출자형식을 채택하느냐와 관련되어 있고, 회사의 신용과 거래안전을 보장하는 최소한의 조치일 뿐만 아니라 출자처분을 정하는 기준이 되므로 이 자본제도에 관한 각 국의 법제는 다양하다.

자본제도의 핵심은 등록자본을 기준으로 하여 이를 어떤 방식으로 운용하느냐에 관한 것이다. 이에 관해서는 법정자본제와 수권자본제 및 이들을 절충한 형식인 절충자본제가 있다. 중국 기업법체계에서는 법정자본주의를 채택하여 왔고, 이는 1993년 「기업재무회계통칙(企業財務會計通則)」이 공포되면서 명문화되었다(제6조, 제9조).

Ⅰ. 법정자본제

법정자본제(法定資本制)는 회사설립시에 회사 정관에서 회사의 자본총액을 확정하여 두고, 출자자인 주주나 사원이 그 총액을 일회에 인수납입할 것을 조건으로 하여 회사설립을 인정하는 자본제도이다. 법정자본제도는 최저 등록자본금제도를 기초로 하여 정관에서 확정된 자본총액의 일괄인수 및 납입완료로써 실현된다. 법정자본제도 하에서는 회사자본이 곧 등록자본(注册資本)이 된다. 즉 회사자본은 회사정관에서 확정되고 회사 성립 전에 지분이나 주식의 발행이 완료가 된 후 사원이나 발기인들이 해당 지분이나 주식의 인수납입을 완료한 총액으로 된다.

법정자본제는 회사의 자본이 안정적으로 확보됨으로써 채권자 보호에 유리하고, 거래의 안전을 기할 수 있게 된다. 반면 회사의 설립이 까다롭고 회사의 유휴자본이 형성됨으로써 회사의 경영에 장애가 될 수도 있다. 특히 회사의 필요에 의하여 자본을 증가하거나 감소할 경우 반드시 주주총회나 사원총회의 동의를 거쳐 시행하여야 하고 동시에 이에 따른 변경등기를 거쳐야 하는 경직성을 갖는다.

법정자본제는 대륙법계의 회사법체계에서 수용되어 왔지만, 그 적용이 감소되는 추세에 있다.

Ⅱ. 수권자본제

수권자본제는 회사설립시에 자본총액은 회사정관에 기재한 후, 출자자가 자본총액 전체를 인수납입할 것을 요하지는 않고 그 중에서 일부만을 인수납입하면 회사가 성립하는 것을 허용하는 자본제도이다. 인수납입이 완료되지

[표 7-1] 법정자본제와 수권자본제 및 절충자본제

비교항목	법정자본제	수권자본제	절충(折中)자본제
등록자본총액의 정관 기재 여부	정관에 기재함	정관에 기재함	정관에 기재하지만 이사회가 수권범위 내 변경할 수 있다.
출자금의 일회 전액 인수, 납부 여부	일회 전액 인수, 납부	일회 전액 인수, 납부 불필요	정관에서 규정한 자본총액을 한번에 모두 인수, 납부하여야 하지만 정관으로 수권에 의하여 이사회가 회사설립 후에 증자할 수 있다.
신증자금의 수권	주주총회의 결의 거쳐야 됨	수권범위 내 이사회가 수시로 주주에게 출자·증자를 시킬 수 있다.	정관 규정의 범위 내 이사회가 상황에 따라 증자나 신주발행을 할 수 있다.
장단점	**장점** (1) 회사의 자본이 확정적이고 채권자에 유리하다. (2) 법인의 기만행위를 방지하여 거래안전에 유리하다. **단점** (1) 회사의 설립비용을 증가시킨다. (2) 유휴자본이 조성된다. (3) 회사자본의 활성화가 부족하다.	**장점** (1) 회사의 설립비용을 감소시킨다. (2) 회사자본의 이용효율을 제고하다. (3) 회사자본이 실제상황에 따라 조정될 수 있다. **단점** (1) 회사의 사기행위를 쉽게 유발시킨다. (2) 회사의 자금신용도에 대한 기회비용을 증가시켜 채권자에 대한 보호가 불리해진다.	법정자본제와 수권자본제의 장점을 결합하여 양자의 단점을 극복할 수 있다.

자료: 徐永前, 新公司法, 企業管理出版社, 2006, 63면.

않은 잔여분은 이사회에 수권하여 회사가 필요로 하는 때에 수시로 주권을 발행하도록 함으로써 경영의 편의를 도모하는 제도이다. 수권자본제도는 회사자본변동의 필요가 발생할 경우 회사의 정관변경조치나 변경등기를 하지 않아도 되며, 필요한 때 자본증가나 감소를 할 수 있다. 그러나 이사회 구성원인 이사의 개인적 자질이나 경영자의 경영방향 또는 회사의 경영여건에 따른 대내외적 위험에 쉽게 노출될 수 있을 뿐만 아니라, 자본의 운영방식 여하에 따라 회사의 이해관계자나 회사신용에 중대한 영향을 줄 수 있다.

이러한 자본제도는 주로 영미법계 국가가 채택하여 사용하여 왔다.

Ⅲ. 절충자본제

법정자본제나 수권자본제는 그 장단점을 갖고 있으므로, 많은 국가의 회사법은 양자를 절충한 절충자본제를 채택하고 있다. 법정자본제를 채택하였던 독일도 1937년 주식법의 제정시에, 일본의 경우 1950년 상법 개정시에 법정자본제를 개정하거나 포기하여 절충자본제로 이행하였다.

절충자본제는 회사의 자본을 등록자본이 아닌 발행자본으로 한정한다든지 수권발행기한을 설정하든지 또는 설립시와 설립 후를 분리하여 설립시에는 법정자본제를 설립 후에는 수권자본제를 분리하여 적용하는 방식 등이 있다.

Ⅳ. 중국 회사법의 자본제도

중국 회사법은 1993년 제정 당시에 엄격한 법정자본제를 채택하였다. 구 회사법 제23조와 제28조에서 유한회사와 주식회사의 등록자본은 회사등기기관에 등기된 실제 인수 납입된 출자총액과 주금총액으로 구성되고, 회사는 이 등록자본금 총액을 납입완료한 때 회사가 성립된다고 명시하였다.

중국 회사법체계에서 법정자본제가 실시된 배경은 국유기업이 유한회사나 주식회사로 전환하게 되면서 이 회사들을 정책적으로 관리할 필요가 있었고, 국유주(國有股)를 보유한 국가나 국가의 수권을 받은 이사회 또는 이사장이 많은 재량권을 보유하고 있었기 때문에 이들의 자본유용을 통제할 필요성이 있을 뿐만 아니라 법치환경이나 시장여건이 아직 미숙하였기 때문이었다.[4]

법치환경에서 그 요인을 찾는다면 회사의 설립과 운영 및 감독 등에서 많은 흠결이 존재하였다. 법정자본제도의 주요 내용이 최저 등록자본금의 설정과 출자금의 1회 인수납입제도에 있다고 본다면, 높은 최저등록자본금을 설정

4) 徐曉松, 論中國公司資本的嚴格監管與放松監管, 中國投資法律指南, 對外經濟貿易大學出版社, 2007, 54면.

하게 된 것은 엄격한 출자검증제도가 없었고, 허위출자의 처벌에 관한 형사적 처벌 규정 등이 미비된 것에 그 직접적인 원인이 있다. 구체적으로는 회사 등기기관이 회사의 등기신청에 대하여 서면으로만 심사하여 인가하였고, 회사의 재무감독에 관한 정보 등이 공개되지 않았으며, 등기관리기관이 등기중의 위법행위를 발견하였더라도 이를 직접 처벌할 수 있는 규정이 흠결되었으며, 주주나 회사 및 재무감독기관 등의 위법행위에 대하여 엄격한 감독과 처벌이 이루어지지 않았기 때문에[5] 법정자본제의 선택은 어쩔 수 없는 최소한의 조치였다.

시장 환경에서도 시장왜곡과 불완전경쟁의 상태에서 자금모집이 곤란한 상태가 지속되었을 뿐만 아니라, 높은 최저등록자본금을 충당하기 위하여 금전대출을 받은 후 기업의 설립등기 후 즉시 출자금을 인출하는 사례 등이 많이 발생하였고,[6] 이 외에도 출자자와 회사 고급관리자들이 공적, 사적 목적을 위하여 허위출자나 가장납입 또는 출자회수 등의 현상이 다발하였다.

개정 회사법은 구 회사법이 엄격한 법정자본제를 실시함에 따라 높은 등록자본금액의 설정 및 출자금의 일회완납 등으로 회사의 설립이 제한되었던 점을 고려하여 법정자본제를 원칙으로 하면서도 이 제도를 개선하는 방향으로 개정하였다.

제2. 자본 3원칙[7]

중국 회사법은 대륙법계의 국가들이 과거에 채용하였던 자본의 3원칙을 수용하여 운용하고 있다. 자본의 3원칙이란 자본확정원칙, 자본유지원칙 및 자본불변의 원칙으로 대표된다. 중국 회사법의 자본제도 중 자본확정 및 유지의 원칙이 가장 근간이 된다고 평가할 수 있다.

5) 徐曉松, 論中國公司資本的嚴格監管與放松監管, 中國投資法律指南, 對外經濟貿易大學出版社, 2007, 54면.

6) 趙日昕·王剛義, 關於我國公司注册不實的法律分析, 公司律師實務, 法律出版社, 2006, 60면.

7) 법제처 동북아법령정보서비스사업 2006년도 연구용역과제 보고서, p. 176 이하의 내용을 일부 보완하였음.

Ⅰ. 자본확정의 원칙

자본확정의 원칙이란 회사정관에서 법정자본 최저한도액을 등록자본으로 확정해 두고 발기인들이 이 총액을 전부 인수납입을 완료한 때에 회사가 성립하는 것으로 인정하는 것이다.

중국 회사법에서도 자본확정의 원칙이 적용되고 있다. 회사설립시 법정자본 최저한도액을 설정하고 있고(제26조, 제81조), 사원이나 발기인이 회사설립시에 회사의 등록자본금을 전액 인수납입하도록 하고 있으며(제26조, 제81조), 출자자가 출자책임을 완료한 후에는 검증기관의 출자증명을 확인받아야 하고(제29조, 제90조), 출자자가 실물로 출자할 경우에는 출자차액을 전보할 책임을 부담하며(제28조, 제94조), 허위출자의 경우에는 엄격한 형사상의 책임이 있다(제199조, 제200조).

Ⅱ. 자본유지의 원칙

자본유지의 원칙은 회사가 그 존속기간 중에 회사정관에 기재된 등록자본액이나 그 경영규모에 상당하는 실제자본을 유지하여야 한다는 것이다. 회사의 신용을 유지하고 채권자를 보호할 수 있는 최소한도의 자본을 유지하게 함으로써 거래의 안전을 확보하기 위한 것이다.

중국 회사법에서도 자본유지의 원칙이 적용된다. 회사의 성립 후에 주주나 사원은 회사에 출자한 자본을 회수하지 못하도록 하고(제36조, 제92조), 주권은 액면이하로 발행할 수 없도록 제한하고(제128조), 회사에 결손이 발생된 경우 먼저 결손액과 각종 조세를 보충 또는 납부한 후 각종 준비금을 적립한 후에 비로소 이익배당을 할 수 있도록 법정화한 것(제167조), 회사는 원칙적으로 자기발행의 주식을 인수하지 못하도록 제한하는 것(제143조) 등이 이에 해당된다.

Ⅲ. 자본불변의 원칙

자본불변의 원칙은 회사의 자본총액이 한번 확정되면 법정절차를 거치지 않고는 임의로 이를 변경할 수 없다는 것을 말한다. 자본불변의 원칙은 한번 확정된 자본총액은 절대적으로 변경할 수 없다는 것이 아니고 특정한 요건 아래 일정한 절차를 거쳐서만 그 변경이 가능하다고 하는 것이다. 자본불변의 원칙은 자본의 변동이 발생할 경우 이를 조정하는 기준으로 적용되고, 이를 뒷받침하기 위하여 연도결산제도와 정보공개제도가 시행되고 있다.

중국 회사법에서 자본불변의 원칙은 아래와 같은 사항에 적용되고 있다. 회사의 등록자본은 회사설립시 전부 발행되어야 하고, 법정 자본최저한도액을 비교적 높게 책정한 것, 자본의 증가나 감소시에 엄격한 제한을 가한 것(제178조, 제179조), 출자의 대상을 비교적 좁게 한정한 것(제27조) 등이다.[8)]

제3. 개정 회사법의 자본제도 변화

구 회사법체계에서는 자본확정의 원칙, 자본유지의 원칙 및 자본불변의 원칙이 엄격하게 규정됨으로써 회사의 자본경영이 경직화되었다. 개정 회사법은 구 회사법상 자본제도의 단점인 고액의 등록자본제도, 출자형태의 제한적 인정, 이익배당의 제한 등을 보완하기 위하여 몇 가지를 개선하였다.

Ⅰ. 등록자본금의 분할납입

구 회사법에서 등록자본금제도는 회사의 유형에 따라 자본확정의 원칙을 개별적으로 적용하였다. 즉, 구 회사법상의 유한회사는 법정자본제도에 따라 그 설립시 등록자본 전액을 출자자가 1회에 납입완료하도록 되어 있으나, 외국인투자기업 중에서 유한회사의 형식을 갖는 기업의 경우 법정자본제도하에서 분할납입제도를 채택하여 회사 성립 후 3개월 내에 그 등록자본의 15/100을 납입완료하도록 하였고 그 나머지 부분은 분할납부가 가능하도록 하였다.

동일한 실체에 개별적인 자본제도가 적용되는 현실적인 문제가 있었기 때문에, 개정 회사법은 구 회사법 제23조에서 규정하였던 등록자본 전액납입제도를 변경하여 제26조에서 최초로 납입 완료할 금액은 전체 등록자본금의 20/100에 미달하지 않게 하고, 이와 동시에 법정 등록자본금의 최저한도액에

8) 張國平, 當代企業基本法律制度研究, 法律出版社, 2005, 41면.

미달하지 않게 납입하면 회사가 성립할 수 있도록 하였다. 나머지 부분은 일반 유한회사의 경우에는 회사성립일로부터 2년 이내에, 투자회사인 경우에는 5년 이내에 납입할 수 있도록 출자의 분할납입을 허용하였다.

주식회사의 경우에도 발기설립의 경우에 등록자본은 회사등기기관에 등기된 전체 발기인이 인수하는 주식자본의 총액으로 구성되지만 발기인이 최초로 출자하는 금액은 등록자본금의 20/100 미만에 달하지 않을 것을 요구하며, 나머지 부분은 회사 성립일로부터 2년 내에 납입완료 하도록 함으로써 출자의 분할납입을 허용하였다. 주식회사가 모집설립의 방식을 택할 경우에는 등록자본금은 회사등기기관에 등기된 실제 주식자본금의 총액으로 되므로, 이 경우에는 여전히 법정자본제가 유지되고 있다.

Ⅱ. 최저 등록자본금제도의 완화

회사의 등록자본금제도가 지나치게 높게 책정되었던 것을 현실에 맞게 완화하였다. 구 회사법에서는 회사의 영업범위에 따라 그 최저한도액이 규정되었고, 10만원(인민폐)에서부터 50만원(인민폐)으로 고정되었다. 주식회사의 경우 구 회사법에서는 최저등록자본금이 1000만원(인민폐)이었는데 개정 회사법에서는 500만원(인민폐)으로 하향조정하였다.

Ⅲ. 출자방식의 확대

출자형식에서도 구 회사법에 비하여 그 대상이 확대되었다. 구 회사법이 산업재산권에 한정되었던 전체 지식재산권으로 확대하였고, 무형재산의 출자비율에 대한 완화된 제한을 하고 있으며, 출자방식에 대하여 열거식에서 개괄식으로 변경하였다.[9)]

Ⅳ. 자본충실의 원칙의 변용

영미법계 국가의 회사법에서 적용되고 있는 회사의 자본충실의 원칙은 몇

9) 上海市高級人民法院編(齊奇主編), 公司法疑難問題解析, 法律出版社, 2006, 16면.

가지로 정의된다. 첫째는 회사의 재무상의 변동이나 재무정보 등의 관리와 공개를 철저하게 시행한다는 점이다. 둘째는 이사 또는 고급관리자로 하여금 회사의 자본충실에 대한 의무와 책임을 강화하는 것이다. 셋째는 대주주나 지배주주의 회사에 대한 통제권을 일정한 정도로 제한할 수 있는 지배구조를 개선하는 것이다.

중국 회사법에서 자본충실의 원칙이 변용된 것으로는 정보공개청구권(제34조), 이사, 감사 및 고급관리자의 충실의무(제147조, 제148조, 제149조), 지배주주의 의무(제21조, 제217조) 등이 있다. 이러한 사항들은 자본충실의 원칙과 관련 있지만 중국 회사법의 자본확정 및 자본유지의 원칙과도 관련되는 주요 사항들이다.

V. 엄격한 법정자본제도의 유지—1인 회사의 경우

개정 회사법은 1인 회사제도를 허용하면서 그 자본제도에 관해 엄격한 법정자본제도를 채택하고 있다. 1인 유한회사의 등록자본금을 10만원(인민폐)으로 고정하고 일회 인수납입하도록 하였으며, 재투자를 금지하고, 회계결산보고서를 작성하여 회계사사무소의 감사를 받도록 의무화하였다.

제 3 절 자본의 변동

중국 회사법에서는 자본 3원칙에 대한 규정을 두었지만 회사의 경영상태나 외부시장의 변화에 따라 회사의 자본을 변동할 수 있도록 하였다. 중국 회사법에서 인정되는 자본의 변동은 자본증가와 자본감소이다.

제1. 자본의 증가

I. 자본증가의 의의

자본의 증가는 증자(增資)라고 하며 회사의 경영규모를 확대하거나 기타 자본제도의 운용상 등록자본총액을 법정의 절차에 따라 증가시키는 것이다. 자본의 증가는 일반적으로 외부자금이 유입되는 신주발행의 경우와 준비금의 사용을 통하여 자본을 확대하거나, 현재의 주주지배구조와 지주비율을 개선하기 위하여 이익을 주식자본으로 전환하거나, 주주에게 이익배당을 감소하는 경우 등에서 발생된다. 자본증가는 회사의 유형에 따라 자본구조 및 사원 또는 주주의 출자구조도 다르기 때문에 그 절차도 다르게 진행된다.

자본이 증가하는 경우, 자본제도의 본질적 목적인 채권자보호 및 회사신용의 제고 등을 저해하지 않을 뿐만 아니라 오히려 이러한 목적에 부합하므로 이에 관한 절차는 간단하게 규정되고 채권자보호를 위한 공고절차도 거치지 않는다. 그러나 현재의 주주들에게는 소유하고 있는 주권의 지배구조에 직접적인 영향을 미치게 되므로 주주총회의 결의를 거쳐 실시하도록 하는 것이 일반적이다. 중국 개정 회사법도 자본증가의 경우에는 사원총회 또는 주주총회에서 주주(사원) 의결권의 2/3 이상의 찬성으로 실시하도록 규정하고 있다(제38조, 제100조).

Ⅱ. 유한회사와 주식회사의 자본증가

유한회사는 폐쇄성 특징을 갖는 사원중심의 회사이므로 자본증가는 내부사원들이 증가되는 자본을 지분으로 인수하거나 외부의 투자자가 사원으로 가입하면서 출자하는 방식으로 하는 경우가 일반적이다. 유한회사의 사원이 새로 증자되는 자본의 출자를 인수 납입하는 경우에는, 본 법률에서 정한 유한회사 설립시의 출자금 납입에 관한 규정에 의한다(제179조 제1단). 이에 따라 출자형식, 출자절차, 회사변경등기 및 회사정관의 변경절차 등을 유한회사 설립시의 출자금 납입에 관한 규정에 의하여 처리하게 된다. 그러므로 회사의 설립부분에서 다루어졌던 사항이 여기서도 그대로 적용된다.

주식회사의 자본증가는 주로 신주 발행을 통하여 실시되고, 신주발행의 방식을 취하더라도 주식수의 증가 또는 1주당 금액의 증가를 하거나, 유상증자(配股增資)나 무상증자(送股增資)를 포함한 주식배당 방식이나 전환사채의 전환방식 또는 신주인수권부사채의 신주인수권을 이용하여 자본증가를 실시할 수 있다. 주식배당이나 전환사채 또는 신주인수권부사채의 방식으로 자본증가를 할 경우 증권법과 관련 법률에서 정한 절차에 따라야 한다.

주식회사가 신주발행을 통하여 자본을 증가시키는 경우 이러한 절차는 위에서 설명된 유한회사의 출자금 납입에 관한 내용과 대동소이하고, 다만 주주의 신주인수에 관해서는 주식회사 설립시의 주금납부에 관한 해당 규정을 따라야 한다(제179조 제2단).

제2. 신주의 발행과 자본증가

회사는 성립 후에 회사 자본상태와 경영상태에 따라 신주를 발행할 수 있다. 신주를 발행하는 경우 그 종류는 몇 가지 기준에 의하여 달라진다.

Ⅰ. 신주의 종류

신주는 주주권에 근거하여 보통주와 우선주 및 후배주로 구분되고 주권의 액면가치에 따라 액면주권과 무액면주권으로 분류된다. 보통주는 회사의 이익상태에 따라 변동하는 특성을 갖지만 우선주는 이익배당의 확보를 우선적으로 고려하기 때문에 상대적으로 의결권이 제한되는 주식이다. 후배주는 보통주에 대응하는 것으로서 이익배당이나 기타 잔여재산배당 등에서 보통주보다 후순위의 자격을 갖는 주식이다.

액면주권은 주권의 액면에 일정금액의 표시가 있는 주권이고 무액면주권은 이러한 표시가 없고 다만 회사자산가치의 일정 비율만 표시되는 주권이다. 무액면주권은 주권분할이 용이하므로 유통성이 강화된다.

회사가 신주를 발행하는 경우 국무원 증권감독관리기관의 심사비준을 거쳐야 하고, 이 경우 신주모집설명서와 재무회계보고서를 공고하여야 하고 주식청약서를 제작하여야 한다(제135조 제1단). 신주의 모집은 증권회사가 주간사가 되어 그 절차를 대행하고, 관련 은행과 주금납입에 관한 협약을 체결하여야 한다(제135조 제2단).

주권가액은 회사의 경영상황과 재무상태에 근거하여 결정되어야 한다(제136조). 일반적으로 주권발행가액을 결정하는 방식은 협의가격방식(議價法)과 경쟁입찰방식(竟價法)으로 구분된다. 협의가격방식은 주권발행인과 주간사가 협의하여 그 가액을 확정하는 방식이고, 경쟁입찰방식은 주간사와 투자자가 경쟁입찰의 방식을 통하여 그 가액이 확정되는 것이다.

과거 주권발행 및 상장업무는 그 편의성을 위하여 주로 지방정부가 심사비준권을 행사하였기 때문에 신주를 발행하는 경우 그 주권가격은 주권의 실질가치보다 매우 낮게 책정되었다. 특히 1993년 이후 신주발행과 상장시에 심사비준제도 및 액면한도관리제가 실시되면서 신주발행가액은 주로 고정가액으로 되었다.[10] 이러한 국유기업적인 주권발행방식을 탈피하기 위하여 회사법 제136조가 도입되었다.

회사가 신주를 발행하고 그 주금납입이 완료된 후에는 회사등기기관에 변경등기를 하고 이를 공고하여야 한다(제137조).

Ⅱ. 신주발행의 요건

신주를 발행하게 되면 기존의 주주와 새로 진입하는 주주사이에 지배구조나 이익배당 등에 영향을 주게 되므로, 증권법은 신주발행의 조건을 일정한 기준에 따라 엄격하게 실시하도록 하고 있다(증권법 제13조). 증권법 제13조 이하에 의하여 신주발행시에는 회사가 자체적으로 갖추어야 하는 재무경영 요건과 신주발행을 위한 절차적 요건을 모두 구비하여야 한다.

1. 신주발행을 위한 회사의 재무경영 요건

신주발행을 하는 회사는 건전하고 양호한 조직기관을 갖추고, 잉여이익을 유지할 수 있는 양호한 재무상태를 갖추고 있을 것, 최근 3년간의 재무회계서류에 허위의 기재가 없고, 기타 중대한 위법행위가 없을 것, 국무원의 인가를 거친 국무원 증권감독관리기관이 정하는 요건을 갖추어야 하고 동시에 국무원 증권감독관리기관에 보고하여 인가를 얻을 것 등의 요건을 갖추어야 한다. 이와 같은 요건 중 하나라도 흠결되는 경우에는 신주발행을 할 수 없다.[11]

회사의 재무경영상태가 양호하다는 것은 최근 3년간 이익배당률이 연속적으로 6/100 이상인 경우를 말한다.[12]

10) 耿法·劉金華, 中華人民共和國公司法解讀, 中國海關出版社, 2006, 321면.

11) 唐青陽主編, 公司法精要與依據指引, 人民法院出版社, 2005, 223면.

12) 徐婧, 新公司法疑難解釋, 中國工商出版社, 2005, 214면.

2. 신주발행의 절차적 요건

신주를 발행하기 위해서는 회사법과 정관 및 관련 법률 등에서 정한 회사 내부적인 절차를 완료하여야 하고, 대외적인 신고나 보고 및 변경등기 절차를 거쳐야 한다.

신주를 발행하면 회사의 자본이 증가되므로, 회사의 자본변동은 주주총회의 특별결의를 거쳐야 한다(회사법 제104조). 이 외에도 이사회가 관련 주무부서에 이를 보고하여 인가를 얻어야 한다(증권법 제14조, 제15조).

신주발행을 위한 주주총회에서는 신주의 종류와 총액, 신주의 발행가액, 신주발행의 시종일자, 기존 주주에게 배정하는 신주의 종류와 가액 등에 관하여 결의하여야 한다(회사법 제134조). 신주발행을 위한 주주총회는 보통결의사항이므로 출석주주가 보유한 의결권의 과반수로 처리한다.

주주총회의 결의가 완료되면 이사회는 국무원이 수권한 증권감독관리기관 또는 성급인민정부의 관련 부서에 신고하여 인가를 얻어야 한다. 이 경우 비공개 신주발행을 할 것인지 공개 신주발행을 할 것인지에 따라 그 절차적 요건이 달라진다. 상장회사가 비공개 신주발행을 하는 경우에는 국무원 증권감독관리기관이 정하는 요건에 부합하여야 하고, 동시에 동 기관에 보고하여 인가를 얻어야 한다.

상장회사가 공개적으로 신주를 발행하는 경우에는 먼저 신주발행설명서(招股說明書)와 재무제표(財務會計報告)[13]를 공고하고, 이와 동시에 주식인수납입서(認股書)를 제작하여야 하고(회사법 제135조), 주간사와 신주인수에 관한 협의를 하여야 하며(회사법 제88조), 주금납입은행을 정하여야 한다(회사법 제89조).

신주발행설명서에는 주주의 인수주식수, 매 주당 액면금액과 발행가액, 무기명주권의 발행총수, 주식인수인의 권리와 의무, 본회 모집의 시기와 종료 기한 및 기한만료 후 모집 미달이 발생된 경우의 인수주식의 취소 가능한 사항에 관한 설명, 회사 정관 등이다.

이와 함께 국무원 증권감독관리기관에 제출하는 신주발행 모집신청서에 다음의 사항을 기재하여야 한다. 즉, 회사 영업허가증, 회사정관, 주주총회결의

13) 재무제표는 뒤의 회사 계산제도 부분에서 상세하게 다룸.

서, 주식모집설명서, 재무제표, 주금인수은행의 명칭과 주소, 주간기관 명칭과 관련 협의사항 등이다(증권법 제14조).

신주발행에 대한 주무관서의 인가가 나면 주간사가 신주를 수탁 발행한다. 이를 위하여 주간사와 신주발행에 관한 협의서가 작성되어야 한다. 신주발행이 실시되면 자본증가가 발생하게 되고, 이는 회사 정관의 변경사항이 된다. 이에 따라 회사등기기관에 정관 변경절차를 신청하여야 하고, 변경등기가 완료되면 회사의 신주모집상황 등을 공고하여야 한다.

제3. 자본의 감소

Ⅰ. 자본감소의 의의

자본감소는 감자(減資)라고 하며 회사가 자본과잉이나 자본결손 등 회사의 경영상태와 시장환경에 따라 회사의 등록자본을 법정 절차에 따라 감소하는 것이다. 회사의 투자자나 채권자를 보호하고 회사신용을 제고하기 위해서는 자본불변의 원칙이 고수되어야 하지만, 회사의 경영환경 변화에 따라 등록자본을 감소할 필요가 발생한다. 자본감소는 회사의 자본상태에 따라 자율적으로 실시하지만, 회사법에서 정한 법정의 사유가 있을 경우에는 이에 따른 자본감소를 강행하여야 한다.

자본이 과잉으로 적체되는 경우 필요한 부분에 배치하여 효율적으로 사용하지 못하게 되고, 자본의 결손이 발생되는 경우 이는 결국 출자자인 주주들에게도 손해가 전가되는 결과가 된다. 이러한 점을 감안하여 자본감소를 허용하지만 법정의 절차에 따라 최소한의 범위 내에서 시행하는 것이 일반적이다.[14)]

Ⅱ. 자본감소의 절차

자본감소를 실시하는 경우 회사는 주주총회의 결의를 거쳐야 하고(제38조, 제100조), 대차대조표와 재산명세서를 작성할 의무, 채권자에게 통지 및 공고할 의무, 선채무상환의무, 상당한 담보제공의무, 자본감소 후 등록자본을 법정

14) 법제처 동북아법령정보서비스사업 2006년도 연구용역과제 보고서, p. 181.

최저한도액보다 낮지 않도록 보전할 의무(제178조) 및 변경등기를 실시할 의무(제180조)를 진다.

개정 회사법은 자본감소를 실시하는 경우 채권자보호를 위한 통지절차를 비교적 상세하게 규정하고 있다. 즉, 회사는 등록자본금 감소를 결의한 날로부터 10일 이내에 채권자에게 통지하고, 30일 내에 이를 신문에 공고하여야 한다. 채권자는 통지서를 받은 날로부터 30일 이내에, 통지서를 받지 못하였을 경우에는 공고일로 부터 45일 이내에, 회사에 채무상환 또는 이에 상응하는 담보제공을 요청할 수 있다(제178조 제2단).

자본감소 절차에 따라 자본감소 후에도 유한회사는 최저 등록자본금액인 인민폐 3만원, 주식회사는 인민폐 500만원, 1인 회사는 인민폐 10만원의 자본금을 유지하여야 한다(제178조 제3단).

Ⅲ. 변경등기

회사가 등록자본금을 감소하는 경우에는 법에 따라 회사등기기관에 변경등기를 하여야 한다(제180조 제2단). 자본감소가 있는 경우에는 당연히 변경등기를 하게 되지만 회사법에서 규정하는 법정의 사유가 발생할 경우에는 이에 따라 자본감소 및 변경등기를 하여야 한다. 즉, 회사법 제75조에서는 회사의 이익배당, 회사의 합병 · 분할 및 중요 재산의 양도, 회사 정관이 정한 영업기한의 만료 또는 정관이 정한 해산사유가 발행하였음에도 불구하고 사원총회회의에서 정관을 수정하여 회사의 계속 존속을 결의한 경우에는, 이 결의에 반대한 사원은 회사에 대하여 합리적인 가격으로 자신의 지분을 인수하도록 청구할 수 있다. 이 경우에 회사가 인수하는 지분은 자본감소절차에 따라야 하며, 이에 따르는 실수 자본에 관한 변경등기를 하여야 한다(회사등록자본등기관리규정 제16조).

제 8 장
회사의 계산제도

제 1 절 회사 계산제도의 개요

회사의 계산제도(財務會計制度)는 재무회계보고를 사용하는 자에게 기업의 재무상태와 경영성과 및 현금흐름 등의 관련 회계정보를 제공하고, 기업관리층이 위임받은 책임의 이행상황을 반영하게 함으로서, 재무회계보고를 사용하는 자에게 경제적 선택을 할 수 있도록 하는 것이 주요한 목적이다.[1] 재무회계보고를 사용하는 자는 투자자 · 채권자 · 정부 및 정부관련 부서와 사회공중이다.[2] 회사의 계산제도를 통하여 회사의 건전한 재무제도가 유지될 수 있고, 투자자인 주주나 사원의 개인적인 이익을 보호할 수 있을 뿐만 아니라, 전체적으로는 사회의 이익을 증진하는 기능을 한다.

중국 회사법에서 회사의 계산제도는 주식회사와 유한회사 모두 동일하게 적용된다. 회사법에서 규정하는 계산제도는 재무제표의 작성 및 편제, 재무제표의 감사와 공고, 준비금의 사용 및 이익배당이 주요한 내용이고, 이 중에서 이익배당은 중국 회사법상의 독특한 제도로 구성된다.

구 회사법은 회사의 자본제도에 관하여 엄격한 법정자본제를 고수하였기 때문에 회사의 재무회계제도와 이익배당 등 계산제도가 경직적으로 운영되었다. 개정 회사법은 법정자본제의 완화에 따른 회사자본의 객관적 유지와 감독을 실시하기 위하여 회계사무소의 심사를 받도록 하는 규정을 신설하였다.

---

1) 企業會計準則, 제4조 제1단.
2) 企業會計準則, 제4조 제2단.

제 2 절 재무회계표 작성과 편제의무

제1. 회사 계산제도의 법원

회사는 계산제도를 완비하기 위하여 법률과 행정법규 및 국무원 재정부가 정하는 규정에 따라 회사의 계산제도(財務會計制度)를 수립(建立)하여야 한다(제164조). 회사의 계산제도는 기업의 내부 사무에 관한 사항이지만 국가의 경제정책과 직결되어 있을 뿐만 아니라 주주와 채권자를 보호할 수 있는 제도적 틀이 되고 나아가 사회공공의 이익을 보호할 수 있는 준거가 되기 때문에 이를 법률과 행정법규 및 관련 규정에 의하여 규범화하는 것이다.[3]

회사의 계산제도에 관한 법원이 되는 것은 본 회사법(公司法) 이외에도 「회계법(會計法)」[4] · 「등록회계사법(注册會計師法)」[5] 등의 법이 있고, 국무원 재정부가 공포한 「기업회계준칙(企業會計準則)」[6] · 「기업재무통칙(企業財務通則)」[7] · 「기업재무회계보고조례(企業財務會計報告條例)」[8] · 「증권회사재무제도(證券公司財務制度)」[9] 등의 행정법규와 규장(規章) 및 기타 규범문건(規範文件)이 있다.

제2. 재무제표 등의 편제

Ⅰ. 재무제표 편제의 개관

회사는 매 회계연도가 종료될 때 재무제표(財務會計報告書)를 작성하고 법에 따라 회계사무소의 회계감사를 받아야 한다(제165조 제1단). 재무제표는 회사경영성과에 대한 종합적인 평가자료이면서 동시에 회사의 이해관계자나 국

3) 王保樹·崔勤之, 中國公司法原理, 社會科學文獻出版社, 2006, 262면.
4) 제8기 전국인민대표대회 상무위원회(1999. 10. 31.) 제5차 회의 통과.
5) 제8기 전국인민대표대회 상무위원회(1993. 10. 31.) 제4차 회의 통과.
6) 재정부 공포(1992 .11. 30.).
7) 재정부 공포(1992. 11. 30.).
8) 재정부 공포(2000. 6. 21.).
9) 재정부 공포(2000. 3. 2.).

가 재무담당자들에게 중요한 정보가 되기 때문에 이에 대한 기본적인 사항만 회사법에서 정하고 구체적인 것은 「기업재무회계보고조례」와 「기업회계준칙」 및 「회계법」에서 규정하고 있다. 위의 조례와 회계준칙 및 회계법에 의하면 회사 재무제표(財務會計報告書)는 회사가 대외에 제공하는 특정 기간의 재무상태와 특정 회계기간 동안의 경영성과와 현금흐름을 지표로 나타낸 것이다. 재무제표는 회사의 경영상태를 파악할 수 있는 문서이기 때문에 주주나 채권자들에게뿐만 아니라 회사의 경영자들을 위해서도 중요한 자료가 된다.[10]

재무제표의 편제는 매 회계연도가 종료될 때 시행하여야 한다. 회계연도는 일반력을 기준으로 하여 1월 1일부터 12월 31일이 된다(회계법 제11조). 이에 의할 때 재무제표의 편제는 매 연도 12월 31일까지 재무제표를 편제하면 되는 것 같이 보이지만, 재무제표를 편제하고 이를 회계감사할 수 있는 시간적 여유 등을 감안하면 매 회계연도 종료 전 일정 기간 이내가 더 정확할 것이다. 이러한 점을 고려하여 매 회계연도 종료 전에, 유한회사인 경우에는 사원총회 개최 15일 이전에, 주식회사인 경우에는 주주총회 개최 20일 전에 이를 편제하여야 한다.[11]

「기업재무회계보고조례」에 의할 때 회사는 매 회계연도의 예산안을 편성하여야 하고, 당해 회계연도가 종료하면 업무집행기관은 그 연도의 예산집행결과에 근거하여 법에서 정한 회사 영업보고서(年度決算書)를 작성하여야 한다.

재무제표(財務報告書)는 1년, 6개월, 분기, 월별로 구분하여 작성하도록 되어 있고, 1년 및 6개월 재무제표에는 주표(會計報表)와 부속표(報表附注 또는 附注) 및 재무설명서(財務情況說明書)가 포함되어야 한다.

주표에는 대차대조표(資産負債表), 손익계산서(利潤表), 현금흐름표(現金流量表) 또는 자본변동보고서(財務狀況變動表)가 포함된다.[12] 다만 소기업(小企業)이 편제하는 재무제표에는 현금흐름표를 제외할 수 있다.[13]

10) 법제처 동북아법령정보서비스사업 2006년도 연구용역과제 보고서, p. 155.

11) 王保樹·崔勤之, 中國公司法原理, 社會科學文獻出版社, 2006, 268면.

12) 企業會計準則, 제44조; 企業財務會計報告條例, 제7조.

13) 企業會計準則, 제44조 제2단.

Ⅱ. 재무제표 편제의 원칙

재무제표는 회사의 이해관계자를 보호하고 회사의 신용도를 유지할 수 있는 방향으로 편제되어야 하므로, 이것을 편성하는 원칙이 있다.

「회계법(會計法)」과 「기업회계준칙(企業會計準則)」에 의하면 재무제표는 숫자의 진실성, 계산의 정확성, 내용의 완전성, 편제 전후 각 기간별 정보의 통일성, 기한내 보고성 등을 중심으로 편제하여야 한다.[14)]

재무제표의 편제를 누가 담당하는지에 관해서 회사법 제165조는 구체적인 규정을 두지 않고 '회사'가 편제하여야 한다는 규정만 두고 있다. 회사의 재무제표를 편제하는 것은 회사의 업무집행에 관한 사항이므로 이사회가 이를 담당하여야 하고, 이사회가 이를 경리에게 수권하여 처리할 수도 있다는 견해도 있다.[15)] 「회계법(會計法)」에서는 사업단위의 책임자(負責人)는 사업단위의 회계업무와 회계자료의 진실성, 완전성을 보증할 책임이 있을 뿐만 아니라, 재무제표의 감사를 실시하는 경우에는 사업단위의 책임자와 회계업무담당자 및 회계기관의 책임자가 서명하도록 되어 있으므로(제4조), 회사의 법정대표자가 이를 담당하는 것이 전체 구조상 타당하다고 할 수 있고, 이를 경리에게 위임하여 처리하는 것이 일반적이다.

회사는 법정회계장부 이외에 기타 회계장부를 편제할 수 없다(제172조).

Ⅲ. 재무제표의 내용

「기업회계준칙(企業會計準則)」에 의하면 재무제표의 내용은 다음과 같다.

대차대조표(資產負債表)는 기업이 특정일(대차대조표일)의 재무상태를 반영하는 회계표이다(제45조). 대차대조표는 회사가 특정한 시기에 활용 가능한 자원의 보유량과 기업이 부담하고 있는 부채의 정도 및 투자자가 회사에 갖는 권익의 총량 등을 정태적인 상태로 표시한 표이다.

손익계산서(利潤表)는 일정 회계기간 동안의 경영성과를 반영하는 회계표이다(제46조). 손익계산서는 일정 회계기간 동안의 수입 · 비용 및 이익(利潤)을

14) 會計法, 제3조, 제4조, 제8조, 제9조; 企業會計準則, 제12조, 제13조, 제14조, 제15조.
15) 王保樹·崔勤之, 中國公司法原理, 社會科學文獻出版社, 2006, 267면.

중심으로 표시되고, 일정 기간 동안의 회사 영업 결과가 이익잉여 인지 결손인지를 표시한다. 이 회계자료를 통하여 투자자들은 회사의 경영성과와 투자가치를 결정할 수 있기 때문에, 이익잉여금처분계산서는 재무제표 중에서 가장 중요한 자료로 평가된다.

현금흐름표(現金流量表)는 일정 회계기간 동안의 현금 및 현금과 등가물의 유입 및 산출을 반영하는 회계표이다(제47조).

부속표(附注)는 회계표에 열거된 항목에 관하여 부가설명을 한 것 및 이 회계표에서 예시되지 않은 항목에 관하여 설명을 보충한 사항으로 구성된다(제48조). 이에는 이익배당표(利潤分配表)와 기타 부속표 등이 있다. 이익배당표는 회사가 일정 회계기간 동안 실현된 순이익 및 전년도에 배당되지 않은 이익의 배당이나 결손 등을 표시한 회계표이다.

제 3 절 재무제표의 감사와 공고

제1. 재무제표 등의 감사

회사의 재무제표는 법에 의한 감사(審計)를 받아야 하고(제165조), 이 심사는 합법성, 진실성, 확실성 및 완전성 등을 기준으로 하여 진행하여야 한다(기업회계법 제3조, 제4조).

회계감사를 실시하는 기관은 등록회계사법에 의하여 등록된 회계사무소이다. 어떤 사업단위나 개인이라도, 임의로 회계기관이나 회계기관에 종사하는 자에게 회계자료 · 회계장부 및 기타 회계관련 자료를 위조 · 변조하도록 의견을 주거나 지시하거나 또는 강제하지 못한다. 또한 이들에 대하여 법에 위반하는 행위를 사주하도록 강제하지 못한다(회계법 제5조).

재무제표의 감사는 사업단위의 책임자와 회계업무담당자 및 회계기관의 책임자가 서명하여야 한다(회계법 제21조).

제2. 재무제표의 공고[16)]

편제가 되어 감사가 완료된 재무제표는 일정한 기한 내에 주주나 사원에게 송달하고, 회사에 비치하고, 공고하여야 하는 절차를 거쳐야 한다. 재무제표의 공고방식은 유한회사와 주식회사에 따라 다르게 진행된다.

유한회사의 경우에는 회사정관에서 정한 기한 내에 이 재무보고서를 각 주주에게 송달하여야 한다. 주식회사인 경우에는 해당 연도 주주총회 개최 20일 전에 이 보고서를 회사에 비치하여 주주가 열람하도록 하여야 한다. 공개모집방식으로 설립된 주식회사는 그 재무보고서를 공고하여야 한다(제166조). 공개모집방식으로 설립된 경우 전국적으로 광범위한 지역에 불특정 다수의 주주가 존재하므로 이들을 위하여 공고의 방식에 따르도록 하였다. 상장회사인 경우에는 법률·행정법규에 의하여 정기적으로 재무제표의 변동상황을 공고하여야 하고, 매 회계 연도내 6개월 내에 1차 재무제표를 보고하여야 한다.

개정 회사법은 계산제도(財務會計制度)를 엄격하게 관리하기 위하여 이중장부의 작성금지와 회사재산의 개인명의 등록금지 등을 규정하였다(제172조). 이와 함께 개정 회사법은 투명한 재무·회계처리를 위하여 회계사무소의 감사를 거쳐 계산제도를 처리하도록 하였을 뿐만 아니라, 회사의 경영진이 자의적으로 이들을 위촉함으로써 발생할 문제점을 방지하기 위하여 회사정관에 그 위촉과 해촉에 관한 사항을 기재하도록 하여 제도화하였다(제107조).

위촉된 회계사무소를 해촉하는 경우에는 사전에 해당 회계사무소의 진술을 청취하도록 하였다(제170조). 또한 위촉된 회계사무소에 대하여 진실하고도 완전한 회계자료·회계장부·재무회계보고 및 기타 회계자료를 제공하여야 하고 이를 거절하거나 은닉 또는 허위보고할 수 없도록 하였다(제170조).

16) 본 내용은 이정표, "최근 개정된 중국 회사법의 검토", 「성균관법학」제17권 제2호, 2006. 12., p. 460 이하의 체계에 따라 내용을 대폭 보완한 것임.

제 4 절 준비금제도

제1. 준비금제도의 의의

회사의 준비금(公積金)은 유한회사와 주식회사의 재무구조를 제고하고 영업규모를 확대하기 위하여 법률과 회사정관이나 주주총회의 결의에 근거하여 회사의 영업이익이나 기타 자본수익 중에서 주주에게 배당하지 않은 이익을 회사 내부에 유보시켜 특정한 목적을 위하여 사용하는 적립금이다. 이 준비금제도는 회사의 자본결손을 전보함으로써 경영을 융통성 있게 할 뿐만 아니라 회사의 주주(사원)나 채권자 등 회사 이해관계자의 이익을 조정하는 중요한 수단이 된다. 다만 자본준비금(資本公積金)은 회사의 결손을 보전하는 데 사용될 수 없다(제169조 제1단).

중국 회사법상의 준비금제도는 회사의 이해관계자 이외에도 회사노동자들의 복지정책을 위한 주요한 수단이 된다는 점에서 그 특색이 있다.[17)]

제2. 준비금의 적립절차

중국 회사법에서 준비금의 유형은 법정준비금(法定公積金)과 임의준비금(任意公積金) 및 자본준비금(資本公積金)으로 구분된다. 준비금의 적립절차는 준비금의 유형에 따라 다르게 실시된다.

Ⅰ. 법정준비금

법정준비금은 회사법과 기타 법률에 의하여 적립이 강제된 준비금이다. 법정준비금은 회사의 자본결손을 전보하거나, 생산설비의 확장이나 자본증가에 사용할 수 있는 준비금으로, 회사가 납세 후 이익을 배당한 후에 남는 총이익의 10/100을 적립한다(제167조 제1단 제1문). 회사의 법정준비금 누계액이 회사등록자본의 50/100 이상이 되는 경우에는 적립을 정지한다(제167조 제1단 제

17) 법제처 동북아법령정보서비스사업 2006년도 연구용역과제 보고서, p. 157.

2문). 사원총회나 주주총회의 결의가 있으면 법정준비금은 회사의 자본으로 전환되며, 이때 유보되는 법정준비금은 전환되기 전 회사 등록자본총액의 25/100보다 적지 않아야 한다(제169조 제2단). 법정준비금에 관한 규정은 강행규정이므로 회사정관이나 주주총회의 결의를 통해 적립을 금지하거나 법정의 적립한도를 변경할 수 없다.

Ⅱ. 임의준비금

임의준비금은 회사가 정관이나 기타 주주총회의 결의에 의하여 법정준비금이 적용되지 않는 기타 사항에 사용될 목적으로 적립되는 비강제성의 준비금이다(제167조 제3단). 임의준비금은 주로 회사의 결손보전, 회사채무의 상환, 경영개선, 보험부보 등 경영상 필요에 의하여 회사정관이나 주주총회의 결의로 적립하는 준비금이므로 법률로 강제하지 않는다. 임의준비금을 적립하기 위해서는, 납세 후 법정준비금을 적립한 후에 사원총회나 주주총회의 결의가 있어야 한다(제167조 제3단).

Ⅲ. 자본준비금

자본준비금은 회사의 비영리활동에서 얻은 이익으로 적립하기 때문에 회사의 이익 이외의 일정한 자본이나 자산 혹은 기타 수익에서 형성된 적립금이다. 자본준비금은 주식회사가 주식의 액면금액을 초과하는 주권을 발행함으로써 발생한 프리미엄소득이나 국가가 자본준비금항목으로 규정한 기타 수입항목에서 발생한 이익으로 적립된다(제168조). 국가에서 규정한 기타 수입항목은 법정재산의 재평가가치, 회사의 합병으로 발생하는 차액 또는 회사가 타인으로부터 받은 증여 등이 포함된다.[18] 자본준비금은 회사 손해를 전보하는 데 사용할 수 없다(제169조).

18) 企業財務通則, 제8조; 구 企業會計準則, 제40조.

Ⅳ. 법정공익금제도의 폐지

개정 회사법은 구 회사법에서 강행규정으로 법정공익금(法定公益金)을 적립하도록 하였던 조항을 삭제하였다. 구 회사법에서 법정공익금은 회사의 이익 중에서, 법정준비금의 적립이 완료된 후 잉여이익이 있을 경우에 총이익의 5/100~10/100을 적립하는 것으로서 회사 노동자들의 후생복리를 위하여 사용할 자금으로 적립되었다(구 회사법 제177조). 이 법정공익금 적립에 관한 것은 강행규정이기 때문에 주주총회나 회사정관 또는 이사회의 결의로 회사법 규정과 다르게 규정할 수 없었고, 회사, 특히 외국인투자기업들에게는 강제적인 준조세의 성질을 갖는 것이었기 때문에 이를 삭제하게 된 것이다.

제3. 준비금의 사용

준비금은 회사의 결손을 전보하고, 생산규모를 확대하며, 회사 자본을 증가하는데 사용된다(제169조 제1단).

회사의 자본에 결손이 발생되면 자본제도가 파괴되고 이에 따라 회사의 주주나 채권자뿐만 아니라 회사 자체에도 큰 영향을 주므로 회사법은 법정준비금으로 회사의 결손을 보전할 수 있도록 하였다. 다만 법정준비금으로 회사의 전년도 결손을 보전하기 위해서는 그 전제로 우선 당해 연도의 이익으로 결손을 보전하여야 하고, 이익으로도 결손이 불가능하게 된 때 비로소 법정준비금을 사용할 수 있다(제167조 제2단).

회사의 경영규모를 확대하여야 할 경우나 재투자 등을 하여야 할 경우 등록자본금을 이용하여야 하지만 등록자본금은 법정자본제에 의하여 경직화되어 있으므로, 준비금제도를 이용하여 투자나 경영규모의 확대를 꾀할 수 있다.

준비금제도의 가장 큰 목적은 회사의 자본을 증대하는 데 있다. 준비금제도를 이용하여 자본을 증자하게 되면 대외적 신용도를 제고할 수 있을 뿐만 아니라, 주주(사원)의 개별적 투자 없이도 자본증가가 가능하게 된다. 그러나 법정준비금을 자본으로 전입하여 자본증가를 시행하게 되면 회사 자본제도를 저해할 수도 있기 때문에 이 경우에는 법정준비금을 등록자본금의 25/100 이하가 되지 않도록 하여야 한다(제169조 제2단).

제 5 절 이익배당

제1. 이익배당의 의의

회사의 이익(利潤)은 회사가 일정기간 동안 경영활동으로 얻은 수익이다. 「기업재무통칙(企業財務通則)」은 회사의 이익을 영업이익(營業利潤)과 투자 순이익(投資淨收益) 및 영업외 수지(營業外收支淨額)로 정하고 있다(제30조).

영업이익은 영업수입에서 원가(成本)·비용·유통세(流轉稅) 및 부가세를 공제한 후에 남는 잔여액을 말한다. 투자 순이익은 대외 투자수익에서 투자손실을 공제한 후의 잔여액을 의미한다. 대외투자로 취득한 수익은 주로 이윤·이익배당(股利)·이자(利息) 등이다. 영업외 수지는 영업 외의 수익에서 영업 외의 지출을 감액한 잔여액이다. 영업외 수지는 기업의 경영과 직접적으로 관련 없는 항목으로부터 수취한 수입으로서 고정자산의 점유수익과 양도수익, 벌과금수입 등으로 구성된다. 영업 외의 지출은 고정자산의 점유손실과 처분손실, 각종 체납금과 벌과금비용지출, 비상지출, 근로자노동보험비용지출 등으로 이루어진다.

회사의 이익배당과 관련된 규범은 회사법 이외에 각종 세법과 회계법 등이 있다. 이익배당은 잉여이익이 있을 경우에만 실시하고, 법률에서 정한 원칙과 순서에 따라야 한다.

제2. 이익배당의 절차

Ⅰ. 이익배당계획의 수립과 심의

회사의 이익배당계획과 결손전보계획은 이사회의 권한사항이므로 이사회가 수립한다(제109조, 제47조 제5호). 이사회가 수립한 이익배당계획은 사원총회 또는 주주총회의 심의와 비준을 거쳐야 한다(제100조, 제38조). 이익배당안의 수립과 심의·비준절차는 유한회사와 주식회사에 동일하게 적용된다.

Ⅱ. 이익배당전의 절차

회사는 이익배당을 하기 전에 다음의 절차를 거쳐야 한다.

1. 납세 후의 각종 비용의 우선 납부

회사의 이익이 발생하면 이익으로 법인소득세를 가장 먼저 납부한 후 각종 조세관련 비용이나 벌금 등을 납부하여야 한다. 원칙적으로 이익이 발생하지 않으면 이익배당을 할 수 없다.

2. 결손전보

조세와 비용의 납부가 완료되면 이익배당을 하기 위한 다음 단계로 전년도에 결손이 발생하였는지를 검사하여야 한다. 결손이 있었다면 본 연도의 이익으로 먼저 결손을 전보한 후에 이익배당절차를 진행할 수 있다(제167조 제2단). 본 연도의 이익으로 결손전보를 하지 못할 경우 법정준비금으로 결손을 전보할 수 있다(제167조 제2단). 당해 연도의 이익 및 법정준비금으로 결손을 전보하지 못할 경우에는 임의준비금을 사용하여 결손을 전보할 수 있다. 이 목적은 회사의 자본충실 및 자본불변의 원칙을 유지하기 위한 것이다.[19]

3. 법정준비금의 적립

결손전보가 완료되고 난 후 잉여 이익이 존재하면 우선 총이익의 10/100을 법정준비금(法定公積金)으로 적립하여야 한다(제167조 제1단). 다만 회사의 법정준비금의 누적 총계가 회사 등록자본금의 50/100 이상인 경우에는 적립하지 않을 수 있다(제167조 제1단).

4. 임의준비금의 적립

임의준비금은 법률에 강제되어 있지 않지만 회사의 경영목적을 위하여 적립할 수 있다. 임의준비금의 적립은 회사의 결손을 충당한 후 주주총회 또는 사원총회의 승인을 받아서 실시할 수 있다. 임의준비금을 적립하기 위해서는 납세 후의 이익에서 결손전보를 완료한 후 법정준비금을 먼저 적립한 후에 주

19) 唐青陽主編, 公司法精要與依據指引, 人民法院出版社, 2005, 372면.

주총회 또는 사원총회의 승인을 얻어서 시행할 수 있다.

Ⅲ. 이익의 배당

1. 이익배당의 원칙

회사가 결손을 충당하고 법정준비금 및 임의준비금을 공제한 후에 이익이 있을 경우에는 회사의 유형별로 이사회가 제정한 이익배당계획(利潤分配方案)에 따라 배당을 실시한다.

이익을 배당하는 경우 잉여이익 분배원칙, 동주동권(東股同權), 동주동리(東股東利)의 원칙에 따라 그 이익을 배당한다. 잉여이익이 발생하지 않을 경우 회사는 이익을 배당하지 않을 수 있다. 잉여이익이 없음에도 이익을 배당하게 되면 회사의 자본충실의 원칙과 자본유지의 원칙을 저해하게 되고 이는 채권자와 주주의 이익에 중대한 영향을 주기 때문이다. 동일한 유형의 주식은 같은 권리를 갖고, 동일한 이익을 배당한다는 원칙에 따른다.

회사는 자기주식에 대해서는 이익을 배당할 수 없다(제167조 제6단). 회사가 보유하는 자기주식은 그 이익배당이 회사에 귀속되어 주주 전체에게 귀속되어야 하는 것이고, 나아가 자기주식에 대한 이익배당은 회사의 경영진에게 귀속될 수 있기 때문에 이러한 점을 방지하여 회사결손을 방지하고, 주주를 보호하기 위한 것이다.

2. 이익배당의 방식

유한회사는 사원의 출자비율에 의하여 이익을 배당한다(제167조 제4단). 유한회사의 경우에는 출자비율이 사원권을 나타내는 지표가 되므로 이에 따른 이익을 배당한다. 유한회사의 사원이 출자의무를 분할납부로 정하여 그 의무를 진행하고 있는 중에, 즉 자신의 출자의무가 완료되지 않은 상황에서 이익을 배당하는 경우에는 실제 출자이행이 완료된 비율에 따라 자신의 이익배당권이 있다.[20]

주식회사는 주주의 보유주식수에 따라 배당하고, 정관에서 보유주식비율에 따라 배당하지 않기로 한 경우에는 그에 따른다(제167조 제4단).

---

20) 趙旭東, 新公司法講義, 人民法院出版社, 2005, 226면.

이익배당의 방식은 일반적으로 현금배당과 주식배당의 방식이 있다. 주식배당은 유한회사에서는 '紅利'라고 하고(제35조), 주식회사에서는 '股利'라고 한다.

주식배당의 방식으로 이익배당을 할 경우에는 회사의 자본증가가 발생하게 되므로 이것은 정관변경사항으로서 주주총회의 결의를 거쳐야 한다. 주주총회 결의는 주주총회에 참석한 주주가 보유한 의결권의 2/3 이상으로 결정한다.

사원총회나 주주총회 또는 이사회가 회사법에서 정한 규정에 위반하여 회사의 결손을 충당하기전이나 법정준비금을 적립하기 전에 이익을 배당한 경우에는 법정의 책임을 질 뿐만 아니라 주주는 배당받은 이익을 회사에 반환하여야 한다(제167조 제5단).

제 9 장
회사의 구조변경

제 1 절　회사 구조변경의 개요

회사의 구조변경은 회사가 설립등기를 완료한 후에 경영합리화나 규모의 확대 등 특정한 목적을 위하여 조직변경(組織變更)을 하거나, 합병(合併) 및 분할(分立)을 하는 경우를 말한다. 최근 중국 증권시장에서 회사의 합병이 활성화 되어가고 있을 뿐만 아니라, 외국기업에 의한 중국 기업의 인수와 중국 기업의 해외기업 인수 등의 사례가 증가하고 있다.

구 회사법에서는 일반 회사의 조직변경에 관한 규정이 없었고, 다만 국유기업을 민영회사로 전환할 수 있도록 하는 단 하나의 규정이 있었다(구 회사법 제7조).

회사의 합병과 분할은 회사의 구조를 변경하는 가장 주요한 사유가 되지만, 구 회사법은 이에 대한 제한적 조치를 취함으로써 실질적으로는 회사의 합병과 분할을 매우 어렵게 하였다. 즉, 회사의 합병 및 분할은 사원총회(股東會)나 주주총회(股東大會)의 결의를 거쳐 국무원 수권부분이나 성급인민정부의 허가를 얻도록 법정화하였기 때문에(구 회사법 제39조, 제103조, 제182조, 제183조), 현실적으로 회사의 합병이나 분할은 특별한 경우에만 실시할 수 있었다.

회사를 분할하는 경우에도 구 회사법에서는 이를 대외적으로 장기간 공고하는 방식을 취하였을 뿐만 아니라, 그 공고방식도 세 차례 이상 실시하도록 하였다.

개정 회사법은 합병·분할에 대한 결정을 사원총회나 주주총회의 결의를 통하여 자율적으로 할 수 있도록 회사법체계 내로 수용하였다는 점에서 의의가 있고(제38조, 제100조), 회사의 분할이 발생하는 경우에도 그 절차를 간소화하였다. 국유기업의 본질을 갖는 국가단독출자회사(國有獨資公司)의 합병·분할·해산은 국유자산감독관리기관이 결정하도록 하는 규정만을 두고 있다(제67조). 국유기업이 조직을 변경하여 회사로 전환하는 경우에는 최고인민법원의 사법해석인 「기업 구조조정과 관련된 민사분쟁의 심리에 관한 약간 규정(關於審理與企業改制相關的民事糾紛案件若干問題的規定)」1)이 적용된다.

회사법상의 구조변경은 조직변경·합병·분할에 관해서만 규정하고 있으나, 증권법에서는 주식공개매수(收購)에 관한 규정을 두고 있다.

제2절 회사의 조직변경

회사의 조직변경은 회사의 법인격을 유지시키며 회사법에서 정한 범위 내에서 회사의 형태만 변경하는 법률행위이다.

회사의 조직변경에 관해서는 회사법 총칙편에서 제9조를 신설하여 규정하면서 조직변경을 할 수 있는 회사로서 유한회사와 주식회사만을 인정하고 있다. 이에 따라 개정 회사법에서는 유한회사에서 주식회사로, 주식회사에서 유한회사로의 조직변경이 가능하다.

제1. 조직변경의 결의와 결정

회사의 조직변경은 회사의 채권자와 주주 모두에게 중대한 영향을 미치는 사안이므로 사원총회 또는 주주총회의 결의를 거쳐야 한다.

유한회사는 사원이 보유한 의결권의 2/3 이상의 결의로 조직변경을 결정하고(제44조 제2단), 주식회사는 주주총회에 참석한 주주 의결권의 2/3 이상의 결의로 조직변경을 결정한다(제104조 제2단).

회사법은 유한회사와 주식회사만을 대상으로 하여 조직변경을 인정하지만, 특수한 유한회사의 형태를 갖는 1인 유한회사와 국가단독출자회사(國有獨

1) 「2003. 1. 3. 法釋[2003]1號」.

資公司)도 이 범위에 포함된다. 1인 유한회사가 주식회사로 전환하는 경우에는 회사법 제9조에서 정한 절차에 따르지만, 사원총회가 존재하지 않기 때문에 1인 사원(股東)이 조직변경을 결의하여 처리한다.

국가단독출자회사의 조직변경에 관해서는 회사법에서 규정이 없고, 「기업국유자산감독관리잠행조례(企業國有資產監督管理暫行條例)」에서 규정하고 있다(동 잠행조례 제20조). 그러나 회사법 제67조에서 국가단독출자회사의 합병·분할 및 해산에 관하여 규정을 두고 있고, 이 합병과 분할 및 해산에 관한 규정은 회사의 조직변경에 관한 규정보다 더 특별한 사유이므로 조직변경도 이러한 요건과 절차에 따라 변경하면 된다고 해석할 수 있다.[2] 이 규정에 의할 때 국가단독출자회사의 조직변경은 국유자산 감독관리기관이 결정하게 된다.

제2. 조직변경의 요건

조직변경을 하여 새로운 형태의 회사로 전환하는 것은 회사의 신설과 같은 것이므로, 전환하고자 하는 회사로서의 요건을 구비하여야 한다.

유한회사가 주식회사로 조직변경 하는 경우에는 본 회사법에 규정된 주식회사의 요건에 부합하여야 한다(제9조 제1단). 유한회사가 주식회사로 조직 변경하는 경우, 주식회사 발기인 수에 상당하는 2인 이상 200인 이하의 법정주주(股東)의 인원수, 주식회사 최저 등록자본금제도에 따른 자본변경, 이사회 구성원의 조정, 감사회의 구성원에서 근로자대표의 참여 등과 같은 주요 사항을 변경하여야 한다.

주식회사가 유한회사로 조직 변경하는 경우에도 본 회사법에서 규정하는 유한회사의 요건에 부합하여야 한다(제9조 제2단). 주식회사가 유한회사로 변경되는 경우에는 50인 이하의 법정 사원수, 사원의 과반수가 중국 내 주소가 있어야 한다는 요건과, 법정자본제에 따른 최저 한도액을 충족하여야 하고, 이사회의 법정 인원수를 충족하여야 하고, 기타 회사법이 요구하는 유한회사로서의 법정요건을 갖추어야 한다.

---

2) 王保樹·崔勤之, 中國公司法原理, 社會科學文獻出版社, 2006, 33면.

제3. 조직변경의 등기절차

조직변경이 완료되면 등기주관부서에 등기관련 서류를 제출하여 변경등기를 하여야 한다. 등기기관은 원래의 등기주관부서에서 하여야 한다. 변경등기는 「회사등기관리조례 (公司登記管理條例)」에 따른다.

동 「관리조례」에 따르면 등기주관부서에 제출하여야 할 서류는 다음과 같다(제27조). 첫째, 회사의 법정대표자가 서명한 변경등기 신청서(제26조 제2단 제1호), 회사법에 따라 작성된 변경에 관한 결의나 결정, 국가 공상행정관리총국이 규정하고 있는 각종의 문서이다. 둘째, 회사의 변경등기 신청이 회사 정관의 변경을 포함하는 경우에는 회사의 법정대표자가 서명한 변경된 정관이나 정관의 변경초안을 제출하여 인가받은 문서를 제출하여야 한다.

동 「관리조례」에 의하면, 조직변경 후 회사의 조직변경에 관한 결의나 결정 일자 후 30일 이내에 다음의 사항에 관하여 변경등기를 하여야 한다. 즉, 변경되는 회사의 명칭(제28조), 법정대표자의 변경(제30조), 경영범위의 변경(제33조 제1단), 경영범위에 속해 있는 사항 중 법률이나 행정법규 또는 국무원의 인가를 받아야 할 사항(제33조 제2단), 유한회사 사원의 지분권 양도(제35조 제1단), 유한회사의 사원의 성명이나 명칭 또는 주식회사 발기인의 성명이나 명칭(제35조 제2단), 지점(分公司)의 등기사항의 변경(제36조) 등이다.

제4. 조직변경의 효과

조직변경의 결의와 결정, 등기절차 등이 완료되면 조직변경으로서의 효과가 발생한다. 조직변경은 회사의 법인격을 여전히 존속시키면서 회사의 형태만 변경하는 것이므로 그에 따른 권리의무를 향유한다.

회사가 유한회사에서 주식회사로 또는 주식회사에서 유한회사로 조직변경을 하는 경우, 회사 변경 전의 채권과 채무는 변경 후의 회사로 승계된다(제9조 제3단).

국유기업이 회사법에서 정한 절차에 의하여 국가단독출자회사(國有獨資有限責任公司)로 조직변경하거나 유한회사 또는 주식회사로 조직변경을 하는 경우에는, 원 국유기업이 부담한 채무는 조직변경 후의 국가단독출자회사, 유한

회사 또는 주식회사가 승계한다.[3)]

제 3 절 회사의 합병

제1. 회사 합병의 의의와 개념

Ⅰ. 회사법의 합병

회사합병은 두 개 이상의 회사가 상호 협의하여 회사법에 따라 청산절차를 거치지 않고 하나의 회사로 성립하는 법률행위이다. 회사합병은 경제적으로 자원배분을 통하여 회사의 규모를 조정하거나 확대를 꾀하는 경영방식의 하나이다.

중국 회사법에서 인정되는 합병은 흡수합병(merger)과 신설합병(consolidation)이 있다(제173조 제1단). 외국인투자기업의 경우에도 흡수합병과 신설합병이 적용된다.[4)] 증권법에서는 기업의 인수와 매수, 즉 기업병합(企業併購)에 관한 관련규정을 두고 있다.

흡수합병은 한 회사 또는 다수의 회사가 그 자산 전체를 다른 한 개의 회사에 양도하여 흡수되고, 소멸되는 회사의 주주나 사원은 존속하는 회사의 주주 또는 사원으로 지위를 승계하는 방식이다. 흡수합병이 완료되면 흡수되는 회사는 법인격이 소멸된다. 신설합병은 두 개 이상의 회사가 하나의 새로운 회사로 개편되는 것으로서, 두 개 이상의 회사의 자산과 주주 또는 사원은 신설되는 단일회사로 전입되고, 원래 회사의 법인격은 소멸된다. 신설합병은 원래 존재하던 회사들이 해산절차를 거치지 않고 합병절차를 통하여 전체해산과 전체 회사신설이 동시에 진행되기 때문에, 회사의 구조변경을 단일화할 수 있다는 점에서 흡수합병과 구별된다.

중국에서는 흡수합병의 방식이 많이 이용된다. 신설합병의 경우 회사 설

3) 最高人民法院, 「關於審理與企業改制相關的民事糾紛案件若干問題的規定」(2003. 1. 3.), 제4조, 제5조.

4) 「關於外商投資企業合併與分立的規定」(대외경제합작부, 국가공상행정관리총국 공포, 2001. 11. 22.), 제3조.

립에 상당하는 복잡한 절차를 진행하여야 한다. 예컨대, 회사의 정관 작성과 지배구조의 조정 및 이를 담당하는 주무부서의 인허가를 받아야 할 뿐만 아니라, 상장회사의 경우 복잡한 상장절차를 다시 거쳐야 하기 때문이다.5)

Ⅱ. 합병의 개념

1. 합병과 기업인수

회사합병은 합병당사자인 두 개 이상의 회사가 상호 협의하여 완전히 새로운 회사를 성립시킨다는 점에서 기업인수(兼併: acquisition)와 다른 개념이다. 기업인수에 관한 개념적 규정을 둔 것은 「기업합병에 관한 임시판법(關於企業兼併的暫行辦法)」6)이다. 동 「판법」에 의하면 "기업인수는 한 기업이 다른 기업의 자산권(產權)을 매수(購買)함으로써 다른 기업으로 하여금 법인격을 상실하게 하거나 법인실체를 변경하게 하는 행위이고, 매수의 방식을 통하지 않고 기업간의 합병을 실시하는 행위는 본 판법의 적용범위에 속하지 않는다"라고 정의하고 있다. 동 「판법」은 기업인수행위의 유형으로서 채무부담방식, 자산인수방식, 주식인수방식 및 주식보유비율의 통제방식 등 네 가지를 인정하고 있다.

그러나 동 「판법」은 1996년 8월 20일 재정부에 의하여 공포된 「기업합병과 관련된 재무처리 잠행규정(企業兼併有關財務問題的暫行規定)」에 의하여 그 효력이 중지되었다. 동 「잠행규정」에 의하면 기업인수는 하나의 기업이 자산인수(購買) 등 유상으로 기타 기업의 자산권(產權)을 취득함으로써 기타 기업의 법인자격을 상실케 하거나 기타 기업의 법인자격이 유보되더라도 투자주체를 변경시키는 행위라고 규정하고 있다.

동 「잠행규정」에 의할 때 기업인수는 주체와 방식에서 기업합병과 구별된다. 즉, 기업인수는 그 주체가 회사뿐만 아니라 회사유형이 아닌 일반 기업도 포함된다는 점에서, 회사만을 그 주체로 하는 회사법상의 기업합병과 구별된다.

동 「잠행규정」에 의할 때 기업인수는 인수되는 기업이 법인격을 완전히 상실하는 유형과 법인격을 유지하되 투자주체만 변경되는 유형으로 구분된다. 따라서 기업인수는 인수행위로 인하여 법인자격을 완전히 상실하지 않는 유형

5) 법제처 동북아법령정보서비스사업 2006년도 연구용역과제 보고서, p. 163.

6) 국가체제개혁위원회·국가계획위원회·재정부 및 국가국유자산관리국 공포(1989. 2. 19.).

이 존재한다는 점에서 중국 개정 회사법에서 규정하는 기업합병과 구별되는 행위이다. 다만 중국 회사법에서 규정하는 합병의 유형 중에서 흡수합병의 경우에는 흡수하는 회사는 존속하고 피흡수되는 회사는 법인격을 상실하게 된다는 점에서 기업인수와 유사한 점이 있다.

외국인투자기업의 경우에는 대외경제합작부・국가공상행정관리총국이 공포한 「외국인투자기업의 합병과 분할에 관한 규정(關於外商投資企業合併與分立的規定)」이 적용되고, 외국인투자기업이 중국 국내기업의 인수합병에 관해서는 2006년 8월 8일 개정된 「외국인투자자의 중국 국내기업의 M&A에 관한 규정(關於外國投資者幷購境內企業的規定)」이 적용된다.

2. 합병과 공개매수

합병은 공개매수(接管, 購收控股權益: tender offer, take-over bid)와 구별된다. 공개매수는 단기간에 대량으로, 목표회사의 전체 주식이나 자산이 아닌, 필요한 수의 주식 또는 자산만을 취득하기 위한 목표로 주권을 매수하거나 자산을 인수하는 행위이다.[7] 공개매수를 하더라도 목표회사의 법인격은 그대로 유지된다는 점에서 합병과 구별된다. 공개매수제도는 중국 증권법 제85조 이하에서 규정하고 있고, 상장회사를 대상으로 하고 있다.

제2. 합병의 절차

회사의 합병은 회사의 구조변경을 가져오는 중요한 법률행위인 동시에, 회사의 주주(사원)나 채권자에게 중대한 이해관계를 발생시키는 사안이므로 이들을 보호할 수 있는 일정한 절차와 방식을 거쳐야 한다.

중국 회사법의 합병에 관한 절차는 흡수합병과 신설합병 모두 합병계약서의 작성과 체결, 사원총회나 주주총회의 결의, 대차대조표와 재산명세서의 작성, 채권자에 대한 통지와 공고, 채권자보호절차 등으로 진행된다.[8]

---

7) 張國平, 當代企業基本法律制度研究, 法律出版社, 2004, 208면.
8) 법제처 동북아법령정보서비스사업 2006년도 연구용역과제 보고서, p. 165.

Ⅰ. 합병계약서의 작성과 의결

먼저 합병하는 각 당사자측은 합병계약서를 체결하고, 이에 관한 회사의 동의절차를 받아야 한다(제174조). 회사의 합병에 관한 사안은 주주총회나 사원총회의 고유권한이고, 이를 집행하는 기관은 이사회이다. 합병계약서는 이사회가 주관하여 체결한다.

합병계약서의 주요내용은 합병의 주체・방식・대가・자산처리 및 채권과 채무처리 등이 포함된다. 중국 회사법과 기타 법률에서는 합병으로 소멸되는 회사의 근로자 배치에 대한 적정한 처리방식을 강행규정으로 하고 있고, 이것은 중국의 단위제도에서 비롯된 중국적 특색이다. 흡수합병의 경우에는 소멸되는 회사의 근로자에 관한 배치 방안이, 계약서에 포함되어 있어야 하고 신설합병의 경우에는 소멸대상으로 되는 회사의 근로자 배치 방안이 계약서에 포함되어야만 합병이 효과적으로 처리될 수 있다.

이 외에도 회사 합병이 완전히 유효하게 실행되기 위해서는 합병계약서에 합병후의 회사 정관, 존속되는 회사의 신주(신지분)발행, 자본과 준비금, 이사에 관한 사항, 근로자에 관한 사항, 자산의 인수와 인수 전의 자산관리, 합병절차와 합병일자, 합병계약의 변경이나 해제 등의 사항을 기재하여야 한다.[9]

합병계약서가 체결되면 사원총회 또는 주주총회의 동의를 받아야 한다. 유한회사의 경우에는 출석한 사원이 보유하고 있는 의결권의 2/3 이상의 찬성을 얻는 경우에만 합병을 실시할 수 있다(제44조 제2단). 주식회사의 경우에는 출석한 주주가 소유하는 의결권의 2/3 이상의 찬성으로 합병을 실시한다(제104조 제2단). 국가단독출자회사(國有獨資公司)가 합병하는 경우에는 국유자산관리기관의 허가를 받아서 실시하고, 이와 동시에 해당 지역의 인민정부에 보고하여 인가를 받아야 한다(제67조). 특히 국가단독출자회사가 국방과학기술분야에 종사하거나 국유자산관리기관이 이러한 기업에 출자하여 성립된 국가단독출자회사는 관련 특별법에 따라야 한다.[10]

구 회사법에서는 일반회사가 합병하는 경우에도 국무원 수권 부서 또는 성급 인민정부의 인가를 받도록 하였으나(구 회사법 제183조), 개정 회사법은

9) 李宅龍, 企業産權改革法律實務, 法律出版社, 2004, 121면, 123면.
10) 企業國有資産監督管理暫行條例, 제21조.

이 절차를 생략하였다.

기업의 합병협의서는 당사자가 서명날인(檢字盖章)한 날로부터 효력을 발생한다. 정부 주관부서의 인가를 받아야 할 경우에는 동 협의서는 인가일로부터 효력을 발생하고, 인가를 얻지 못한 경우에는 효력이 없다. 다만 당사자가 1심법원의 변론종결일 전에 절차상의 하자를 보완하여 인가를 위한 수속을 밟은 경우에, 인민법원은 해당 합병협의가 유효한 것으로 확인한다.[11]

Ⅱ. 합병서류의 작성

사원총회나 주주총회의 결의가 완료되면 대차대조표(資産負債表) 및 재산명세서(財産清單)를 작성하여야 한다(제174조). 대차대조표는 회사에 대한 특정기간 동안의 재무상태를 파악할 수 있는 중요지표이고, 재산명세서는 회사 자산에 대한 구체적인 권리목록이다.

Ⅲ. 채권자에 대한 통지와 항변절차

회사 합병은 채권자에게 중대한 영향을 미치는 사유이므로 이를 채권자에게 통지하고, 관련 사항을 공고하여야 한다. 즉, 회사 합병에 대한 사원총회나 주주총회의 결의가 완료된 날로부터 10일 이내에 채권자에게 이 사항을 통지하고, 30일 이내에 신문지상에 공고하여야 한다. 구 회사법은 공고방식으로서 신문지상에 최소 3회 이상 공고하도록 하였지만(구 회사법 제184조), 개정 회사법은 이를 간소화하였다(제174조).

채권자는 통지서를 받은 날로부터 30일 이내에, 통지서를 받지 못한 경우에 공고일로부터 45일 이내에 회사에 대하여 채무를 상환하도록 청구하거나 이에 상응하는 담보를 제공할 것을 청구할 수 있다(제174조). 구 회사법은 합병하는 회사가 채권자의 항변을 받은 경우 채무를 상환하거나 또는 상당한 담보를 제공하지 못하면 합병을 금지하였지만(구 회사법 제184조), 이는 합병의 본질에 맞지 않는 것이므로 개정 회사법은 이를 폐지하였다. 채권자는 이 항변권을 기한 내에 행사하여야 하고, 기한이 경과하면 항변권은 상실되고, 회사에

11) 最高人民法院, 「關於審理與企業改制相關民事糾紛案件若干問題的規定」(2003. 1. 3.), 제30조.

대한 채권은 유효하게 존속한다.

회사는 흡수합병이나 신설합병 후에 흡수되거나, 소멸된 회사에 대하여 공상등기기관에 변경등기를 하여야 하고, 이를 하지 않은 경우에 채권자는 소멸되는 회사에 대하여 소송을 제기할 수 있고, 인민법원은 기업합병 이후의 사정을 고려하여 채권자에게 책임주체를 고지하여야 하고, 동시에 책임주체에게 민사책임을 판시하여야 한다.[12)]

제3. 주주와 사원의 보호절차

회사법에서는 채권자를 보호하기 위하여 합병의 통지와 공고절차를 규정하였지만, 회사의 사원이나 주주 중에서 합병에 반대하거나 이의를 제기하는 자를 보호할 수 있는 내부자 보호에 관한 규정은 두지 않았다.

회사 합병의 경우에도 회사의 지분이나 주권 양도와 같은 절차에 따라 합병결의에 반대하였거나 이의를 제기한 사원이나 주주에 대하여 보유지분이나 주식의 우선매수청구권을 회사에 대하여 행사할 수 있다고 해석하여야 한다.[13)]

제4. 합병의 효과[14)]

회사합병의 절차가 완료되면 합병하는 개별 회사의 채권과 채무는 합병 후 존속하는 회사 또는 신설된 회사가 승계한다(제175조).

회사가 흡수합병 되는 경우에 흡수되는 회사는 법인격이 소멸되고, 신설합병의 경우는 두 회사의 법인격이 모두 소멸되고 새로운 법인격이 탄생된다. 이에 따라 공상행정기관에 회사합병을 원인으로 하는 변경등기를 완료하여야 한다. 흡수합병을 하는 경우에는 합병회사가 관련 자산, 주주, 경영자 등에 관한 변경등기를 하여야 하고, 흡수되는 회사는 회사말소등기를 하여야 한다. 신설합병의 경우에는 합병당사자 각자가 모두 말소등기를 하고, 새로 설립되는 회사가 설립등기를 하여야 한다(제180조). 회사의 합병이 있으면 그 공고일로

12) 最高人民法院, 「關於審理與企業改制相關民事糾紛案件若干問題的規定」(2003. 1. 3.), 제34조.
13) 李宅龍, 企業產權改革法律實務, 法律出版社, 2004, 120면.
14) 법제처 동북아법령정보서비스사업 2006년도 연구용역과제 보고서, p. 166.

부터 45일 이후에 등기를 신청하여야 하고, 이와 관련된 서류를 제출하여야 한다(회사등기관리조례 제39조).

제5. 합병절차의 구제

회사의 합병절차가 진행되는 과정에 정부 주관부서의 인가를 받아야 하는 경우와 기타 결의 절차 등에서 동의를 얻지 못하는 등의 사유로 합병이 무효가 되는 경우에 그 구제방식에 대하여 중국 회사법은 규정을 두고 있지 않다.

합병절차가 무효로 되는 경우에 합병에 참여하였던 쌍방 당사자는 동시에 합병실효에 관한 공고를 하여야 한다. 이러한 경우에 일반적으로는 회사의 합병과 밀접하게 관련 있는 이해관계자, 즉 주주(사원)·이사·감사 및 합병에 동의하지 않은 채권자 등은 법원에 합병무효확인의 소를 제소기간 내에 제기할 수 있다. 법원에서 합병무효의 판결이 확정되면 합병으로 인하여 소멸되었던 회사는 원래의 법인격을 유지하게 되고, 합병을 원인으로 하여 전환처리 되었던 자산이나 기타 지위가 회복되거나 환원된다.

제6. 증권법상의 기업 공개매수제도

Ⅰ. 증권법상의 주식공개매수제도

증권법 제85조는 "투자자는 매수청약(要約收購)·매수협의(協議收購) 및 기타 합법적인 방식으로 상장회사를 매수(收購)할 수 있다"고 규정하고 있다. 증권법에서 규정하고 있는 매수청약(要約收購)은 주식의 공개매수(tender offer, take-over bie)를 의미하는데, 매수인이 목표 회사의 모든 주주에 대하여 그 보유하고 있는 주식을 매수할 것을 공개적으로 청약하는 방식이다. 매수협의(協議收購)는 주식의 우호적 매수를 말하고, 매수인과 목표 회사의 개별 주주간에 주식양도에 관한 협의를 체결함으로써 상장회사의 주식을 매수하는 방식이다.

중국 증권법상의 주식공개매수는 상장회사를 대상으로 하는 것이고, 구체적으로는 상장회사의 주식을 병합하는 것으로서 공개매수로서 통칭된다. 증권법에서 규정하고 있는 주식공개매수는 그 주체가 투자자이며, 상장회사의 주식을 병합의 대상으로 하여 투자자와 투자자간의 주식 양도행위가 그 실체가 된다.

증권법상 상장회사의 주식공개매수의 절차는 보고와 공고, 매수청약, 강제청약, 청약기한만료 등의 순서로 진행된다.

Ⅱ. 공개매수의 청약절차

1. 보고와 공고

증권거래소의 증권거래를 통해 투자자가 보유한 주식비율 또는 협의의 방식 및 기타의 방식을 통하여 타인과 공동으로 보유하는 주식비율이, 특정한 상장회사가 이미 발행한 주식총수의 5/100 이상에 달한 경우에, 그 사실을 발행한 날로부터 3일 이내에 국무원 증권감독관리기관과 증권거래소에 서면으로 보고하여야 하고, 상장회사에도 통지하여야 하며, 동시에 이러한 사실을 공고하여야 한다. 이 보고기한 내에는 해당 상장회사의 주권(股票)을 더 이상 매매할 수 없다(증권법 제86조 제1단).

투자자가 보유한 주식비율이나 협의 및 기타 방식을 통하여 타인과 공동으로 보유하는 비율이, 특정한 상장회사가 이미 발행한 주식총수의 5/100에 달한 후에는 그 특정 상장회사가 이미 발행한 주식의 보유비율이 5/100보다 증가하거나 감소 할 때마다 앞의 규정에 따라 보고와 공고를 하여야 한다. 이 보고기한 내 및 보고 및 공고 후의 2일 이내에는 해당 상장회사의 주권을 더 이상 매매하지 못한다(증권법 제86조 제2단).

주식보유비율에 대한 보고와 공고를 할 경우 다음의 사항을 포함하여야 한다(증권법 제87조). 즉, 주식 보유자의 명칭, 주소, 보유 주권의 명칭 및 수량(數額), 주식보유가 법정 비율에 도달한 일자 또는 그 비율의 증가나 감소가 법정 비율에 도달한 일자(日字)이다.

2. 공개매수의 청약

(1) 공개매수 청약서의 기재사항

증권거래소를 통하여 주식거래를 할 때, 투자자가 보유한 주식비율 또는 협의의 방식 및 기타의 방식을 통하여 타인과 공동으로 보유하는 주식비율이 특정한 상장회사가 이미 발행한 주식총수의 30/100에 도달한 이후에도 매수를 계속 진행하려면 법에 근거하여 해당 상장회사의 모든 주주들에게 해당 상장회사의 주식 전부 또는 일부에 관한 공개매수의 청약을 송부하여야 한다. 단 국무원 증권감독관리기구가 공개매수의 청약 발송을 면제한 경우에는 예외로 한다(증권법 제88조).

공개매수의 청약을 할 경우에, 공개매수를 하는 당사자는 먼저 국무원 증권감독기관에 상장회사의 공개매수보고서를 송부하여야 한다. 공개매수청약서에는 다음의 사항을 포함하여야 한다(증권법 제89조). 즉, 매수인의 명칭, 주소, 매수인이 인수와 관련하여 결정한 내용, 인수되는 주식을 발행한 상장회사의 명칭, 매수 목적, 매수 주식의 상세 명칭 및 구입 예정 주식수량(액), 매수 기한과 가격, 매수에 필요한 자금액과 자금 보증, 상장회사 매수보고서의 제출당시에 공개매수자가 보유하고 있는 피인수 회사의 주식수가 해당 회사가 이미 발행한 주식 총수에서 차지하는 비율 등이다. 매수인은 상장회사 매수보고서를 증권거래소에도 제출해야 한다.

⑵ 매수청약의 공고와 기한

매수인은 증권법 제89조에 의하여 상장회사의 공개매수에 관한 보고서를 제출하여야 하는 일자로부터 15일 후에 매수청약에 대한 공고를 하여야 한다. 이 기한 동안 국무원 증권감독관리기관이 상장회사의 공개매수보고서에서 법률·행정법규에 부합하지 않는 사항을 발견하였을 경우에는 이를 즉시 매수인에게 고지하여야 하고, 매수인은 매수청약을 재공고할 수 없다(증권법 제90조 제1단). 매수청약에서 약정된 매수기한은 30일 이상 60일을 초과할 수 없다.

⑶ 매수청약의 철회금지

매수청약이 승낙기한 내에 확정된 때에는 매수인은 그 매수청약을 철회할 수 없다. 매수인이 매수청약을 변경할 필요가 있을 경우에는, 먼저 국무원 증권감독관리기관 및 증권거래소에 보고하여 인가를 얻은 후에 공고를 실시할 수 있다(증권법 제91조).

Ⅲ. 공개매수의 조건과 방식

매수청약에서 제시된 각 항의 매수조건은 매수되는 회사의 모든 주주에게 적용된다(증권법 제92조).

공개매수(收購要約)의 방식을 취하는 경우에, 매수인은 매수기한 내에 매수되는 회사의 주권을 매각할 수 없고, 동시에 청약에서 규정된 것 이외의 방식 또는 청약에서 규정된 조건을 초과하여 매수되는 회사의 주권을 취득할 수 없다(증권법 제93조).

우호적 매수방식(協議收購)을 취하는 경우, 매수인은 법률·행정법규에 의하여 매수되는 회사의 주주와 우호적(協議) 방식으로 주식을 양도받을 수 있다(증권법 제94조 제1단).

우호적 방식으로 상장회사를 매수하는 경우, 협의가 체결된 후 매수인은 3일 이내 해당 매수관련 협의사항을 국무원 증권감독관리기구 및 증권거래소에 서면 보고를 하여야 하고, 동시에 이를 공고하여야 한다. 공고 전에는 매수협의사항을 실행하지 못한다(증권법 제94조 제2단, 제3단).

우호적 매수방식을 취하는 경우에, 협의를 체결한 쌍방 당사자는 증권등기결제기구에 임시로 해당 주권을 위탁하여 보관하게 할 수 있으며, 동시에 자금을 지정된 은행으로 입금시킬 수 있다(증권법 제95조).

우호적 매수방식을 취하는 경우에 매수인이 매수한 주식비율 또는 협의의 방식 및 기타의 방식을 통하여 타인과 공동으로 보유하는 주식비율이 특정한 상장회사가 이미 발행한 주식총수의 30/100에 도달한 경우에, 매수를 계속 진행하려면, 해당 상장회사의 모든 주주들에게 상장회사의 전부 또는 일부 주식의 매수청약을 송부하여야 한다. 다만, 국무원 증권감독관리기구가 공개매수의 청약 발송을 면제한 경우에는 예외로 한다(증권법 제96조 제1단).

매수인이 증권법 제96조 제1단의 규정에 의하여 청약의 방식으로 상장회사의 주식을 매수하는 경우에는 본 증권법 제89조에서부터 제93조의 규정을 따라야 한다(증권법 제96조 제2단).

Ⅳ. 매수기한의 만료

공개매수의 기한이 만료된 후에 매수되는 회사의 주식의 분포가 상장요건에 부합하지 않게 된 때에는, 증권거래소가 법에 따라 해당 상장회사의 주권장거래를 종료한다. 매수되는 회사의 나머지 주권을 보유하고 있는 주주들은 매수인에게 매수청약서에 기재된 것과 동등한 조건으로 그 주권을 매도할 권한이 있고, 매수인은 이를 매수를 할 의무가 있다(증권법 제97조 제1단).

매수행위가 완료된 후 매수되는 회사가 주식회사가 갖추어야 할 법정의 요건을 구비하지 못한 때에는, 법에 따라 기업의 형태를 변경하여야 한다(증권법 제97조 제2단).

상장회사의 공개 매수가 진행되는 과정 중에, 매수인이 보유하고 있는 매수되는 상장회사의 주권은 매수행위가 완료된 후 12개월 내에는 재양도할 수 없다(증권법 제98조).

매수행위가 완료된 후에 매수인과 매수되는 회사는 합병하고, 해당 회사는 해산하며, 해산되는 회사가 보유하였던 주권은 매수인이 법에 따라 갱신한다(증권법 제99조).

매수행위 완료 후에 매수인은 15일 이내에 매수상황을 국무원 증권감독관리기관 및 증권거래소에 보고하고, 동시에 이를 공고하여야 한다(증권법 제100조).

Ⅴ. 국가가 수권한 투자기관의 예외규정

상장회사의 공개매수가 실시되는 과정에서, 국가가 수권하여 투자기관이 보유하도록 위임받은 주식은, 국무원 관련 규정에 따라 주관부서의 인가를 받아야 한다(증권법 제101조 제1단).

국무원 증권감독관리기관은 본 증권법이 정하는 원칙에 따라 상장회사 공개매수에 관한 구체적인 판법(辦法)을 제정하여야 한다(증권법 제101조 제1단). 이 규정에 근거하여 2006년 5월 17일에 「상장회사공개매수관리판법(上市公司收購管理辦法)」을 제정하였다.

제4절 회사의 분할

제1. 회사 분할의 개념

회사분할(公司分立)은 하나의 회사가 분할계획(分割協議)과 법률에 따라 청산절차를 거치지 않고 두 개 이상의 회사로 분리되는 법률행위이다. 회사분할은 경제적으로 회사의 구조조정을 위한 목적으로 사용되거나 회사 규모를 확장하는 데 이용된다.

회사분할은 회사의 자산이 양도된다는 점에서 자산양도와 비슷하지만, 자산양도는 그 원인이 양도에 따른 대가의 취득에서 발생되므로, 양도하는 당사자의 전체 자산은 변동이 없다는 점에서 대가성과 관계없이 자산을 분할하고 동시에 총자산규모에서 변동이 발생되는 분할과는 구별된다. 이와 함께 주주나 사원의 지위에도 변동이 없다는 점에서 차이가 있다.[15]

중국 회사법상의 회사분할은 주식회사와 유한회사 모두에 적용되고, 외국인투자기업의 분할은 다른 규정이 우선 적용된다.[16]

제2. 분할의 유형

중국 회사법에서 회사분할은 존속분할(또는 派生分割)과 신설분할(또는 解散分割)로 구분된다.

존속분할은 하나의 회사가 원 회사의 일부재산이나 업무를 분리하여 하나 또는 그 이상의 새로운 회사를 만드는 것이다. 이 경우 원 회사는 계속 존속하고, 다만 주주(사원)수나 등록자본금 등에서 변화가 발생하고, 새로운 회사는 원 회사와는 다른 독립된 법인격을 취득하여 활동한다.

신설분할은 하나의 법인자격을 갖는 회사가 둘 이상의 독립된 법인격을 갖는 회사로 분리되는 것이다. 원 회사가 보유하고 있던 자산은 분할계획에서 정한 바에 따라 회사의 특성, 경영범위 등에 의하여 새로 설립되는 회사에 배

15) 趙旭東, 新公司法講義, 人民法院出版社, 2005, 236면.

16) 「關於外商投資企業合併與分立的規定」(대외경제합작부, 국가공상행정관리총국 공포, 2001. 11. 22.), 제3조.

당되고 원 회사는 해산된다.

제3. 분할 절차

회사분할은 회사합병절차와 같이 회사의 중대한 구조조정이면서 동시에 회사의 주주(사원)나 채권자에게 중대한 영향을 미치는 사안이기 때문에 특정한 절차를 거쳐야만 실시할 수 있다.

회사를 분할하는 경우 먼저 분할하는 개별회사는 상호 분할계획을 작성하여야 하고 이 분할계획에 대하여 회사 내의 주주총회나 사원총회의 특별결의를 거쳐야 한다. 이 특별결의는 위의 회사합병의 경우와 같다.

회사의 특별결의가 완료된 후 주주나 채권자보호를 위한 절차도 회사합병의 경우와 같다(제176조 제2단). 따라서 대차대조표와 재산명세서의 작성, 채권자에게 통지하거나 공고하는 절차는 회사합병부분에서 설명한 바와 같다.

존속분할의 경우에는 원 회사의 등록자본에 변동이 발생하게 되므로 이에 관한 변경등기를 하여야 하고, 분할된 회사는 설립등기를 하여야 한다. 신설분할의 경우 원 회사는 해산되므로 말소등기를 완료하여야 하고, 새로 설립된 회사는 설립등기를 하여야 한다(제180조).

회사의 분할이 있으면 그 공고일로부터 45일 이후에 등기를 신청하여야 하고, 이와 관련된 서류를 제출하여야 한다(회사등기관리조례 제39조).

제4. 분할의 효과

존속분할의 경우 회사분할이 성립되면 원 회사의 등록자본에 변화가 발생되고 이와 함께 분할된 회사의 법인격이 탄생된다. 신설분할의 경우 원 회사는, 해산되고 새로 설립된 회사는 새로운 법인격을 갖는다.

회사가 분할되면 이에 따라 가장 많은 영향을 받는 채권자를 보호할 수 있는 대안이 필요하다. 중국 개정 회사법은 이를 위하여 분할계획을 작성하도록 하였고, 법률에 따라 회사분할 전의 채무는 분할 후의 회사가 연대하여 부담하도록 하였다. 다만 회사가 분할 전에 채권자와 채무상환에 관한 서면합의가 있을 경우에는 이에 따르도록 하였다(제177조). 이러한 규정은 최고인민법원의 사법해석과 동일한 취지이다.[17] 특히 분할된 회사가 연대책임을 부담한 후에, 각 분할된 회사 사이에 분할 전 회사의 채무에 관하여 약정이 있으면 이에 따르고, 약정이 없거나 약정이 있어도 명확하지 못할 경우 기업의 분할당시의 자산비례에 따라 책임을 분담한다.[18]

회사의 분할이 발생되면 이에 따라 주주(사원)의 지위와 권한도 영향을 받게 된다. 존속분할의 경우 원회사의 주주(사원)는 분할계획과 법률 및 회사정관에 따라 원회사의 지위를 유지할 수도 있고 새로 분할되는 회사의 주주로 독립할 수 있다. 이 경우 원 회사에 대하여 보유하고 있던 주권(지분권)은 분할계획과 법률 및 회사정관에서 정한 사항에 따라 감소된다.[19]

신설분할의 경우 주주(사원)는 원 회사에 대하여 보유하던 주권(지분권)이 회사소멸로 인하여 상실되고, 이에 따라 새로 설립된 회사의 주권을 취득하게 된다.

17) 最高人民法院,「關於審理與企業改制相關民事糾紛案件若干問題的規定」(2003. 1. 3), 제12조.
18) 最高人民法院,「關於審理與企業改制相關民事糾紛案件若干問題的規定」(2003. 1. 3), 제13조.
19) 법제처 동북아법령정보서비스사업 2006년도 연구용역과제 보고서, p. 169.

제10장
회사의 해산과 청산

제 1 절 회사의 해산

제1. 회사해산의 개요

회사의 해산은 회사가 법률이나 정관에서 정한 법정의 해산사유나 특별한 해산사유가 발생한 경우에, 법정절차를 거쳐 회사의 권리의무를 종료시킴으로써 법인자격을 상실하게 하는 법률행위이다. 회사가 법률에서 정한 해산사유가 발생되면 경영활동을 종료하고 청산절차를 진행하게 된다. 회사의 청산과정 동안 청산법인이 존속하고 청산업무가 완료되면 말소등기를 거쳐 회사가 해산한다.

회사의 해산은 주주(사원)와 채권자에게 직접적인 영향을 미치는 중요한 사안이므로 각 국가의 법은 이에 관한 명확한 입법을 제시할 뿐만 아니라, 또한 회사법과는 별개의 법률로써 이를 규율하는 것이 일반적이다. 중국의 법제에서 기업의 해산에 관하여 규정을 둔 것은 기업법인의 종료(終止) 사유를 규정한 「민법통칙」, 국유기업법인의 해산에 관하여 관련 규정을 둔 「기업법인등기관리조례」 및 구 회사법 등이 있었다. 그러나 행정관청이 기업의 영업허가증(營業執照)을 말소하는 행정처분으로써 기업의 해산제도를 대용하고 있었다.

중국의 구 회사법에서 규정된 회사의 해산제도의 경우, 회사의 해산사유가 명확하지 못하였을 뿐만 아니라 그 범위가 매우 좁았고, 해산과 청산을 담당하는 주체가 명확하지 못하여 많은 분쟁을 야기하였고, 청산조직의 직무권한이 명확하지 않음에서 초래되는 자산유실 등의 문제가 다소간 발생하였다. 이러한 현상은 최고인민법원의 경제심판정이 내린 각종 사법해석에서 잘 나타난다.[1)]

개정 회사법은 해산사유, 청산기간 중의 경영활동 범위, 청산조직의 권한 등을 한정하여 규정하였다. 개정 회사법이 제정되는 과정 중에 구 파산법의 개정작업도 진행되어 개정 파산법도 2007년 7월 1일부터 시행되고 있다.

개정 파산법은 적용범위를 적용대상 및 적용지역을 분류하여 규율하고 있다. 파산법이 적용되는 대상은 '기업법인'으로 인정된 모든 기업이다. 이와 함께 개정 파산법은 적용지역으로서의 역외파산제도를 도입하였다.[2)]

이 외에도 개정 파산법이 새롭게 정한 부분은 파산관리인제도, 기업회생제도, 악의파산에 대한 제한 및 이사, 감사 및 고급관리인의 파산책임부분 등이다. 아래에서는 중국 회사법을 중심으로 해산과 청산에 관해서 살펴본다.

중국 회사법에서 회사의 해산은 두 가지 유형에 따라 실시된다. 하나는 일반적인 회사의 해산 사유에 따라 청산절차를 거쳐 법인격을 소멸하게 하는 것이고, 다른 하나는 회사의 합병·분할과 같이 청산절차를 거치지 않고 즉시 법인격이 소멸되는 경우이다. 본 장에서 말하는 회사의 해산은 청산절차에 따라 진행되는 경우를 말한다. 회사의 해산사유가 자율적으로 실시되는지 혹은 강제적으로 실시되는지에 따라 임의해산과 강제해산의 절차로 구분된다.

제2. 회사의 해산방식과 해산절차

Ⅰ. 회사의 해산방식과 해산사유

중국 회사법에서 해산사유로 인정되고 있는 것은 임의해산과 강제해산이다.

1. 임의해산

임의해산의 요건은 회사법 제181조 제1호에서 제3호까지 규정된 사유로서, 회사정관에 규정된 회사의 존속기한이 만료되었거나 또는 회사정관에 규

1) 最高人民法院經濟審判庭, 「關於九江市信託投資公司訴盧山對外開發貿易中心借款合同糾紛案件處理意見的復函」(1998. 12. 1.) 등.

2) 법제처 동북아법령정보서비스사업 2006년도 연구용역과제 보고서, p. 183.

정된 기타의 해산사유가 발생하였을 경우, 사원총회 또는 주주총회가 해산을 결의하였을 경우, 회사의 합병 또는 분할로 인하여 해산할 필요가 있는 경우 등과 같이 회사의 구성원 주체가 합의하여 해산을 결정한 경우이다.[3)]

2. 강제해산

강제해산의 요건은 회사법 제181조 제4호 및 제5호에서 정한 사유이다. 즉, 법률에 의하여 영업허가증이 말소(弔銷)되고, 폐업(關閉) 또는 허가취소(撤銷) 처분을 받은 경우(제181조 제4호), 인민법원이 본 법 제183조 규정에 따라 해산판결을 확정한 경우(제181조 제5호) 등이다.

영업허가증이 말소되거나 허가취소 처분을 받는 경우로는 회사 등기시에 허위의 등록자본금을 신고하거나, 허위의 자료를 제출하거나, 기타 사기적인 수단으로 중요사실을 은폐하여 회사의 등기를 취득한 경우 등이다(제199조).

회사의 성립 후 정당한 이유 없이 6개월간 영업을 개시하지 않거나, 영업의 개시 후에 자의적으로 연속 6개월 이상 영업을 중지한 때에는, 회사 등기기관은 그 영업허가증을 말소할 수 있다(제212조).

회사가 경영과정에서 심각하게 곤란한 사유가 발생되고, 계속해서 존속할 경우 주주들의 이익에 중대한 손실을 발생하게 할 경우, 다른 방법으로도 그 해결이 불가능한 때에는, 회사 전체 주주(사원)의 의결권의 10/100 이상을 보유한 주주(사원)는 인민법원에 회사의 해산을 청구할 수 있으므로(제183조), 이 절차에 따라 인민법원이 해산판결을 확정한 경우에도 회사는 해산된다.

3. 국가단독출자회사의 해산사유와 파산법의 해산사유

국가단독출자회사(國有獨資公司)의 해산은 반드시 국유자산감독관리기관이 결정한다. 중요한 국가단독출자회사가 해산하는 경우에는 반드시 해당 지역의 인민정부에 보고하여 인가를 받아야 한다(제67조 제1단). 중요한 국가단독출자회사란 국가기간산업에 관해 국가가 수권하거나 투자를 위임하여 설립한 국가단독출자회사를 말하고, 이에 관해서는 국무원이 별도로 정한다(제67조 제2단).

3) 법제처 동북아법령정보서비스사업 2006년도 연구용역과제 보고서, p. 184.

4. 회사법상 해산사유의 한계성

개정 회사법은 제183조에서 회사 해산청구권을 주주에게 부여하였지만 그 해산 사유를 명백하게 규정하지 못했다는 한계성을 갖는다. 즉, '회사의 경영과정에서 심각하게 곤란한 사유'가 발생하여, 계속해서 존속할 경우 주주의 이익에 중대한 손실을 미치게 하는 상황에서, '다른 방법으로도 그 해결이 불가능한 경우'에 해산을 청구할 수 있는 것으로 하였다. 이러한 사유만으로는 회사와 채권자 및 주주들에게 중대한 결과를 초래할 수 있는 해산을 결정할 수 있는 명백한 기준이 되지 못한다.[4] 특히 회사의 해산과 청산에 관한 입법을 하면서도 회사의 유형에 따른 해산과 청산사유를 특정하지 않고 일괄적으로 규정한 것은 실질적으로 도움이 되지 못한다는 비판이 있다.[5]

회사에 심각하게 곤란한 경영사유가 발생될 경우란, 회사의 파산사유와 비슷하다. 즉, 회사가 만기가 도래한 채무를 상환하지 못하거나, 자산부족으로 채무 전체의 상환이 불가능하거나, 명확히 상환능력이 없는 경우에는 신 파산법이 정한 절차에 따라 파산을 신청할 수 있도록 규정하였기 때문에(개정 파산법 제2조), 이 경우에는 해산이 아닌 파산절차에 따라 회사를 청산한다.

Ⅱ. 해산절차

1. 임의해산절차

회사의 임의해산사유가 발생하였을 경우, 특히 회사 정관에 규정된 회사의 존속기한이 만료되었거나 회사정관에 규정된 기타 해산사유가 발생했을 경우, 또는 사원총회 또는 주주총회가 해산을 결의하였을 경우에는, 해산사유가 발생한 날로부터 15일 이내에 청산조직을 구성하여 청산을 시작하여야 한다(제184조).

회사정관은 자치법규로서 전체 주주(사원)가 제정하여 회사등기기관에 등기한 것이므로 회사의 경영에 관여하는 모든 자에게 구속력이 발생한다. 따라서 정관에서 정한 해산사유가 발생하게 되면 해산절차를 밟아야 한다. 회사정

4) 법제처 동북아법령정보서비스사업 2006년도 연구용역과제 보고서, p. 185.

5) 上海市高級人民法院編(齊奇主編), 公司法疑難問題解析, 法律出版社, 2006, 115면.

관에서 규정된 영업기한의 만료라든지 회사 정관에서 정한 기타의 사유가 발생된 경우에는 예외적으로 회사정관을 개정하여 계속 존속할 수 있다(제182조).

주주총회나 사원총회가 회사해산에 대한 결정권을 갖고 있으므로 이들이 해산을 결의한 때에도 해산절차를 밟는다. 유한회사의 사원총회가 회사의 해산을 결의하는 경우에 사원이 보유한 전체 의결권의 2/3 이상의 찬성으로 결정한다. 주식회사의 주주총회가 해산을 결의하는 경우에는 출석한 주주들이 보유하는 전체 의결권의 2/3 이상의 찬성으로 결정한다.

회사가 합병이나 분할을 결정한 경우에도 임의해산절차에 따른다. 다만 회사의 합병이나 분할의 경우에는 그 속성상 회사법 제184조가 규정하고 있는 '해산사유가 발생한 날로부터 15일 이내 해산절차를 밟을 것'이라는 제한이 따르지 않는다. 흡수합병의 경우에는 흡수되는 회사가 해산절차 없이 흡수합병하는 회사에 편입된다. 신설합병의 경우에는 원래의 회사는 해산하고 신설되는 회사에 편입된다. 회사의 분할도 존속분할과 신설분할로 구분된다. 존속분할의 경우에는 원래의 회사가 분할로 인하여 해산되지 않고 존속하게 되므로 해산의 문제를 발생하지 않는다. 그러나 신설분할의 경우에는 원래의 회사가 법인격을 상실하고 신설되는 회사는 원래의 회사와 독립된 법인격을 갖는 회사로 분할되므로 원래의 회사는 해산된다.

2. 강제해산절차

회사의 강제해산의 사유가 발생되면 그 사유의 발생일로부터 15일 이내에 청산조직을 설립하여 청산을 진행하여야 한다(제184조). 강제 해산된 경우 그 해산사유에 따라 절차가 진행된다.

법률이나 행정법규에 의하여 영업허가증이 말소된 경우 이에 따라 회사는 해산된다. 이 경우 주관부서는 주주(사원)와 관련기구 및 전담인원으로 청산조직을 구성하여 청산을 진행한다. 다만 회사등기기관이 회사등기를 말소하거나 주관부서에 의하여 폐업하게 된 경우 일정한 시간의 경과에 따라 회사의 법인격이 소멸하게 되지만, 회사등기기관이 회사의 영업허가증을 말소한 경우 회사의 법인격은 아직 소멸된 것은 아니고, 회사의 해산과 청산절차가 완료된 경우에 비로소 그 법인격이 소멸한다.

강제해산절차에 의할 때 문제가 되는 것이 회사의 사원이나 주주들이 직접 회사의 해산을 법원에 청구할 권한이 있는가 하는 점이다. 구 회사법은 이에 대한 명확한 규정을 갖고 있지 않았기 때문에 실무적으로 많은 분쟁이 발생하였다. 다만 외국인투자기업 관련 법률 중에서 합자기업의 경우 합영당사자 일방이 기업의 해산사유가 발생하면 해산을 청구할 수 있도록 규정하고 있다(합자기업법실시조례 제102조).

개정 회사법은 법정의 해산사유가 발생된 경우 이를 법원에 청구할 수 있는 주체로서 회사의 주주(제183조)와 인민법원(제181조)을 인정하였다. 개정 파산법은 본 법 제2조에서 정하는 파산사유가 발생된 경우에, 채무자도 직접 인민법원에 청산신청을 청구할 수 있도록 하였다(개정 파산법 제7조 제2단).

3. 소수주주의 해산청구

회사의 경영과정에서 심각하게 곤란한 사유가 발생하여, 계속해서 존속할 경우 주주(사원)의 이익에 중대한 손실을 미치게 하는 상황에서 다른 방법으로는 해결이 불가능한 경우, 회사의 전체 주주(사원) 의결권의 10/100 이상을 보유한 주주(사원)는 인민법원에 회사의 해산을 청구하는 소를 제기할 수 있다(제183조). 이는 소수주주(사원)의 해산청구권을 인정하는 규정이다.

Ⅲ. 해산의 효과

회사의 해산절차가 진행되거나 완료되면 회사에는 몇 가지 법률효과가 발생한다. 해산절차의 공고가 있게 되면 청산절차가 진행되는 동안에는 법인격은 여전히 존재하고, 청산인이 법정대표자로 전환된다. 해산되는 회사의 기관담당자는 그 직권을 상실하며, 그 주요 권한은 회사의 청산인의 권한으로 전환된다. 회사는 청산의 범위 내에서만 회사의 권리능력과 행위능력을 갖는다.

회사가 해산되면 회사의 청산인은 회사의 청산완료일로부터 30일 이내에 원래의 회사 등기기관에 말소등기(注銷登記)를 하여야 한다.[6)]

---

6) 公司登記管理條例, 제43조.

제2절 회사의 청산

제1. 회사 청산의 의의

회사의 청산은 회사의 해산사유가 발생된 이후에 회사의 재산을 처분하고 법인자격과 관련 있는 사항을 종결하는 절차이다. 회사의 청산과정에서 주요한 것은 회사의 해산절차 이후에 회사의 재산정리, 채권의 회수 및 채무의 이행, 잔여재산의 처분행위 및 회사의 기타 법률관계를 종결하는 것이다. 회사의 청산과정에서 잔여자산이 있는 경우에 정관에 달리 규정된 것이 없으면, 유한회사의 경우에는 사원의 지분비율에 따라서, 주식회사의 경우에는 주주가 보유한 주식비율에 따라 배당한다.

회사의 청산은 파산을 원인으로 하는 파산청산과 파산과 관계없이 진행하는 청산절차가 있다. 파산을 원인으로 하여 진행되는 파산청산 절차는 채무상환능력이 없어서 파산선고를 받아서 처리하기 때문에 절차의 진행과정에서 채권자보호가 중요하고, 이를 제3자의 입장에서 공정하게 처리하기 위하여 인민법원이 주도적으로 처리하게 된다. 이에 관해서는 개정 파산법이 적용된다. 파산과 관계없이 진행하는 청산절차는 파산법이 아닌 회사법에서 정한 기업해산사유에 따라 실시된다. 또 회사가 청산을 자율적으로 실시하는지 또는 법정의 사유에 따라 하는 것인지의 여부에 따라 임의청산과 법정청산으로 구분된다. 법정청산의 경우에도 법원이나 행정기관이 관여하는지의 여부에 따라 보통청산과 특별청산으로 구별된다. 회사법 제184조 제1단 및 제2단 제1문이 규정하고 있는 것은 보통청산이고, 회사법 제184조 제2단 제2문이 규정하고 있는 것은 특별청산에 관한 것이다.[7]

파산법이 제정되기 전에는 외국인투자기업이 청산하는 경우「외국인투자기업청산판법(外商投資企業清算辦法)」이 적용되었지만, 현재는 내국인투자기업 및 외국인투자기업 모두 개정 파산법이 적용된다.

7) 唐青陽主編, 公司法精要與依據指引, 人民法院出版社, 2005, 418면.

제2. 청산조직

Ⅰ. 청산조직

1. 보통청산조직의 구성요건

중국 개정 회사법은 회사의 해산사유가 발생되면 청산조직(清算組)을 구성하여 청산절차를 집행할 것을 규정하고 있다. 외국 입법례를 보면 1인의 청산인 또는 수인이 청산인회(清算人會)를 조직하여 청산업무를 집행하도록 하고 있으나, 중국 개정 회사법은 청산조직(清算組)으로 고정하였기 때문에 1인이 청산업무를 집행하는 것은 실질적으로 곤란하게 되었다. 중국 개정 회사법에서는 청산조직의 구성에서 청산인회(清算人會)와 대표청산인에 관한 규정을 하지 않고 있다.[8)]

회사법 제184조는 청산조직을 구성하는 사유로는, 회사정관에 규정된 영업기한이 종료되었거나 또는 회사정관에 규정된 기타 해산사유가 발생했을 경우(제1호), 사원총회 또는 주주총회가 해산을 결의하였을 경우(제2호), 법에 따라 영업허가증이 말소되고, 폐업 또는 허가취소를 명령받은 경우(제4호), 인민법원이 본 법 제183조 규정(소수주주의 회사해산청구권)에 따라 해산을 결정한 경우(제5호)이다. 회사의 합병 또는 분할의 경우는 해산이나 청산절차가 필요 없다.

회사는 회사법 제181조가 정한 임의해산사유 또는 강제해산사유가 발생한 날로부터 15일 이내에 청산조직을 구성하여야 한다(제184조 제1단). 다만 회사법 제181조의 해산사유 중에서 회사의 합병 또는 분할로 인하여 해산할 필요가 있을 경우에는 청산조직을 구성하지 않는다(제184조 제1단).

2. 특별청산조직의 구성요건

회사는 해산사유가 발생한 날로부터 15일 이내에 청산조직을 구성하여야 하지만, 이 기한을 초과하고도 청산조직을 구성하여 청산절차를 진행하지 못할 경우에, 채권자는 인민법원에 청산인을 지정하여 청산절차를 진행할 것을 청구할 수 있다(회사법 제184조 제2단). 이 경우에는 특별청산절차로 넘어간다.

---

8) 법제처 동북아법령정보서비스사업 2006년도 연구용역과제 보고서, p. 188.

특별청산절차는 회사법에서 규정된 회사의 해산사유에 따라 청산절차를 진행하지 못하거나 진행할 수 없는 경우에, 법원이 주도적으로 회사의 청산절차를 추진하는 것을 말한다. 특별청산절차는 그동안 외국인투자기업의 청산절차에서 적용되어 왔다.[9]

특별청산절차가 실시되는 이유는 법원이나 행정기관의 강제적인 처분으로 해산사유가 발생된 경우뿐만 아니라 회사가 자율적으로 청산조직을 구성하는 것이 쉽지 않을 뿐만 아니라, 회사법이 정하고 있는 청산절차 개시 기한 내 절차를 진행하지 못하는 것이 일반적일 수 있기 때문에, 이해관계자인 채권자의 청구를 통하여 인민법원이 이를 결정하도록 규정한 것이다.

Ⅱ. 청산조직의 구성방식

1. 청산조직의 구성원

청산조직의 구성원은 회사의 유형에 따라 달라진다(제184조 제2단). 유한회사의 경우에는 사원으로 구성되고, 주식회사의 경우 이사 또는 주주총회에서 확정한 자로 구성된다. 주식회사의 경우에 청산조직은 이사나 주주 또는 이들 이외의 자가 청산인으로 임명될 수 있다. 그러나 유한회사의 경우 사원 전체가 청산조직으로 구성되는지 또는 전체 사원 중 어떤 방식에 의하여 청산조직이 구성되는지 등에 관한 명백한 규정이 없다는 문제점을 갖는다.[10]

국가단독출자회사의 경우에는 국가가 투자를 수권한 기관 또는 관련 부서의 담당자가 청산조직으로 된다.

2. 특별청산조직의 구성

특별청산의 절차가 진행될 경우에는 각각 그 주관기관이 지정한 방식에 의하여 청산조직이 구성된다. 행정기관에 의하여 영업허가증이 말소되고 폐업 또는 허가취소가 된 경우에는 해당 행정기관이 지정하는 방식으로 구성되고, 인민법원이 소수주주의 청구에 의하여 회사해산판결을 확정한 경우에는 법원이 정하는 방식에 의하여 청산조직이 확정된다. 해산되는 회사가 15일을 경과

9) 外商投資企業清算辦法, 제35조, 제36조.

10) 법제처 동북아법령정보서비스사업 2006년도 연구용역과제 보고서, p. 189.

하여도 청산조직이 구성되지 못할 경우에는 채권자의 청구에 의하여 인민법원이 즉시 지정한다.

Ⅲ. 청산조직의 성립시기

청산조직이 확정적으로 성립하는 시기는 회사법 제184조 제1호, 제2호, 제4호, 제5호에 따라 결정된다. 즉, 회사 정관에서 회사의 해산사유를 정한 경우에는 그 날짜에, 주주총회 또는 사원총회가 회사의 해산을 결의한 경우에는 그 결의 당시 청산조직이 선임된 날짜에, 행정기관에 의하여 영업허가증이 말소되고 폐업 또는 허가취소가 된 경우에는 해당 행정기관이 지정한 청산조직이 성립한 날짜에, 인민법원이 소수주주의 청구에 의하여 회사해산판결을 확정한 경우에는 법원이 확정하는 날짜에 성립된다.[11]

제3. 청산조직의 업무와 청산절차

Ⅰ. 청산조직의 업무

회사의 청산조직은 청산기간 동안에 일정한 직무권한을 행사한다(제185조). 청산조직의 직무사항은, 회사의 재산을 정리하고 대차대조표(資產負債表)와 재산명세서(財產淸單)의 분할 작성(제1호), 채권자에 대한 통지 및 공고(제2호), 청산과 관계되는 회사의 미결업무 처리(제3호), 미납세금 및 청산과정에서 발생된 세금의 완납(제4호), 채권·채무의 정리(제5호), 채무상환 후의 회사 잔여재산의 처리(제6호), 회사를 대표하여 민사소송에 참여하는 것(제7호)이다. 최고인민법원의 사법해석에 의하면 미납세금(拖欠稅金)은 파산되는 기업의 채권자가 신고할 채권의 대상이 되지 않는다고 하였다.[12]

11) 법제처 동북아법령정보서비스사업 2006년도 연구용역과제 보고서, p. 189.

12) 最高人民法院, 「關於破產企業拖欠稅金是否受破產法規定的破產債權申報期限限制問題的答復」(2002. 1. 18.).

Ⅱ. 청산절차

1. 회사재산의 정리

회사의 재산은 채무상환과 잔여재산의 배당을 위하여 청산조직이 첫번째로 하여야 할 권한이자 의무이다. 회사의 재산이 정리되면 이에 관한 대차대조표와 재산명세서를 작성하여 향후 청산을 위한 근거를 마련하여야 한다.

청산조직은 회사의 재산을 정리하고, 대차대조표 및 자산명세서를 작성한 후 청산계획(淸算方案)을 작성하여야 하며, 주주총회 또는 인민법원의 확인을 받아야 한다(제187조). 청산계획에는 청산으로 인한 배당에 참여하는 채권자의 성명과 주소, 청산으로 배당하는 채권액, 배당에 제공될 재산가치와 금액, 청산배당순서와 비율 및 액수, 청산배당의 방식, 청산배당의 시기 등에 관한 기본계획이 포함되어야 한다.[13)]

2. 채권자에게 통지 및 공고

청산조직은 그 성립된 날부터 10일 이내에 채권자에게 통지하여야 하며, 또한 60일 이내에 신문에 공고하여야 한다. 채권자는 통지서를 받은 날로부터 30일 이내에, 통지서를 받지 못하였을 경우 공고일로부터 45일 이내에 청산조직에 자신의 채권을 신고하여야 한다(제186조 제1단). 이 기간을 채권신고기간이라고 하고, 이 기간 동안에 청산조직은 채권자에게 채무상환을 하지 못한다(제186조 제3단).

채권자가 채권을 신고하는 경우, 채권의 관련사항에 대하여 설명하고, 증명자료를 제출하여야 한다. 청산조직은 채권에 대하여 등기하여야 한다(제186조 제2단).

3. 회사의 청산과 관련된 미결업무의 처리

청산과 관련되는 회사의 미결업무란 회사법 제185조 제4호에서 제6호까지를 제외한 사유로서, 회사의 해산 전에 체결된 계약이나 기타 필요한 조치를 말한다. 회사의 해산절차 개시 이전에 체결된 계약이 있다면 이것을 계속 이행할 것인지 아니면 계약의 종료를 선언할 것인지를 결정하고, 계약의 불이행이

13) 耿法·劉金華, 中華人民共和國公司法解讀, 中國海關出版社, 2006, 413면.

나 위약에 따른 손해배상이나 배상금 등을 처리하는 절차이다.

4. 세금의 완납절차

청산조직은 회사의 해산절차 개시 이전에 부과된 각종 세금과 해산절차의 진행과정 중에서 발생된 조세를 완납하여야 한다.

5. 채권 및 채무의 정리

청산조직은 회사의 채권을 회수하고, 채무는 상환하여야 한다. 회사의 채무를 상환하는 경우에도 채권신고기간 동안 신고된 채무를 상환하여야 하고, 이 기간 동안 신고되지 않은 채무는 청산절차가 완료된 이후 잔여재산이 있을 경우에 비로소 상환할 수 있다.

회사의 채무를 상환하는 경우 다음의 순서에 따라야 한다. 즉, 회사재산으로 청산비용, 근로자 임금, 사회보험료 및 법정보상금을 먼저 지급하고, 세금을 완납한 후에 채무를 상환하여야 한다(제187조 제2단).

청산비용은 청산과정에서 필요로 하는 모든 비용으로서 회사재산을 유지·관리 및 처분하기 위하여 소요되는 비용과, 이러한 청산절차를 관리하는 청산조직에 대한 비용이 포함된다. 회사재산을 유지·관리 및 처분하는 비용에는 공고비, 우편비, 회사재산의 창고보관비, 운송비, 보험비, 인건비, 회계사 또는 변호사 등의 보수 및 자문비와 기타 용역비, 감정비, 평가비, 경매비 등이 포함된다. 회사재산과 청산절차를 관리하기 위한 비용으로는 청산조직의 직무로 발생하는 비용 및 청산조직의 사무실 관리비용 및 각종 비용 등이 포함된다.[14]

6. 잔여재산의 처리

채무상환 후 회사의 잔여재산이 있는 경우 이를 처리한다. 잔여재산이란 회사법 제187조의 상환절차를 거친 후에 남는 잉여재산을 말하고, 이 잉여재산은 공개매매나 경매를 통하여 처리한다. 처리된 재산가액은 정관에 다른 규정이 없으면 회사의 유형에 따라 배당한다. 유한회사의 경우에는 사원에게 지분비율에 따라 배당하고, 주식회사의 경우에는 주주에게 그 보유지분비율에

14) 耿法·劉金華, 中華人民共和國公司法解讀, 中國海關出版社, 2006, 413면.

따라 배당한다(제187조 제2단). 회사의 재산으로 청산비용, 근로자 임금, 사회보험료 및 법정보상금, 세금의 완납, 채무의 상환 후에 비로소 주주나 사원에게 배당되므로, 주주나 사원은 최후에 배당받는 대상이 된다(제187조 제3단).

7. 회사를 대표하는 법적 활동

청산조직은 청산절차가 진행되는 동안에 회사를 대표하여 각종 민사소송에 참여한다.

청산조직이 회사의 재산을 정리하고 대차대조표 및 재산명세서를 작성한 후에 회사 재산이 채무를 상환하는 데 부족한 것을 발견하였을 때에는 즉시 인민법원에 파산선고를 신청하여야 한다(제188조 제1단). 회사가 인민법원의 재결(裁定)에 의하여 파산이 선고된 후에 청산조직은 청산사무를 인민법원에 이관하여야 한다(제188조 제2단).

청산절차가 진행되는 동안 회사는 존속하지만 새로운 경영활동은 할 수 없다.

Ⅲ. 청산의 완료

회사의 청산절차가 주주총회 또는 인민법원의 확인을 받아 완료되면(제189조), 청산조직은 회사의 청산 종료일로부터 30일 이내에 원래의 등기주관기관에 말소등기(注鎖登記)를 신청하여야 한다.[15] 공상행정 등기기관이 회사의 말소등기를 인가한 후에 회사 등기기관은 회사의 영업허가증을 말소하고, 이를 공고한다. 회사의 말소등기가 완료되면 회사는 종료된다(제189조). 회사의 말소등기 후에 청산조직도 이와 함께 해산된다.

회사가 말소등기를 신청하는 경우에는 다음과 같은 서류를 제출하여야 한다.[16] 즉, 회사 청산조직의 책임자가 서명한 말소등기 신청서, 인민법원이 확정한 파산 재결(裁定)·해산판결문 및 회사가 회사법에 따라 작성한 결의나 결정서, 행정기관이 회사폐쇄를 명령한 처분문서나 회사가 취소된 문서, 사원총회, 주주총회, 1인 유한회사의 사원, 외국인투자회사의 이사회, 인민법원 및 회

15) 公司登記管理條例, 제43조.

16) 公司登記管理條例, 제44조.

사설립의 인가 기관이 비준하고 확인한 청산보고서, 기업법인영업허가증, 법률・행정법규에 의하여 제출할 서류 등이다.

국가단독출자회사의 말소등기를 신청하는 경우에는 국유자산감독관리기관이 작성한 결정서를 제출하여야 하고, 특히 국무원이 규정하고 있는 중요한 국가단독출자회사인 경우에는 본급 인민정부가 인가한 문서를 제출하여야 한다.

제4. 청산조직 구성원의 의무

청산업무는 회사의 이해관계자를 위하여 그 재산과 조직을 정리해 가는 과정이고, 등기종료와 같은 공적인 사항을 처리하는 것이므로 회사와 채권자의 보호를 고려하면서 공정하고 적절하게 업무를 처리해야 한다. 이에 따라 청산조직의 구성원은 충실의무, 직권남용금지의무, 선관주의의무를 진다.[17)]

청산조직의 구성원은 직무에 충실하며 법에 따라 청산의무를 이행하여야 한다(제190조 제1단). 청산절차는 강행규정이므로 관련 법률에 따라 엄격하게 청산절차를 처리하여야 하고, 직무를 이용한 남용행위가 금지된다. 따라서 청산조직의 구성원은 직무권한을 이용하여 뇌물이나 기타 위법적인 수입을 수취할 수 없고, 회사의 재산을 불법점유할 수 없다(제190조 제2단).

충실의무에 의할 때 청산조직의 구성원은 회사의 재산을 정리하고 대차대조표와 재산명세서를 작성할 의무, 회사법에서 정하여진 기한에 따라 채권자에게 통지 및 공고할 의무, 회사법에서 정한 절차에 따라 잔여재산을 배당할 의무 등이 있다.

청산조직의 구성원은 선관주의의무를 지므로, 직무처리 과정에서 고의 또는 중대한 과실로 인하여 회사나 채권자에게 손해를 발생하게 한 때에는 손해배상책임을 진다(제190조 제3단).

---

17) 법제처 동북아법령정보서비스사업 2006년도 연구용역과제 보고서, p. 192.

제3절 회사의 파산

제1. 회사 파산의 개요

회사의 파산이란 회사가 채무를 상환할 능력이 없어서 법률에서 정한 절차에 따라 청산절차를 거치고 법인격을 상실하는 법률행위이다.

회사가 법인격을 상실하게 되는 두 가지 사유는 회사의 해산과 파산이다. 회사의 청산조직이 청산절차를 진행하는 과정에서 회사재산이 채무를 상환하기에 부족하게 된 것을 발견한 경우, 인민법원에 파산선고를 신청하여야 한다(제188조 제1단). 인민법원의 재결에 따라 파산이 선고되면, 청산업무가 인민법원에 이관되고(제188조 제2단), 이후 파산법에 따른 파산절차가 진행된다(제191조).

제2. 개정 파산법의 주요 특징

Ⅰ. 적용범위의 확대

개정 파산법은 그 적용범위를 적용대상과 적용지역으로 명시하고 있다.

개정 파산법의 적용대상은 '기업법인'으로 인정된 모든 기업, 즉 국유기업, 법인형 사영기업, 법인으로 등록된 외국인투자기업, 상장회사, 비상장회사, 유한회사와 주식회사 및 금융기관으로 확대되었다.

개정 파산법에서는 파산선고의 보편주의 방식을 채택하여 채무자가 중국 영역 밖에서 소유하고 있는 재산에 대해서도 중국 파산법을 적용할 수 있도록 규정하였다. 동시에 외국법원의 파산관련 판결이나 판정의 국내 승인과 집행을 일정한 조건하에 허용하고 있다. 역외파산제도는 외국인투자기업들이 파산하는 경우 외국에 소재한 법인재산의 환수를 통하여 해당 기업의 근로자와 국내 채권자를 보호하기 위한 것이다.

Ⅱ. 파산절차의 합리화

개정 파산법은 구 파산법이 행정관리적 파산법이라는 점을 개선하기 위하여 파산관리인제도를 도입하고, 파산청산중인 기업의 회생을 돕기 위하여 기업회생제도를 입법하였으며, 파산에 책임이 있는 자의 책임을 규정하는 파산책임부분을 신설하였다. 나아가 파산절차에서 파생되는 이해관계자의 권익을 보호하기 위한 규정도 마련하였다.

구 파산법에서는 정부가 청산인을 선임하고, 선임된 청산인도 정부의 지도에 따라 파산절차를 집행하였다. 개정 파산법은 인민법원이 중심이 되어 회계사무소, 법률사무소, 파산 및 청산사무소의 의견을 수렴한 후에 기업파산관리인을 선정하여 파산절차를 진행하도록 함으로써 시장경제의 체제에서 주체적으로 파산절차를 해결할 수 있는 틀을 마련하였다(제22조 이하).

신 파산법은 기업정리절차(重整)를 신설하여 기업회생제도를 도입하였다. 기업회생제도는 파산을 신청한 기업이 법원의 지도에 따라 채권자와 파산신청 기업간에 협의를 통하여 기업발전계획의 입안과 실행을 하도록 하고, 이에 따라 파산신청 기업이 일정기간 내에 채무의 일부 또는 전부를 상환하면서 경영활동을 유지할 수 있도록 조력하는 제도이다(제70조 이하).

회사법에서 새롭게 도입한 고급관리자의 책임과 상응하여 개정 파산법도 파산책임에 대한 규정을 강화하면서 이사, 감사 및 고급관리자에게 주의의무를 다하도록 하고 이에 따른 책임과 의무를 지도록 하였다. 이들은 회사의 파산에 대한 민사상의 책임과 함께 파산절차가 종료된 시점부터 3년 이내에 다른 기업의 이사, 감사 또는 고급관리자로 임명될 수 없도록 하는 규정이 도입되었다(제125조 이하).

채권자의 권익을 보호하고, 채무자의 고의적인 파산신청을 방지하기 위하여, 취소권(撤銷權)과 무효행위제도를 도입하였다. 즉, 채무자가 파산신청이 접수되기 전 1년 이내에 재산을 무상양도하거나, 확실히 불합리한 가격으로 자산을 거래한 경우, 무담보부 채무에 대하여 담보를 제공한 경우, 만기 전에 채무를 상환하는 행위, 채무포기행위 등이 발생되면, 파산관리인이 인민법원에 해당 행위의 취소권을 신청할 수 있도록 하였다(제31조).

파산신청의 단계부터 시작하여 종료시점까지 근로자의 보호 및 재배치와

[표 10-1] 구 파산법과 개정 파산법의 주요 내용비교

	구 파산법	개정 파산법
적용범위	국유기업	국유기업, 민간기업, 외국인투자 기업 등 모든 기업 (개인기업자 및 개인은 제외)
파산원인	경영이 부실하여 손실 막대, 만기도래 채무 상환불능의 경우	자산부족으로 채무상환이 불가능하고, 만기채무 상환 불가능한 때
채권자와 근로자의 우선적 보호	근로자 권리우선, 파산과정에서 채권자개입불가	채권자권리 우선, 파산과정에서 채권자 개입가능
정부인가	파산시 허가 필요	파산시 허가 불필요(단 금융기관의 경우 정부인가 필요)
근로자 권익보호	우선적으로 재취업 알선	재취업에 대한 규정 삭제 다만, 체불임금, 사회보장비용을 1순위로 정리
파산관리인제도	무	유
기업회생제도	무	유
파산기업 경영자 처벌	무	파산기업경영자는 5년간 다른 기업 경영불가능, 민사책임

자료: 한국수출입은행 해외경제, 2004. 8, p. 74.

관련된 많은 사항이 규정되었다. 구체적으로는 파산사건을 심리하는 법원의 판사에게 근로자의 합법적인 권익을 보장하도록 요구하고 있으며(제6조), 파산신청 시에 근로자보호에 관한 계획을 서면으로 제출하여야 하고(제8조), 파산재산에서 근로자의 복지관련 비용을 먼저 공제한 후에 비용처리를 시행할 것(제113조) 등이 있다.

제11장
외국회사의 영업소

제 1 절 외국회사의 영업소의 의의

외국회사의 영업소(分枝機構)란 외국 법률에 의하여 설립된 외국회사가 중국 회사법에 근거하여 중국 국경 내에 설립하여 영업허가증을 받은 후 경영활동에 종사하는 사무처 혹은 영업소를 말한다(제192조, 제193조). 이 영업소는 중국 내에서 법인격이 없으며(제196조), 외국 본회사는 반드시 중국 국경 내에서 영업소의 대표자와 대리인을 지정하여야 하고, 해당 영업소에 대하여 경영자금을 공급하여야 하며, 이 자금에 대하여 최저한도액을 규정할 필요가 있을 경우에는 국무원이 별도로 규정한다(제194조).

제 2 절 외국회사의 영업소의 설립

외국회사가 중국 내에 영업소를 설치할 경우 회사법에서 정한 절차에 따라야 한다. 이 경우 신청단계와 등기기관의 인가절차를 거쳐 설립등기를 하여야 한다.

제1. 외국회사 영업소의 설립조건

중국 내에서 설립되는 외국회사의 영업소는 해당 외국법에 의하여 정당하게 설립된 외국회사가 중국 내에 영업소를 설립하고, 영업소를 대표할 수 있는 자를 지정하여야 하고, 그 자금을 제공하여야 하며, 명칭을 표시하여야 하고, 정관을 비치하여야 한다.

외국회사가 중국 내에 영업소를 설치할 경우에는 반드시 영업소를 책임지는 대표자나 대리인을 지정하여야 한다(제194조 제1단). 영업소의 대표자나 대리인은 중국 내에서 영업소의 활동과 관련되는 업무에 관하여 영업소를 대표하여 행위하고 이에 대한 결과는 외국의 본 회사에 귀속된다.

외국회사가 중국 내에 영업소를 설치한 경우에는 반드시 영업소가 경영활동에 종사하는 것에 상응하는 자금을 부담하여야 한다(제194조 제2단). 만일 외국회사 영업소의 경영자금에 관하여 최저한도액을 규정할 필요가 있을 경우에는 국무원이 이에 대하여 별도로 규정한다(제194조 제3단).

외국회사의 영업소는 반드시 그 명칭에 해당 외국회사의 국적 및 책임형태를 명시하여야 하고, 이와 함께 중국 내에 설치되는 영업소에 외국회사의 정관을 비치하여야 한다(제195조).

제2. 외국회사 영업소의 설립절차

외국회사의 영업소를 설립하기 위해서는 설립신청과 주관부서의 인가 및 설립등기 절차를 완료하여야 한다.

외국회사의 영업소를 설립하기 위하여 주관부서에 신청하는 경우 그 신청서에는 외국회사의 명칭과 종류 및 소재지, 외국회사의 정관, 소속 국가의 회사등기증서, 외국회사의 영업활동 범위 및 중국 내에서의 경영활동 범위, 중국 내에서의 영업개시일자, 외국회사의 이사를 비롯한 주요 기관 담당자의 성명과 국적 및 주소 등 관련 서류[1])를 제출하여 인가를 받은 후에 회사 등기기관에 등기하고 영업허가증을 수령하여야 한다(제193조).

이러한 서류에 대하여 회사 등기관리기관이 검토한 후에 법정의 요건에 부합하면 설립등기를 인가하고, 요건에 부합하지 않으면 이를 거부한다. 설립등기가 완료되면 영업허가증을 발급한다. 외국회사의 영업소는 영업허가증이 발급된 날이 해당 영업소의 성립일자이고, 이 날짜로 영업을 개시할 수 있다.

1) 外國企業常駐代表機構的登記管理辦法, 제5조, 제6조.

제3절 외국회사 영업소의 철수와 청산

외국회사가 중국에서 영업소를 철수할 경우에는 본 회사법에 따라 채무를 상환하고, 본 법에서 규정된 회사청산절차에 의하여 청산을 하여야 한다(제198조).

외국회사의 영업소는 중국의 법률에 의하여 설립되었으므로 영업소를 철수할 경우에도 중국의 법률에 따라 철수에 따른 청산절차를 거쳐야 한다. 이러한 청산절차는 앞에서 설명한 일반적인 청산절차에 의하여 회사의 재산정리, 대차대조표(資產負債表)와 재산명세서(財產清單)의 작성, 채권자에 대한 통지 및 공고, 청산과 관계되는 회사의 미결업무 처리, 미납세금 및 청산과정에서 발생된 세금의 완납, 채권·채무의 정리, 채무상환후의 회사 잔여재산의 처리 등의 순서로 진행한다(제185조~제189조).

이와 같은 청산절차를 거쳐 채무를 상환하기 전에는 그 영업소의 재산을 중국 국경 외로 이전할 수 없다(제198조).

제12장
개정 회사법과 외국인투자기업법과의 관계

제 1 절 외국인투자기업에 대한 우대정책

중국에서 외국인투자기업(外商投資企業)은 '삼자기업(三資企業)'으로 통칭되는 합자기업(合資企業), 합작기업(合作企業) 및 외국인독자기업(外資企業)을 말한다. 1979년 7월에 중국에서 최초로 기업법이 탄생되었는데, 이것이 「중외합자경영기업법(中外合資經營企業法)(합자기업법으로 통칭)」이다. 이 당시 국내의 회사법(公司法)이 아직 제정되지 않은 상태에서 외국기업들을 국내에 유치하기 위한 특수 목적의 외국인투자기업법으로 탄생되었고, 곧 이어서 「중외합작경영기업법(中外合作經營企業法)(합작기업법으로 통칭)」 및 「독자기업법(外資企業法)(독자기업 또는 외국인독자기업법으로 통칭)」이 제정되었다.

1993년 12월에 비로소 중국 국내의 「회사법(中華人民共和國公司法)」이 제정되었으나 기업규범에 관한 회사법 및 외국인투자기업법이 시기적인 문제와 우대정책의 적용 및 체계적인 문제 등으로 중국의 회사법제는 이원화된 시스템으로 형성되었다. 구체적으로는 제정시기, 입법취지, 적용대상, 사법실무 등에서 양 법이 다르게 운용되어 왔기 때문에 이로 인하여 발생되는 문제점이 다수 존재하고 있다.

특히 중국 정부가 외국인투자기업에 부여하였던 우대정책의 실시는 회사법제의 이원화를 더욱 확대시키는 결과를 가져왔다. 그러나 2006년 이후에 중국 정부는 축적된 외환보유고와 무역수지의 흑자 초과달성 및 국내 경제적 안정 등을 배경으로 하여 외국인투자기업에게 부여하였던 우대정책을 점진적으로 축소해 가는 과정에 있고, 중국 내의 입법 전문가들에 의하여 외국인투자기업법과 국내 회사법을 통합하여야 한다는 주장이 제기되고 있다.

현재 중국 정부가 외국인투자기업에게 부여하는 우대정책은 산업별 우대정책과 지역에 따른 우대정책, 산업과 지역에 따라 부과되는 차등 조세우대정책, 외국인투자기업의 경영활동에 따른 토지 · 금융 및 외환관리에서의 우대정책, 노무관리에 따르는 복리 및 복지 우대정책 등이 그 주요한 대상이다.

제1. 산업별 우대정책

외국인이 중국에 투자하기 위해서는 가장 먼저 산업별 우대정책을 살펴보아야 한다. 「외국인투자방향지도규정(指導外商投資方向規定)」[1] 및 이에 따라 편제된 「외국인투자산업지도목록(外商投資產業指導目錄)」에서 산업별 우대정책의 취지를 알 수 있다. 외국인투자방향지도규정에서는 외국인이 투자할 수 있는 산업분야에 관해서 장려(鼓勵) · 승인(允許) · 제한(限制) 및 금지(禁止)분야로 구분하고, 이 중에서 장려 · 제한 및 금지분야는 외국인투자산업지도목록에서 따로 편제하고 있다.[2] 이에 따라 2007년에 개정되어 12월 1일부터 시행되는 외국인투자산업지도목록[3]에서는 외국인이나 외국기업이 투자할 항목에 관하여 「투자를 장려하는 산업목록(鼓勵外商投資產業目錄)」과 「투자를 제한하는 산업목록(制限外商投資產業目錄)」 및 「투자를 금지하는 산업목록(禁止外商投資產業目錄)」으로 분류하여 규정하고 있다.

새로 개정된 외국인투자산업지도목록의 주요 내용은 몇 가지 방향으로 집약된다.[4]

첫째, 대외개방이 확대되고 있는 상황에서 산업구조를 고도화하기 위하여 관련 있는 산업분야를 장려산업으로 선정하고 있다. 즉, 제조업, 첨단기술산업, 장비제조업, 신소재 제조 등은 외국인투자를 적극 장려한다. 서비스업에서는 아웃소싱 수주, 현대 물류분야 등을 적극 권장한다.

---

1) 국무원령 제346호(2002. 2. 11.).
2) 指導外商投資方向規定, 제4조.
3) 국가발전개혁위원회·상무부령 제57호(2007. 10. 31. 개정).
4) 上海證券報, 2007. 11 . 13.: http://csf.kiep.go.kr/bri/policy/policy_view.aspx?nc=32&seq=3919&cur_page=4&Skey=&SType=에서 재인용.

둘째, 국제적으로 자원경쟁이 심각해지고 있는 상황을 고려하여 경제순환의 발전, 무공해 제조업, 재생 가능한 에너지산업, 생태환경 보호에 관한 산업 등에서 외국인투자를 적극 장려한다. 반면에 재생 불가능한 광산 자원의 탐사 및 채굴은 전적으로 금지하도록 하였다.

셋째, 지역간 균형 발전을 촉진하고, 국가 경제의 안보를 위한 전략적이고 민감한 분야의 개방에 관해서는 신중하게 처리한다.

제2. 기타 우대정책

중국 정부는 외국인투자를 증대시키기 위하여 전국을 산업적인 특성과 지역적인 특성에 따른 우대정책을 실시하고 있다. 크게는 산업 및 기술적인 특화에 따른 경제특구정책과 상대적으로 낙후된 (중)서부대개발정책(西部大開發政策)으로 양분된다. 이러한 우대정책은 세제지원과 기타 혜택이 주어진다.

먼저, 산업적인 특성과 기술적인 특화정책에 따라 특구를 지정하고 있다. 경제특구로는 전국적인 경제특구(상해 포동, 심천, 하문, 선두, 해남), 연해안 경제특구(상해, 천진, 대련 등 14개 지구)가 있고, 하이테크산업을 고도화하기 위하여 국가경제기술개발구(전국 49개 지역), 국가하이테크산업개발구(북경 중관촌 등 53개 지역)를 지정하여 운영하고 있다.

다음으로 서부대개발정책을 실시하고 있다. 서부대개발정책은 외국인투자 지도방향에 따라 1999년부터 서부지역에 외국인투자자를 유치하기 위한 정책으로 개발되고 있다. 이를 위하여 「중서부지구의 외국인투자 우대산업목록(中西部地區外商投資優勢產業目錄)」을 제정하였다. 서부대개발정책의 주요 내용은 외국인투자자가 중서부지역의 농업·수리·생태·교통·자원·환경보호·광산·여행 등의 산업뿐만 아니라 외국인투자자의 서비스산업 진출시에 이에 따른 우대정책을 부여하고 있다.

외국인투자자에 대한 우대정책은 주로 세제지원에서 나타난다. 현재 중국의 세법은 과세대상에 따라 5종 26개의 세목으로 편제되어 있다. 조세유형으로는 크게 유통세(流轉環節稅)(3개 세목), 소득세(3개 세목), 재산세(6개 세목), 행위세(8개 세목), 농업세(4개 세목)으로 구분된다. 이 중에서 외국인투자기업(外商投資企業)에 적용되는 세목은 5종 18개이다.

유통세에는 증치세(增値稅), 소비세(消費稅), 영업세(營業稅)가 있다. 소득세에는 기업소득세(企業所得稅), 개인소득세(個人所得稅)가 있다. 재산세에는 자원세(資源稅), 부동산세(房地產稅), 차량선박세(車船稅), 도시부동산세(城鎮房地產稅), 토지증치세(土地增値稅), 거래세(契稅)가 있다. 행위세에는 연회세(印花稅), 차량구입세(車輛購置稅), 선박톤세(船舶吨稅)가 있다. 농업세에는 농업세(農業稅), 농업특산세(農業特產稅), 목축업세(牧業稅), 경지점용세(耕地占用稅)가 있다. 이 외에도 외국인투자기업이 수출입과 관련된 업무를 수행할 경우 관세(關稅)와 증치세(增置稅) 등이 있다.

원래 외국인투자기업에 대한 세제지원은 각 세제별로 일정한 할인율을 부여하는 형식이었고, 조세부담률은 평균 15/100에서 30/100 미만으로 설정되었다. 그러나 2007년 기업소득세법의 개정으로 기업의 국적과 관계없이 조세부담액은 일률적으로 35/100로 고정됨으로써 외국인투자기업은 상대적으로 높은 조세부담을 안게 되었다.

이 외에도 금융부분과 외환관리, 토지사용권, 노무관리 등에서도 외국인투자기업에 대한 우대정책이 있지만 회사법과의 관계상 그 설명은 생략한다.

제 2 절 외국인투자기업의 유형과 특성

중국에서 외국인투자기업법이 합자기업법이 1979년 제정된 이래 1986년에는 독자기업법이, 1988년에는 합작기업법이 각각 제정되었지만 개정된 횟수도 적을 뿐만 아니라, 개정된 내용도 초기의 입법체계와 거의 유사하다. 이에 반하여 중국 국내 회사법은 1993년 제정된 이래 몇 차례의 개정을 거치면서 내용상 대폭적인 변화를 가져왔기 때문에 이 두 법은 많은 차이점을 담고 있다.

제1. 일반적인 외국인투자기업의 유형[5)]

Ⅰ. 중외합자기업

중외합자기업(中外合資經營企業)은 간단히 "합영기업(合營企業)" 또는 "합자기업(合資企業)"이라고도 하며, 한 개 또는 두 개 이상의 외국의 회사(公司)·기업·기타 경제조직 또는 개인(외국합영자)이 중국「중외합자경영기업법」에 근거하여 중국정부의 비준을 얻어 중국 내에서 중국의 회사·기업 또는 기타 경제조직(중국합영자)과 공동투자·공동경영 및 공동의 위험부담을 하며, 투자비례에 따라 공동으로 이익을 배당하는 법인자격을 갖는 경제실체이다.[6)]

중외합자기업(이하 합자기업)은 투자비례에 따른 권리의무를 정하기 때문에 아래의 합작기업과 구별된다. 이 기업을 규율하는 중외합자경영기업법은 합자기업의 주체자격, 외국합영자의 투자규모, 세수 및 외환관리 등에 대하여 엄격한 규정을 두고 있다. 합자기업은 그 기업의 성질상 중국 국내경제에 상당한 영향을 미칠 수 있고 또 현실적으로 외국의 투자자들이 가장 선호하는 기업유형이기 때문에 본 기업의 중국합영자에 관한 주체자격을 엄격히 제한하고 있다. 즉,「중외합자경영기업중의 중국합영자의 법인자격문제에 관한 통지」[7)]에서 중국합영자는 기업법인이거나 법인자격이 있는 기타 경제조직인 경우에만 합자기업에 관한 계약체결이나 정관작성을 할 수 있도록 하고 있다.

합자기업의 법적 성질은 법인격을 가진 유한회사이다. 따라서 쌍방 합영자는 기업채무에 대하여 각자의 출자액을 한도로 유한책임을 진다. 합자기업과 회사법상의 유한회사는 모두 유한회사의 성격을 갖지만, 합자기업은 다만 출자자가 중국측 당사자와 외국측 당사자가 공동으로 출자한다는 점에서 차이가 있다.[8)] 만일 중국측 당사자가 없다면 외국인투자기업 중에서 독자기업(外資企業)으로 된다.

합자기업의 출자자는 합자계약에 의한 각자의 출자비례에 따라 지분권(股

5) 이정표, "중국 기업법체계에서 기업의 유형과 특징에 관한 소고,"「기업법연구」 제11집, 2002. 12.에 게재되었던 내용을 본서에 맞게 체계와 내용을 보완하여 재구성하였음.

6) 참고: 中外合資經營企業法, 제1조.

7)「關於嚴格審核中外合資經營企業中方法人資格問題的通知」(1987. 9. 21.).

8) 趙旭東, "外商投資企業的法律性質與公司法的適用", 民商法縱論(江平敎授70華誕祝賀文集), 2000. 12., 592면.

權)을 확정하고 이에 따라 이익을 배당받고 책임을 부담한다. 합자기업의 출자방식은 현금(貨幣)·현물(實物)·산업재산권(工業產權)·비특허기술 및 토지 등으로 한다.

합자기업은 일정한 자본을 설립시 등록하여야 할 의무가 있는데 이를 등록자본이라고 한다. 등록자본은 합자기업이 등기기관에 등기하는 자본총액을 의미하고, 쌍방 합영자가 납부한 출자총액으로 구성되며, 합영자 쌍방의 이익배당과 위험을 정하는 표지가 된다. 쌍방 합영자는 이 등록자본 중에서 각자의 투자비례를 정하여야 하고, 외국합영자의 투자비율은 등록자본의 25/100 이상이어야 한다. 일반적으로 각 국가의 외국인투자법제에서는 외국투자자의 투자비율에 관한 상한선이나 한계선을 설정하고 있는데 이는 외국투자자의 국내기업에 대한 통제권을 제한하기 위한 것이다. 그러나 중국의 중외합자기업법은 외국합영자는 25/100 이상의 투자를 의무적으로 하도록 함으로써 해당 기업에 대한 중국 합영자의 통제권을 보호하기보다는 더 많은 외자를 도입하기 위한 정책적인 규정을 두었다. 합자기업은 투자총액에서 일정한 비율로 등록자본을 유지하여야 한다.9) 투자총액은 기업의 설립계약이나 정관에서 정한 생산규모에 따라 투입하여야 할 기본투자자금과 생산유동자금의 총체이다. 일반적으로 투자총액이 등록자본보다 크게 된다.

합자기업은 자본제도에 관하여 기본적으로 법정자본제도를 실시하고, 자본의 최저한도액을 규정하지 않고 대신 외국합영자의 출자비율의 최저한도만을 설정하고 있으며, 감자제도에 의한 자본의 감소를 금지하고 있고, 투자자의 출자양도를 엄격히 제한하고 있다.

합자기업의 이사회(董事會)는 최고의 권력기구로서 이사회 구성원의 2/3 이상의 출석으로 합자기업의 중요사안을 결정할 권한을 갖는다. 이사회의 인원수(人員數)는 쌍방 합영자의 합의에 의하여 정하고, 최소 3인 이상이어야 한다. 이사회 인원의 구성비율은 출자비율을 참작하여 협의로 정한다. 이사회의 장인 이사장(董事長)은 합자기업의 법정대표자이다. 종래 합자기업의 이사장은 중국합영자가 담당하도록 하였으나 최근 협의로 정하거나 이사회에서 선거로 선출하도록 수정하였다.10) 합자기업은 업무집행기구로서 총경리(總經理)와 부

9) 자세한 것은 「關於中外合資經營企業注册資本與投資總額比例的暫行規定」(국가공상행정관리국 공포, 1987. 3. 1.).

총경리(副總經理)를 임명하여야 한다.

합자기업의 이익배당은 세금과 기타 비용을 공제한 후 다음과 같은 순서로 배당하여야 한다.[11] 저축기금, 근로자 장려기금 및 복리기금, 기업발전기금을 순서대로 먼저 공제한다. 이 세 가지 기금의 공제비율은 법률상 규정이 없기 때문에 이사회의 결정이나 기업정관에서 정한 바에 의하여 처리한다. 이 세 가지 기금을 공제한 후 남은 잔여액을 기업등록자본비율에 따라 배당한다.

Ⅱ. 중외합작기업

중외합작기업(中外合作經營企業)은 "합자기업(合作企業)"이라고도 하며, 외국의 기업·개인 및 기타 경제조직(외국합작자)이 중국의 기업이나 기타 경제조직(중국합작자)과 약정하여, 중국 법률에 근거하여 중국 내에서 공동으로 투자하고 협력하여 경영하는 조직이다.[12] 중외합작기업(이하 합작기업)의 주체는 합자기업에서 본 바와 같다. 합작기업은 계약에 의하여 성립되기 때문에 계약식 합영기업이라고 한다. 쌍방 합작자의 권리의무는 합작계약을 통하여 정하기 때문에 이 합작계약은 합작기업의 조직과 경영에서 중요한 근거로 된다.

합작기업의 법적 성질에 관해서는 합작기업법 제2조가 규정하고 있다. 즉, "중국의 법률에서 정하는 법인요건에 부합하는 경우에는 중국 법인격을 취득한다"고 규정하고 있으므로 합작기업이 법인요건을 갖추었을 경우에는 법인자격 있는 합작기업으로 되고, 법인요건을 갖추지 못하였을 경우에는 법인격 없는 합작기업으로 설립된다. 그러나 합작기업을 설립할 경우 중국 정부에서는 법인형 합작기업으로 유도하고 있기 때문에 실제적으로 법인격 없는 합작기업은 매우 드물다.[13]

합작기업이 법인격을 구비하여 법인격을 취득한 경우에는 어떤 유형의 회사가 되느냐에 관하여 중외합작기업법에는 그 규정이 없다. 중국 기업법제에서 법인으로 되는 회사 유형은 유한회사나 주식회사 및 기타 국유나 집체회사

10) 中外合資經營企業法, 제6조.
11) 中外合資經營企業法實施條例, 제87조.
12) 中外合資經營企業法, 제1조.
13) 趙旭東, "外商投資企業的法律性質與公司法的適用", 民商法縱論(江平敎授70華誕祝賀文集), 2000.12., 592면.

형태가 있는데, 합작기업이 법인요건을 갖추었을 경우에는 유한회사로 된다. 법인격이 있는 합작회사의 쌍방 합작자는 그 출자액이나 기타 출자요건을 한도로 합작기업에 대하여 유한책임을 진다. 법인격을 갖지 않는 합작기업과 합작자 각자는 중국 민사법률의 규정에 의하여 민사책임을 부담하도록 되어 있지만,[14] 이와 직접적으로 관련 있는 법률은 없다. 다만 이와 유사한 규정으로 「민법통칙」 제52조에서 규정하는 조합형연합기업(合伙型聯營)이 있지만 이것과 완전히 일치하는 것은 아니다. 중국 민상법학자들은 법인격을 갖지 않는 합작기업이 일반적으로 조합(合伙)의 성질을 갖는다고 해석하고 있지만,[15] 쌍방 합작자의 대내외적 책임에 관한 구체적인 방식은 약정이나 합작조건에 따라 개별적으로 해석하여야 할 문제이다.

합작기업의 출자방식은 합자기업의 출자방식과 같다. 다만 합작기업은 법인격이 있는 형태와 없는 형태가 병존하고 있으므로 이에 따른 약간의 제한이 있다. 법인격 있는 합작기업의 등록자본은 원칙적으로 쌍방 합작자가 납부한 출자액의 합계로 구성되며, 이 중에서 외국합작자의 출자는 등록자본의 최소 25/100 이상이 되어야 한다. 법인격이 없는 합작기업의 외국합작자의 출자는 쌍방 합작자가 출자하는 총액의 25/100 이상이 되어야 한다. 합작기업의 출자비례는 합작기업이 계약식 합영기업이라는 점 때문에 쌍방 합작자의 출자는 반드시 화폐로 환산하여 계상할 필요가 없고 합작계약에서 정한 비율로 하게 된다. 다만 중국합작자의 현물출자는 감정평가를 받아야 한다. 이러한 결과로 합작기업의 등록자본은 종종 쌍방 합작자의 출자총액과 달라질 수 있게 된다.[16] 이익배당과 위험부담도 반드시 출자비례에 따라 정하는 것이 아니라 합작계약 또는 합작조건에서 정한 바에 따른다는 점에서 합자기업과 다르다.

합작기업의 조직기구도 법인격이 있는지에 따라 다르게 된다. 법인격 있는 합작기업은 독립적인 경제실체이므로 이사회(董事會)를 설치하여야 한다. 이사회는 합작기업의 최고 권력기구가 된다. 법인격 없는 합작기업은 최고 권력기구로서 연합관리위원회(聯合管理委員會)를 설치하여야 하고 이 기구의 장을 주임(主任)으로 한다. 이사회의 대표인 이사장(董事長)이나 연합관리위원회의 대표인 주임은 합작기업의 법정대표자이고 합작기업의 중요사안을 결정

14) 合作企業法實施細則, 제50조.

15) 集志勇, 外商投資企業法概論, 首都經濟貿易大學出版社, 2000, 124면.

16) 甘培忠, 企業法新論, 北京大學出版社, 248면.

할 권한이 있다. 이사회나 연합관리위원회의 구성원은 최소 3인 이상이어야 하며, 그 구체적인 인원수와 조직구성 및 권한 등은 합작계약이나 정관에서 정한 바에 따른다. 다만 이사나 위원의 임기는 최장 3년을 초과할 수 없다. 합작기업은 업무집행기관으로 총경리(總經理)와 부경리(副經理)를 두어야 한다. 이들은 이사회나 연합관리위원회에서 임명하거나 초빙한다.

합작기간이 종료되면 합작기업의 고정자산은 중국합작자의 소유로 귀속되고, 외국합작자는 약정으로 정한 경우 합작기간 종료 전에도 투자의 선회수(先回收)가 인정된다.

Ⅲ. 독자기업

독자기업(外資企業)은 외국의 기업·개인 또는 기타 경제조직(외국투자자)이 중국의 법률에 근거하여 전체자산을 외국투자자가 투자하고 독립하여 경영하는 중국 내에서 설립된 기업이다.[17] 독자기업은 중국의 법률에 근거하여 중국 내에 설립된 중국기업이기 때문에 중국 내에서 활동하는 외국기업(外國企業)과 구별된다. 외국기업은 외국법에 의하여 설립되어 중국정부의 비준을 얻어 중국 내에 조직·장소·생산경영설비 등을 설치하고 경영활동을 통해 중국 내에서 소득을 얻는 경제조직을 말한다. 따라서 중국정부는 독자기업에 대하여 속지관할권과 속인관할권을 행사할 수 있지만 외국기업에 대해서는 속지관할권만을 행사할 수 있다.

독자기업은 그 투자자의 수에 제한이 없고, 다만 기업자산 전체가 외국투자자에 의하여 투자되는 기업이기 때문에 다른 외국인투자기업과 구별된다. 외국투자자는 외국의 회사·기업·개인 및 기타 경제조직을 말하고 투자되는 자본은 외국투자자의 소유에 속한 것이어야 한다. 홍콩·마카오·대만출신의 투자자와 중국국적을 갖는 화교가 투자한 기업도 이 독자기업의 범주에 포함된다. 독자기업은 이러한 외국투자자가 독자기업의 명의로 독자적 경영 및 독립채산제를 실시하고 대외적으로 독립적 책임을 부담하는 기업조직이다. 이러한 요소 때문에 외국기업의 지사·분점·사무소·대표처 등과 구별된다. 독자기업은 법인격을 구비한 경우 법인격을 취득할 수 있고, 법인격을 갖추지 못한

17) 外資企業法, 제1조, 제2조.

독자기업으로 존재할 수도 있다.

독자기업의 법적 성질은 법인격을 갖추었느냐에 따라 달라진다. 중국 법률에서 정하는 법인요건을 갖추었을 경우에는 유한회사로 설립되고, 법인요건을 갖추지 못한 독자기업은 해당 부서의 비준을 얻어서 기타 책임형식으로도 할 수 있다.[18] 기타 형식은 독자기업 · 조합기업(合伙企業) 등을 말하고, 대륙법계의 합자회사나 합명회사와 같은 형태는 중국에서 인정되지 않으므로 채용할 수 없다. 실제적으로는 유한회사의 형식으로 설립되는 경우가 많고, 주식회사로 설립되는 경우는 거의 없는 상태이며, 소수의 외국투자자들이 조합형식 또는 독자형식으로 설립된다.[19]

독자기업은 외국투자자가 전체자산을 투자하여 설립하는 기업이기 때문에 중국정부는 경제정책상 그 투자대상을 적극지원 · 설립제한 및 설립금지 등으로 제한하고 있다. 이와 같은 구체적인 사항은「외자기업실시세칙(外資企業法實施細則)」·「외국인투자방향지도규정(指導外商投資方向暫行規定)」·「외국인투자산업지도목록(外商投資產業指導目錄)」등에 의한다.[20]

독자기업의 외국투자자는 태환 가능한 외화나 기계설비 · 산업재산권(工業產權) · 특허기술 등으로 출자할 수 있다. 산업재산권이나 특허기술 등으로 출자할 경우 그 평가가액이 등록자본총액의 20/100을 넘지 않아야 한다. 독자기업은 중국의 토지를 사용하여야 하므로 토지사용권을 취득하여야 하고 이에 관한 사용비용을 납부하여야 할 의무가 있다.

독자기업의 투자총액은 독자기업의 설립에 필요한 일체의 자금총액을 말하고, 등록자본은 설립당시에 공상행정관리기관에 등기된 출자총액을 의미한다. 독자기업의 등록자본에 대한 최저한도에 관한 법률상의 제한은 없고, 각 지역의 외국인투자기업을 심의비준하는 기관이 해당 지역의 사정을 감안하여 정하게 된다. 예컨대 북경지역의 경우 그 등록자본은 15만달러(US) 이상이어야 한다. 다만 특수한 업종의 경우에는 해당 부서에 정한 특별한 기준이 있다. 독자기업의 투자약정과 정관에는 투자총액과 등록자본에 관한 사항을 설정하

---

18) 外資企業法實施細則, 제19조.

19) 甘培忠, 企業法新論, 北京大學出版社, 2000, 262면.

20) 예컨대 신문·출판·방송국·영화 같은 항목은 투자가 금지되는 대상이고, 교통운송·부동산·공용사업 등은 투자가 제한되는 항목이다. 중국은 1999년 WTO에 가입하면서 이와 같은 투자제한대상을 대폭 완화한 바 있다.

여야 한다. 독자기업의 등록자본과 투자총액의 비례는 관련 법률에 따라야 한다.[21)]

만일 예외적으로 유한회사의 형식이 아닌 독자조합기업의 형식으로 설립하는 경우에는 법인격이 없으므로 위에서 본 등록자본과 투자총액에 관한 제한을 받지 않고, 다만 자금의 규모는 그 생산규모나 경제규모에 상응하는 수준을 갖추어야 한다.

독자기업은 중국 세법의 관련규정에 따라 소득세를 납부한 후에 남는 이윤을 먼저 저축기금과 근로자장려기금 및 복지기금을 공제한 후 이익을 배당할 수 있다. 저축기금의 공제비율은 납세 후 이윤의 10/100 이상이어야 하고, 근로자장려기금과 복지기금은 독자기업이 스스로 결정한다.

「외자기업법」이나 「외자기업법실시세칙」에서는 독자기업의 조직기구에 관한 규정이 없으므로 이는 독자기업의 설립형태에 따라 다르게 된다. 독자기업은 일반적으로 유한회사로 설립되므로 회사법에서 규정된 유한회사에 관한 기구를 설치하면 된다.

위와 같이 외국인투자기업이 설립되면 설립·경영·세제 및 기타 행정절차 등에서 우대조치를 받는다.

제2. 특수한 외국인투자기업의 유형과 특징

Ⅰ. 외국인투자주식회사

1. 외국인투자주식회사의 특성

외국인투자주식회사(外商投資股份有限公司)는 외국투자자가 「회사법(公司法)」 및 「외국인투자주식회사의 설립에 관한 약간의 문제에 관한 잠행규정(關於設立外商投資股份有限公司若干問題的暫行規定)(약칭: 잠행규정)」[22)]에 근거하여 설립한 기업법인을 말한다. 이 「잠행규정」에 의하면 국제기술협력과 교류를 더욱 확대하고 사회주의 상품경제의 발전을 촉진하기 위해 외국의 회사·기업

---

21) 구체적인 것은 「關於中外合資經營企業注册資本與投資總額比例的暫行規定」(국가공상행정관리국 공포, 1987. 3. 1.), 제3조.

22) 대외경제합작부 공포(1995. 1. 10.).

과 기타 경제조직 또는 개인(이하 "외국주주")과 중국 내에서 공동으로 외국인투자주식회사(外商投資股份有限公司)를 설립할 수 있다고 규정하고 있다(잠정규정 제1조). 동 「잠행규정」에 의하여 설립되는 외국인투자주식회사는 중국 회사법 제3조의 규정에 따라 모든 자본을 균등의 주식으로 나누고, 주주는 그가 인수한 주식의 금액을 한도로 회사에 대하여 출자의무를 지며, 회사는 그 재산으로만 대외채무에 대하여 책임을 지는 회사이다.[23] 즉, 자본과 주식 및 유한책임제도가 주식회사 개념의 특징이지만, 외국인투자주식회사의 경우 외국인투자자는 회사 전체 등록자본액의 25/100 이상을 출자하여야 한다는 점과, 중국합작자가 반드시 설립자로 참여하여야 한다는 점이 일반 주식회사와 다르고 나머지는 주식회사의 본질을 갖는다. 외국인투자주식회사의 등록자본은 법률과 행정법규에 의하여 최저 3천만원(인민폐) 이상이 되어야 한다.

외국인투자주식회사는 유한책임의 형식을 갖는다는 점에서는 유한회사와 같지만, 주식회사라는 측면에서 외국인투자기업 중에서 유한회사의 형식을 갖는 기업유형과 구별된다. 즉, 설립 때부터 유한회사로서 조직되고 법인격을 가진 합자기업과 법인격 요건을 갖춘 합작기업은 유한회사라는 본질을 갖기 때문에 주식회사의 특성을 갖는 외국인투자주식회사와 구별된다. 이런 측면에서 법인격이 없는 합작기업이나 외국독자기업도 외국인투자주식회사와 구별된다.

외국인투자주식회사의 지배구조에 관해서는 위 「잠정규정」에서 명백한 근거규정이 없기 때문에 회사법 제218조와 동 「잠정규정」 제25조에 따라 중국 회사법이 적용된다. 이에 따라 외국인투자주식회사의 최고의결기구는 주주총회이고, 그 아래에 이사회와 감사회가 설치된다. 이사회는 주주총회 권한범위 내에 있는 회사의 기타 사항에 대한 결정을 하고 주주총회의 결의사항을 집행하며, 감사회는 회사의 재무경영관리 및 고급관리자에 대한 감사업무를 담당한다. 외국인투자주식회사의 총경리(總經理)는 회사의 경영관리업무와 함께 이사회에 대한 책임을 진다.[24]

2. 외국인투자주식회사의 설립과 운영

외국인투자주식회사의 설립과 조직 및 운영은 회사법의 주식회사설립에

23) 趙中孚, 商法總論, 中國人民大學出版社, 1999, 215면.

24) 金聖恩, "中國外國人投資企業法과 中國會社法의 關係에 관한 硏究", 法學博士學立論文, 高麗大, 2003. 2., p. 135.

관한 규정과 위의 「잠행규정」에 따라야 한다. 이 외에도 「잠행규정」에 의하면 외국인투자주식회사의 설립은 외국인투자기업과 관련된 산업정책에 관한 국가의 관련규정에 부합되어야 하며, 국가는 선진기술의 생산형 회사설립을 권장하고 있다(잠행규정 제4조).

외국인투자주식회사를 발기설립의 방식으로 설립하는 경우에 전적으로 주식회사의 설립에 관한 규정이 적용되고, 다만 발기설립자중에서 외국인 투자자가 최소 1인 이상이어야 한다는 점만 다르다. 모집설립의 방식으로 외국인투자주식회사를 설립하는 경우에도 주식회사에 관한 규정을 적용하고 다만 발기인중에서 최소 1인 이상이 주식모집전의 3년간 연속적인 잉여이익을 낸 기록이 있어야 한다는 제한이 있다.

3. 외국인투자주식회사로 전환하는 경우

중국정부는 이미 설립된 기업이나 회사가 외국인투자주식회사로 전환할 수 있도록 하여 자본조달과 조직구성에 융통성을 기할 수 있도록 하였다. 외국인투자주식회사로 전환할 수 있는 기업이나 회사로는 외국인투자기업(外商投資企業)·공유제기업(전민소유제기업과 집체소유제기업) 및 일반 주식회사이다. 외국인투자기업이 외국인투자주식회사로 전환하려면 먼저 최근 3년간의 영업성과에서 이익이 있었다는 기록이 있어야 한다. 외국인투자기업이 외국인투자주식회사로 변경등기 된 후에는 원 외국인투자기업의 일체의 권리·의무가 전환된 후의 회사로 포괄적으로 이전된다.

국유기업이나 집체소유제기업이 외상투자주식회사로 전환하려면 위의 「잠행결정」·「전민소유제공업기업전환조례(全民所有制工業企業轉換經營機制條例)」·「집체소유제기업조례(集體所有制企業條例)」 및 본 회사법에서 정한 절차를 거쳐야 한다.[25] 주식회사도 외국인투자주식회사로 전환하는 경우 위의 「잠행규정」과 본 회사법의 적용을 받는다.[26] 외국인투자주식회사의 등록자본은

25) 첫째, 해당 기업은 영업연도가 최소 5년 이상 되어야 하고 동시에 최근 3년간 연속적인 잉여이익이 존재하여야 하며, 둘째, 외국인 투자자인 주주는 태환 가능한 외화로 해당 기업의 등록자본의 25/100 이상을 납입완료하여야 하고, 전환하고자 하는 회사의 경영범위가 외국인투자기업에 관한 중국의 산업정책에 부합하여야 한다.

26) 주식회사가 외국인투자주식회사로 전환할 경우 다음과 같은 절차에 의한다. 첫째, 해당 주식회사는 국가의 심사비준을 얻어 정식으로 설립된 회사이어야 한다. 둘째, 외국 투자자인 주주는 태환 가능한 외환으로 해당 주식회사의 등록자본의 25/100 이상에 해당하는 주식을 매

등기기관에 등기된 주식자본총액으로서 실제 인수된 자본총액을 의미한다.

Ⅱ. 외국인투자성회사

외국인투자성회사(外商投資性公司)는 외국투자자가 중국에서 독자 또는 중국투자자와 합자형식으로 설립하여 직접 투자에 종사하는 회사를 말한다. 외국인투자성회사는 유한회사로서 유한책임을 지며(외국인투자자의 투자성회사 설립에 관한 규정 제2조), 본질상으로는 중외합자기업이나 외국독자기업에 속한다.[27] 이에 따라 외국인투사성회사에 관해서는 개정 회사법의 유한회사에 관한 규정이나 1인 유한회사에 관한 규정이 일반법으로서 적용된다.

Ⅲ. 기타 특수한 외국인투자기업의 유형

앞의 두 가지 특수한 유형 이외에도 중외합작개발회사(中外合作開發公司)와 BOT(Build-Own-Transfer) 방식 등에 의한 투자기업 등이 있다. 중외합작개발회사는 중국 회사와 외국인회사가 투자계약을 체결하고, 해상이나 육상에서 석유·광산이나 기타 자연자원의 탐사·채굴 등을 목적으로 하여 성립하는 회사이다. 중외합작개발회사는 표면에 나타나지 않는 자원개발을 목적으로 하므로 투자위험성이 매우 높고, 많은 재원을 투입하여야 하며, 성공하였을 경우 지속적인 수익가능성 등을 특성으로 하는 기업이다.

BOT 투자기업은 투자자가 투자국 내에서 일정한 공기(工期) 동안 특정한 용역에 대한 시설(建造)·운영·보수를 책임지고, 일정한 기한이 종료되면 시설에 대한 반환을 목적으로 하는 기업이다. 특정한 용역의 반환은 주로 투자국이 된다. 중국에서는 주로 고속도로, 전력시설, 오폐수처리시설 등을 축조하는데 이용되어 왔다.

입하여야 한다. 셋째, 해당 주식회사의 경영범위는 외국인투자기업에 관한 중국의 산업정책에 부합하는 것이어야 한다.

27) 熊立新·劉培峰, "對外資投資性公司的法律思考", 國際經濟合作, 1996, 59면.

제 3 절 외국인투자기업의 법원

외국인투자기업은 그 조직구조에 따라 합자기업, 합작기업 및 독자기업으로 구분되고, 주식회사의 성질을 갖는 외국인투자주식회사와 유한회사의 성격을 갖는 투자성회사로 구분된다. 이러한 구분에 따라 외국인투자기업에 대한 법원도 일반적인 것과 개별적으로 것으로 구분된다.

제1. 외국인투자기업의 일반 법원

합자기업은 「중외합자경영기업법(中外合資經營企業法)」[28]이 기본법이고, 이에 관한 하부법령으로서 「중외합자경영기업법실시조례(中外合資經營企業法實施條例)」[29]가 있다. 이 외에도 합자기업에 관해서는 「합자기업 각 당사자의 출자에 관한 약간규정(中外合資經營企業各方出資的若干規定)」,[30] 「합자기업등록자본과 투자총액비례에 관한 잠행규정(關於中外合資經營企業注册資本與投資總額比例的暫行規定)」[31] 등이 있다.

합작기업에 관해서는 「중외합작경영기업법(中外合作經營企業法)」[32]이 기본법으로 되고, 「중외합작경영기업법실시세칙(中外合作經營企業法實施細則)」[33]이 그 하부 법령에 속한다. 이 외에도 「합작기업외국합작자의 투자 우선회수에 관한 인가판법(中外合作經營企業外國合作者先行回收投資審批辦法)」,[34] 「음향제품대리합작기업관리판법(中外合作音響製品分鎖企業管理辦法)」[35] 등이 있다.

외국인독자기업(外商獨資企業)에 관해서는 「독자기업법(外資企業法)」[36]이 기본법으로 되고, 「독자기업법실시세칙(外資企業法實施細則)」[37]이 하부 법령으

28) 전인대(제5기) 제2차 회의 통과(1979. 7. 1.), 1990. 4. 4. 제1차 개정, 2001. 3. 15. 제2차 개정.
29) 국무원 공포(1983. 9. 20.), 1986. 1. 15. 제1차 개정, 1987. 12. 21. 제2차 개정, 2001. 7. 22. 제3차 개정.
30) 대외경제무역합작부, 국가공상행정관리국 공포(1988. 1. 1.).
31) 국가공상행정관리국 공포(1987. 3. 1.).
32) 전인대(제7기) 제1차 회의 통과(1988. 4. 13.), 2000. 10. 31. 제1차 개정.
33) 대외경제무역합작부 공포(1995. 9. 4.).
34) 상무부 공포(2005. 6. 9.).
35) 문화부, 상무부령 제28호(2004. 2. 9.).
36) 전국인민대표대회 제4차회의 통과(1986. 4. 12.), 2000. 10. 31. 제1차 개정.

로 된다.

외국인투자주식회사는「외국인투자주식회사의 설립에 관한 약간의 문제에 관한 잠행규정(關於設立外商投資股份有限公司若干問題的暫行規定)」[38]이 적용된다.

외국인투자성회사에 관해서는「외국인투자성회사 임시규정(外商投資性公司臨時規定)」[39]이 최초로 제정되었고,「외국인투자자의 투자성회사 설립에 관한 규정(關於外商投資擧辦投資性公司的規定)」[40] 및「외상투자성회사설립의 보충규정('關於外商投資擧辦投資性公司的規定'的補充規定)」[41]이 제정 또는 보완되었다.

제2. 외국인투자기업의 개별 법원

외국인투자기업이 중국 내에서 기업으로서 설립되고 운영되기 위해서는 일반 법원 이외에도 개별적인 법원의 적용을 받는다. 여기서 말하는 개별 법원은 회사법과 외국인투자기업의 일반 법원을 제외한 규정들을 말한다.

이에 관해서는「외국인투자기업실험판법(外商投資企業試点辦法)」[42]「외국인투자방향지도규정(指導外商投資方向規定)」,「외국인투자산업지도목록(外商投資產業指導目錄)」,[43]「외국인투자기업등기위탁관리판법(外商投資企業授權登記管理辦法)」,[44]「외국인투자기업재무관리규정(外商投資企業財務管理規定)」,[45]「외국인투자기업 및 외국기업소득세법(外商投資企業和外國企業所得稅法)」,[46]「외국인투자창업투자기업관리규정(外商投資創業投資企業管理規程)」,[47]「외국인투자자의 중국기업인수에 관한 잠행규정(外國投資者併購境內企業暫行規定)」,[48]「외국

37) 대외경제무역합작부 공포(1990. 12. 12.), 2001. 4. 12. 제1차 개정.
38) 대외경제무역합작부 공포(1995. 1. 10.).
39) 대외경제무역합작부 공포(1995. 4. 4.).
40) 상무부령 제22호(2004. 11. 17.).
41) 상무부령 제3호(2006. 5. 26.).
42) 국가경제무역위원회, 대외경제무역합작부령 제12호(1999. 6. 25.)
43) 국가발전계획위원회, 국가경제무역위원회, 대외경제무역합작부령 제21호(2002. 3. 11), 2004. 11. 30. 제1차 개정, 2007. 10. 31. 제2차 개정.
44) 국가공상행정관리총국령 제4호(2002. 12. 10.).
45) 재정부(92) 공포 財工字제294호(1992. 6. 24.).
46) 전인대(제7기) 제4차 회의(1991. 4. 9.)통과, 2007년, 제2차 개정(2007. 3. 16.), 2008. 1. 1. 시행.
47) 대외경제무역합작부, 과학기술부, 국가공상행정관리총국, 국가세무총국, 국가외환관리총국 공포(2003. 1. 30.).

인투자기업의 합병과 분할에 관한 규정(關於外商投資企業合併與分立的規定)」,[49] 「외국인투자기업청산판법(外商投資企業淸算辦法)」[50] 등이 있을 뿐 아니라, 이외에도 많은 규정들이 산재해 있다.

제4절 개정 회사법과 외국인투자기업법의 주요 관계

제1. 개정 회사법과 일반 외국인투자기업법의 독자성

개정 회사법과 외국인투자기업법은 기업에 관한 규범이라는 점에서 유사성을 갖고 있지만, 중국에서의 사정 등으로 각각 고유의 특징도 갖고 있다.

개정 회사법과 외국인투자기업법을 상세히 고찰해 보면 양 법의 차이로 인하여 회사법에만 규정이 있는 회사법의 독자성과 외국인투자기업법만이 갖고 있는 외국인투자기업법의 독자성 문제가 나타난다.[51] 즉, 회사법에만 고유한 것으로는 회사의 최저등록자본금제도, 무형자산의 출자비율의 제한, 주주(사원)출자의 검증(驗資) 및 출자증명서의 발급규정, 사원총회, 감사회, 경리(經理)조직의 설치 등에 관한 사항이다. 외국인투자기업법에만 고유한 것으로는 합자계약(合資合同) 및 합작계약(合作合同), 외국합영당사자의 투자비율, 출자납입시기, 합자기업의 업종제한규정, 외환관리, 노무관리 및 재무관리에 관한 규정 등이다.

아래에는 종래 회사법과 외국인투자기업법에서 많이 논의가 되어 온 출자시기, 출자방식, 최저 자본금제도, 자본제도, 조직구조와 지배구조, 경영범위, 지분권(주권)의 양도, 조직변경, 이익배당, 회사의 해산과 청산을 중심으로 설명한다.

48) 대외경제무역합작부, 국가세무총국, 국가공상행정관리총국, 국가외환관리총국 공포(2003. 3. 7.).
49) 대외경제무역합작부 공포 제395호(1999), 2001. 11. 22. 제1차 개정.
50) 대외경제무역합작부 공포(1996. 7. 9.).
51) 趙旭東, "外商投資企業的法律性質與公司法的適用", 民商法縱論(江平敎授70華誕祝賀文集), 2000. 12., 598면.

제2. 개정 회사법과 일반 외국인투자기업법과의 주요 관계

Ⅰ. 설립등기의 신청 시기

설립등기를 법률에서 정한 절차와 요건에 맞게 신청하면 등기주관기관은 이를 심사하여 기업법인 영업허가증(企業法人營業執照)을 발행하여 교부한다. 영업허가증에 기재된 일자가 회사의 성립일자로 되고, 기업은 이 영업허가증을 근거로 하여 거래은행계좌를 개설할 수 있고, 납세등기를 신청할 수 있게 된다(기업등기관리조례 제25조). 설립등기의 신청 시기는 회사의 성립시기와 밀접하게 관련되어 있으므로 설립등기를 누가 언제 신청할 수 있느냐 하는 점은 회사를 설립하는 당사자로서는 매우 중요한 사항이다.

유한회사의 경우에 개정 회사법과 등기관리조례에서는 제1회의 출자를 완료하고, 법에 의하여 설립된 출자검증기관의 출자검증이 완료된 후에 전체 사원이 지정하는 대표자 또는 전체 사원이 공동으로 위탁한 대리인이 등기기관에 설립등기를 신청할 수 있다고 규정하고 있다(회사법 제30조, 등기관리조례 제20조).

주식회사의 경우에는 설립방식에 따라 약간의 차이가 있다. 구 회사법에서는 발기설립과 모집설립 모두 창립대회를 완료한 후 30일 이내에 설립등기를 신청할 수 있도록 하였지만, 개정 회사법과 등기관리조례는 이를 구분하여 설립등기 신청시기를 정하고 있다. 주식회사를 발기설립의 방식으로 설립하는 경우에는 발기인이 제1회 출자를 납입완료 후에 이사회와 감사회를 구성하고, 이에 따라 이사회가 등기주관기관에 관련 서류를 갖추어 설립등기를 신청하여야 한다(회사법 제84조 제3단, 등기관리조례 제20조 제1단). 주식회사를 모집설립의 방식으로 설립할 경우에는 발기인이 출자납입을 완료한 후에 창립대회 완료일로부터 30일 이내에 이사회가 등기주관기관에 설립등기를 신청한다(회사법 제93조, 등기관리조례 제21조 제1단).

외국인투자기업 중 합자기업 관련 규정에서는 기업이 설립등기를 신청할 경우 기업법인 영업허가증을 획득한 후에 설립등기를 신청할 수 있도록 하였다. 즉, 영업허가증과 같은 인가증서(批准證書)에 서명된 날로부터 30일 이내에 설립등기를 신청하여야 하고, 이 기한을 초과한 경우에, 신청인은 등기주관기관에 원 인가증서의 효력이나 기타 인가를 받은 사항에 관하여 별도의 인가를 받아야 한다.[52] 외국인투자기업이 설립등기를 신청할 경우, 등기주관기관에 제출하는 외국투자자의 투자주체의 자격증명이나 신분증명은 해당 소재지 국가의 공증기관의 공증을 거쳐서 해당 주재국의 중국 대사관(또는 영사관)의 인증을 받아야 한다. 다만 홍콩, 마카오 및 대만의 투자자는 투자자격 증명이나 신분증명은 해당 지역의 공증기관의 공증문서를 제출하여야 한다.[53]

위의 규정에서 볼 때 설립등기의 신청시기에 관해서는 개정 회사법이 제1회의 출자를 완료하고 출자검증을 받은 후에 신청할 수 있게 되므로, 이중으로 인증을 거쳐야 하는 외국인투자기업법의 규정보다 간이화되었다.

Ⅱ. 출자방식

출자방식에 관한 구 회사법의 특색은 개혁개방기의 민법통칙이나 외국인투자기업 관련 법에서 먼저 규정이 되었던 출자방식에 관한 부분을 구 회사법에서도 이를 부분적으로 계수함으로써 출자방식이 국내기업과 외국인투자기업에 각각 이원적으로 적용된다는 점, 구 회사법이 출자방식에 관한 열거주의를 채택함으로써 출자대상이 제한되었고, 무형재산은 출자비율을 고정시킴으로써 그 제한을 두었다는 점 등이 있다.

개정 회사법은 이를 대폭 완화하여 규정하였다. 유한회사의 경우 화폐 또는 실물이나 지식재산권, 토지사용권 등 화폐로 가치평가가 가능하고 법에 의하여 양도가 가능한 재산을 그 대상으로 하였다. 화폐로 출자하는 경우 전체 등록자본금의 30/100 이상이 되도록 하였다. 이와 함께 무형자산의 출자비율에 대한 제한을 삭제하였다.

출자방식은 유한회사와 주식회사 모두 동일하게 적용된다.

외국인투자기업의 경우 개별 법률이 정하는 출자관련 규정에 부합하여야 한다. 출자방식에 관하여 규정하고 있는 법률은 「중외합자경영기업법실시조례(中外合資經營企業法實施條例)」, 「중외합작경영기업법실시세칙(中外合作經營企業

52) 외국인이 투자한 회사의 등기인가관리 법률적용 문제에 관한 집행의견 「關於外商投資的公司審批登記管理法律適用若干問題的執行意見」, 제4조.

53) 외국인이 투자한 회사의 등기인가관리 법률적용 문제에 관한 집행의견 「關於外商投資的公司審批登記管理法律適用若干問題的執行意見」, 제5조.

法實施細則)」, 「독자기업법실시세칙(外資企業法實施細則)」 등이 있다. 외국인투자기업을 설립하는 경우 그 출자방식은 이 외에도 회사법, 등기관련조례, 회사등록자본금등기관리규정(公司注册資本登記管理規程) 등서 정한 규정에서 부합되어야 한다. 이에 따라 화폐·실물·지식재산권 및 토지사용권 이외의 재산으로 출자할 경우 자산평가감정기관의 평가를 거쳐야 한다.[54] 다만 중외합자의 유한회사의 사원이 「중외합자경영기업법(中外合資經營企業法)」에서 규정한 실물(설비포함) 및 산업재산권(工業產權) 등 비화폐자산으로 출자하는 경우, 그 가격은 합영당사자가 협의하여 결정할 수 있다.[55] 외국인투자기업의 경우 출자방식이 하나 더 추가되고 있는데, 그것은 외국인투자회사의 사원이 직접 자신의 명의로 금융기관으로부터 대출(借貸方式)받아서 조달하는 자금은 그 자신이 소유하는 자금으로 보고,[56] 이를 출자의 방식으로 인정하고 있다.

개정 회사법에서는 출자방식을 화폐 이외에 화폐로 가치평가가 가능하고 법에 의하여 양도가 가능한 재산, 즉 지식재산권, 채권, 어음수표, 광업권 등을 추가하여 규정하고 있으므로, 외국인투자기업법률에서 정하는 것보다 그 범위가 더 넓다.

Ⅲ. 최저 등록자본금제도

구 회사법에서는 유한회사의 경우 엄격한 법정등록자본금제도를 실시하면서 회사 성립 전에 일회 완납하도록 하였으며, 등록자본금도 업종(生産經營範圍)에 따라 4가지로 구분하여 최고 50만원(인민폐)에서 최저 10만원(인민폐)으로 정하였다.

개정 회사법은 구 회사법의 높은 등록자본금제도와 일회 완납제도를 수정하여 회사의 경영범위와 관계없이 3만원(인민폐)으로 단일화하고, 전체사원이 제1회 납입하여야 할 금액은 법정 최저 한도인 3만원(인민폐)보다 낮지 않으면서도 동시에 전체 등록자본금액의 20/100보다 낮지 않으면 가능하도록 하였다.

54) 외국인이 투자한 회사의 등기인가관리 법률적용 문제에 관한 집행의견「關於外商投資的公司審批登記管理法律適用若干問題的執行意見」, 제10조.

55) 외국인이 투자한 회사의 등기인가관리 법률적용 문제에 관한 집행의견「關於外商投資的公司審批登記管理法律適用若干問題的執行意見」, 제10조.

56) 외국인이 투자한 회사의 등기인가관리 법률적용 문제에 관한 집행의견「關於外商投資的公司審批登記管理法律適用若干問題的執行意見」, 제11조.

주식회사의 경우 구 회사법은 최저 등록자본금제도를 1000만원(인민폐)이었지만 이를 500만원(인민폐)으로 조정하였고, 동시에 이를 분할 납부할 수 있도록 완화하였다.

외국인투자기업의 일반 법원에서는 최저 등록자본금제도에 대한 규정이 없으므로, 회사법 제218조에 의하여 회사법의 관련 규정이 적용된다. 합자기업은 유한회사이므로 회사법의 관련 규정이 당연히 적용되나, 합작기업과 독자기업은 유한회사로 설립된 경우에 한하여 회사법 제26조의 규정이 적용된다고 해석된다. 다만 합자기업, 합작기업 및 독자기업의 등록자본과 투자총액의 비율에 관해서는 관련 규정에 의한 제한을 받는다.

「중외합자기업등록자본과 투자총액비율에 관한 잠행규정(關於中外合資經營企業注册資本與投資總額比例的暫行規定)」[57]에서는 투자총액에 따라 등록자본금제도를 구분하여 설정하였다. 합자기업의 투자총액이 300만달러(US) 이하 인 경우 그 등록자본금은 투자총액 중에서 최소 7/100 이상이 될 것(제3조 제1항), 300만달러 이상 1000달러(US) 이하인 경우에는(1000달러 포함) 등록자본금을 투자총액 중에서 최소 1/2 이상일 것과 투자총액이 420만달러(US) 이하인 경우에는 그 등록자본금을 210만달러(US) 이하가 되지 않도록 할 것(제3조 제2항), 투자총액이 1000만달러 이상 3000만달러(US) 이하인 경우(3000만달러 포함) 그 등록자본금은 투자총액의 2/5 이상일 것과 투자총액이 1250만달러(US) 이하일 경우에는 그 등록자본금은 500만달러(US) 이하가 되지 않을 것(제3조 제3항), 투자총액이 3000만달러(US) 이상인 경우 그 등록자본금은 투자총액의 1/3 이상일 것과 투자총액이 3600만달러(US) 이하일 경우 그 등록자본금은 1200만달러(US) 이하가 되지 않을 것(제3조 제4항)으로 하였다.

외국인투자기업 중에서 1인 유한회사의 형식으로 설립된 외국인 독자기업(外資企業)의 최저 등록자본금은 회사법에서 규정하는 1인 유한회사의 규정에 부합하여야 하고, 외국의 자연인이 설립하는 1인 유한회사는 회사법에서 정한 대외투자제한에 관한 규정의 적용을 받는다.[58]

외국인투자기업 중에서 특수한 형태인 외국인투자주식회사와 외국인투자

57) 국가공상관리총국 공포(1987. 3. 1.).

58) 외국인이 투자한 회사의 등기인가관리 법률적용 문제에 관한 집행의견「關於外商投資的公司審批登記管理法律適用若干問題的執行意見」, 제2조.

성회사는 각각 최저 등록자본금을 3천만원(인민폐)으로 규정하고 있다.[59)]

외국인투자기업의 등록자본금은 인민폐로 표시할 수도 있고, 태환이 가능한 외국화폐로 표시할 수도 있다. 회사 등록자본금으로 되는 외국화폐와 인민폐의 환율평가 또는 외국화폐 사이의 환율평가는 납입완료 당일에 중국인민은행이 공고하는 환율의 중간가격으로 결정한다.[60)]

위 규정에서 볼때 개정 회사법에서는 유한회사와 주식회사의 최저 등록자본금을 구 회사법에 비하여 대폭 완화하였다.

외국인투자기업 관련 일반 법원에서는 최저 등록자본금제도에 관한 규정이 없으므로 유한회사의 실체를 갖는 중외합자기업과 외상투자회사는 회사법의 유한회사 최저자본금제도에 따라 결정된다. 외국인투자기업의 특수한 형식인 외국인투자주식회사와 외국인투자성회사는 관련 규정에서 최저 등록자본금에 대한 규정이 있으나, 이 규정은 구 회사법 제정 후인 1995년에 입법된 것이고, 회사법에서 규정하고 있는 주식회사나 유한회사의 최저 등록자본금에 비하면 지나치게 높은 기준을 설정하였다고 평가된다.

Ⅳ. 자본제도

1993년 회사법의 제정당시에 도입된 법정자본제도는 개정 회사법에서도 그대로 유지되고 있고, 다만 완화된 형태로 유지되고 있다.

유한회사의 경우 원칙적인 법정자본제가 유지되고 있고, 다만 출자의 분할이 허용되어 있을 뿐이다. 1인 유한회사의 경우는 더욱 엄격한 법정자본제가 적용되고 있다. 법정자본제에서 오는 고정성을 완화하기 위하여 자본감소를 허용하지만 채권자에게 통보하거나 담보제공 및 신문공고 등의 엄격한 절차를 거치도록 하고 있다.

주식회사의 자본제도도 유한회사와 동일한 형태로 유지되고 있다.

외국인투자기업의 경우 법정자본제를 유지하면서 자본감소를 제한하고, 자본증가는 일정한 요건에서만 허용하고 있다. 즉, 외국인투자기업 관련 법률

59) 「關於設立外商投資股份有限公司若干問題的暫行規定」, 제7조; 「關於外商投資擧辦投資性公司的規定」, 제3조 제3항.

60) 외국인이 투자한 회사의 등기인가관리 법률적용 문제에 관한 집행의견 「關於外商投資的公司審批登記管理法律適用若干問題的執行意見」, 제8조.

에서는 사원총회가 없으므로 등록자본금의 감자에 관해서는 전적으로 경영진인 이사회에 의하여 처리된다. 외국인투자기업의 등록자본금의 변동은 채권자의 이익과 직접적으로 관련된다. 이러한 점에서 외국인투자기업의 등록자본금의 변동은 정관의 기재사항에 변동이 있는 것으로 되고, 정관의 변동은 인가주관기관의 인가를 받아야 효력을 발생하기 때문에,[61] 자본증가나 자본감소와 같은 자본변경은 사실상 엄격한 제한을 받는다.[62]

Ⅴ. 기관과 지배구조

기관구성과 지배구조에 관한 부분이 내자기업과 외국인투자기업의 가장 큰 차이점이라고 할 수 있다. 외국인투자기업은 기본적으로 국내 기업법인과 외국투자자가 투자계약을 통하여 성립하는 기업이기 때문에 기관구성은 투자 및 영업을 위한 한도 내에서 간략하게 구성된다. 이에 반하여 내자기업은 투자자와 기관 및 기타 기관구성원 사이에서 지배구조에 관한 사항은 매우 중요한 문제이므로 이를 회사법에 반영하여 규정하고 있다.

유한회사의 기관은 사원총회(股東會), 이사회(董事會), 감사회(또는 감사)로 구성된다. 사원총회는 유한회사의 최고 권력기구로서(회사법 제37조), 50인 이하로 구성된다. 1인 유한회사와 국가단독출자회사(國有獨資公司)의 경우에는 사원총회를 설치할 필요가 없고(회사법 제62조, 제67조), 다만 국가단독출자회사의 경우 사원총회의 권한은 국유자산감독관리기관이 대위하여 행사한다(회사법 제67조). 이사회는 3인 이상 13인 이하로 구성되고(회사법 제45조), 이사의 임기는 3년이며(회사법 제46조), 감사회는 3인 이상으로 구성되고(회사법 제52조), 임기는 3년으로 한다(회사법 제53조).

주식회사의 기관은 일반적인 주식회사와 상장회사로 구분하여 구성된다. 일반적인 주식회사는 주주총회(股東大會), 이사회, 감사회로 구성된다(회사법 제82조). 상장회사의 기관은 주주총회, 이사회, 감사회, 사외이사(獨立董事) 및 이사회 비서로 구성된다(회사법 제123조).

주식회사의 주주총회는 최고권력기구이다(회사법 제99조). 발기인은 2인

---

61) 中外合資經營企業法實施條例, 제14조.

62) 中外合作經營企業法實施細則, 제16조; 外資企業法實施細則, 제21조, 제22조.

이상 200인 이하로 구성되고(제79조), 이사회는 5인 이상 19인 이하로 하며(회사법 제109조), 감사회는 3인 이상으로 하되 감사회에 참여하는 근로자 대표는 감사회의 구성원 중에서 1/3 이상이 되어야 한다(회사법 제118조).

외국인투자기업의 경우 기업의 유형에 따라 기관조직이 다르게 되어 있다. 합자기업의 기관은 이사회, 총경리(總經理), 부총경리로 구성한다.[63] 합자기업의 이사장은 법정대표자의 지위를 갖고, 합자기업 이사의 수는 합영당사자가 협의하여 계약 및 정관으로 정한다. 합작기업의 이사장(董事長), 부이사장은 합작당사자가 협의하여 정하거나 이사회에서 선출한다.

외국인투자기업 중에서 유한회사로 설립되는 합자회사 및 합작회사의 이사회는 회사의 최고권력기관으로 된다.[64]

합작기업이 유한회사의 형태로 설립된 경우에는 법인격 있는 조직이므로 최고의결기구인 이사회 또는 연합관리위원회 및 총경리로 구성되고, 법인격 없는 일반 기업으로 설립될 경우에는 이사회 또는 연합관리위원회만으로 구성한다.

외국인투자기업 중 외국인투자주식회사와 외국인투자성회사의 기관구성은 각각 회사법의 주식회사와 유한회사에 관한 규정에 따른다. 외국독자기업의 기관구성도 외국인투자기업 관련 법률에서 규정이 없으므로 회사법에 의한다.[65]

회사법에서 최고권력기관을 사원총회(유한회사) 또는 주주총회(주식회사)로 하고 있지만, 외국인투자기업 관련 법률에서는 일반적으로 이사회가 최고권력기구로서의 특성을 갖는다. 회사법에서 감사회는 필요적 상설기관이지만 외국인투자기업에서는 이를 설치할 의무가 없다.

외국인투자주식회사의 경우에 감사회를 설치하여야 하느냐에 관해서는 많은 논의가 있지만 그 내용은 생략한다.

---

63) 中外合資經營企業法實施條例, 제30조~제38조.

64) 외국인이 투자한 회사의 등기인가관리 법률적용 문제에 관한 집행의견「關於外商投資的公司審批登記管理法律適用若干問題的執行意見」, 제3조.

65) 외국인이 투자한 회사의 등기인가관리 법률적용 문제에 관한 집행의견「關於外商投資的公司審批登記管理法律適用若干問題的執行意見」, 제3조.

Ⅵ. 경영범위

회사의 경영범위는 회사의 정관 기재사항이고 등기주관기관에 설립등기를 신청하거나 변경등기를 신청할 경우 또는 회사의 합병이나 분할 등이 발생된 경우에 실질 인가를 받아야 하는 중요한 사항이다(회사법 제12조 제1단, 회사등기관리조례 제9조). 회사법은 유한회사의 경우 이를 정관기재사항으로 명시하고 있다(회사법 제25조 제2항). 회사의 운영과정에서 정관에서 기재되고 등기된 경영범위를 초과하여 체결된 계약의 효력에 관하여 이를 무효로 처리하는 경우가 많았지만 현재의 판례는 이를 당연한 무효로 보지 않는다.[66] 다만 회사가 특허와 관련된 계약이나 법률 및 행정법규에서 정해진 범위를 초과하여 체결된 계약행위는 무효로 된다(회사법 제12조 제2단).

주식회사의 경우에도 위의 유한회사의 경영범위에 관한 규정은 동일하게 적용된다.

외국인투자기업이 「외국인투자산업지도목록」에서 규정한 범위를 초월하여 경영활동을 한 경우, 영업허가증의 취소처분이나 기타 행정처분 및 형사책임을 부담한다.[67] 외국인투자기업이 합병이나 분할 등으로 인하여 그 종사하는 업종이나 경영범위에 변동이 발생된 경우에, 관련 법률이나 행정법규 및 국가의 산업정책에 관한 규정에 부합하여야 하고, 동시에 필요한 인가절차를 거쳐야 한다.[68]

회사법에서는 회사의 정관에서 경영범위를 정하도록 법정요건으로 정하고 있다. 외국인투자기업 관련 법률에서는 회사의 정관에 경영범위를 정할 수 있으나, 중국 정부가 경제정책에 따라 개정하는 「외국인투자지도규정(指導外商投資方向規定)」과 「외국인투자산업지도목록」(外商投資產業指導目錄)」을 참조하여야 한다.[69]

66) 김정애, "중국 회사법 개정에 따른 한국기업의 대응방안", 한중법학회 정례발표회자료, 2006, p. 10.

67) 指導外商投資方向規定, 13조.

68) 「關於外商投資企業合併與分立的規定」, 제5조 제3단.

69) 外資企業法實施細則, 제4조.

Ⅶ. 지분의 양도

구 회사법에서 유한회사의 지분양도는 주관부서의 인가를 획득한 후에 할 수 있도록 하였기 때문에 사실상 지분양도가 어려웠다. 개정 회사법은 유한회사의 지분 발행 및 양도에 관한 절차적 부분을 간소화하였고, 제3자에게 지분을 양도하는 경우 기타 사원에게 지분우선인수권을 허용하였으며(회사법 제72조), 지분양도에 반대한 사원은 지분을 매도할 수 있는 권리를 부여하였다(회사법 제75조).

주식회사에 있어서 주권은 양도성을 전제로 하는 권리이므로 주권의 종류에 따라 양도방식을 명확히 하였다(회사법 제138조 이하). 다만 발기인의 주식이나 이사, 감사, 고급관리자가 보유한 주식 및 주식공개 전에 보유하고 있던 주식은 일정한 조건하에 양도성을 제한하였다(회사법 제142조). 이 외에도 상장회사의 주식은 증권거래소에 상장하여 거래하도록 하였고, 이에 관한 세부적인 사항은 증권법에서 규율하고 있다(회사법 제145조).

외국인투자기업 중에서 합자기업 또는 합작기업의 한쪽 당사자가 지분을 제3자에게 양도할 경우 합자 또는 합작 상대방 당사자의 동의와 심사비준기관의 승인이 있어야 한다. 지분양도의 경우에 상대방 합자 또는 합작 당사자는 동등한 조건으로 이를 우선매수할 권리가 있다.[70] 독자기업이 지분을 양도하는 경우에는 심사비준기관의 승인과 변경등기로 가능하도록 하였다.[71] 이러한 지분양도에 관한 요건과 절차를 위반한 경우 그 행위는 무효로 된다.

외국인투자기업의 외국인투자자가 지분을 양도하는 경우에, 외국측 투자자가 중국측 투자자에게 지분을 양도하는 경우를 제외하고는 지분양도로 인하여 초래된 외국투자자 측의 지분비율이 해당 기업의 등록자본금의 25/100 이하가 되지 않도록 하여야 한다.[72]

지분양도의 절차적 요건을 충족하지 못한 경우 이의 효력을 어떻게 할 것인가에 대하여 회사법에서는 명시적인 규정이 없다. 특히 유한회사 사원의 과반수의 동의를 얻지 못하고 지분을 양도한 경우에, 그 효력에 관하여 효력미정인 법률행위라는 견해도 있다.[73] 또한 유한회사의 사원이 지분을 양도한 후에

70) 中外合資經營企業法實施條例 제20조; 中外合作經營企業法, 제10조.

71) 外資企業法實施細則, 제22조.

72) 外商投資企業投資者股權變更的若干規定, 제5조.

공상행정관리기관이나 사원명부에 변경등기를 수속하지 않은 상태인 때에는 선의의 제3자에게 대항하지 못한다.[74] 그러나 외국인투자기업 관련 법률에서는 이러한 절차적 요건을 충족하지 못한 경우를 무효로 처리하고 있어서 지분양도는 사실상 제한받고 있다.

Ⅷ. 구조변경

회사법에서 회사의 분할이나 합병과 같은 구조변경은 사원총회 또는 주주총회의 권한사항에 속한다. 구조변경을 할 경우 유한회사는 전체 의결권을 갖는 지분의 2/3 이상을 대표하는 사원이 동의하는 경우에 실시할 수 있고(회사법 제44조), 주식회사는 주주총회에 출석한 주주가 소지한 의결권의 2/3 이상을 대표하는 주주가 동의하여야 한다(회사법 제104조).

외국인투자기업의 경우 합자기업과 합작기업의 구조변경은 이사회의 재적이사 2/3 이상의 출석과 출석한 전체 이사의 동의로 결의하여야 한다.[75] 독자기업이 구조변경을 하는 경우 심사비준기관의 승인과 변경등기가 필요하다.[76] 외국인투자기업이 합병이나 분할 등의 사유로 구조변경을 할 경우, 외국투자자는 승인이 허용되지 않는 외국인독점적 지위 또는 지배주주 혹은 주도적 지위를 갖는 산업에 설립된 회사의 단독주주나 지배주주가 될 수 없다.[77] 외국인투자기업은 다양한 합병방식으로 합병할 수 있지만 합병하는 한 회사가 주식회사일 경우 매우 복잡한 절차를 거쳐야 한다. 이 경우 합병후 탄생되는 회사는 중국 정부가 규정한 외국인투자기업에 관련된 법률·행정법규 및 산업정책에 부합하여야 하고, 외국투자자의 주권보유비율은 합병 후의 전체 등록자본금의 20/100 이하가 되지 않아야 한다.[78]

유한회사와 주식회사가 합병과 분할을 하는 경우 사원총회나 주주총회의

73) 孫建國·劉安財, 論有限責任公司股權轉讓中的法律問題, 公司法律師實務, 法律出版社, 2006, 253면.

74) 孫建國·劉安財, 論有限責任公司股權轉讓中的法律問題, 公司法律師實務, 法律出版社, 2006, 261면.

75) 中外合資經營企業法實施條例, 제33조; 中外合作經營企業法實施細則, 제29조.

76) 外資企業法, 제10조.

77)「關於外商投資企業合併與分立的規定」, 제5조 제2단.

78)「關於外商投資企業合併與分立的規定」, 제17조.

결의를 거쳐 채권자보호절차를 거치면 구조변경이 가능하게 된다. 외국인투자 관련 법률에서는 합병 또는 분할의 경우에 합병측 회사 또는 분할 후 존속하는 회사는 심사비준기관에서 합병 또는 분할의 비준신청을 받은 날로부터 10일 이내에 채권자에게 통보하여야 하며, 성급(省級) 이상의 신문에 3회 이상 공고하여야 할 뿐만 아니라,[79] 합병이나 분할 후에 성립하는 회사는 중국 정부가 인정하는 산업투자정책에 부합하여야 한다.

Ⅸ. 이익배당

유한회사의 사원은 실제 납입한 출자비율에 따라 이익을 배당받을 수 있다. 그러나 전체 사원이 정관에서 이와 같은 출자비율에 의하지 않을 것으로 따로 정한 경우에는 그에 따른다(회사법 제35조).

주식회사의 주주는 자신이 보유한 주권의 비율에 따라 이익을 배당받는다. 다만 정관에서 주권비율에 따른 이익배당을 하지 않을 것으로 정한 경우에는 그에 따른다(회사법 제167조). 주식배당의 방식으로 이익배당을 할 경우에는 회사의 자본증가가 발생하게 되므로 이것은 정관변경사항으로서 주주총회의 결의를 거쳐야 한다(회사법 제101조, 제38조).

외국인투자기업은 합자기업의 경우 각 당사자는 출자비율에 따라 이익을 배당받는다.[80] 합작기업은 합작계약서에 의하여 중요 사항을 결정하므로 이익배당도 이 계약서에서 정한 사항에 따라 실시한다.[81] 합작기업의 외국투자자는 합작기업의 영업손실이 발생하지 않는 일정한 요건에서 국가세무기관의 인가 및 합작기업 인가기관의 승인하에 투자금액의 선회수(先行回收)가 가능하도록 규정하고 있다.[82]

외국독자기업은 1인의 투자자로 구성되기 때문에 관련 법률에서 이익배당에 관한 규정을 따로 두고 있지 않는다. 외국독자기업과 외국인투자주식회사의 경우 관련 법률에서 이익배당에 관한 규정이 없으므로 회사법이 기본법으로 적용된다고 해석해야 할 것이다.[83]

79) 「關於外商投資企業合併與分立的規定」, 제28조, 제29조.
80) 中外合資經營企業法實施條例, 제76조 제3항.
81) 中外合作經營企業法實施細則, 제43조.
82) 中外合作經營企業法實施細則, 제44조, 제45조.

Ⅹ. 회사의 해산과 청산

회사법에서는 회사의 해산이 자율적으로 실시되는지 혹은 강제적으로 실시되는지에 따라 임의해산과 강제해산으로 구분하고 있다. 이 해산사유는 유한회사와 주식회사에 모두 동일하게 적용된다. 임의해산 사유로는 회사정관에 규정된 회사의 존속기한이 만료되었거나, 회사정관에 규정된 기타 해산사유가 발생했을 경우, 사원총회 또는 주주총회가 해산을 결의하였을 경우, 회사의 합병 또는 분할로 인하여 해산할 필요가 있는 경우 등이다(회사법 제181조 제1호, 제2호, 제3호).

강제해산 사유로는 법률에 의하여 영업허가증이 말소(吊鎖)되고, 폐업(關閉) 또는 허가취소(撤鎖) 처분을 받은 경우(회사법 제181조 제4호), 인민법원이 회사법 제183조 규정에 따라 해산판결을 확정한 경우 등이다(회사법 제181조 제5호, 회사법 제183조).

외국인투자기업의 경우에, 합자기업의 해산사유로는 합영계약 또는 정관에 정한 기한이 만료된 때 각 당사자가 기한연장을 하지 않거나, 기업에 중대한 경영손실이 발생하여 경영을 계속할 수 없는 경우, 각 합영당사자 중 일방이 계약서 및 정관에서 정한 의무를 이행하지 않아 기업경영을 계속할 수 없는 경우, 자연재해 또는 전쟁 등 불가항력적인 사유에 의하여 중대한 손해가 발생하여 경영을 계속할 수 없는 경우, 합자기업이 원래의 경영목적을 달성할 수 없고 동시에 계속 발전할 전망이 없을 경우, 합자기업의 합영계약이나 정관에서 규정된 기타 해산사유가 발생된 경우 등이다.[84] 합작기업의 해산사유에는 위 합자기업의 해산사유 이외에도 합작기업이 법률·행정법규에 위반하여 폐쇄처분을 받은 경우도 포함된다.[85] 독자기업의 해산사유에는 합자기업과 합작기업의 해산사유 이외에 파산이 첨가되었다.[86]

외국인투자기업의 해산사유가 확정되면 청산이 진행되고, 외국인투자기업의 청산에 관해서는 「외국인투자기업청산판법(外商投資企業清算辦法)」이 적용

---

83) 김정애, "중국 회사법 개정에 따른 한국기업의 대응방안", 한중법학회 정례발표자료, 2006, 15면.

84) 中外合資經營企業法實施條例, 제90조.

85) 中外合作經營企業法實施細則, 제48조.

86) 外資企業法實施細則, 제72조 제4호.

된다. 외국인투자기업의 청산에 관하여 동「판법」이 적용되는 기업은 합자회사, 합작회사 및 독자기업이다(제2조). 동「판법」에 의하면 외국인투자기업의 청산절차는 일반청산(普通清算)과 특별청산으로 구별된다. 일반청산은 기업의 경영기한이 만료되었거나 기업의 비준인가기관이 해산을 인가한 경우 또는 인민법원의 판결이나 중재기관의 재결이 확정된 일자에 개시된다.[87] 특별청산은 기업의 인가비준기관이 특별청산을 인가하였거나 기업이 폐쇄처분을 받은 일자에 실시된다.[88]

회사법의 유한회사나 주식회사는 회사의 구성원들이 합의하여 회사를 종료시킬 수 있지만, 외국인투자기업법에서 외국인투자기업은 주관부서의 승인을 얻어 회사를 청산하거나 해산할 수 있기 때문에 회사 종료에 관한 법률관계가 매우 엄격한 편이다. 외국인투자주식회사의 청산에 관해서는 관련 규정이 없으므로 회사법 및 파산법에 의하여 처리된다.

제5절 개정 회사법과 외국인투자주식회사의 관계

제1. 외국인투자주식회사의 특징과 법률적용관계

외국인투자주식회사도 외국인투자기업의 일종으로 보아 외국인투자기업에 대한 국가의 법률·법규 중에서 관련 규정을 적용한다(잠정규정 제3조). 외국인투자주식회사는 새로운 투자형식의 하나로서 기존의 전통적인 외국인투자기업에 비하여 몇 가지 특징이 있다.

첫째, 외국인투자기업은 투자자가 고정적이었으나 외국인 투자주식회사는 주식공모를 통하여 공중으로부터 자금을 모집할 수 있다.

둘째, 외국인투자기업의 외국투자자가 보유하고 있는 주권을 양도하려면 중국측 투자자의 동의를 얻어야 하고 심사기관의 비준을 받아야 하였으나 외국인투자주식회사는 일정한 조건이 있기는 하나 중국측 투자자의 동의나 정부의 비준을 받을 필요가 없다.

87) 外商投資企業清算辦法, 제5조.
88) 外商投資企業清算辦法, 제35조.

셋째, 외국인투자기업의 중대한 의사결정은 이사회의 동의를 얻어 결정되나, 외국인투자주식회사는 중국회사법에 따라 다수 주주의 동의만 얻으면 된다.

넷째, 외국인투자기업의 경영기간은 10년 내지 50년의 제한이 있으나, 외국인투자주식회사는 최저자본금에 대해 3,000만원(인민폐)의 제한만 있을 뿐 기한의 제한은 없다.89)

제2. 외국인투자주식회사에 대한 법규적용

외국인투자기업 관련법률(三資企業法)에 의하여 설립된 외국인투자기업은 일반적으로 유한회사의 형태로 설립되기 때문에, 개정 회사법은 외국 투자자가 투자한 유한회사와 주식회사에도 적용된다(개정 회사법 제2조, 제218조). 「외국인투자주식회사의 설립에 관한 약간의 문제에 관한 잠행규정」 제25조도 "본 잠행규정에서 규정하고 있지 않은 회사에 대한 기타 사항은 회사법 및 관련 규정에 따른다"라고 규정하고 있으므로 주식회사의 본질을 갖고 있는 외국인투자주식회사에 관해서도 「잠행규정」에 명시되지 않은 사항은 회사법이 적용된다. 특히 「잠행규정」은 외국인투자주식회사의 설립요건과 절차에 관해서는 상세한 규정을 두고 있으나, 회사가 설립된 후의 지배구조나 이익배당 등의 주식회사의 본질에 관한 사항 등에 대해서는 흠결되어 있기 때문에 이러한 사항은 회사법이 적용된다.

외국인투자주식회사는 「잠행규정」과 개정 회사법의 적용을 받으므로 외국인투자 관련 법률(三資企業法)의 적용을 받는 외국인투자기업과 법률 적용면에서 일정한 차이가 있다. 외국인투자기업의 경우는 기본적으로 외국인투자기업이 적용되고 규정이 흠결된 부분에 관해서는 회사법이 적용된다. 그러나 외국인투자주식회사의 경우는 비록 설립절차의 부분은 「잠행규정」을 적용하지만, 그 외의 기타 부분은 회사법을 적용하므로 외국인투자주식회사는 회사법에 근거하여 설립되는 외국인투자기업으로 보아야 한다.90)

그럼에도 불구하고 이번에 개정된 개정 회사법은 외국인투자주식회사에

89) 姜信仲, "中國의 涉外經濟法 槪要와 涉外經濟紛爭解決制度", 外國司法硏修論集, 第93號, p. 131.

90) 李揆哲, "中國의 外商投資株式有限會社에 관한 法律制度", 법제 제10호, 2002, p. 39.

대하여 명문 규정을 두고 있지 않다. 그 이유는 회사법의 주식회사에 관한 부분과 「잠행규정」으로써 외국인투자회사를 규율하고 흠결되는 부분은 특별규정으로서 해결하고자 하는 입법자의 의지일 것이다.

이 외에도 외국인투자주식회사에 적용되는 기타 법원으로는, 상장된 외국인투자주식회사의 지배구조에 대해 2002년 증권감독관리위원회가 발표한 「중국에서 상장회사의 기업지배구조에 대한 준칙(上市公司治理准則: Code of Corporate Governance for Listed Companies in China)」(이하 "기업지배구조준칙" 또는 "준칙"이라 함)이 있다. 즉, 상기 준칙은 중국의 회사법 · 증권법 및 기타 관련 법규뿐만 아니라 기업지배구조에 대해 일반적으로 받아들여지는 기준에 따라 상장회사들의 현대적인 기업체계의 정립과 개선을 촉진하고, 회사의 운영을 표준화하며, 중국 증권시장의 건전한 육성을 위한 목적으로 발표된 것이다. 동 준칙은 중국 내에서의 상장회사들의 기업지배구조에 대한 기본원칙과 투자자의 이익 및 권리의 보호 수단 그리고 상장회사의 이사 · 감사 · 경리 · 기타 경영자들의 기본적인 행동규칙과 도덕적인 기준을 명시하고 있다.

제3. 외국인투자유한회사의 외국인투자주식회사로의 조직변경

조직변경은 회사의 법인격을 유지하면서 그 성질이 유사한 다른 종류의 회사로 법률상의 조직을 변경하는 것이다. 조직변경은 그 법적 성질이 동일하거나 유사한 조직 사이에서 실시되는 것이 일반적이며, 중국 회사법은 유한회사와 주식회사간의 조직변경만을 인정하고 있다. 이러한 특성 때문에 외국인투자기업에서도 외국인투자유한회사가 외국인투자주식회사로 조직변경 하는 것이 일반적이다. 합자기업은 다른 외국인투자기업에 비해 회사정관 및 조직구조가 주식회사와 유사하기 때문이다.

그러나 기존의 외국인투자기업 중에서 법인격을 갖추고 있지 않은 합작기업과 같은 경우, 연합관리위원회[91]에 의해 기업이 운영되고, 외국측의 자본보다는 선진 기술을 바탕으로 한 합작기업 형식으로 설립되었기 때문에,

91) 연합관리위원회는 합작기업이 법인격을 갖지 않은 경우에 구성하며, 합작기업의 의사결정기구로 합작계약과 정관의 규정에 따라 합작기업의 중대한 문제를 결정한다(합작기업법실시세칙 제24조). 연합관리위원회는 최소 3인 이상으로 구성되며, 그 수의 배분은 중외합작자의 협의에 의하여 정한다(합작기업법실시세칙, 제25조).

조직변경 방식으로 주식회사로 전환하는 것은 매우 어렵다. 이러한 경우 조직변경 보다는 기존의 기업을 청산하고 새롭게 주식회사를 설립하는 것이 경제적이다.[92)]

중국 회사법상 유한회사를 주식회사로 조직변경 함에는 중국 회사법이 규정한 주식회사의 설립요건에 부합되어야 하며, 주식회사의 설립에 관한 중국 회사법의 관련절차에 따라야 한다(개정 회사법 제9조). 또한 이미 설립한 합자기업·합작기업·외국독자기업과 같은 삼자기업이 외국인투자주식회사로의 변경을 신청할 경우, 반드시 최근 연속 3년간 흑자를 기록했어야 한다(잠행규정 제15조).

이 외에도 「외국인투자주식회사의 설립에 관한 약간의 문제에 관한 잠행규정」에는 외국인투자기업이 외국인투자주식회사로의 조직변경을 신청할 경우, 해당 유한회사(외국인투자기업)는 국가의 정식 비준을 받고 설립된 유한회사이어야 하며, 외국측 주주가 자유태환 외환으로 구입 및 소유한 지분이 당해 유한회사 등록자본의 25/100 이상이어야 하고 또한 유한회사의 경영 범위가 외국인투자기업과 관련된 산업정책에게 부합되어야 한다(제20조).

제6절 외국인투자기업의 청산 및 파산문제

외국인투자기업은 중국의 외자유치 정책에 큰 영향을 주었을 뿐만 아니라, 고용과 외환 등의 부문에서 기업의 국제화에 중요한 기능을 하였으며, 나아가 오늘날 중국의 경제를 견인하는 중요한 기능을 하였다.

많은 외국인투자기업들이 초기에 싼 임금경쟁력과 외자기업 우대정책이 실시되는 중국으로 집중되었고, 이러한 과정에서 한국의 많은 기업들도 경제적 필요에 의하여 중국으로 이전하게 되었다.

최근 중국에 투자한 한국계 기업들의 청산문제로 한중간의 외교문제로까지 비화될 조짐이 있다.[93)]

92) 李恩朱, "中國外商投資企業의 株式制 轉換에 관한 硏究," 釜山大経濟學碩士學位論文, 2002, p. 50.
93) 동아일보, "中기업 청산절차 대체 어떻길래…", 2008. 2. 1.

이렇게 된 배경에는 중국에서 설립된 한국계 기업들의 경영여건과 규범수용능력 등에 대한 여러 가지 현지조사가 수반되어야 하겠지만, 대체로 중국 파산법의 절차적 경직성과 관련이 있는 것으로 보인다. 경영악화로 파산절차를 진행할 기업들이 직면하고 있는 청산·파산과정에서의 주요한 문제는 주로 지방정부의 지역보호주의와 청산·파산과정에서의 복잡한 주무담당기관들의 이해, 각종 준조세성격의 비용, 청산·파산 절차를 진행하기 위한 자문비용 및 각종 관련 비용, 파산채권단의 복잡성 등의 문제가 있다.

청산·파산과정에서 가장 복잡한 절차는 이 과정에 관여하는 주무부서가 지방정부·세무당국·세관·대외경제무역합작국·공상총국·노동국·전력 및 용수 담당국 등으로 분립되어 있어서 청산·파산절차에 소요되는 시간적 경제적 비용이 막대하고, 나아가 인가절차가 복잡하게 진행된다는 점이다.

청산·파산을 진행하는 과정에서 파산을 어렵게 하는 것은 이미 채무초과로 인하여 이행능력이 없는 기업이 청산조직을 통하여 재산분할을 할 경우 우선 변제를 하여야 할 채권순위가 복잡하다는 점이다. 외국인투자기업이 청산절차를 거치는 동안 청산조직이 채권을 우선적으로 상환하여야 할 순위는 근로자의 급여, 지방정부에 대한 각종 조세와 비용, 국세, 공고에 따라 신고된 채권, 중국기업의 일반채무 등이다. 이러한 과정을 이행하지 못할 경우 해당 기업이 위치한 지방정부는와 각종 주무부서는 행정절차를 지연시키게 됨으로써 법에 의한 청산·파산절차는 진행되지 못하게 된다.

향후 중국에 투자한 한국 기업들을 보호하기 위해서는 투자협정을 다시 개정하여 청산 및 파산을 통한 기업의 출구를 마련하여야 할 것이다.

참고문헌

1. 서 적

趙中孚, 商法總論, 中國人民大學出版社, 1999.

王利明, 民法, 中國人民大學出版社, 2007.

王利明, 物權法論, 中國政法大學出版社, 1998.

王利明・郭明瑞・方流芳, 民法新論(上), 中國政法大學出版社, 1995.

吳漢東・胡開忠, 無形財產權制度研究, 法律出版社, 2001.

石少俠, 公司法, 吉林人民出版社, 1994.

卞耀武, 公司法的理論與實務, 中國商業出版社, 1994.

王保樹・崔勤之, 中國公司法原理, 社會科學文獻出版社, 2006.

王保樹主編, 中國公司法修改草案建議橋, 社會科學出版社, 2004.

王保樹 外, 企業法論, 工人出版社, 1988.

王保樹・催勤之主編, 中國公司法原理, 社會科學出版社, 2002.

史際春・溫燁・鄧峰, 企業和公司法, 中國人民大學出版社, 2001.

甘培忠, 企業法新論, 北京大學出版社, 2000.

徐永前, 新公司法, 企業管理出版社, 2006.

趙旭東, 新公司法講義, 人民法院出版社, 2005.

______, 新公司法案例解讀, 人民法院出版社, 2005.

______, 新舊公司法比較分析, 人民法院出版社, 2006.

李克武, 公司登記法律制度研究, 中國社會科學出版社, 2007.

劉學信, 公司對外擔保的效力問題探究, 公司法 破產法律師實務, 法律出版社, 2007.

馬俊駒主編, 現代企業法律制度研究, 法律出版社, 2000.

耿法・劉金華, 中華人民共和國公司法解讀, 中國海關出版社, 2006.

國家工商行政管理局, 新公司法教程, 2005.

段召良, 公司控除權法律問題研究, 法律出版社, 2001.

徐 燕, 公司法原理, 法律出版社, 1997.

馬連福, 公司內部治理機制研究, 高等敎育出版社, 2005.
符啓林主編, 中國證券交易法律制度研究, 法律出版社, 2000.
憑曉光, 公司法, 中國和平出版社, 1994.
集志勇, 外商投資企業法概論, 首都經濟貿易大學出版社, 2000.
上海市高級人民法院編(齊奇主編), 公司法疑難問題解析, 法律出版社, 2006.
沈富强, 股東股權法律實務, 立信會計出版社, 2006.
胡光寶, 中華人民共和國公司法譯議及適用指南, 群衆出版社, 2005.
徐 菁, 公司法的邊界, 對外經濟貿易大學出版社, 2006.
徐 婧, 新公司法疑難解釋, 中國工商出版社, 2005.
徐曉松, 公司資本監管與中國公司治理, 知識產權出版社, 2006.
劉剛傍・趙奇志, 公司發起人法律制度研究, 對外經濟貿易大學出版社, 2006.
李建僞, 公司制度・公司治理與公司管理, 人民法院出版社, 2005.
李宅龍, 企業產權改革法律實務, 法律出版社, 2004.
薄燕娜, 股東出資形式法律制度研究, 法律出版社, 2005.
范 建, 法理學, 南京大學出版社, 1995.
董 皡, 司法解釋論, 中國政法大學出版社, 1999.
人民法院司法解釋小文庫編選組, 公司企業司法解釋, 人民法院出版社, 2006.
唐靑陽主編, 公司法精要與依據指引, 人民法院出版社, 2005.
劉豊名, 股份公司與合資企業法, 中國政法大學出版社, 2001.
張國平, 當代企業基本法律制度研究, 法律出版社, 2004.
周友蘇, 公司法通論, 四川人民出版社, 2003.
熊道偉, 現代企業控除權研究, 西南財經大學出版社, 2004.
王 軍, 公司法律師實務, 中華全國律師協會民事專業委員會編(第1輯), 法律出版社, 2006.
馬雲鶴, 公司法律師實務, 中華全國律師協會民事專業委員會編(第1輯), 法律出版社, 2006.
盧安龍・孫建國・劉安財, 公司法律師實務, 中華全國律師協會民事專業委員會編(第1輯), 法律出版社, 2006.
鄒 菁, 公司法律師實務, 中華全國律師協會民事專業委員會編(第1輯), 法律出版社, 2006.
孫海元, 公司法律師實務, 中華全國律師協會民事專業委員會編(第1輯), 法律出版社, 2006.

趙日昕・王剛義, 公司律師實務, 中華全國律師協會民事專業委員會編(第1輯), 法律出版社, 2006.
劉學信, 公司法破產法律師實務, 中華全國律師協會民事專業委員會編(第2輯), 法律出版社, 2006.
上海證券交易所硏究中心, 中國公司治理報告(2005): 民營上市公司治理, 復旦大學出版社, 2005.
李井杓, 仲裁協議與裁決法理硏究, 中國政法大學出版社, 2000.
이정표・손성문, 중국 개정 회사법 연구, 법제처 동북아법령정보서비스사업 2006년도 연구용역과제 보고서.
이정표, 중국통일계약법, 한울아카데미, 2002.
정이근, 중국공법학연구, 2007, 도서출판 오름.
정용상, 중국회사법론, 부산외국어대학교 출판부, 2003.

2. 연구논문

甘培忠・曹丽丽, "我国公司法体系的重构",「环球法律评论」第133期 总第26卷, 2004.
刘大洪, "试论市场经济下中国国有企业及国有企业法",「法律科学」, 1997.
刘黎明, "公司资本制度的信用意义及其影响—授权资本制—", http://www.civillaw.com.cn/weizhang/default.asp?id=25696(2005. 11. 3).
刘黎明・张颂梅, "利益相关者'公司治理模式探析",「西南政法大学学报」第2期, 2005.
刘俊海, "论证券市场法律责任的立法和司法协调",「现代法学」, 2003.
______, "新《公司法》的制度创新", http://www.civillaw.com.cn/weizhang/default.asp?id=23306(2005. 11. 3).
______, "修改《公司法》完善公司制度", http://www.iolaw.org.cn/shownews.asp?id=5907(2005. 11. 3).
______, "论股东的代表诉讼提起权",「商事法论集」第1卷, 1996.
史际春, "关於公司·企业的若干考证和辨析",「法学家」第4期, 人民大学出版社, 1996.
石少侠, "论股东诉讼与股权保护",「法制与社会发展」第2期, 2002.
______, "略论我国公司立法的几个问题",「企业・证券・合同」, 人民法院出版社, 1992.
熊立新・刘培峰, "对外资投资性公司的法律思考",「国际经济合作」, 1996.
龙翼飞・何尧德, "我国公司法最新修订评析",「法学杂志」第2期, 2006.

王保树, “关键是理解新公司法的精神” http://www.civillaw.com.cn/weizhang/default.asp?id=24654(2005. 11. 3).

王崇敏, “‘债转股’问题研究”, 「海南大学学报」 第2期, 2000.

王欣新 · 孙晓敏, “谈公司清算制度之立法完善”, 「中国工商管理研究」 第8期, 2005.

中国法律信息冈, “《公司法》草案有望六月通过”, http://www.law-star.com/cac/1065.htm(2005. 11. 3).

__________, “《公司法》修订草案将有十二项重大修改”, http://www.law-star.com/cac/5377.htm(2005. 11. 3).

中国法律信息冈, “《公司法》修订草案第三次审议稿又有六方面修改”, http://www.law-star.com/cac/7083.htm(2005. 11. 3).

赵万一, “中国大陆公司法完善问题的理论思考, 「全国律师」, 2004. 11.

赵旭东, “外商投资企业的法律性质与公司法的适用”, 民商法纵论(江平教授70华诞祝贺文集), 2000. 12.

齐　斌, “股份有限公司小股东权益保障研究”, 「商事法论集」 第3卷, 1999.

陈　甦, “修改公司法应注意与证券法的协调”, 「法制日报」, 2004. 12.

_____, “公司法对股票发行价格的规制”, 「法学研究」 第4期, 1994.

_____, “公司设立者的出资违约责任与资本充实责任”, 「法学研究」 第6期, 1995.

_____, “公司法： 与时俱进的制度创新”, http://www.civillaw.com.cn/weizhang/default.asp?id=24390(2005. 11. 3).

_____, “论公司法与证券法的立法协调(上)—对公司法中证券法律规范的修改建议—” http://www.civillaw.com.cn/weizhang/default.asp?id=24546(2005. 11. 3).

蔡　奕, “证券法重大修订条款解析(上)”, http://www.civillaw.com.cn/weizhang/default.asp?id=26991(2005. 11. 3).

胡明远, “公司法修改前胆”, http://www.law-lib.com/lw/lw_view.asp?no=2074(2005. 12. 1).

叶　林 · 王世华, “公司法定资本制的检讨”, 「法律适用」 第3期, 2005.

叶　林, “证券法概述”, http://www.civillaw.com.cn/weizhang/default.asp?id=22466(2005. 11. 3).

金聖恩, “中國外國人投資企業法과 中國會社法의 關係에 관한 研究,” 「法學博士學立論文」, 高麗大, 2003. 2.

姜信仲, “中國의 涉外經濟法 概要와 涉外經濟紛爭解決制度”, 「外國司法研修論集」,

第93號.

김정애, "중국 회사법 개정에 따른 한국기업의 대응방안", 한중법학회 정례발표회자료, 2006.

이정표, "중국 기업법체계에서 기업의 유형과 특징에 관한 소고,「기업법연구」제11집, 2002. 12.

이정표, "중국 비유통주(國有股) 개혁에 관한 법적 고찰",「한중법학회」정례발표회, 2006. 6.

이정표, "최근 개정된 중국회사법의 검토",「성균관법학」제17권 제2호, 2006. 12.

정용상, "중국회사법상 자본과 주식에 관한 기초연구",「재산법학회」, 2003. 12.

______, "중국 유한회사법 개관",「한국상사판례학회」, 2003. 12.

______, "한국과 중국 회사법상의 주주총회에 관한 비교연구",「한국기업법학회」, 2005. 12.

李揆哲 "中國의 外商投資株式有限會社에 관한 法律制度",「법제」, 제10호, 2002.

李恩朱, "中國外商投資企業의 株式制 轉換에 관한 硏究,"「釜山大経濟學碩士學位論文」, 2002.

조동제, "중국 외국인투자기업 법률규범에 관한 연구",「동아법학」, 2004. 8.

찾아보기

저자 약력

부산대학교 법과대학 졸업

中國人民大學校 法學院 法學博士(民商法)

中國 中南政法學院 經濟法學科 副敎授

부산대학교 상과대학 무역국제학부 조교수(국제학)

부산대학교 국제전문대학원 부교수

부산중국연구회 회장

現 부산대학교 법과대학 부교수

　한중법학회 지역총괄이사 및 편집위원

　대한상사중재원 중재위원

　법제처 중국법전문가 자문단 구성원

주요 저서

仲裁協議與裁決法理研究, 中國政法大學出版社(北京)(2000)

중국통일계약법(中華人民共和國 合同法), 한울아카데미(2002)

현대중국법개론, 박영사(2002)

중국 회사법

2008年　8月　20日　初版印刷

2008年　8月　30日　初版發行

著　者　이　정　표

發行人　安　鍾　萬

發行處　(株) 博 英 社

서울特別市 鍾路區 平洞 13-31番地

電話 (733) 6771　FAX (736) 4818

登錄 1959. 3. 11. 제300-1959-1호(倫)

www.pakyoungsa.co.kr　e-mail: pys@pakyoungsa.co.kr

定　價　25,000원　ISBN 978-89-7189-844-4